LA FEMME AU TEMPS DES CROISADES

Née en 1909 à Château-Chinon (Nièvre), Régine Pernoud, qui a passé son enfance à Marseille, fait ses études à Aix-en-Provence et à Paris où elle entre à l'Ecole des Chartes et à l'Ecole du Louvre. Docteur ès lettres avec une thèse sur l'histoire du port de Marseille au XIIIᵉ siècle, elle consacre désormais ses travaux au monde médiéval.

A son premier ouvrage – Lumière du Moyen Age (1945) – est décerné en 1946 le Prix Femina-Vacaresco de critique et d'histoire. Suivront les deux tomes d'une Histoire de la bourgeoisie en France (1960-1962), puis diverses études notamment sur Les Croisés (1959), vus dans leur vie quotidienne : Les Croisades; Les Gaulois; la littérature médiévale et de grandes figures de l'époque : Aliénor d'Aquitaine (1966), Héloïse et Abélard (1970), La Reine Blanche (1972), La Femme au temps des cathédrales (1980), Christine de Pisan (1982), Richard Cœur de Lion (1988), Saint Louis (1989), Jeanne d'Arc (1990).

Régine Pernoud, qui a commencé sa carrière au Musée de Reims et a été conservateur aux Archives Nationales où elle a réorganisé le Musée de l'Histoire de France, dirige actuellement le Centre Jeanne-d'Arc à Orléans.

Avec *La Femme au temps des Croisades*, Régine Pernoud donne un formidable prolongement à son désormais célèbre *La Femme au temps des cathédrales*. Cette femme médiévale que nous avons découverte et aimée, nous partons à sa suite dans ce qui fut la plus grande aventure du Moyen Age. Les Croisades ne furent pas seulement affaire de soldats et de batailles. Elles ont lancé sur mer et sur les routes des dizaines de milliers d'hommes et de femmes, des familles entières qui ont tout quitté pour aller s'installer autour des Lieux saints. Dans les chartes et dans les chroniques, ainsi que sur place au Proche-Orient, Régine Pernoud a retrouvé la trace de ces hommes et de ces femmes oubliés.

Bourgeoises ou grandes dames, femmes de commerçants ou d'artisans, humbles moniales; venues de Toulouse, de Châteauroux ou de Poitiers; Mélisende, Sibylle, Alix, Éléonore – elles ont fait vivre pendant quatre siècles, en Palestine puis à Chypre, l'étonnant royaume de Jérusalem, fragile îlot occidental en terre orientale. Parmi les Améniennes, les Turques, les Syriennes, les Byzantines, devenues leurs sœurs d'adoption, elles ont cultivé la terre, transmis la vie, gardé les biens. Elles ont subi la rigueur des défaites, les drames de l'esclavage et de l'exil. Plus que les hommes, elles ont été les véritables héroïnes d'une épopée qui, malgré ses errements et ses contradictions, ne visait pas la conquête mais le droit à la cohabitation pacifique, sur une terre appartenant au patrimoine spirituel de l'humanité.

Paru dans Le Livre de Poche :

LA FEMME AU TEMPS DES CATHÉDRALES.
ALIÉNOR D'AQUITAINE.
LA REINE BLANCHE.

RÉGINE PERNOUD

La Femme
au temps
des Croisades

STOCK/LAURENCE PERNOUD

Remerciements

Pour cet ouvrage, plus encore que pour les précédents, j'ai bénéficié d'aides nombreuses et inestimables, et je tiens à remercier tous ceux qui m'ont manifesté leur amitié et prodigué leur appui.

Je dois de vifs remerciements à M. Christopher Ligota et au Warburg Institute de Londres, en particulier pour les renseignements communiqués sur l'admirable psautier de la reine Mélisende de Jérusalem que conserve le British Museum. Et je remercie aussi M. Geoffrey Hindley pour son remarquable ouvrage sur Saladin (Barnes and Noble, New York, 1976). L'un et l'autre avaient été contactés pour moi par Jean Gimpel, toujours prêt à aider et à renseigner ses amis.

Je tiens aussi à dire ma profonde reconnaissance à tous ceux et celles qui ont bien voulu m'accueillir à Chypre, et auront rendu si profitable le séjour que j'ai pu y faire en 1988 : en premier lieu M. Paul et Mme Mary Wurth, qui avaient bien voulu m'introduire auprès de tout ce qui compte du point de vue culturel dans l'île; et d'abord auprès de S.E. monsieur l'Ambassadeur de France Jean-Dominique Paolini – dont le sens poétique (il est d'ailleurs l'auteur d'un recueil de poèmes, *Choses de Chypre,* publié l'an dernier à Nicosie) et les goûts artistiques se trouvent si bien accordés avec l'atmosphère de Chypre, ses vignes et ses plages, ses collines et ses monastères. De même ai-je pu entrer en contact avec M. Vassos Karageorghis dont le nom m'était déjà connu en raison de ses fouilles archéologiques, à Salamine notamment, et avec son épouse Jacqueline, à qui l'on doit d'excellentes études – en français – sur Chypre ; avec le Centre culturel français dont le directeur Yves Duverger, ainsi que M. Michel Culas, auteur de recherches approfondies sur *L'Aventure des Lusignans* ont bien voulu me faciliter visites et démarches ; grâce à eux j'ai pu rencontrer la conservatrice du musée municipal Leventis de Nicosie, Mme Loukia C. Loizou, et grâce à elle la précieuse Chronique de Machéras m'a été accessible : je l'en remercie tout particulièrement. Et aussi Mme Maria Iacovou, qui connaît si admirablement les richesses d'art et les ressources de Chypre.

La mise au point de cet ouvrage a été l'œuvre de mon neveu Jérôme Pernoud, dont les apports personnels transparaissent ici et là. Je ne crois pas exagérer en disant que je lui dois d'avoir pu le mener à bien.

A toutes et à tous, ma profonde reconnaissance.

A Laurence.

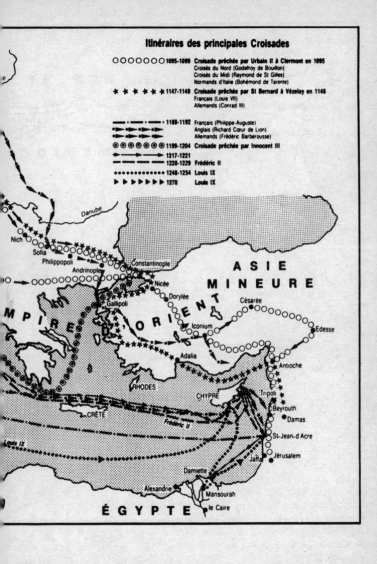

Itinéraires des principales Croisades

○○○○○○○ 1095-1099 Croisade prêchée par Urbain II à Clermont en 1095
Croisés du Nord (Godefroy de Bouillon)
Croisés du Midi (Raymond de St Gilles)
Normands d'Italie (Bohémond de Tarente)

✱ ✱ ✱ ✱ ✱ 1147-1149 Croisade prêchée par St Bernard à Vézelay en 1146
Français (Louis VII)
Allemands (Conrad III)

━━●━━●━━ 1189-1192 Français (Philippe-Auguste)
➤➤➤➤➤ Anglais (Richard Cœur de Lion)
➤➤➤➤➤ Allemands (Frédéric Barberousse)

◉◉◉◉◉◉◉ 1199-1204 Croisade prêchée par Innocent III

➤━━➤━━➤ 1217-1221

➤━━━━━➤ 1228-1229 Frédéric II

●●●●●●● 1248-1254 Louis IX

▷▷▷▷▷▷▷ 1270 Louis IX

Danube

Nich

Sofia

Philippopoli

Andrinople

Constantinople

Nicée

ASIE
MINEURE

Dorylée

Gallipoli

Césarée

ORIENT

Iconium

Edesse

M P I R E

Adalia

Antioche

RHODES

CHYPRE

Tripoli

Beyrouth

Damas

CRÈTE

Frédéric II

St-Jean-d'Acre

Louis IX

Jaffa

Jérusalem

Damiette

Alexandrie

Mansourah

ÉGYPTE

le Caire

Avant-Propos

« Il se produisit alors un mouvement à la fois d'hommes et de femmes tel qu'on ne se souvient pas en avoir jamais vu de semblable : les gens les plus simples étaient réellement poussés par le désir de vénérer le Sépulcre du Seigneur et de visiter les Saints Lieux... Ces hommes avaient tant d'ardeur et d'élan, que tous les chemins en furent couverts ; les soldats celtes étaient accompagnés d'une multitude de gens sans armes plus nombreux que les grains de sable et que les étoiles, portant des palmes et des croix sur leurs épaules : hommes, femmes et enfants qui laissaient leur pays. A les voir, on aurait dit des fleuves qui confluaient de partout... La nation des Celtes est d'ailleurs très ardente et fougueuse ; une fois qu'elle a pris son élan, on ne peut plus l'arrêter. »

C'est une femme qui s'exprime, Anne Comnène, fille de l'empereur Alexis. Une princesse byzantine donc, qui se trouve être la première et la plus complète historienne de ce que nous appelons la Première Croisade (1095-1099). C'est par une femme qu'a été d'abord racontée cette grande secousse qui ébranla si profondément l'Occident et le Proche-Orient ; et cette femme signale, dès les premières lignes de son récit, la présence des femmes. Cette présence n'a guère retenu l'attention des divers historiens modernes ; elle a pourtant tenu une place appréciable et parfois primordiale. A l'image de l'histoire même des Croisades, qui fait voir comme sous un verre grossissant la société et les mœurs du temps, le rôle des femmes nous y apparaît caractéristique de l'époque.

Anne Comnène – qui écrit quarante ans après les événements – avait treize ans quand arriva sur les rives du Bosphore ce déferlement de population, qui a visiblement frappé son imagination comme son regard. « L'empereur (Alexis), écrit-elle, entendit la rumeur touchant l'approche d'innombrables armées franques. » Ceux qu'elle appelle les « Francs », voire les « Celtes », ce sont les Croisés, ces gens qui viennent de l'Occident; un peu comme nous parlons de « Slaves » pour les populations de l'Est en général, ou de « Scandinaves » pour celles du Nord. De fait les Français de toutes régions, y compris la Belgique d'aujourd'hui, y étaient les plus nombreux, mais accompagnés d'Allemands, d'Anglais, d'Italiens, voire d'Espagnols. C'est en France qu'avait été donné au mouvement son impulsion première, lors du concile de Clermont, le 27 novembre 1095; le pape Urbain II, français d'origine, avait exhorté les chrétiens à aller au secours de leurs frères du Proche-Orient, et à reconquérir la Ville sainte, Jérusalem. Un nombre incroyable de gens, petits ou grands, riches ou pauvres, avaient alors « pris la croix », s'engageant à partir et témoignant de leur vœu en cousant une croix sur leur épaule, d'où le terme de « Croisé ».

Le premier départ organisé eut lieu au mois d'août 1096, pour atteindre Jérusalem trois ans plus tard, au mois de juillet 1099. Une fois la Ville sainte prise d'assaut, un certain nombre de chevaliers demeurèrent en Terre sainte, en Palestine et dans les principautés fondées à Antioche, à Edesse, puis à Tripoli, qui servaient de rempart au royaume même de Jérusalem. Répondant à leurs appels au secours, les expéditions en provenance d'Occident allaient se succéder désormais, certaines plus importantes que les autres, dirigées par des rois ou des empereurs. Jérusalem sera néanmoins reprise par Saladin en 1187, et le dernier bastion occidental, Saint-Jean-d'Acre, tombera un siècle plus tard, en 1291.

Mais le titre de roi et de reine de Jérusalem restera

revendiqué jusqu'en 1489 par les rois et les reines de Chypre, où s'étaient réfugiés une grande partie des survivants de Terre sainte ; deux cents ans, marqués par des tentatives désespérées de reconquête, au cours desquels la flamme de la Croisade vibrera encore dans l'île.

1

Du pèlerinage à la Croisade

Les clichés historiques ont la vie dure. On le remarque à propos des Croisades. Et d'abord la persistance même du terme a de quoi surprendre : il y a bien longtemps pourtant que les médiévistes ont fait remarquer qu'il s'agissait là d'un vocable moderne, né probablement à l'imitation de l'espagnol *cruzada* ou de l'italien *cruzeta* (termes qui désignaient d'ailleurs les aumônes versées au profit des captifs en Terre sainte et non les expéditions elles-mêmes). « Croisade » n'est guère utilisé dans notre langue avant le XVIIᵉ siècle. La numérotation qui leur a été appliquée, quant à elle, constitue certes un système commode, mais ne correspond à aucune réalité; la tentation était forte d'assimiler plus ou moins ces expéditions aux entreprises coloniales, voire aux guerres napoléoniennes...

Dans un précédent ouvrage [1], nous nous amusions à rappeler le résumé des manuels scolaires de jadis à propos de la mort de Saint Louis : « Saint Louis est mort de la peste à Tunis lors de la Huitième Croisade » – un tissu d'erreurs : il ne s'agissait pas de peste (mais de dysenterie), le roi est mort à Carthage et le numéro huit assigné à son expédition ne signifie rigoureusement rien. Les huit Croisades, entre les sept merveilles du monde et les neuf muses de l'Antiquité, représentent une conception infantile de l'histoire, une classification hors de toute réalité.

1. *Saint Louis*, Albin Michel, 1985.

Et ce n'est pas, loin de là, le seul cliché à réviser à propos des « Croisades ». L'image qui vient spontanément à l'esprit à leur propos est celle d'armées sur le modèle des nôtres : des troupes marchant au pas sous la direction de chefs militaires, rois, princes ou empereurs en tête. Or telle n'est pas du tout, on l'aura constaté, l'impression que nous fait la lecture d'Anne Comnène : « De vastes foules, hommes, femmes et enfants », écrit-elle. On imagine obstinément le seigneur partant seul, entre hommes, laissant la châtelaine au château [1]. Or, dans l'immense majorité des cas, les chroniqueurs nous disent le contraire : le chevalier part, et la dame aussi. Certains historiens ont cru devoir expliquer le départ de Marguerite de Provence, au XIIIe siècle, au côté de Saint Louis son époux, par son désir de fuir sa belle-mère la reine Blanche !... Que dire alors de sa sœur Béatrice, partie avec son mari Charles d'Anjou et qui n'avait pas de belle-mère proche à redouter ? Et que dire d'Elvire d'Aragon partant avec son époux, Raymond de Saint-Gilles, ou de Godvere de Toesny avec Baudoin de Boulogne, dès la première expédition ?

L'usage général, en réalité, c'est de voir les couples partir ensemble, les dames accompagnant normalement leurs époux. La question ne s'était pas posée pour un Godefroy de Bouillon parce qu'il n'était pas marié ; elle se posait en termes différents lorsque la défense ou l'exploitation d'un domaine important rendait nécessaire la présence de la femme en l'absence du mari – comme ce fut le cas pour une Clémence de Bourgogne, épouse de Robert de Flandre, ou pour une Adèle de Blois. Parfois encore des raisons de santé ont pu intervenir, bien que certaines femmes aient pris le départ étant enceintes et aient accou-

---

1. C'est ici l'occasion d'évoquer un autre cliché, dont nous nous sommes aperçu avec surprise qu'il en subsistait quelques traces, du moins sur le mode facétieux : la ceinture de chasteté ! Il paraîtrait que quelques obstinés demandent encore à la voir, car une légende tenace voulait qu'un exemplaire eût été conservé au musée de Cluny ! Nous croyons ménager les nerfs des futurs conservateurs de l'admirable musée parisien en décourageant ceux qui seraient tentés de réitérer cette demande, qui exaspérait tel de leurs devanciers.

Quelle peut être l'origine d'une pareille méprise ? Serait-ce tout simplement parce que, dans la tenue du moine, comme de la moniale, la ceinture a toujours été le symbole du vœu de chasteté ?

ché en route. Mais l'habitude générale, répétons-le, c'est de voir le chevalier et la dame partir ensemble.

A cela une raison profonde : on ne part pas tant pour une expédition militaire, une guerre de conquête, que pour un pèlerinage. Pèlerinage en armes, mais pèlerinage tout de même. A en oublier ce point de départ essentiel, on risque de ne rien comprendre aux « Croisades », vaste mouvement qui ébranla toute l'Europe : « foule incommensurable d'hommes du peuple, avec femmes et enfants, tous les croix rouges sur l'épaule, dont le nombre dépassait celui des grains de sable au bord de la mer et des étoiles au ciel, qui s'étaient précipités de tous les pays » – comme l'écrit non sans quelque emphase Anne Comnène, parlant de la Croisade populaire. Plus tard encore elle écrit, cette fois à propos du départ des seigneurs : « C'était l'Occident entier, tout ce qu'il y a de nations barbares habitant le pays situé entre l'autre rive de l'Adriatique et les Colonnes d'Hercule, c'était tout cela qui émigrait en masse, cheminait par familles entières et marchait sur l'Asie en traversant l'Europe d'un bout à l'autre. »

LES « PAUVRES PÈLERINS » SUR LES PAS DE SAINTE HÉLÈNE

Le pèlerinage tient une place difficilement imaginable dans la vie du temps. Aujourd'hui les migrations saisonnières des vacances ne nous en donnent qu'une faible idée. Le pèlerinage est une démarche ancrée dans les mœurs, entretenue par ce mini-pèlerinage qui consiste à se rendre le dimanche à la messe paroissiale et pour certaines fêtes à la cathédrale, l'église du diocèse. Un nombre incroyable de « pauvres pèlerins » sillonnent alors les routes, égrenant les étapes l'une après l'autre, pour se rendre à un sanctuaire proche comme Rocamadour, Saint-Gilles, le Mont-Saint-Michel, ou plus lointain mais d'autant plus convoité, comme Rome, Saint-Jacques-de-Compostelle ou surtout Jérusalem.

Cette foule qui s'ébranle est pénétrée de la Bible; les psaumes lui sont familiers; Jérusalem, que sur les plus anciennes cartes on place au centre du monde, est la cité bien-aimée vers laquelle on tend, dont l'approche dispense toute joie et fait pressentir le bonheur du ciel. Lorsqu'au milieu du IXe siècle une noble dame, Dhuoda, donne ses conseils à son fils, elle lui parle non seulement de personnages centraux comme Abraham, Moïse et David, mais aussi d'Ezéchias, de Judas Macchabée ou de Jonathan, fils de Saül, sans autres explications, sûre d'être comprise. Au milieu du IXe siècle, les écoles, et les maîtres capables d'enseigner, ne sont pas ce qu'ils seront deux cents ans plus tard, mais la Bible est déjà l'ouvrage de référence, la base de toute culture. Et Pierre Riché a montré comment dès le haut Moyen Age le psautier, recueil des psaumes contenus dans la Bible, est le livre de lecture par excellence.

Cela seul peut faire comprendre pourquoi nobles ou vilains, jeunes ou vieux, ont été animés par ce désir de rejoindre la Ville sainte, sans toujours mesurer, bien sûr, ce que pouvait représenter pareil projet.

Les références à ce qu'on appellera dans la suite des temps le « Saint Voyage de Jérusalem » sont, notons-le, marquées par une figure féminine illustre entre toutes : celle de sainte Hélène, la mère de l'empereur Constantin. Evelyn Waugh lui a consacré une biographie, dans le style plein d'humour et de tendresse qui lui est particulier. Quels que soient les éléments légendaires dont le personnage ait été paré, il est certain que les basiliques constantiniennes de Terre sainte, celle de Bethléem en particulier, sont dues à l'initiative de la mère de l'empereur.

On ne s'est pas privé de discuter l'authenticité de la Vraie Croix, mais il faut bien admettre – au moins pour partie – les recherches qui ont eu lieu une fois l'existence de l'Eglise reconnue au sein de l'Empire. Elles aboutirent à la localisation du Calvaire et à celle du tombeau du Christ, qu'on appela aussitôt l'*Anastasis*, le lieu de la Résurrection. Constantin y fit construire la somptueuse rotonde dont nous ne connaissons plus l'allure que par de rares et précieux documents, comme le fameux plan conservé à Vienne [1] et datant du IXe siècle, où se trouvent

1. Manuscrit 458, fol. 4 v° de l'Oesterreichische National-Bibliothek.

dessinés les cinq cercles avec porches et portiques qui entouraient le Sépulcre proprement dit. La rotonde de l'Anastasis allait être détruite en l'an 1009 par le calife Hakim, qui donna l'ordre exprès de la raser au sol de façon que l'emplacement n'en puisse être retrouvé. Il n'y parvint d'ailleurs pas et, en 1054, les Byzantins étaient autorisés à la rebâtir en partie. Certains reliquaires, comme le fameux triptyque de Stavelot (aujourd'hui à New York, Pierpont Morgan Library), montrent les phases de la découverte des trois croix, celle du Christ et celles des deux larrons, faite sous la direction d'Elena Regina.

Toute une littérature est née des récits de pèlerinages à Jérusalem à travers les temps. Leur étude a été renouvelée par l'excellente thèse de Béatrice Dansette parue en 1977 [1].

La première, la plus ancienne relation d'un pèlerinage en Terre sainte, est due à une femme. Il y avait bien eu, l'an 333, un itinéraire dressé par un pèlerin de Bordeaux, mais il se bornait à signaler les étapes de son voyage sans donner aucun détail. Tout le contraire de ce qu'a fait, pour l'instruction et l'édification de nombreux pèlerins, cette religieuse de la fin du IVe siècle nommée Egérie. Dans la *Peregrinatio Silvie*, elle relate son voyage avec de multiples renseignements sur les églises d'Orient en cette période lointaine du IVe siècle, une description de la liturgie et des cérémonies pascales à Jérusalem, le tout infiniment riche d'informations. Son récit nous prouve que le pèlerinage en Terre sainte était déjà traditionnel à cette époque et s'accomplissait dans des formes liturgiques bien définies. Il faut rappeler que le terroir de Palestine compte alors de nombreux chrétiens, à côté des Juifs — avec, il est vrai, un certain nombre d'hérétiques et de dissidents. Sa population ne se trouvera modifiée qu'avec l'invasion arabe, au milieu du VIIe siècle.

---

1. Béatrice DANSETTE, *Les Pèlerinages occidentaux en Terre sainte aux XIVe et XVe siècles, Etude sur leurs aspects originaux et édition d'une relation anonyme*, Paris, Sorbonne, 1977; signalons aussi la parution toute récente du *Journal* de Jacques Lesage, marchand de Douai, en 1519, publié par Yvonne Bellenger, Balland, 1989.

C'est à Bethléem que fut fondé, quelque temps après le pèlerinage d'Egérie, le premier couvent de femmes : en l'espèce, les grandes dames romaines qui avaient suivi saint Jérôme. Tout avait commencé là aussi par un pèlerinage. Saint Jérôme, désirant quitter Rome après la mort en 384 du pape Damase, dont il avait été le secrétaire, avait décidé de gagner les Lieux saints. Il avait été bientôt suivi par une de ses disciples nommée Paula, ainsi que par la fille de celle-ci, Eustoche. Le voyage se faisait alors par mer, sans doute sur un bateau loué par Paula qui disposait d'une fortune importante. Jérôme racontera plus tard ce pèlerinage dans *L'Epitaphe de Paule*. Il avait, comme beaucoup d'autres, commencé par un séjour à Chypre, pour y rencontrer le saint homme nommé Epiphane, puis les pèlerins s'étaient retrouvés à Antioche. « La noble femme qui, jadis, se faisait porter en litière par les eunuques partit en selle sur un petit âne », raconte Jérôme. Sous la conduite de ce guide exceptionnel que devait être le traducteur de la Bible – c'est lui qui établit le texte dans lequel pendant des siècles on devait la lire en Occident et qu'on appelle la « Vulgate » – ils s'arrêtèrent d'abord à Acre, puis à Césarée, ensuite à Emmaüs et enfin dans la Ville sainte, Jérusalem. Là, « le proconsul de Palestine, qui connaissait très bien la famille de Paule, avait envoyé du personnel pour faire préparer le prétoire (à l'intention de la voyageuse). Mais elle préféra une humble cellule ».

Paule et sa fille, ainsi que les quelques dames qui les accompagnent, parcourent les stations des Lieux saints suivant la tradition, déjà fixée à l'époque, que révèle le récit d'Egérie. Elles se rendent ensuite à Bethléem où les pèlerins ont coutume de vénérer la grotte du Sauveur, et semblent avoir poussé pour quelques excursions en Judée, sans doute jusqu'à la mer Morte. Puis elles reviennent vers Béthanie, Jéricho, le Jourdain, traversent la Samarie, visitent Nazareth et les autres Lieux saints de Galilée : Cana, Capharnaüm, le lac de Tibériade, le mont Thabor où l'on place le récit évangélique de la Transfiguration.

Durant ce pèlerinage, les voyageuses visitèrent aussi l'Egypte, où se trouvaient quelques-uns de ces monastères qui avaient déjà fortement influencé Jérôme. Lui-même se rendit à Alexandrie, désireux de connaître l'un des disciples du fameux Origène, celui qu'on nommait Didyme l'Aveugle. Finalement tous s'embarquèrent à Péluse pour regagner la Palestine. Ils se fixèrent à Bethléem. Jérôme, dans une lettre qu'il adresse à Paulin de Nole, lui explique qu'il a choisi ce lieu, de préférence à Jérusalem, afin d'éviter la foule et l'afflux des pèlerins.

Paule y fit édifier deux monastères, l'un pour Jérôme et ses compagnons, l'autre pour les moniales qui bientôt s'engagèrent à sa suite. « Elle habita trois ans dans une étroite demeure, le temps de construire des cellules et des monastères, puis de fonder près de la route un abri pour les pèlerins, parce que Marie et Joseph n'avaient pas trouvé de gîte. » L'archéologie moderne a redécouvert, proche de l'église de la Nativité – la seule des basiliques constantiniennes qui ait survécu aux innombrables troubles qui survinrent par la suite –, l'une des salles et quelques traces des deux monastères de Jérôme et de Paule. Ce dernier allait accueillir une cinquantaine de moniales et, toujours par l'*Epitaphe de Paule*, on a quelque idée de la règle de vie qui était adoptée dans ce premier monastère de femmes.

« Les nombreuses vierges qu'elle avait réunies, de diverses provinces, aussi bien nobles que de moyenne ou de très basse origines, furent partagées par elle en trois sections-monastères, séparées seulement pour le travail et les repas, elles se rejoignaient pour les psalmodies et les prières... Le matin, à tierce, sexte, none, le soir et au milieu de la nuit, elles chantaient le psautier dans l'ordre; aucune des sœurs ne pouvait ignorer les psaumes et se dispenser d'entendre chaque jour un passage des Saintes Ecritures. » Paule avait pour habitude de dormir à même le sol, de pratiquer des jeûnes sévères et de n'assaisonner sa nourriture que d'un peu d'huile; mais, au monastère, on donnait largement de tout aux malades, notamment de la viande.

Jérôme a dispensé quelques conseils à ses filles spirituelles et le poète qu'il était – qu'on retrouve si magnifiquement dans ses traductions de la Bible – s'y exprime par moments : « Sois la cigale des nuits, écrit-il... Veille et sois comme le passereau dans le désert... Quand tu fais l'aumône, que Dieu soit seul à te voir. Quand tu jeûnes, que ton visage reste joyeux, ton vêtement ni trop apprêté ni malpropre... Si tu jeûnes deux jours, ne t'estime pas meilleure que celui qui ne jeûne pas : tu jeûnes, mais peut-être tu te fâches; celui-là mange, mais peut-être pratique la douceur... Chaque nuit, lève-toi deux ou trois fois pour réciter les textes de l'Ecriture que nous savons par cœur. »

Et surtout viennent les conseils qui vont être suivis avec tant de ferveur dans les monastères des temps féodaux : « Lis assez souvent, étudie le plus possible; que le sommeil te surprenne un livre à la main... Rien n'est dur à ceux qui aiment, à qui désire nul effort n'est difficile... Aime les Saintes Ecritures et la Sagesse t'aimera. Il faut que ta langue ne connaisse rien que le Christ, qu'elle ne puisse dire que ce qui est saint. » C'est la voie suivie pendant des siècles dans les monastères de femmes, en Occident, et l'on ne peut s'étonner dès lors de la tradition de haute culture qui s'y établit. Les moniales prient, elles lisent, elles étudient; leurs couvents sont aussi des écoles ouvertes aux enfants du voisinage. Héloïse, devenue abbesse du Paraclet, y enseigne ce qu'elle a appris de grec et d'hébreu, sans doute au monastère d'Argenteuil. Cela explique que la plus ancienne Encyclopédie connue émane de l'abbesse du mont Sainte-Odile, Herrade de Landsberg, et rend compte en partie de l'immense et déconcertante science dont fait preuve cette autre moniale, à vrai dire exceptionnelle, qui se nomme Hildegarde de Bingen. La tradition du travail intellectuel a pris corps fortement dans le premier monastère de femmes, celui qu'a fondé le patron des érudits, Jérôme.

Dans le même temps, Fabiola, qui appartenait aussi à l'aristocratie romaine, fondait à Rome le premier hôpital, et à Ostie le premier centre d'hébergement pour pèlerins. En Palestine, Mélanie la jeune, après avoir avec son époux Pinien libéré d'un seul coup les quelque huit mille esclaves qu'ils possédaient, fondait à son tour un monastère de femmes, puis une maison pour les prostituées repenties et enfin, à la mort de son mari, en 435, un monastère d'hommes. Il y était institué l'esquisse de ce que plus tard on appellera la *laus perennis*, la louange perpétuelle – les moines se succédant à l'église tout le long du jour pour chanter les psaumes en psalmodies ininterrompues.

C'est assez dire que, dans l'Eglise qui vit alors son premier siècle de pleine liberté, les initiatives ne manquent pas, venues notamment des femmes. L'Evangile voit en elles les égales des hommes, et le culte de la Vierge, honorée du titre de *Théotokos*, Mère de Dieu (officiellement reconnu par le concile d'Ephèse en 431), les ennoblit aux yeux de la chrétienté.

PRENDRE LES ARMES POUR LIBÉRER JÉRUSALEM

Les pèlerinages, quant à eux, vont continuer à Jérusalem au cours des siècles en dépit des difficultés. La Ville sainte est prise en 614 par les Perses, avec à leur tête Chosroès Ier, le principal représentant de la dynastie sassanide. Reconquise en 628 par l'empereur de Byzance Héraclius, elle subit peu après l'invasion arabe déferlant sur le Proche-Orient, et à laquelle seuls les remparts de Constantinople imposent un arrêt en 718, comme l'armée de Charles Martel une vingtaine d'années plus tard en Europe. Entre-temps Jérusalem avait succombé, en 637, mais le calife Omar avait respecté la rotonde du Saint-Sépulcre, alors que partout l'avance arabe était marquée par des destructions d'églises, dont l'archéologie moderne redécouvre les sols souvent couverts de mosaïques.

On conçoit qu'au cours de ces assauts successifs, le mouvement des pèlerinages se soit considérablement ralenti, bien qu'il n'ait jamais entièrement cessé. Sous Charlemagne, deux monastères chrétiens pourront être rétablis, l'un au mont Sion, rassemblant des moines, un autre des moniales près du Saint-Sépulcre. De temps à autre les textes – rares de toute façon pour l'époque – mentionnent des pèlerins : l'Anglo-Saxon Willibald au VIIIe siècle, celui qu'on nomme Bernard le Moine au siècle suivant. Au xie siècle, le comte d'Anjou Foulques Nerra accomplit quatre fois le pèlerinage de Jérusalem, en pénitence de ses fautes.

A cette époque-là l'Europe connaît un calme relatif, après les troubles qu'ont causés les invasions les plus dures, celles des Normands au nord, des Sarrasins au sud, des Hongrois et des Lombards à l'est. On imagine l'impression que peuvent faire les nouvelles venues du Proche-Orient : la dynastie des Fâtimides s'est emparée de Jérusalem en 969, et en 1009 le calife Hakim a fait raser la splendide rotonde élevée, quelque sept cents ans auparavant, par l'empereur Constantin sur l'emplacement de l'Anastasis, le Lieu saint de la Résurrection. Les Byzantins obtiennent péniblement, en 1054, la permission de rebâtir en partie la rotonde. Mais c'est alors que les Turcs Seldjoukides font irruption en Asie Mineure, détruisent la cité des Arméniens et sa cathédrale d'Ani, s'emparent de la Ville sainte et écrasent l'armée que tentait de leur opposer l'empereur de Byzance. Un pèlerinage organisé par l'évêque de Bamberg, Gunther, et regroupant quelque douze mille fidèles, se termine par un affreux massacre, le vendredi saint 1065, à deux jours de marche de Jérusalem.

En 1074, l'empereur de Byzance lance un appel au pape. Mais il faudra vingt ans encore pour que se décide enfin l'intervention des Occidentaux, au concile de Clermont en 1095. Cette fois c'est un pèlerinage en armes qui s'ébranle, avec un but bien précis : libérer Jérusalem.

Nombre de femmes y participent, et cela paraît naturel à tout le monde. Certaines n'hésitent pas à revêtir la cotte de mailles, à coiffer le casque et à manier l'épée, comme les épouses des Normands de Sicile, ou la margravine, Ida d'Autriche, qui prendra en 1101 les armes elle-même et partira pour la Palestine, en même temps que le duc Wolfe de Bavière. La majorité d'entre elles font néanmoins office d'auxiliaires plutôt que de combattantes, s'occupant par exemple de fournir l'eau, de soigner les blessés; mais, comme pour la plupart des pèlerinages, la dame part en même temps que le chevalier.

Ce départ est d'ailleurs très typique de son temps;

aucun chef d'Etat proprement dit n'est présent, ni roi ni empereur; ce sont des féodaux qui se mettent en route et il est naturel qu'ils s'éloignent en famille. Lorsque pour la traversée de la Hongrie le roi Coloman exige des otages afin de prévenir les pillages, on voit s'offrir pour tenir ce rôle Baudouin de Boulogne, le frère de Godefroy, avec sa femme et leurs enfants.

De même ce sont des familles, des lignées qui, à la suite de la Croisade, resteront en Terre sainte et s'y installeront. Nous aurons l'occasion de saisir cette importance des structures familiales à Jérusalem même, une fois reconquise dans des conditions qui stupéfièrent le monde, le 15 juillet 1099. Si le royaume de Jérusalem a pu vivre alors cent ans ou presque, survivre cent autres années en Palestine et deux cents ans à Chypre, c'est bien grâce aux femmes qui maintiendront et transmettront une présence occidentale que tout rendait improbable, si l'on considère l'îlot minuscule perdu au milieu d'une mer hostile – celle de l'Islam qui recouvre alors les trois quarts du monde connu.

LES FEMMES : UNE PRÉSENCE ACTIVE

Nous sommes habitués depuis le XVIIe siècle à calquer notre conception de l'histoire sur celle du monde romain : avec chefs vainqueurs et implantations méthodiques de colons quadrillant le territoire conquis grâce aux soldats, puis aux fonctionnaires de la métropole. On ne retrouve rien de cet ordre-là dans l'histoire des « Croisades ». La présence des femmes, le rôle qu'elles jouent interdisent toute assimilation et nous introduisent, en revanche, dans un autre univers, qu'il n'est pas sans intérêt de redécouvrir en notre fin du XXe siècle. Ces femmes ne pourraient-elles pas nous révéler que certains a priori auxquels nous nous soumettons par habitude peuvent être remis en cause? En divers points du monde, les femmes ont déjà manifesté des capacités qu'on eût été bien loin de leur soupçonner aux temps classiques, et, sans même avoir à nommer Corazon Aquino, Benazir Bhutto ou Violeta Chamorro, rappelons qu'elles ont reconquis bien des domaines qu'au siècle dernier on leur refusait obstinément, par exemple dans la recherche scientifique, la médecine ou la vie culturelle.

Nous n'en sommes que mieux préparés à relire l'histoire en prêtant attention aux femmes qui l'ont en grande partie faite. Elles sont là, et nous dirons : pour le meilleur ou pour le pire. Car ces femmes sont aussi diverses, aussi surprenantes durant les quatre siècles – XIIe - XVe – du royaume de Jérusalem, qu'elles ont pu l'être tout au long de l'histoire du monde ; et leur attitude nous apparaît tantôt admirable et tantôt déconcertante.

A Jérusalem, ou dans les divers fiefs qui entourent et protègent la Ville sainte, se mêleront des femmes d'origines très diverses. Si plusieurs viennent d'Occident, beaucoup sont des natives du pays, des Arméniennes surtout ; une sympathie spontanée se développe entre chrétiens de diverses tendances et cela dès le premier assaut. Des petites-bourgeoises peuplant la ville à la reine Mélisende, des moniales bientôt établies, notamment dans l'ancienne vallée de Josaphat, aux princesses dont les amours infléchissent le cours des événements, à toutes celles dont la présence prolongera à Saint-Jean-d'Acre, puis dans l'île de Chypre, l'existence d'un royaume devenu fantomatique, que de visages tragiques ou séduisants, que d'histoires romanesques ou héroïques ! Et comment se priver d'une pareille perspective humaine, sans laquelle la réalité demeure tronquée et incomplète...

2

Entre l'Occident et l'Orient,
ou la « Première Croisade »

La « Première Croisade » prend donc le départ au cours de l'été 1096. Elle se compose de trois expéditions distinctes, conduites l'une par Godefroy de Bouillon et son frère Baudouin, l'autre par Robert de Flandre, avec le frère du roi de France Hugues de Vermandois et Etienne de Blois, et la troisième par Raymond de Saint-Gilles, avec les Français de langue d'oc : longue marche à travers l'Europe centrale, qu'on peut évaluer à quatre mille kilomètres à vol d'oiseau, bien davantage en fait si l'on considère les détours de la route et les obstacles naturels à contourner. Les seigneurs sont à cheval, les nobles dames aussi, parfois en litière ; et suivent les chariots contenant armes et bagages, qu'escorte la piétaille, hommes et femmes, et nombre de clercs aussi.

Godefroy de Bouillon arrive le premier, le 23 décembre 1096, devant Byzance, ce qui nous vaut le récit d'Anne Comnène déjà évoqué.

BYZANCE ET LE RÉCIT D'ANNE COMNÈNE

Son témoignage est d'autant plus intéressant qu'il campe bien, à travers les réactions d'Anne, le face-à-face entre cette horde de « barbares » et Byzance, cité des empereurs d'Orient consciente de sa haute noblesse et de ses traditions glorieuses, remontant par des noms prestigieux tels que ceux de Justinien et de Constantin jusqu'à la Rome antique. De très haute naissance, Anne est elle-même née « dans la pourpre », dans cette salle de la Porphyra où accouchent traditionnellement les impératrices. Elle a reçu une éducation des plus soignées, lu Aristote et Platon, Démosthène et Homère, acquis même des notions de mathématiques, de théologie et de médecine. Son livre, l'*Alexiade*, qu'elle consacre à son père l'empereur Alexis, nous dresse le meilleur tableau que nous possédions de la société byzantine du temps : raffinée, jouant sans cesse un jeu ambigu que les initiés savent interpréter, et dans lequel il n'est pas une phrase, pas un mot qui ne puissent être entendus à double sens.

La diplomatie byzantine va trouver à s'exprimer avec l'arrivée de la Croisade, véritable déferlement humain, que l'empereur voudrait utiliser à son profit. Anne nous décrit par le menu les manœuvres d'Alexis pour contenir, canaliser l'enthousiasme de ces « Celtes » barbares, afin d'en faire une armée impériale et qu'ils lui rendent intégralement les territoires qu'ils arracheraient aux Turcs. Les choses ont pourtant mal commencé. Une ambassade envoyée par les Croisés, qui campent à l'extérieur de la ville, tardant à revenir, ceux-ci croient que leurs compagnons ont été retenus en otages par l'empereur. L'émoi les saisit; ils marchent sur les remparts, menaçant de tout saccager. Alexis pourtant reste maître de lui et, au lieu de prendre les armes, il gagne le trône impérial sur lequel il s'assied, défendant à tous de sortir des remparts contre les « Latins », « en raison, nous dit Anne, aussi bien du caractère de ce jour – on était au jeudi de la grande et sainte semaine durant laquelle le Sauveur souffrit une mort ignominieuse pour tous les hommes (jeudi saint 2 avril) – que de la volonté qu'il avait d'éviter un massacre fratricide... Les Latins non seulement ne l'écoutaient pas, mais renforçaient leurs troupes; ils envoyaient une telle nuée de traits que des hommes debout près du trône impérial furent blessés à la poitrine. A cette vue, la plupart de ceux qui se trouvaient aux côtés du *basileus* (l'empereur) reculèrent; lui resta assis sans broncher, réconfortant les siens et les reprenant doucement à l'admiration de tous ».

Il donne ses ordres à Nicéphore Bryenne (plus tard son

gendre et l'époux d'Anne Comnène), et fait ouvrir dans les remparts l'une des portes, la porte Saint-Romain, d'où sortent en bon ordre quelques archers qui tirent des flèches en prenant soin de les diriger non contre les cavaliers, mais contre les chevaux; lui-même se rend sur l'une des tours, faisant lancer de temps à autre une flèche lorsque l'un des agresseurs se montre trop insolent. Et c'est ainsi qu'il contient l'assaut, engagé d'ailleurs par méprise, car seule la longueur des pourparlers avait retenu les envoyés de Godefroy plus longtemps que prévu, suscitant l'inquiétude d'une foule rendue irritable par la fatigue et les émotions de son long voyage.

Le résultat fut que, le lendemain, Godefroy et ses compagnons prêtaient à Alexis le serment que celui-ci exigeait : que « toutes les villes et régions dont ils s'empareraient lui seraient remises comme lui ayant appartenu avant de tomber aux mains des Turcs; moyennant quoi il allait pourvoir au ravitaillement des troupes croisées et combler de présents leurs chefs ». L'adroite conduite de l'empereur – et aussi son courage – avaient évité que le malentendu ne se terminât en massacre.

Si elle nous laisse de nombreux portraits de femmes byzantines – notamment ceux très élogieux de sa grand-mère Anne Dalassène, de sa mère Irène Doukas, douces, dévouées, sages, pieuses –, Anne ne s'étend guère en revanche sur les femmes de l'armée des Croisés, qu'elle englobe dans le même dédain où elle tient ces « Celtes », grossiers et arrogants. Elle en décrit seulement quelques-unes, comme la Normande Sichelgaïte, femme de Robert Guiscard, capable de s'armer comme un soldat et de se battre, ou de rallier les fuyards pour les ramener au combat. Du moins Anne signale-t-elle la présence de cette « multitude » de femmes anonymes accompagnant les combattants, et cela est pour nous précieux, tant il est difficile dans les chroniques, qui mentionnent longuement les hautes dames accompagnant les barons, d'entrevoir les femmes au sein de la « piétaille » : ne prenant guère part aux combats, elles n'ont pas les honneurs des récits.

Il est amusant de noter que les a priori dont fait preuve Anne à l'égard des Croisés en général le cèdent parfois à

un ressort plus féminin. On a souvent remarqué la passion
contenue qui l'anime lorsqu'elle évoque la figure de Bohémond de Tarente, le Normand qui a rejoint les autres
Croisés avec toute l'ardeur de ses ancêtres Vikings, et
visiblement assez peu de cette piété qu'on sent chez un
Godefroy de Bouillon, voire un Raymond de Saint-Gilles.
« Cet homme à ce point supérieur ne le cédait qu'à mon
père sous le rapport de la fortune, de l'éloquence et des
autres dons de la nature », reconnaît-elle ; et de le décrire
longuement, s'attardant, quarante ans plus tard, à un souvenir qui visiblement réveille en elle quelque vestige de
passion refoulée : « On n'avait jamais vu auparavant sur la
terre des Byzantins homme pareil à celui-ci, barbare ou
grec, écrit-elle, car sa vue engendrait l'admiration et sa
renommée l'effroi... Il avait une si haute stature qu'il
dépassait presque d'une coudée les plus grands, et il était
mince sans embonpoint avec les épaules larges, la poitrine
développée, les bras vigoureux. Sa personne, dans
l'ensemble, n'était ni décharnée ni corpulente, mais
conforme pour ainsi dire aux canons de Polyclète ; il avait
les mains fortes et était solidement planté sur ses pieds
avec le cou et la carrure robuste... » Un tel portrait ne
pouvait être tracé que par une femme.

DES FEMMES AU CŒUR DE LA MÊLÉE

Après avoir quitté Byzance, les Croisés passent en Asie
et prennent Nicée – que d'ailleurs l'empereur s'empresse
de récupérer à son profit –, puis ils continuent leur pro-
gression vers la Terre sainte. C'est à propos de la première
bataille livrée contre les Turcs, le 1er juillet 1097, que la
présence des femmes est mentionnée par les historiens
occidentaux. Celui qu'on appelle l'*Anonyme de la Pre-*
mière Croisade écrit, en racontant ce combat de Dorylée :
« Nos femmes, ce jour-là, nous furent d'un grand secours
en apportant de l'eau à boire à nos combattants et aussi
en ne cessant de les encourager au combat et à la
défense. »

Il s'agissait pourtant d'une rencontre très dure : se

heurtant à eux pour la première fois en rase campagne, les Croisés ignoraient tout de la tactique des Turcs. Le narrateur – un Normand qui faisait partie de la suite de ce Bohémond de Tarente décrit par Anne Comnène – nous relate leur surprise en se voyant soudain encerclés par les troupes du sultan Kilij Arslan, sur une plaine où le soleil d'été devait faire régner une chaleur à peine supportable : « Toutes les hauteurs et les collines et les vallées... étaient entièrement couvertes de cette race excommuniée. » L'ennemi procédait par vagues d'assaut, lançant ses projectiles tant sur les hommes que sur les chevaux, puis se repliant soudainement pour revenir ensuite : « Les Turcs nous entouraient de tous côtés, lançant des javelots et tirant des flèches à une distance merveilleuse. » L'armée de Bohémond aurait probablement été anéantie si les autres corps, ceux de Godefroy de Bouillon et de Raymond de Saint-Gilles, ne s'étaient aperçu de leurs difficultés et ne leur avaient porté secours, jusqu'à la victoire finale.

L'aide des femmes et – le chroniqueur y revient – leur courage intrépide, ont permis de tenir tête à l'ennemi, dans cette première rencontre dont tous les historiens ont fait remarquer l'importance exceptionnelle. Pour les vainqueurs, le succès est d'abord d'ordre matériel : « (l'ennemi s'enfuit) et nous les poursuivîmes tout un jour et nous prîmes un butin considérable, de l'or, de l'argent, des chevaux, des ânes, des chameaux, des brebis, des bœufs et beaucoup d'autres choses ». Ce qui nous rappelle qu'alors chacune des armées emporte son train de ravitaillement sur pied ; en dehors des combattants proprement dits, il y a ce que l'Anonyme appelle les « piétons », ceux qui demeurent auprès des bêtes de somme, des troupeaux, des chariots où se trouvent les ressources en équipement. C'est parmi ces piétons évidemment que les femmes se tiennent, à l'exception des dames nobles, lesquelles souvent prêtent directement main forte à leurs époux.

Pour les Turcs habitués à faire trembler aussi bien les Byzantins que les Occidentaux, et vainqueurs sur tous les champs de bataille depuis ce jour fameux de Mantzikert, en 1071, qui leur avait ouvert l'Asie Mineure, c'est une ère nouvelle qui commençait avec la victoire des forces franques à Dorylée – victoire « décisive pour l'histoire du Moyen-Orient », constate l'historien Josuah Prawer.

La présence des femmes aux côtés des combattants, mentionnée à Dorylée, ne se démentira plus tout au long de ce que nous appelons les Croisades. Toujours lors de la première, d'émouvants récits ont circulé touchant Florine, fille du duc Eudes Ier de Bourgogne, qui aurait combattu aux côtés de Suénon, fils du roi de Danemark. L'un et l'autre avaient décidé de se marier à Jérusalem, mais, attaqués dans les défilés de la Cappadoce, les deux fiancés seraient morts sous les flèches turques avant d'y parvenir. Il sera question aussi à plusieurs reprises, au fil des temps, de femmes qui tirent à l'arc ou actionnent les mangonneaux (l'artillerie d'alors). Ainsi cette femme « à la mante verte » que nous connaissons par la chronique de l'historien arabe Beha-ed-Din, qui fut un compagnon de Saladin. Il rapporte que durant le siège d'Acre (exactement le 3 juillet 1191), elle ne cessait de lancer des flèches et atteignit plusieurs ennemis : « enfin nous la tuâmes et nous portâmes son arc au sultan ». Ou encore cette autre, lors du siège du château de Burzey, toujours par Saladin ; elle dirigeait son mangonneau avec une telle adresse qu'elle mit hors de combat plusieurs perrières (autre nom des machines destinées à lancer des boulets de pierre) des assiégeants.

Il y a encore celles qui s'emploient dans les fossés, portant des pierres pour permettre l'approche des murailles. Ambroise, qui a suivi l'expédition de Richard Cœur de Lion, nous raconte comment l'une d'elles, qui « moult s'y démenait », fut remarquée par un « Sarrasin » qui lui décocha une flèche mortelle. Son mari accourut, mais il ne put mieux faire que la tirer du fossé où elle expira ; et « tel(le) femme, ce dit l'Histoire, / Doit chacun avoir en mémoire », conclut le chroniqueur.

Foucher de Chartres raconte aussi comment, lors de la première expédition, il a vu « plusieurs individus de l'un et de l'autre sexe » mourir de froid lors de la traversée des « déserts », terres dépourvues d'eau et inhabitables, puis essuyer des torrents de pluie dans leur marche en direction d'Antioche. La découverte de la canne à sucre leur apporte quelque secours : « Nous les dévorions d'une dent affamée à cause de leur saveur sucrée, mais elles ne nous étaient qu'une bien faible ressource. »

Longue marche à travers un pays hostile, où heureusement quelques communautés chrétiennes leur font bon accueil, les Arméniens par exemple, ou les chrétiens de Syrie. Lors du siège des diverses villes, Antioche en particulier, des femmes de ces communautés font leur apparition en haut des remparts, furtivement – alors que les hommes, eux, sont étroitement gardés par les Turcs à l'intérieur de la ville; elles font des signes d'intelligence à l'armée qui avance et lui témoignent de loin, à la dérobée, leur sympathie.

C'est d'ailleurs grâce à un Arménien, nommé Firouz, que les Croisés parviennent à pénétrer dans Antioche, la ville imprenable. Il s'agit d'un renégat, passé à l'Islam et qui avait gagné la confiance des Turcs, au point qu'on lui avait confié la garde de l'une des tours de défense, la tour des Deux-Sœurs. On a raconté que Firouz avait surpris sa mère entre les bras d'un Turc, et qu'il assouvissait ainsi une rancœur personnelle. Toujours est-il qu'il répondit aux avances de Bohémond de Tarente, et qu'il lui ouvrit, à un signal convenu, la porte de la tour. Les hommes de Bohémond y pénétrèrent, et au matin la bannière du baron normand flottait sur la tour (3 juin 1098), tandis que la panique s'emparait des habitants. Antioche était prise.

LETTRE À CELLE QUI EST RESTÉE

Par l'intermédiaire d'une femme qui n'y a pas pris part, et des nouvelles qu'elle reçoit, nous pouvons suivre le déroulement de cette Première Croisade.

« Le comte Etienne à Adèle, sa très douce et très aimable épouse, à ses chers enfants et à tous les vassaux de sa lignée, salut et bénédiction!

« Vous pouvez être tout à fait sûre, très chère, que le messager que j'envoie pour vous donner confort m'a laissé

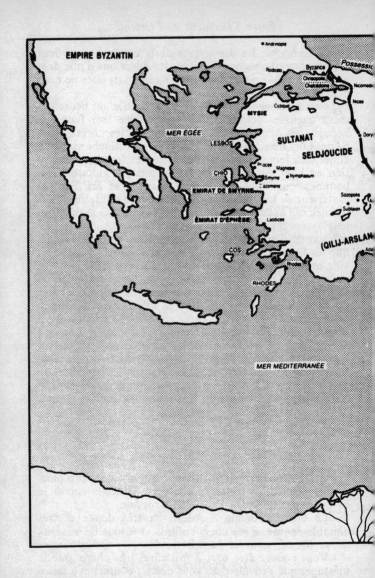

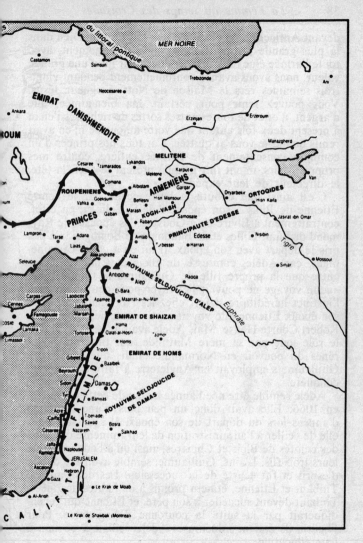

LA PREMIÈRE CROISADE

devant Antioche sain et sauf et par la grâce de Dieu dans la plus grande prospérité. Et déjà en ce moment, avec toute l'armée élue du Christ et douée par lui d'une grande valeur, nous avons avancé continuellement pendant vingt-trois semaines vers la Maison de Notre-Seigneur Jésus. Vous pouvez tenir pour certain, ma bien-aimée, que d'argent, d'or et de toutes autres sortes de richesses j'en ai à présent deux fois autant que votre amour ne m'en avait remis quand je vous ai quittée. Car tous nos princes d'un commun consentement de l'armée entière, contre mes propres désirs, m'ont fait jusqu'à présent le chef, la tête, le directeur de leur expédition. »

C'est ainsi que débute la lettre écrite par le comte Etienne de Blois à son épouse Adèle. Celle-ci, en effet, contrairement à Elvire ou à Godvere, les épouses de Raymond de Saint-Gilles et de Baudouin de Boulogne, n'a pas pris le départ avec son époux. Il lui en a coûté certainement, car Adèle, comtesse de Blois et Chartres, n'est autre que la propre fille de Guillaume le Conquérant; aucun voyage ne pouvait l'effrayer pour peu qu'ait joué l'instinct héréditaire si fort chez les Normands! Et avec son époux Etienne elle voyait partir également son frère, Robert Courte-Heuse. Mais Adèle avait aussi en mémoire le rôle joué par sa mère Mathilde, qui tint fermes les rênes du pouvoir en Normandie tandis que son époux Guillaume s'employait en Angleterre à faire accepter sa conquête.

Adèle semble être née l'année même de cette conquête, en 1066. Elle avait donc un peu plus d'une trentaine d'années lors du départ de son époux. Il s'agissait pour elle de veiller à l'administration de leur immense domaine des comtés de Blois et Chartres, ainsi qu'à l'éducation de leurs trois fils. L'aîné, Guillaume, semble avoir été débile d'esprit et fut écarté de la succession. Les deux autres, Thibaut et Etienne, étaient promis à de hautes destinées, Thibaut devant succéder à son père, et Etienne qui revendiquerait par la suite la couronne d'Angleterre. Pour l'heure, ils étaient mineurs et Adèle veillait avec soin à leur éducation.

La lettre de son époux, Etienne, appelle bien des

réflexions. Elle aura été dictée entre deux combats au moment où l'armée des Croisés faisait le siège d'Antioche au mois de mars 1098. Le comte de Blois avait évidemment autour de lui un chapelain ou des clercs qui écrivaient sous sa dictée. Mais imagine-t-on la difficulté que pouvaient rencontrer les messagers chargés d'apporter ensuite ces missives, probablement à Constantinople puis, par terre ou par mer, à travers d'innombrables relais, de les faire parvenir à leur destinataire... Le fait est pourtant que plusieurs lettres de Croisés nous ont été conservées et ont pu être publiées de nos jours [1]. La coutume était pour chaque lettre d'en garder copie au départ, et à l'arrivée, le plus souvent, de la transcrire sur un registre, et aussi d'en faire circuler des copies à l'intention de tous ceux qu'elle pouvait intéresser. La comtesse de Blois n'a pu manquer de le faire auprès de son entourage en un temps où l'aventure, commencée deux ans plus tôt, de ces pèlerins en armes qui voulaient reconquérir Jérusalem passionnait tout l'Occident.

Le ton de cette lettre était d'ailleurs optimiste : « Vous avez certainement entendu dire, écrivait Etienne, qu'après la prise de la cité de Nicée, nous avons livré une grande bataille contre les perfides Turcs et par l'aide de Dieu, nous les avons vaincus. » : il faisait allusion là à la bataille de Dorylée. « Puis, poursuivait-il, nous avons conquis pour le Seigneur toute la Romanie (Asie Mineure), et ensuite la Cappadoce... De là, suivant continuellement les méchants Turcs, nous les avons conduits vers le milieu de l'Arménie jusqu'à la grande rivière Euphrate ; laissant leurs bagages et les bêtes de somme sur la rive, ils ont fui par-delà le fleuve vers l'Arabie. »

Tous ces noms n'étaient pas étrangers à Adèle. D'abord parce qu'elle se trouve être l'une de ces femmes très lettrées, nombreuses dans sa génération ; et aussi parce que nous connaissons son attrait pour les sciences géographiques et astronomiques. L'Euphrate, la Cappadoce sont des noms qui ont pour elle un sens, et qu'elle est capable de situer. En effet, il se trouve qu'un poème

---

1. Notamment par Dana MUNRO dans le cadre de la grande *Histoire des Croisades* éditée par l'Université de Pennsylvanie à Philadelphie.

adressé à la comtesse Adèle par l'un de ses fervents admirateurs, Baudri de Bourgueil, décrit sa chambre, c'est-à-dire sa salle d'apparat, celle où elle vit et reçoit. Les murs de cette chambre sont couverts de tentures : l'une représente la création jusqu'au déluge, une autre des scènes bibliques depuis l'Arche de Noé jusqu'à Salomon qui construisit le temple de Jérusalem; une autre encore décrit des scènes de la mythologie grecque, Saturne et Jupiter, Pyrame et Thisbé. Le plafond de la salle est peint d'étoiles, de planètes, de figures du zodiaque, et le sol de marbre est une mappemonde : la terre, ses fleuves, ses montagnes, la mer avec ses poissons et ses monstres fabuleux, les animaux qui peuplent l'univers, etc. Lettrée, savante même, Adèle attire autour d'elle nombre de poètes comme Baudri de Bourgueil lui-même, Hildebert de Lavardin, l'évêque du Mans – ou de savants prélats comme Yves de Chartres.

C'est dire qu'elle devait attendre avec impatience les lettres que lui adressait son époux. Celle que nous citons a d'ailleurs été écrite à un moment particulièrement critique de la longue marche croisée. La suite le fait comprendre : « Les plus audacieux des soldats turcs, écrit Etienne, entrant en Syrie, se sont hâtés par marches forcées jour et nuit afin de pouvoir entrer dans la royale cité d'Antioche avant notre approche. L'armée entière de Dieu, apprenant cela, a rendu grâces et louanges au Dieu Tout-Puissant. Nous hâtant avec grande joie vers ladite cité d'Antioche, nous l'avons assiégée et avons eu là très souvent des conflits avec les Turcs, et sept fois avec les habitants d'Antioche et les innombrables troupes venant à leur aide auxquelles nous nous sommes heurtés. Nous avons combattu avec le plus âpre courage sous la conduite du Christ. Et dans toutes ces sept batailles, par l'aide du Seigneur Dieu, nous avons vaincu et en avons très assurément tué un nombre considérable. De ces batailles, à vrai dire, et dans de très nombreuses attaques contre la cité, beaucoup de nos frères et de notre suite ont été tués. Leurs âmes ont été portées aux joies du Paradis.

« Nous avons trouvé la cité d'Antioche très étendue, fortifiée avec une puissance incroyable et presque inexpugnable. (L'enceinte d'Antioche ne comportait pas moins de quatre cents tours, et les Byzantins y avaient accumulé les travaux de défense, jusqu'au moment où ils avaient dû abandonner la ville aux Turcs en 1085.) Plus de cinq mille courageux soldats turcs sont entrés dans la cité, sans compter les Sarrasins, Arabes, Turcoples, Syriens, Arméniens et autres différentes races dont une multitude infinie s'est rassemblée là. En combattant contre ces ennemis de Dieu et de nous-mêmes, nous avons par la grâce de Dieu enduré maintes souffrances et des maux innombrables jusqu'à présent. Beaucoup ont déjà épuisé toutes leurs ressources en cette très sainte souffrance. Un très grand nombre de nos Francs, en vérité, aurait encouru la mort par la faim si la clémence de Dieu et notre argent ne les avaient secourus. Devant cette cité d'Antioche, en vérité, pendant tout l'hiver, nous avons souffert pour le Christ Notre-Seigneur d'un froid excessif et d'énormes torrents de pluie. Ce que certains disent de l'impossibilité de supporter la chaleur du soleil en toute la Syrie n'est pas vrai, ajoute-t-il, car l'hiver ici est tout à fait semblable à notre hiver d'Occident. »

Sur cette remarque amère, le comte de Blois reprend en détaillant les divers combats livrés devant Antioche durant tout le Carême jusqu'à ce temps de Pâques – donc la fin de mars ou le début d'avril 1098 – pour terminer en disant : « Je ne vous écris que très peu de choses, très chère, parmi les nombreuses que nous avons faites et parce que je ne suis pas capable de vous dire tout ce que j'ai dans la pensée. Je vous charge d'agir bien et de veiller avec soin sur nos terres, de faire votre devoir comme vous le devez envers nos enfants et vassaux. Vous me reverrez dès que je pourrai retourner chez nous. Adieu. »

Lorsque cette lettre parvint à la comtesse Adèle, les événements s'étaient multipliés, faisant de ce siège d'Antioche le plus dur point d'achoppement dans la marche vers Jérusalem. Les chrétiens étaient arrivés devant la ville le 21 octobre 1097. Ils furent immobilisés jusqu'au 3 juin de l'année suivante, 1098, et y subirent d'atroces souffrances, entre autres la famine ; au point que le découragement gagna certains seigneurs qui tentèrent de s'enfuir, comme le vicomte de Melun, Guillaume le Charpentier, et même le très fameux Pierre l'Ermite – celui qui avait entraîné les bandes populaires et avait pu échapper au massacre de celles-ci en 1096. Il fut reconnu et ramené sans ménagements par le Normand Tancrède, neveu du fameux Bohémond.

Ce dernier avait sur Antioche des vues personnelles. Il finit par y pénétrer, grâce, nous l'avons vu, aux connivences qu'il avait pu avoir avec l'Arménien Firouz à l'intérieur de la place. Mais à peine la cité avait-elle été prise qu'une vaste armée turque commandée par l'émir que les chroniqueurs appellent Kerbogah (Kurbuqa) parvenait, à son tour, sous les murs, et que d'assiégeants les Croisés devenaient assiégés. Cela se passait entre le 5 et le 7 juin 1098, trois jours à peine après la prise de la ville ; et cette fois la famine, qui ne tarda pas à se faire de nouveau sentir, était absolument sans recours : le blocus était total et les vivres dans la citadelle s'étaient raréfiés en raison du siège précédent.

On assiste alors à une défaillance consternante, celle d'Etienne de Blois lui-même. Avec un compagnon, Guillaume de Grandmesnil, il parvient à gagner le port d'Alexandrette et se rend en Asie Mineure ; là on lui signale que l'empereur, Alexis Comnène, a réuni une armée et se prépare de Philomelion à porter secours aux assiégés d'Antioche. L'ayant rejoint, Étienne et son compagnon Guillaume lui assurent que tout nouvel effort est inutile, car à l'heure présente les troupes de Kerbogah ont dû déjà pénétrer dans la cité et anéantir ses défenseurs. Seul un frère de Bohémond, nommé Guy, présent sur les lieux, exhorte l'empereur à tenter quand même de prendre la route de Syrie, pour sauver si possible les survivants. Mais les affirmations d'Etienne ont plus de poids et l'empereur regagne Byzance. « Et la Chrétienté qui était à Antioche, qui avait tel besoin d'aide, perdit si grand secours par quoi fût venue toute délivrance », constate l'historien Guillaume de Tyr racontant ce peu glorieux épisode.

Heureusement l'énergie invincible de Bohémond se voit adjoindre une circonstance favorable : la découverte, par un prêtre nommé Pierre Barthélemy, sous les dalles du sol de l'église Saint-Pierre d'Antioche, de la Sainte Lance avec laquelle aurait été percé le côté du Christ. Cette découverte rend tout à coup à l'armée un moral et un courage inespérés, si bien que cette armée d'affamés, le 29 juin suivant, disperse l'armée de Kerbogah, ce qui à la fois libère Antioche et permet de faire un énorme butin. La description que donne le chroniqueur restitue une fois de plus pour nous ce que pouvait être une armée à l'époque, car, énumérant les richesses qui se trouvaient dans le camp du sultan, il ajoute : « Bœufs et vaches et moutons y étaient en très grande quantité, blé, farine moulue dont ils avaient bien besoin, il y en avait tant que tous en furent encombrés de les porter. » A la famine succédait l'abondance. Durant ce second siège d'Antioche, le frère d'Adèle, Robert Courte-Heuse, s'était couvert de gloire.

Etienne de Blois, lui, en était pour sa courte honte. Rentré en France et ayant regagné ses domaines avec ses hommes, sa conduite soulevait indignation et scandale : à commencer par celle d'Adèle, son épouse. Le chroniqueur Orderic Vital a raconté de façon très vivante ses réactions : « Beaucoup de gens faisaient reproche à Etienne et il se sentait obligé de regagner l'armée du Christ tant par crainte que par confusion. Adèle, son épouse, le reprenait fréquemment et, tout en multipliant les caresses de l'intimité conjugale, elle lui disait : " A Dieu ne plaise, mon cher Seigneur, que tu supportes d'endurer la réprobation dont tant de gens t'accablent. Rappelle-toi l'ardeur qui t'a rendu fameux dans ta jeunesse et reprends les armes de la louable armée pour le salut de milliers de gens, pour que jaillisse grande exultation des chrétiens dans tout l'univers et pour les païens la crainte et la honte de leurs lois scélérates. " Cette femme sage et remplie de zèle lui disait cela et beaucoup d'autres choses semblables ; mais lui, qui connaissait les périls et les difficultés, redoutait d'aller affronter une seconde fois de si dures souffrances. Pourtant, à la fin, il retrouva son ardeur et ses forces et prit la route avec d'autres milliers de Francs et arriva jusqu'au Sépulcre du Christ quels que soient les inconvénients si funestes et les obstacles qui s'opposaient à lui. »

En quelques mots Orderic Vital fait ici surgir une scène de chanson de geste : c'est l'héroïque Guibourc de la *Chanson de Guillaume* qui défend le château d'Orange, et qui, voyant son époux fuir la bataille, le renvoie par trois fois au combat avant de consentir à faire ouvrir les portes devant lui; elle n'admet pas que Guillaume revienne autrement qu'en vainqueur. Plus délicatement encore, Reto Bezzola compare ce récit du chroniqueur à une scène de roman : il s'agit d'*Erec et Enide* qui savourent le bonheur de leur union, au point qu'Erec en oublie les exploits chevaleresques par lesquels il avait soulevé l'admiration de toute la Cour. Et c'est Enide qui, alarmée de surprendre les airs de reproche, voire les moqueries des autres chevaliers, incite doucement son époux à ne pas se laisser détourner, fût-ce par le bonheur et ce sentiment de plénitude qu'ils éprouvent l'un et l'autre, de sa vocation chevaleresque. Aussi bien vont-ils repartir affronter ensemble de nouveaux dangers, aller d'eux-mêmes au-delà de ce bonheur qui les comble, pour provoquer la « joie de la Cour » en libérant des prisonniers qui seront sauvés grâce à leur vaillance.

Il y a là un trait profond de l'époque, et quand un peu plus tard André le Chapelain, dans son *Traité de l'amour*, déclarera que tout ce qui se fait de bien et de beau sur terre est dû aux femmes, on peut penser – encore qu'il se soit placé sur un plan surtout littéraire, celui de la lyrique courtoise – que ce même état d'esprit restait présent.

Adèle ne se contentait pas du somptueux environnement décrit par Baudri de Bourgueil, non plus que des hommages littéraires qui lui ont été largement rendus par les poètes du temps. Ils l'ont célébrée comme « rose de la patrie, lumière de la lignée ». Ils ont vanté la beauté de son visage, la splendeur de sa race et aussi sa fidélité sans faille, sa droiture. La correspondance de l'évêque Yves de Chartres révèle que sur les conseils de celui-ci Adèle intervint auprès de sa cousine Adélaïde de Champagne, pour que cesse la liaison adultère qu'elle avait avec Guillaume de Breteuil. Elle aura laissé à ses contemporains une image de fidélité – ce qui, écrit l'un d'eux, est « plus rare qu'un corbeau blanc » !

Toujours est-il qu'Etienne, son époux, reprit le chemin de Terre sainte. Entre-temps Jérusalem avait été prise d'assaut, contre toute attente, le 15 juillet 1099. La plupart des Croisés allaient dès lors, leur pèlerinage terminé, leur but atteint puisque Jérusalem était libérée, regagner l'Occident. L'annonce de l'arrivée d'une armée égyptienne à la hauteur d'Ascalon retarda quelque peu le départ de ceux qui déjà faisaient leurs préparatifs. Mais après une nouvelle bataille gagnée, le 12 août 1099, Robert Courte-Heuse, tout comme le comte Robert II de Flandre, dont l'épouse était elle aussi demeurée dans leur domaine, et bien d'autres avec eux, regagnèrent Constantinople pour rentrer en Europe. Avant leur départ, Godefroy de Bouillon, demeuré avec quelques centaines de chevaliers pour défendre la Ville sainte, leur avait vivement recommandé de faire savoir aux chrétiens combien sa situation était difficile, et précaire une reconquête défendue par des forces aussi minces.

Les pèlerinages en armes vont se succéder désormais et, bien que Godefroy lui-même soit mort dès le mois de juillet 1100, l'œuvre que symbolise son nom se poursuivra grâce à ces arrivées presque incessantes de nouveaux Croisés. De Provence, d'Italie partent des vaisseaux porteurs de pèlerins en armes – avec toujours parmi eux des femmes – qui, lorsque les tempêtes ou les pirates le leur permettent, débarquent à Caïffa, à Jaffa, à Césarée ou sur d'autres places maritimes. Autant de renforts pour le frère et successeur de Godefroy, Baudouin Ier, qui avait pris, lui, contrairement à Godefroy, le titre de roi de Jérusalem. Sur place les combats se succédaient, presque toujours dans d'effarantes inégalités numériques, mais les victoires remportées ne faisaient qu'augmenter au Proche-Orient même le prestige de ces « Francs » qu'on voyait combattre à un contre dix. Etienne de Blois fit partie d'un de ces nouveaux contingents que les historiens des Croisades n'ont pas retenus dans leur numérotation – et cela eût passablement compliqué leur tâche car semblables arrivées ont été incessantes, tout comme les retours de ces pèlerins une fois leur vœu accompli. Il s'agissait en quelque sorte d'assurer une présence, même

brève, mais continue, de l'Occident auprès du noyau resté
en Terre sainte – quelques-uns choisissant de demeurer
sur place et d'y consacrer leur vie.

Etienne de Blois compte donc parmi les nouveaux
barons qui débarquent, groupés autour de Guillaume IX
de Poitiers, duc d'Aquitaine, et sa présence est une victoire pour Adèle. Avec ses compagnons, ils célèbrent à
Jérusalem les fêtes de Pâques de l'an 1102; après quoi
Guillaume de Poitiers, Etienne de Blois et un autre
Etienne, fils du comte Renaud Ier de Bourgogne,
comptaient se rembarquer. Mais la nef qui portait les
deux Etienne fut rejetée par la tempête sur la côte de
Jaffa. Or le vizir d'Egypte avait concentré une forte
armée (vingt mille Arabes et Soudanais) aux environs
d'Ascalon. Cette troupe impressionnante remontait vers
Ramlah, de toute évidence destinée à reprendre Jérusalem aux chrétiens.

Etienne de Blois et son compagnon le fils du comte de
Bourgogne se joignirent au roi Baudouin qui, rendu sans
doute quelque peu téméraire par ses victoires précédentes, négligea d'envoyer des éclaireurs pour évaluer
les forces ennemies. En débouchant sur la plaine de Ramlah, « il s'émerveilla de la grande quantité de gens qu'ils
avaient, et il commença à se repentir de ce qu'il avait tant
avancé », écrit le chroniqueur. Etienne de Blois allait
mourir, ainsi qu'Etienne de Bourgogne, lors de cet assaut
des Egyptiens sur Ramlah, le 19 mai 1102. Et, évoquant
cette mort, le chroniqueur conclut : « Il apparut bien que
Notre-Seigneur avait pardonné à celui qui avait tant pris
en gré son service qu'Il permit qu'il mourût en le servant. »

LA FEMME DU CHEIKH

Quant au roi Baudouin, il fut sauvé, et cela grâce à une
intervention qui mérite d'être racontée. Guillaume de
Tyr, qui est notre meilleur historien, le plus proche des
événements puisque, né en Terre sainte, il devait y mourir
en 1185, nous a raconté toute l'histoire. Le règne de Bau-

douin se passait constamment en déplacements et en coups de main destinés à assurer une relative sécurité au moyen des forces dérisoires (trois cents chevaliers et autant de gens de pied!) dont il disposait. Or certain jour, l'an 1101, donc tout au début de son règne, il avait eu vent du passage d'une caravane dont le campement était établi en Transjordanie. Rassemblant ses forces, il traversa le Jourdain de nuit et assaillit le campement, faisant un butin considérable. Or, parmi les captifs qu'il ramenait à Jérusalem, une dame, femme d'un cheikh arabe, montée sur un chameau, fut saisie des douleurs de l'accouchement.

« Le temps et l'heure étaient venus où elle devait enfanter. Elle commença à crier très haut en l'angoisse qu'elle souffrait. On le dit au roi (Baudouin) qui chevauchait près de là. Quand il l'oït, aussitôt il accourut. Il eut grande pitié de cette dame; très doucement la fit descendre de dessus le chameau, bon lit lui fit décorer en ce lieu de matelas, de courtepointes et de draps blancs. Parce qu'on ne trouva pas rapidement des couvertures, il la couvrit d'un manteau vert qu'il avait à son col pardessus son armure. Ravitaillement lui laissa en grande quantité et de petites outres de vin et d'eau, et lui donna une de ses suivantes et deux chamelles pour traire leur lait. Ainsi la laissa, puis s'en alla avec son armée. » Pendant ce temps, le chef arabe qui avait fui suivit de loin le roi et son armée « pour rechercher s'il pouvait ouïr des nouvelles de la chose du monde qu'il aimait le plus. Tant alla chevauchant qu'il la trouva (son épouse). Alors eut joie très grande quand il sut que le roi lui avait fait telle gentillesse. D'attendrissement, il commença à pleurer, bénissait le roi et le louait beaucoup. Sur toutes choses il désirait en son cœur que puissent venir un moment et un endroit où il rendrait au roi bonté et services ».

Or le cheikh allait en trouver l'occasion. Après la journée de Ramlah, en effet, Baudouin s'était retiré sous sa tente, à l'intérieur de la ville, en attendant le prochain assaut de l'armée égyptienne qui ne pouvait manquer. Profitant du répit de la nuit, un chef arabe se présenta devant la muraille et demanda à lui parler personnellement ; on finit par l'introduire ; c'était ce même cheikh dont Baudouin, l'année précédente, avait protégé l'épouse. Il venait prévenir Baudouin de fuir cette nuit même, car l'armée égyptienne devait donner l'assaut le lendemain. Suivi d'un écuyer et de trois ou quatre compagnons, le roi s'élança aussitôt sur son cheval arabe qu'on nommait la « gazelle » tant il était rapide et, bien que des avant-postes de Sarrasins l'aient empêché de rejoindre la Ville sainte, il réussit à se sauver et à gagner la montagne. Il allait errer deux jours et deux nuits, pour gagner enfin la petite ville d'Arsouf, au nord de Jaffa, où il retrouva quelques-uns des barons et put regrouper ses forces. Entre-temps, on avait partout annoncé la mort du roi, si bien que son soudain retour fut « comme l'étoile matinale qui annonce que le jour est proche ; alors furent tous si joyeux que ceux qui, avant, pleuraient de deuil, alors pleurèrent de joie ».

Un mois plus tard, l'arrivée d'un nouveau convoi d'Occidentaux, parmi lesquels plusieurs chevaliers français, anglais et allemands, allait permettre de reconstituer l'armée du royaume et à nouveau de sauver Jérusalem. Baudouin reprenait alors l'offensive et, l'année suivante, décidait d'assiéger la ville d'Acre, pour ménager aux forces franques un accès direct par la mer. Car, de plus en plus, c'est par voie maritime qu'on accède aux Lieux saints de Palestine ; aussi la possession des divers ports de la côte devient-elle vitale pour ceux qui les défendent.

On ne peut clore ce chapitre sans évoquer une autre femme de Croisé restée en France, moins connue, certes, qu'Adèle de Blois, mais immortalisée par une admirable pièce sculptée que conserve l'église des Cordeliers de Nancy. Il s'agit d'Anne de Lorraine, dont l'époux, Hugues Ier de Vaudémont, a été retenu seize ans prisonnier en Terre sainte. Le sculpteur a représenté sur sa pierre tombale la scène de son retour : le Croisé, en haillons, est étroitement embrassé par son épouse qui, pressée par tous de se remarier alors qu'on le croyait mort, s'y était obstinément refusée. Cette scène où est fixée dans la pierre leur mutuelle fidélité, en un moment si pathétique, symbolise beaucoup d'autres attentes semblables, qui n'ont évidemment pas toutes dû connaître le même heureux dénouement. Elle atteste en tout cas que l'amour chanté par les poètes au temps de la lyrique courtoise s'enracine aussi dans la vie conjugale.

3

Les débuts du royaume de Jérusalem

Nombreuses sont les femmes qui ont pris la croix dès le début – discrètes héroïnes dont on retrouve la trace au hasard des textes, à l'occasion de leur départ, dans les cartulaires qui les mentionnent ici ou là. Il y en eut certainement beaucoup. Un nécrologe daté de 1102 [1], contenant le nom des défunts de la collégiale de Serrabone, près de Perpignan, depuis sa fondation en 1081, porte le nom de quatre converses – autrement dit quatre femmes consacrées qui y vivaient, faisant probablement le service des chanoines, tout en assistant à leurs offices : Alsava, Estevania, Ricarda et une autre Estevania. Deux d'entre elles sont parties pour Jérusalem, très certainement lors du premier appel au pèlerinage en armes : celle appelée Richarde et la seconde Stéphanie. Le nécrologe porte : « *que perrexit Jerosolimam* », « qui s'en fut à Jérusalem ».

On connaît le cas d'une troisième femme de la même région, une noble dame du pays toulousain, nommée Emerias. En 1098 elle avait marqué d'une croix son épaule droite et se disposait à partir pour Jérusalem. Elle est venue avant son départ demander sa bénédiction à l'évêque de Toulouse Isarn, alors en tournée pastorale. L'évêque l'a exhortée à consacrer plutôt ses biens à une fondation pour les pauvres : ce devait être l'origine de

1. Ce nécrologe de Serrabone nous a été signalé par l'érudit Pierre Ponsich, à qui nous exprimons nos remerciements.

l'hospice fondé près de l'ancienne chapelle Saint-Orens [1], et plus tard rattaché à l'abbaye de Vielmur.

Une enquête méthodique menée à travers les textes nous révélerait le nom de beaucoup d'autres femmes ayant pris la croix tout au long des « Croisades », depuis cette Béline de Château-Landon, épouse d'un officier de la cour, Robert Clément, qui prit part à la toute première expédition, jusqu'à cette Adélaïde d'Audenarde, connue par une charte de l'an 1264, par laquelle elle s'engage pour le dernier départ effectif, celui du roi Saint Louis.

On trouve aussi nombre d'allusions au départ des femmes dans la controverse amusante qui oppose à Foucher de Chartres son irascible contemporain Guibert de Nogent. Le premier a raconté comment, au mois de mars 1097, certains Croisés – entre autres Etienne de Blois – s'apprêtent à s'embarquer à Brindisi. « Combien les jugements de Dieu sont inconnus et incompréhensibles! s'écrie-t-il. Entre tous les vaisseaux, nous en vîmes un qui, sans qu'aucun péril extraordinaire le menaçât, fut par un événement subit rejeté hors de la pleine mer et brisé près du rivage. Quatre cents individus environ *de l'un et de l'autre sexe* périrent noyés. Mais on eut promptement à faire retentir à leur occasion des louanges agréables au Seigneur : ceux en effet qui furent spectateurs de ce naufrage, ayant recueilli autant qu'ils le purent les cadavres de ces gens, trouvèrent sur les omoplates de certains d'entre eux des marques représentant une croix imprimée dans leur chair. Ainsi donc, le Seigneur voulut que ces gens morts à l'avance pour son service conservassent sur leur corps comme un témoignage de leur foi, le signe victorieux qu'ils avaient pendant leur vie porté sur leurs habits. »

Guibert, qui a consacré tout un ouvrage à blâmer la crédulité excessive de certains amateurs de reliques, exerce à nouveau son sens critique à l'encontre du récit de Foucher de Chartres. « Il rapporte, écrit-il, au commencement de son petit ouvrage, que quelques-uns de ceux qui entreprirent le voyage de Jérusalem, ayant loué des vais-

1. Article paru dans le n° 23 des *Cahiers de Fanjeaux*, consacré à « La femme dans la vie religieuse du Languedoc », 1988, p. 210.

seaux, s'embarquèrent sur la mer qui sépare les habitants de la Pouille de ceux de l'Epire (l'Adriatique) et, soit qu'ils se fussent confiés à une mer qu'ils ne connaissaient pas, soit qu'ils se trouvassent trop entassés dans leur navire, quoi qu'il en soit, il est certain qu'ils perdirent environ six cents hommes sur ces vaisseaux. » Explication beaucoup plus naturelle, comme on le voit, que celle que donnait Foucher. « On rapporte que sur leurs épaules le signe de la croix a été trouvé » ; cela ne lui paraît pas devoir être accepté sans examen. Non qu'il éprouve le moindre doute quant à la possibilité d'un miracle – « il n'est aucun fidèle qui en doute un seul instant » – encore faut-il qu'il soit dûment constaté : « que celui qui a écrit ces choses examine soigneusement si elles se sont réellement passées ainsi qu'il le rapporte ».

Il ajoute un détail qui pour nous confirme l'extraordinaire résonance que le départ pour la Croisade a eue sur les populations en cette fin du XIe siècle. « On sait, écrit-il, que lorsque la nouvelle de cette expédition se fut répandue chez toutes les nations chrétiennes, et tandis qu'on proclamait dans tout l'Empire romain qu'une telle entreprise ne pouvait s'accomplir que par la volonté du ciel, des hommes du rang le plus obscur, des femmes même les moins dignes usurpèrent ce prétendu miracle, en employant des inventions de toute sorte. Celui-ci, en se tirant un peu de sang, traçait sur son corps des raies en forme de croix et les montrait ensuite à tous les yeux ; celui-là produisait la tache dont il était marqué à la prunelle et qui obscurcissait sa vue, comme un oracle divin qui l'avertissait d'entreprendre ce voyage. » Et d'énumérer ensuite leurs subterfuges : des sucs de fruits ou des couleurs, voire du fard, pour se peindre une croix sur la peau et « pouvoir à la suite de cette fraude se présenter comme des témoignages vivants des miracles du ciel ». Lui-même, habitant alors à Beauvais, vit une fois « au milieu du jour quelques nuages disposés les uns devant les autres, un peu obliquement, et de telle sorte qu'on aurait pu tout au plus leur trouver la forme d'une grue ou d'une cigogne, quand tout à coup des milliers de voix s'élevant de tous côtés proclamèrent qu'une croix venait d'apparaître dans le ciel ».

Autrement dit, Guibert de Nogent est imperméable à une *vox populi* un peu trop crédule. Il va nous le prouver encore en poursuivant, dans le ton de l'ouvrage qu'il a consacré aux fausses reliques, avec l'anecdote suivante. « Une petite femme avait entrepris le voyage de Jérusalem... Or une oie, instruite à je ne sais quelle école..., marchait en se balançant à la suite de cette femme. Aussitôt, la renommée volant avec rapidité répandit dans les châteaux et dans les villes la nouvelle que les oies étaient envoyées de Dieu à la conquête de Jérusalem et l'on n'accorda pas même à cette malheureuse femme que ce fût elle qui entraînât son oie; au contraire c'était l'oie, disait-on, qui la guidait elle-même. » Pour conclure, Guibert déclare que la manière la plus sûre d'emmener cette oie jusqu'à la Ville sainte eût été de la manger avant le départ ! Et d'ajouter avec une rigueur qu'on ne saurait blâmer : « Je n'ai rapporté tous ces détails... qu'afin que tous se tiennent pour dit de prendre garde à ne pas rabaisser la gravité de leur qualité de chrétien en adoptant légèrement les fables qui se répandent dans le peuple. »

COMMENT SE REND-ON À JÉRUSALEM?

Vaisseaux qui font naufrage, femme qui marche accompagnée de son oie : tous les moyens sont bons pour atteindre Jérusalem, selon les circonstances et les moyens de chacun.

Le tout premier départ, avant même Godefroy de Bouillon, se fait dans le désordre – celui des petites gens qui s'attachent aux pas d'un Pierre l'Ermite ou d'un Gautier-Sans-Avoir. Ils se transforment bientôt en une foule harassée et sans ressources, dont on se demande comment elle ne tourna pas en bandes de pillards; de fait les pillages seront relativement peu nombreux sur leur passage en Europe centrale. Ces malheureux finiront massacrés par les Turcs lors d'une imprudente sortie de la forteresse de Civitot où ils s'étaient retranchés sur les avis des Byzantins; le spectacle de leurs ossements blanchis au soleil au long de la route de Nicomédie à Nicée impressionnera vivement les membres des expéditions suivantes.

Ces expéditions, celles des seigneurs, sont dans la mesure du possible soigneusement organisées. Nous avons relevé la division en trois corps distincts de la « Première Croisade » – sage précaution pour que chacun puisse se procurer sur la route le ravitaillement nécessaire. Les petites gens qui s'étaient spontanément joints aux grands barons et à leurs vassaux avaient dû se munir au départ de quelques provisions : vêtements, pièces de monnaies dans la bourse de cuir pendue au cou ou à la ceinture, ou cousues avec soin dans l'ourlet de la cotte, pour mieux les dissimuler. Mais cela est bien sûr très loin de suffire pour tout le voyage : le départ est une aventure au cours de laquelle il faudra improviser pour vivre et pour se nourrir – comme devait l'être, du reste, tout pèlerinage.

Ceux qui ont été enrôlés parmi les « hommes » de quelque seigneur peuvent du moins compter sur une certaine sécurité matérielle : ils seront nourris et entretenus par celui dont ils relèvent. Il y a aussi les clercs qui ont emporté l'argent recueilli au cours des quêtes, pour aider en chemin les nécessiteux. Parfois on bénéficie d'une occasion favorable, la générosité d'un baron qui souhaite recruter quelques renforts; parfois aussi un emploi en cours de route. A Antioche par exemple, après le siège et la conquête de la ville, il faut en relever les murailles; « les ouvriers qui n'avaient pas par eux-mêmes assez de ressources pour travailler gratuitement recevaient une paie qu'on prélevait sur les offrandes faites par le peuple ».

Au fil des temps, les textes se faisant plus nombreux, on trouve d'autres détails, par exemple sur les conditions du voyage par mer, qui deviendra le plus habituel. Les statuts de la ville de Marseille, mis par écrit au début du XIIIe siècle, se préoccupent d'assurer aux pèlerins qui prennent la mer « aux Iles » – If, Pomègues et Ratonneau, en avant du port proprement dit – un confort minimum. Les patrons de navire doivent prévoir pour chaque pèlerin transporté une place de deux pans et demi de large sur six et demi ou sept de long (0,62 mètre sur 1,76 mètre); mais, ajoute-t-on, ils sont autorisés à regagner de la place en installant les passagers, « la tête de l'un touchant les pieds de

l'autre... ». Chacun de ceux qui s'embarquent sur la nef
est inscrit par le notaire de bord, qui lui délivre, comme
en notre temps, un billet portant son numéro de place. Si
le pèlerin possède un cheval, on fait entrer l'animal dans
la cale par une ouverture pratiquée dans la coque, qu'on
referme ensuite en veillant à son étanchéité, puisqu'elle
sera immergée durant la traversée. Les chevaux sont
jusqu'au débarquement suspendus par des sangles, leurs
sabots touchant à peine le sol, afin d'éviter les accidents
en cas de tempête.

Combien de Croisés arrivent à destination, jusqu'à
Jérusalem? Nous ne le savons que pour celles et ceux,
hautes dames et seigneurs, dont les chroniques ont
conservé les noms. Godvere de Toesny, épouse de Baudouin – le frère de Godefroy de Bouillon – ne verra jamais
la Ville sainte. Elle meurt en route, à Marash, en octobre
1097, au cours de l'interminable marche de trois ans qui
fut celle des premiers Croisés. Bien d'autres heureusement parviennent au but.

La vie s'organise en Terre sainte

Parmi celles et ceux qui y parviennent, certains s'installent définitivement sur place, comme nous l'avons déjà
vu. Un homme comme Raymond de Saint-Gilles a pris
dès avant son départ la décision de rester. Il a fait abandon de ses droits sur son beau comté toulousain pour
vouer sa vie à la Terre sainte. Ni Godefroy ni son frère
Baudouin ne regagneront eux non plus l'Occident. Tous
ces hommes et ces femmes, célèbres ou anonymes, qui ont
accepté de poursuivre leur Croisade au-delà du temps
prévu, vont peupler et faire vivre le royaume de Jérusalem.

Certes, ce sont les hommes qui livrent les combats.
Mais ceux-ci, si impressionnants soient-ils, sont loin de
tenir la première place dans la vie du royaume. Même du
point de vue du temps passé: l'historien Jean Richard a
compté, pour le second siècle de cette histoire, qui fut de
beaucoup le plus troublé, quatre-vingts ans de paix pour

vingt années de guerre. Durant ces années-là, on donne la vie, on bâtit, on plante, on récolte, et les biens se transmettent d'une génération à l'autre. Dans toutes ces circonstances les femmes jouent un rôle essentiel, et ce à tous les niveaux, dans le peuple comme au sommet de l'Etat.

Ce sont bien sûr elles qui donnent la vie. Elvire d'Aragon, l'épouse de Raymond de Saint-Gilles, met au monde au cours même de la marche un garçon, qui est baptisé dans le Jourdain et auquel on donne le nom d'Alphonse-Jourdain. (De nombreux patronymes : Jourdan, Jourdain, Jordan, rappellent de nos jours le souvenir des pèlerins de Jérusalem.) Les femmes jouent ensuite un rôle essentiel dans la transmission des biens familiaux, ainsi que dans la succession au trône : cela apparaît avec évidence dans les textes, et c'est assez surprenant pour nous, gens du XXe siècle, en France surtout, où la part de pouvoir politique accordée aux femmes reste étonnamment restreinte. Elles sont enfin présentes dans tous les aspects de l'activité quotidienne, telle que celle-ci ressort des documents d'archives : on les voit sans cesse intervenir, à Jérusalem ou dans les campagnes environnantes, et c'est une présence active, variée, responsable. Des documents précis, comme le _Cartulaire du chapitre du Saint-Sépulcre de Jérusalem_, nous fournissent d'amples renseignements sur la vie dans les premiers temps du royaume.

En 1118, Baudouin Ier meurt et son cousin Baudouin II, qui avait pris la croix dès le début, monte sur le trône, élu à l'unanimité par l'assemblée des barons. « Homme très sage et de grande prévoyance », selon l'auteur anonyme de l'_Histoire d'Eraclès_, Baudouin II va faire beaucoup pour l'enracinement en Terre sainte du royaume de Jérusalem, par sa sage politique ainsi que par la dynastie dont il est le fondateur. Sur le plan militaire il mène avec beaucoup de discernement sa difficile tâche, dans un royaume sans cesse en alerte. Il est toujours prêt à se porter au secours des points les plus menacés.

Sur le plan économique il inaugure une très sage politique d'ouverture et d'assimilation. Il abolit tout péage et toute imposition à l'entrée de la cité de Jérusalem pour les denrées de base, froment, orge, fèves, lentilles, pois chiches. Cela en 1120, dès le début de sa troisième année de règne. « Ainsi, écrit l'*Histoire d'Eraclès*, chacun vendit et acheta tout librement autant qu'il voudrait en la cité ; il octroya cela aux Syriens, aux Grecs, aux Arméniens, aux Sarrasins même, qu'ils puissent apporter en la cité froment et orge et toutes sortes de légumes sans rien payer. Il abandonna tout, les mesures du blé et les balances avec lesquelles on pèse les denrées... Le peuple et les hommes importants de la ville lui en surent très bon gré et le remercièrent de bon cœur. Ils comprirent bien tout ce que le roi avait fait en très grande bonté, et que la cité en profiterait en deux façons car il lui viendrait plus de gens à cause de la franchise, et on lui apporterait plus volontiers des marchandises parce qu'on n'y paierait ni péages ni coutumes. » Autrement dit, une politique libérale évidemment faite pour amener la prospérité.

Dans les chartes, les documents juridiques, nous pouvons voir comment s'organise au jour le jour, notamment grâce à la politique de Baudouin, la vie dans le royaume de Jérusalem, et la cohabitation entre Croisés et populations locales. Il faut s'implanter, acheter une maison ou une terre, produire, vendre. De nombreux accords sont ainsi mentionnés touchant des biens agricoles, de la terre ou des « casaux » – probablement terroirs avec maisons, ce que nous appellerions des fermes. L'étude de Prawer sur la population agricole de Palestine montre que cette population est en majorité formée de Syriens chrétiens ou musulmans, mais un certain nombre de pèlerins aussi sont devenus des exploitants. Nombre de chartes énumèrent ainsi les paysans qui vivent dans les divers casaux relevant de l'autorité royale ou de celle de l'Eglise de Jérusalem.

Les terroirs sont évalués en charruées – probablement la surface qu'une ou deux charrues peuvent retourner en un jour. Ainsi voit-on apparaître toute une famille, dont les biens sont énumérés à l'occasion d'un échange : Jean Patrice, avec sa femme Brune et leurs deux enfants, Thomas et Eustache, échange ses deux casaux, dont l'un s'appelle Megina et l'autre Mezera, contre ceux de Kafr Malik et Aïn-Kaniah appartenant au Saint-Sépulcre. Ils

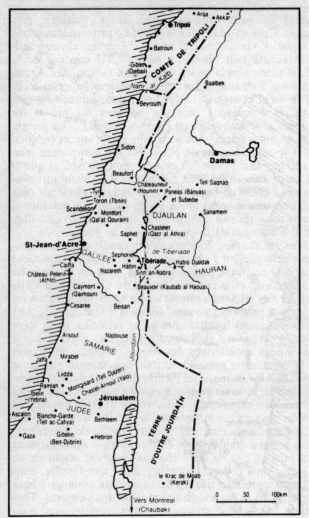

LE ROYAUME DE JÉRUSALEM

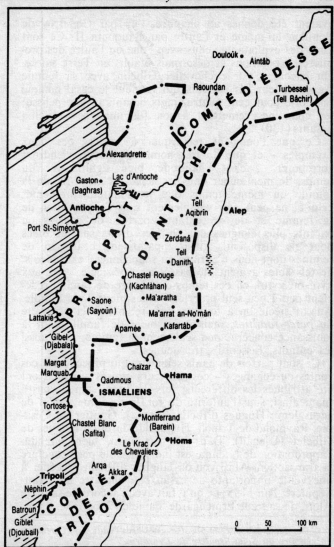

LA SYRIE DU NORD

avaient été donnés au chapitre, l'un par Godefroy de Bouillon lui-même et l'autre par Baudouin II. Ce sont donc des exploitants venus avec l'une ou l'autre des premières expéditions et désormais établis en Terre sainte. Ou encore, c'est le chevalier Gibelin avec sa femme Agnès et leur fils Anselin, qui vendent le casal nommé Saphorie pour cent quatre-vingts besants et une pelisse; les chanoines remettent à son fils une épée et cinq besants (130) [1].

Ce que l'on peut remarquer à travers ces deux exemples – et que de très nombreux autres viendront corroborer –, c'est l'habitude, bien significative du temps, de mentionner dans les actes les membres de la famille en même temps que le donateur lui-même; celui-ci ne peut agir valablement sans l'approbation de sa femme et de ses enfants, parfois de cousins ou parents plus éloignés qui ont des droits sur les biens dont ils disposent. Ainsi apparaissent beaucoup de femmes dont nous n'aurions pu soupçonner l'existence si de tels actes avaient été passés au XIXe siècle, voire aux XVIIe ou XVIIIe, en ces temps où le père de famille redevient peu à peu seul propriétaire des biens de la famille. Au XIIe siècle on a toujours affaire, non à la propriété du *pater familias*, mais à des biens de famille dont la jouissance concerne non seulement la femme, mais aussi les enfants, fussent-ils très jeunes.

Ce sont parfois de hauts seigneurs qui procèdent à ces ventes ou échanges – ces seigneurs croisés auxquels ont été attribués les différents fiefs de Terre sainte, constituant ainsi, sous l'autorité du roi, le royaume féodal de Jérusalem : Hugues d'Ibelin (Yebna), Gautier de Césarée, Raymond de Tripoli, Hugues de Jaffa ou Hugues de Gibelet (Djebaïl). Dans ces cas aussi, bien entendu, l'approbation de la dame est indispensable pour conclure la transaction. Ainsi voit-on Hugues d'Ibelin procéder à une vente importante de casaux au chapitre du Saint-Sépulcre, l'an 1155; ce qu'il fait avec l'accord de sa mère Aloïs, de sa sœur Ermengarde, dame de Tibériade, de ses

---

1. Les numéros sont ceux des actes cités dans l'édition du *Cartulaire du chapitre du Saint-Sépulcre de Jérusalem*.

oncles même, Philippe de Naplouse, Guy le Français, etc., et aussi l'accord de ses frères et sœurs encore mineurs, Balian et Stéphanie, dont on espère qu'ils confirmeront leur accord lorsqu'ils auront atteint leur majorité (50). Hugues aura de pressants besoins pour payer sa rançon et il vendra une autre partie de son fief lorsqu'il sera fait prisonnier au gué de Jacob en 1157.

Parmi les biens fonciers, ceux qui sont plantés en vignes font toujours l'objet d'une mention particulière. Ainsi cette vigne qui avait été léguée aux chanoines du Saint-Sépulcre par une nommée Geltides, épouse de Rohard, et dont la reine Mélisende – nous reparlerons longuement d'elle – confirme l'attribution. Ou encore celle que Guillaume, prieur du Saint-Sépulcre, achète à Pierre de Saint-Gautier, sa femme Hodierne et leurs enfants André et Pétronille – une vigne et une terre situées près de la Mahomerie, cela en 1128 (66). L'acceptation d'Hodierne est expressément mentionnée, ainsi que celle des deux enfants. Or, un peu plus tard, un nouvel acte nous fait savoir qu'André a refusé de se dessaisir de cette vigne à la mort de sa mère, qui était consœur de la fraternité du Saint-Sépulcre. Bons princes, les chanoines consentent à ce qu'il la garde sa vie durant, à condition de leur remettre le tiers du fruit (67). C'est aussi une vigne qui est concédée par Raoul de Fontenelles, son épouse, leur fille et leur gendre, à l'un de leurs familiers, Geoffroy Acu, vigne située sur la route de Bethléem.

On trouve ainsi mention dans les chartes de tout ce qui constitue la vie quotidienne. A côté du vin de la vigne, il y a l'huile des oliviers qui joue un grand rôle, non seulement pour l'alimentation, mais aussi pour l'éclairage. Les chanoines du Saint-Sépulcre ont dû apprécier le droit que leur octroient le comte de Tripoli Raymond II et sa femme Hodierne, en 1140, d'importer librement au port de Tripoli l'huile et les autres denrées dont ils ont besoin pour leurs églises (81). L'année suivante, ces exemptions de taxes leur sont confirmées et l'acte précise les terres, vignes et oliviers qui leur ont été donnés dès le début des expéditions par le comte Raymond de Saint-Gilles en personne, par Guillaume-Jourdain, son neveu, et par les comtes Bertrand et Pons qui se sont succédé à la tête du comté.

La pêche aussi tient une grande place dans l'activité des populations. Echive, l'épouse de Gautier, prince de Galilée, confirme au chapitre son droit de pêche en en précisant les limites sur le lac de Tibériade (136).

Un produit plus spécifique de la Terre sainte est la culture de la canne à sucre. Le comte et la comtesse de Césarée, Hugues et Isabelle, prennent soin de se réserver, lorsqu'ils donnent aux chanoines un territoire montagneux, les conduits d'eau qui leur permettront d'arroser leurs plantations de cannes à sucre. Ils désignent avec soin, sur l'acte qu'ils dressent à ce sujet en 1166 (139), le parcours de ce conduit qui jaillit comme un torrent de la montagne en hiver et s'épand ensuite dans la plaine. Cette canne à sucre, on en adoptera bientôt le produit dans tout l'Occident. Spécifique également est l'exploitation du bitume et du sel de la mer Morte. A l'occasion d'un échange de territoires entre le chapitre du Saint-Sépulcre et les moniales de l'église Saint-Lazare-de-Béthanie, les habitants des casaux près de Teqoa sont libérés de toute redevance sur le produit de cette exploitation.

Les fours jouent un grand rôle dans la vie de tous les jours. Cécile, comtesse de Tripoli, concède la libre utilisation de celui que possèdent les chanoines au mont Pèlerin, pour que chacun puisse venir y cuire librement et sans verser de redevance. On trouve d'ailleurs la liste des vingt-cinq fours qui appartiennent au Saint-Sépulcre. Deux autres ont dû être donnés par des femmes, celui d'Anastasie et celui de Colombe – à moins que leur dénomination ne provienne du lieu où ils se trouvaient.

Et l'on porte naturellement une grande attention aux cours d'eau, aux citernes, aux bassins, à tout ce qui permet de retenir et répartir l'eau, la denrée précieuse entre toutes! Emelot, l'épouse d'Eustache Garnier, accorde aux chanoines, étant donné la pénurie d'eau, l'usage du ruisseau qui actionne un moulin situé au lieu de la Quarantaine, pendant vingt-quatre heures tous les quinze jours. Par la suite, devenue l'épouse d'Hugues de Jaffa, elle leur accordera cet usage de l'eau chaque samedi. On sait que des accords de ce genre sont toujours pratiqués, notamment dans le midi de la France, répartissant l'eau entre les agriculteurs dans les localités qui souffrent de la sécheresse durant l'été.

Dans un accord passé en 1175, il est question de ce « lac de Germain » dont parle aussi le chroniqueur Ernoul : une vaste citerne ou piscine creusée sur l'initiative d'un bourgeois de Jérusalem, nommé Germain, à l'usage des chrétiens, près d'une vigne qu'il possède au pied du mont Sion. C'est là qu'on mène s'abreuver les chevaux de la cité (161). Il y a aussi, à l'usage des gens plutôt que des bêtes de somme semble-t-il, ce qu'on appelle les bains de Tancrède, situés sans doute non loin de la tour du même nom et précieux durant les étés torrides.

Vers 1150 il est question d'un autre moulin à eau, que le chapitre achète à Morage Raïs, avec l'intention de le reconstruire, de mettre des piliers sous les murs, de coiffer ceux-ci de voûtes, d'y ouvrir des fenêtres, etc. (111). « Raïs » est un titre qui désigne un notable, un homme important chez les musulmans. Les échanges sont chose naturelle et courante entre les Occidentaux et les Arabes.

Femmes d'Occident et femmes d'Orient

L'assimilation s'est accomplie au sein du royaume de Jérusalem. Bien souvent ce fut par le truchement des femmes. Un passage de Foucher de Chartres le dit clairement. « Occidentaux, nous voilà transformés en habitants de l'Orient... L'un a déjà pris pour femme une Syrienne, une Arménienne, parfois même une Sarrasine baptisée, l'autre habite avec toute une belle-famille indigène; nous nous servons tour à tour des différentes langues du pays. » N'a-t-on pas raconté que Thomas Becket était né d'un Normand et d'une Sarrasine? Et dans le charmant chantefable qui porte son nom, Aucassin n'est-il pas amoureux lui aussi d'une Sarrasine, Nicolette?

Nous verrons souvent dans ce récit apparaître des femmes du pays, arméniennes surtout, ou arabes chrétiennes. Seule la religion fait obstacle au rapprochement entre les communautés. De fait nous ne verrons qu'à de rares occasions les « Sarrasines », et pour cause : elles sont rigoureusement tenues à l'écart, voilées et enfermées dans le harem ; il y va de l'honneur de l'époux, du père, voire du frère. Ousama s'en explique lorsqu'il se scandalise de la liberté d'allure des femmes chrétiennes ; il y a là, pour lui, un manque du sens de l'honneur de la part du mâle dont elles relèvent. Les Sarrasines sont absentes sauf quelques rares notations. Certains pèlerins entendent les cris des pleureuses, lors des rites de lamentations qu'elles pratiquent « au jour de la fête de l'archange saint Michel », écrit l'un d'eux qui en fut témoin près de Gaza au XIVe siècle.

On raconte incidemment qu'un Saladin s'entendit reprocher par ses émirs de lésiner sur les frais des combats, alors qu'en vendant les bijoux de ses femmes il aurait pu entretenir de nouveaux assauts, ce qu'il ne manqua pas de faire [1].

Un acte qui eut une grande importance pour l'Eglise de Jérusalem, et donc pour les clercs ou prélats et, au-delà, le commun peuple qui y résidait, est celui qui rétablit dans ses fonctions le patriarche Arnoul de Rœulx. On accusait en effet celui-ci d'avoir été élu irrégulièrement, d'être de naissance illégitime et, circonstance plus grave, d'avoir eu des rapports illicites avec des femmes. Or le pape Pascal II, en 1117, après enquête sur place, allait le rétablir dans ses droits ; il écarte l'accusation de naissance illégitime qui ne semble pas peser beaucoup à ses yeux, rappelle qu'Arnoul a partagé les peines et les combats des premiers Croisés, fait appel aux témoins qui ont juré que son élection avait été régulière et, enfin, nomme les deux femmes avec qui le patriarche aurait eu des relations coupables. L'une est la « femme de Girard » – de toute évidence un Croisé occidental –, et l'autre une Sarrasine dont le patriarche aurait eu un enfant ; mais, sur ces deux questions, il déclare sous serment n'être pas coupable de ce dont on l'accuse. Ce serment, prêté la main sur les

---

1. Le trait est rapporté dans l'excellent ouvrage consacré à Saladin par Geoffrey HINDLEY.

Evangiles, le libère selon le droit de l'époque de toute accusation. Le patriarche est donc rétabli dans ses fonctions par le pape.

MÉLISENDE, L'ILLUSTRE REINE

Le roi Baudouin a lui-même donné l'exemple de l'assimilation entre communautés chrétiennes; il a en effet épousé une Arménienne, Morfia. Sa lignée va jouer un rôle considérable dans l'histoire du royaume, or il est remarquable de constater qu'il n'a eu que des filles. Cela illustre bien la place privilégiée que tiennent les femmes dans la transmission du pouvoir.

Ces quatre sœurs, Mélisende, Alix, Hodierne et Yvette, vont connaître chacune à sa manière des destins hors du commun. La plus jeune, Yvette, née après l'accession de Baudouin au trône, connaît d'abord une tragique épreuve. Son père ayant été fait prisonnier elle est livrée en otage, à l'âge de cinq ans, ainsi que le jeune Jocelin II d'Edesse et dix autres jeunes gens, en échange de sa libération. Baudouin II s'empresse de conclure un accord avec des émirs hostiles aux Turcs, et est assez heureux pour écraser l'ennemi à Azaz. L'énorme butin qu'il y gagne lui permet de payer sa rançon et de libérer les jeunes otages; il rentre triomphalement à Jérusalem avec la petite Yvette. Elle prendra plus tard le voile à Sainte-Anne-de-Jérusalem.

Hodierne épouse Raymond de Tripoli et elle connaîtra avec lui de graves déboires, avant qu'il ne tombe sous le couteau des Assassins – nous retrouverons plus tard les deux enfants du couple. Alix de son côté, aussi ambitieuse que dénuée de scrupules, va par ses intrigues mettre dangereusement en péril un royaume déjà si menacé par ailleurs. Quant à Mélisende elle est, avec Eléonore d'Aragon deux siècles plus tard, la plus mémorable figure féminine de l'histoire des Croisades. Deux reines de Jérusalem à l'âme forte et au caractère trempé, qui illustrent pour le meilleur et parfois pour le pire la liberté d'initiative et la part de pouvoir que le Moyen Age laisse aux femmes.

Mélisende est l'aînée des filles de Baudouin et elle est appelée à monter un jour sur le trône de Jérusalem. Il importe donc de bien choisir celui qui, en devenant son époux, sera roi. Ce royaume à l'avènement inespéré, sans cesse menacé par les forces musulmanes qui l'entourent et secoué de dissensions intérieures, demande de toute évidence à sa tête un combattant, un chevalier énergique et prompt à réagir. Baudouin II, ayant fait lui-même l'expérience tant des combats que de la prison, sait mieux que personne ce qu'il en coûte de maintenir une terre menacée à tous les points cardinaux.

Or un baron franc a fait au mois de mai 1120 le pèlerinage de Jérusalem. Il s'agit du comte d'Anjou, Foulques V. Son comportement lors de ce pèlerinage a beaucoup frappé les barons d'outre-mer et il a mérité « la louange de tout le pays ». « Tous les barons le tenaient pour un homme très sage et ils l'honorèrent en maintes manières comme quelqu'un qui faisait de grands bienfaits en la terre, car il entretenait cent chevaliers à ses frais une année tout entière. »

Le comte d'Anjou est en effet un très haut seigneur; à son domaine propre, dont il a hérité en 1109 à la mort de son père Foulques le Réchin, il a ajouté le Maine en épousant l'héritière Aremburge. Il a su en des circonstances difficiles demeurer en paix aussi bien avec le roi de France qu'avec le roi d'Angleterre, même après le secours qu'il avait dû porter en loyal vassal contre celui-ci, sous la bannière du Capétien. Une très haute personnalité, dont la sagesse est reconnue autant que le courage.

Lorsque Baudouin II, l'an 1128, cherche un époux pour sa fille Mélisende, ses deux émissaires en France se voient désigner, par le roi Louis VI, le comte d'Anjou. Ces émissaires, le connétable Guillaume de Bures et le seigneur de Beyrouth Guy Brisebarre, sont reçus favorablement par Foulques V. Celui-ci, veuf depuis trois ans, et qui vient de marier son fils à la fille du roi d'Angleterre, se sent donc libre et prêt à se lancer dans une nouvelle existence. Sa décision d'accepter l'offre qui lui est faite donne cependant à réfléchir. Âgé d'à peine quarante ans, en pleine possession de ses moyens, il n'hésite pas à abandonner son domaine d'Anjou, si paisible et riant, pour aller monter sur un trône lointain et périlleux entre tous. Son geste est comparable à celui de Raymond de Saint-Gilles, abandonnant son vaste comté toulousain pour consacrer sa vie à la Terre sainte.

Foulques quitte donc l'Anjou et, au printemps de l'année 1129, il aborde à Saint-Jean-d'Acre avec Guillaume de Bures et Guy Brisebarre. Le 2 juin suivant, peu avant la Pentecôte, il épouse la princesse Mélisende et prend en main sa destinée nouvelle avec le même zèle, la même application qu'il avait mise à s'occuper de son comté d'Anjou. Il se montre d'ailleurs parfaitement loyal envers son beau-père Baudouin II et, comme l'écrit l'*Histoire d'Eraclès*, « il fut très obéissant aux volontés du roi tant qu'il vécut, et il lui obéissait doucement et volontiers comme s'il était son propre fils ». Son mariage est célébré « à la grande joie de toute la terre et fit très grande fête comme il seyait à fille de roi et à si grand homme ». Foulques avait reçu en apanage la cité d'Acre ainsi que celle de Tyr conquise précédemment par Baudouin II. Un homme nouveau apparaissait sur cette terre si difficile à défendre : l'héritage de la reine Mélisende était désormais en bonnes mains.

Presque aussitôt, le roi de Jérusalem entreprend avec son nouveau gendre une expédition contre la cité de Damas. Elle tourne court, d'ailleurs moins par une défaite militaire qu'en raison de pluies diluviennes, « de sorte que les uns ne voyaient pas les autres », et d'une véritable tempête qui se déchaîne au moment de l'assaut décisif. Cette expédition est marquée par une alliance des chrétiens avec les plus extrémistes des musulmans, les Ismaéliens, chiites sectaires dont le meurtre politique était l'arme favorite, et qu'on verra tout au long de la présence occidentale en Palestine accorder volontiers leur alliance contre les autres musulmans.

Il est très remarquable pour nous de voir que, dès l'année 1129, les chartes du roi Baudouin II ne manquent pas de mentionner l'approbation de sa fille, la reine Mélisende. « Mélisende, fille du roi, approuve cela et y consent », lit-on dans une charte donnée à l'Eglise du Saint-Sépulcre. Ou encore : « Mélisende, fille du roi et héritière du royaume de Jérusalem », est-elle mentionnée en tête des témoins d'un autre privilège en l'honneur de l'abbaye de Sainte-Marie de Josaphat. Ces formules de chancellerie ne sont pas utilisées au hasard [1]. Elles montrent de quelle façon se fait la dévolution du pouvoir royal, même lorsque l'héritière est une fille, et du vivant du roi son père : une sorte de partage est établie de fait.

Baudouin II meurt à Jérusalem le 21 août 1131. Lorsqu'il sent ses forces l'abandonner, il se fait transporter dans la maison du patriarche de Jérusalem qui jouxte le Saint-Sépulcre « parce qu'il voulait mourir près de ce lieu. Il fit venir devant lui sa fille aînée, Mélisende, et son gendre Foulques d'Anjou... et leur donna sa bénédiction. Après, il dit qu'il voulait mourir en pauvre pour l'honneur de son Sauveur qui, pour lui et pour les autres chrétiens, avait été pauvre en ce monde; aussitôt, il quitta les habits et autres choses qui appartiennent à un roi et revêtit une robe de religion et devint chanoine selon les règles de l'ordre du Saint-Sépulcre... Grand deuil en firent petits et grands, tel qu'on doit faire pour un roi prudhomme quand il meurt ». Il faut rendre ici au terme « prudhomme » toute sa force : il implique sagesse, équité, esprit chevaleresque.

Lorsque, au moment de sa mort, le roi a fait venir devant lui sa fille et son gendre, leur fils aussi est présent. Il s'agit du petit Baudouin qui n'a pas deux ans, étant né à une date que l'on ne connaît pas avec précision, certainement avant août 1130. C'est à eux trois que le roi, en présence du patriarche, des nobles et des prélats, remet le soin du royaume et donne pleins pouvoirs. Les historiens se sont étonnés d'une disposition qui leur semblait un coup porté au pouvoir de Foulques. La chose ne paraît pas avoir été entendue de cette façon par l'entourage : la transmission du pouvoir à la lignée, à l'ensemble formé par le couple et le futur héritier, est tout à fait conforme

---

1. L'historien du règne de Mélisende, Hans Eberhard Mayer, en a montré l'importance.

aux mœurs féodales, où c'est la structure familiale qui importe. Nous sommes loin de tout esprit monarchique.

Quelques jours plus tard, le 14 septembre 1131, Foulques et Mélisende sont couronnés ensemble dans l'église du Saint-Sépulcre – dont la construction n'est pas encore achevée – et leur règne commence.

LA PLACE DES FEMMES RÉVÉLÉE PAR LES ACTES JURIDIQUES

L'égalité qui est de mise entre le roi et la reine se retrouve entre leurs sujets hommes et femmes, comme le montrent une fois de plus ces documents juridiques, qui ressuscitent pour nous d'une manière si concrète et familière la vie au jour le jour dans le royaume. En 1138 par exemple nous voyons Foulques et Mélisende, ensemble, avec leur fils Baudouin, concéder au chapitre du Saint-Sépulcre dix maisons à Jérusalem, dont l'une est occupée par une femme nommée Mabille : « domum Mabilie ». Quelque temps plus tard, c'est la sœur de Mélisende, Hodierne, avec son époux Raymond II de Tripoli et leur fils Raymond (il a alors trois ans au plus), qui confirment l'achat par l'un des chanoines, nommé Vulgrin, à un certain Guillaume de Sira, d'une maison sise à Tripoli, pour la somme de quatre-vingt-un besants d'or. Quelques détails s'y ajoutent concernant une écurie et un enclos voûté.

Nombreuses sont les transactions : actes de vente, baux, mutations ou cessions diverses, de maisons sises à Jérusalem ou aux proches environs, dans lesquelles les femmes apparaissent. La Mabille qui occupe l'une des maisons concédées par Foulques et Mélisende est peut-être la même dont il est question six années auparavant, et qui est consœur du Saint-Sépulcre. Elle avait alors, pour le repos de l'âme de son époux et de son fils, et parce que son état de santé l'y incitait, légué sa maison et son jardin contre une somme de cent soixante-dix besants. Par ailleurs les chanoines du Saint-Sépulcre avaient fait clore le jardin et curer la citerne (coût : quarante besants) et s'étaient engagés à lui fournir jusqu'à sa mort sa nourriture quotidienne. Il était précisé que Mabille aurait chaque jour des chanoines un pain et la moitié d'un litre de vin (*litra*, que nous traduisons ici par litre, signifie une portion quotidienne), et aussi une écuelle d'un plat cuisiné. Elle avait pris soin de noter qu'aux dimanches et jours de fête, elle aurait droit à un plat de viande ou de la nourriture préparée pour les chanoines. Cette Mabille s'était donc assuré par une sorte de vente en viager le vivre et le couvert dans sa maison, moyennant quoi les chanoines du Saint-Sépulcre héritaient d'elle; et le roi et la reine auraient ainsi confirmé en 1138 aux chanoines la possession de sa maison, en même temps que d'autres biens leur appartenant (33). Plus tard encore, le roi

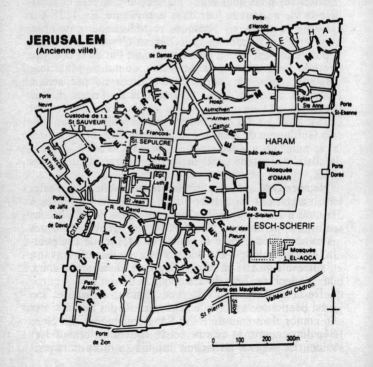

JÉRUSALEM
(Ancienne ville)

Amaury devait mentionner parmi les biens du Saint-Sépulcre, en 1164, la maison de Mabille (135).

Cela nous évoque au passage les associations qui se sont créées dans la Ville sainte au lendemain de la conquête : le chapitre, c'est-à-dire les chanoines qui assistent le patriarche et assurent le culte; autour d'eux, l'ordre du Saint-Sépulcre, voué à la défense des Lieux saints, et aussi les confrères et les consœurs, unis à l'ordre par un lien spirituel (participation à la liturgie et aux prières) et souvent temporel comme dans le cas de Mabille.

Ceux ou celles qui entrent dans la confraternité font presque toujours à cette occasion don d'un bien foncier, maison ou casal, dont ils se réservent l'usufruit et qui reviendra après leur mort au chapitre. Ainsi Baudouin Roux et sa femme Artemille, qui donnent la moitié de leur maison et qui participeront désormais aux prières et aux bienfaits spirituels de la fraternité. Cette maison est située près de Saint-Jean, possession de l'Hôpital, dont l'église (reconstruite) existe encore de nos jours. Il s'agit là d'une coutume courante dans l'Eglise aussi bien en Occident qu'en Orient, mais elle prend un relief particulier à Jérusalem.

La présence de la femme et des enfants, attestée dans ces actes, révèle bien une installation durable à la suite d'un pèlerinage. Ainsi cette Aloïs ou Héloïse qui, avec son mari Girard et leurs enfants Roger, Alboin, Marc et Ameline, vendent au Saint-Sépulcre deux boutiques, chacune avec un étage qualifié de *solarium* – une terrasse – dont les limites sont bien déterminées : à l'est la rue, à l'ouest la cour du Saint-Sépulcre, au midi la maison de Michel, au nord la maison d'une certaine Guisle de Saint-Abraham. Cette vente se passe l'an 1155 (116); peut-être la famille projette-t-elle d'acquérir avec les cent soixante-dix besants qu'elle en retire une autre boutique, ou encore de changer de lieu de résidence?

De la confraternité fait partie un autre ménage, Bernard Berrichon et sa femme Havoise. Ils ont fait ensemble de nombreuses transactions avec les chanoines du Saint-Sépulcre, montrant qu'eux aussi s'étaient installés à Jérusalem. Le nom de Berrichon implique que Bernard vient

du centre de la France – aussi bien est-il parfois appelé
Bernard de Bourges ou de Châteauroux. On les voit
d'abord vendre au Saint-Sépulcre leur maison « située à
l'intérieur des murs de Jérusalem », précisent-ils, pour une
somme de deux cents besants. Elle est localisée entre une
maison appartenant déjà aux chanoines, qui fut celle de
Guillaume le Drogman – c'est-à-dire le truchement ou
l'interprète –, l'église Saint-Cariton, la rue (la voie
publique) et la maison d'un certain Théodore. Parmi les
témoins de l'acte, plusieurs sont des orfèvres. Peut-être
Bernard et éventuellement sa femme exerçaient-ils cette
profession (70) ? Avant cet acte, passé à la date de 1135,
Bernard et Havoise avaient acheté, fin 1124 probablement, une maison à Georges Raïs pour quatre-vingts
besants (95) ; celle-ci devait se situer non loin de la tour de
David, où le clerc Ogier mentionne que l'acte fut dressé.

Le couple est entré dans la confraternité du Saint-
Sépulcre vers 1130, et a conclu un arrangement avec le
chapitre, donnant aux chanoines leur maison, ainsi qu'une
terre proche de la porte Saint-Etienne, tout en s'en réser-
vant l'usufruit. Bernard et Havoise recevraient chaque
année, en signe de leur participation aux biens de l'Eglise
du Saint-Sépulcre, une jarre de vin et du pain trois fois
dans l'année : pour Noël, pour Pâques et le jour de la fête
de Jérusalem. On les voit encore passer une autre convention avec le prieur du Saint-Sépulcre, Pierre, et le chapitre, par laquelle le ménage se fait concéder une maison
avec une boutique, dont on soustrait seulement deux
pièces et les écuries à l'intention d'un nommé Lambert de
Ptolémée (d'Acre) et de son épouse. Des orfèvres, encore,
sont témoins de cet acte, l'un nommé Humbert, l'autre
Bernard ; un troisième témoin, Robert, est cuisinier.

La maison qui a fait l'objet du premier acte (70) va
avoir à la date de 1135 une destination bien précise. Le
chapitre du Saint-Sépulcre la vend à une nommée Pétronille, dont on mentionne qu'elle est hongroise, pour en
faire un hospice destiné aux pèlerins venus de Hongrie.
Les chanoines lui vendent en même temps la maison
contiguë de Guillaume l'interprète. Pétronille, auparavant
pensionnée du Saint-Sépulcre et qui recevait quatre pré-

bendes, va désormais se contenter de deux, celle d'un chanoine et d'un serviteur du réfectoire du Saint-Sépulcre.
L'acte est passé en présence de plusieurs témoins, entre
autres le prieur de l'ordre du Temple, celui du monastère
du Mont-Sion, Raimond le Maître de l'Hôpital, un certain
Cosmas dont on mentionne qu'il s'agit d'un ermite hongrois, et un autre archidiacre, également hongrois, qui se
nomme Siméon. Pétronille a versé quatre cent quarante
besants pour cet achat destiné à ses compatriotes (101).

Il y a ceux qui achètent, ceux qui vendent, il y a aussi
ceux qui construisent. Ainsi un nommé André, dont la
femme s'appelle Ozanne (Hosanna), se voit concéder par
le prieur du Saint-Sépulcre le droit de construire une maison sur une terre qui appartient à l'Eglise, dans l'enceinte
de Jérusalem. Elle jouxte d'un côté la maison même des
chanoines du Saint-Sépulcre, de l'autre la maison de
l'Hôpital qui appartenait autrefois à une femme nommée
Garsie, et de l'autre côté encore la maison qui fut à un
nommé Robert Galatin. Ozanne et André verseront un
cens de onze besants chaque année. Chacun des époux
continuera à verser ce cens si l'autre meurt, ce qui
implique qu'ils ont l'un et l'autre l'intention d'y résider
jusqu'à leur mort. Au bas des escaliers, précise-t-on, se
trouve la citerne des chanoines du Saint-Sépulcre, et le
couple aura le droit d'y puiser l'eau pour ses besoins jour-
naliers.

Il y a aussi Achard et sa femme, Belle, qui ont vendu
leur maison située dans la Mahomerie, donc dans le quartier musulman, à Nicolas et sa femme Poncie. Ou cette
nommée Ermeline qui a vendu la sienne, toujours dans la
Mahomerie, au prieur du Saint-Sépulcre Pierre (128).
Parmi les maisons sur lesquelles le chapitre perçoit un
cens – un loyer –, plusieurs sont habitées par des femmes :
ainsi Maria Lachevere dans le quartier du Mont-Sion, ou
dame Gode dans le quartier du Temple. On mentionne
aussi dans l'énumération la maison que l'épouse de Pierre
d'Espagne, qui appartenait à la confraternité et qui est
morte à Acre, a léguée au chapitre, maison sise à Jérusalem, dans la rue de la Maréchalerie ou rue Sainte-
Anastasie.

Parfois les actes laissent entrevoir de longues tractations, des décisions successives, au besoin contradictoires,
voire de sombres querelles familiales. Ainsi de Marie de
Saint-Lazare, dont le premier époux nommé Pierre était
un confrère du Saint-Sépulcre. Il avait été entendu
qu'après sa mort le fief serait remis à sa veuve, et que sa
fille, alors mineure, hériterait lors de son mariage.
Lorsque celle-ci est en âge, on lui offre d'épouser un familier de l'église du Saint-Sépulcre, nommé Pierre lui aussi.
Mais sa mère ne veut pas en entendre parler. Elle
n'entend ni accepter le gendre ni renoncer au fief. On fait
venir la mère et la fille devant le patriarche, le couvent,
les tuteurs et d'autres témoins. Là, la jeune fille déclare
que pour rien au monde elle ne veut elle non plus de cet
époux, et qu'elle aimerait mieux « s'en aller et mendier
son pain ». Finalement, Marie s'étant remariée à un
nommé Roger, le chapitre lui laisse le fief de Saint-
Lazare en viager et, comme ce nouveau couple a un fils,
promet à celui-ci, après leur mort, le vivre et le vêtement
(65).

La jeune fille, quant à elle, va se marier selon son gré à
un nommé Bernard, et Marie de Saint-Lazare a dû finir
par accepter ce second gendre, car, après avoir refusé à sa
fille la dot de cent besants, le trousseau et l'usufruit d'une
vigne que son père avait plantée, elle lui confirme un
autre legs : le quart d'une maison sise place du Temple à
Jérusalem et, au cas où elle perdrait le fils de son second
mariage, un second quart de cette même maison (102).
Cela se passe en l'an 1135, et une vingtaine d'années plus
tard, en 1153, il est de nouveau question de la maison de
Marie et Roger de Saint-Lazare, qui est vendue à un
nommé Benscelin et à sa femme Gode.

LES FRASQUES D'ALIX

Nous allons retrouver au sein de la famille royale elle-
même un semblable conflit successoral. Ils sont en quelque sorte la contrepartie de l'autonomie dont jouissent
alors les femmes, le mauvais usage qu'elles peuvent en

faire. La sœur puînée de Mélisende, Alix, seconde fille de Baudouin, avait épousé en 1126 le jeune Bohémond II, fils du fameux Bohémond de Tarente qui avait réussi en 1098 à s'emparer d'Antioche. Bohémond II, après avoir passé sa jeunesse en Italie, s'était présenté en 1126 à Antioche, où le roi Baudouin II s'était empressé de lui remettre le fief qui lui était dû par héritage. Les chroniques du temps font un éloge enthousiaste de ce garçon, âgé de guère plus de dix-huit ans, et chevalier accompli : « Grand, droit et très beau, il avait les cheveux blonds, un doux et gracieux visage très bien fait. Parmi toutes les autres personnes, on reconnaissait en lui le seigneur. » Et, de son côté, le chroniqueur Matthieu d'Edesse déclare : « Son ascendant était irrésistible. »

Le bel et blond Normand épousa la jeune Alix, et les habitants d'Antioche accueillirent avec joie les promesses que ce mariage portait en lui. « Joyeux furent ceux de la terre, car ils pensèrent que le roi en aimerait mieux le pays et les secourrait plus volontiers dans leurs besoins. » Malheureusement, Bohémond fut tué en février 1130, au combat dit du Pré des Pailles, après un trop court règne de moins de quatre ans – sa mort fut une « véritable catastrophe pour Antioche et pour la Syrie franque ». L'émir de Cappadoce Ghazi, en une rencontre assez insolite, reconnut sa tête parmi celles des morts sur le champ de bataille, la fit emporter et l'envoya, avec divers autres présents, au calife de Bagdad.

Or la princesse Alix avait eu, de son bel époux, une fille nommée Constance : c'était elle qui, en droit, recueillait l'héritage paternel. Alix ne put supporter l'idée d'être un jour déshéritée par sa fille. Elle eut un réflexe stupéfiant : elle s'adressa à Zengi, l'émir d'Alep, et « elle lui fit savoir par lettre et par messager qu'il l'aidât à garder la terre d'Antioche. Car elle savait bien que, s'il voulait, nul ne la lui enlèverait par force et qu'elle la garderait malgré tous les barons du pays ». Un messager, monté sur un cheval de grand prix, ferré d'argent, paré d'une selle splendide d'argent et de samit blanc, prit la route d'Alep pour s'entremettre auprès du chef musulman le plus redoutable de la région. Or le messager fut arrêté au passage et conduit devant le roi – c'était alors Baudouin II – qui le fit pendre incontinent.

Alix, perdant la tête, donna ordre de fermer les portes d'Antioche devant les armées de son père et des barons convoqués pour aller reprendre possession de la ville menacée. Elle avait tenté, par des dons et des largesses, de se créer un parti dans la cité. Mais sa conduite n'avait fait que soulever l'indignation de la plupart des habitants. Les portes furent ouvertes sans difficulté à l'arrivée du roi, tandis qu'Alix se barricadait dans l'une des tours.

On imagine ce que pouvaient être les sentiments de Baudouin II. Cependant quelques-uns des habitants les plus notables s'entremirent entre le père et la fille, et Alix consentit à venir se jeter aux pieds de Baudouin. « Elle s'agenouilla devant lui, elle lui demanda pardon, elle lui promit qu'elle se comporterait en tout comme il le désirait. » Baudouin se laissa fléchir. Alix fut dépouillée de tout droit sur la ville d'Antioche, dont il se déclara lui-même le régent, au nom de sa petite-fille Constance à laquelle les barons vinrent jurer fidélité. Puis il envoya Alix résider dans la place maritime de Laodicée (Lattakié) qui était son fief personnel, remis en douaire par son époux Bohémond, ainsi que Gibel (Jabala).

Quelques années plus tard, après la mort de Baudouin – Foulques et Mélisende régnant donc –, Alix manifesta de nouveau ses ambitions personnelles. Cette fois elle ne commit pas un acte de trahison aussi énorme que de s'adresser à Zengi. Mais elle se mit à ourdir diverses combinaisons pour revenir de Lattakié à Antioche en s'assurant l'appui de certains barons complaisants, entre autres Guillaume, châtelain de la forteresse de Saone (Sayoun), éloignée seulement de quelque vingt-cinq kilomètres de la résidence d'Alix. Le comte d'Edesse, Jocelin II, écouta lui aussi d'une oreille complaisante les propositions que lui faisait la princesse douairière. Enfin, elle réussit à mettre dans son jeu Pons, comte de Tripoli. L'appui de ces trois puissants seigneurs était de nature à lui permettre de restaurer son propre pouvoir à Antioche. Les autres barons de la cité le comprirent et firent savoir au roi de Jérusalem le complot qui se préparait.

Foulques prit aussitôt les armes ; les droits de l'héritière légitime, la petite Constance, dont il était le suzerain étaient de nouveau en jeu. Or lui-même et son armée avaient à peine dépassé Beyrouth qu'il se vit refuser le passage aux frontières du comté de Tripoli. C'était une insulte grave portée par un vassal (de plus son beau-frère, puisque Pons de Tripoli avait épousé sa sœur Cécile d'Anjou). Pourtant Foulques, sagement, n'insista pas ; ne gardant avec lui qu'un seul compagnon, Anseau de Brie, il s'embarqua à Beyrouth pour le port de Saint-Siméon qui desservait Antioche. A son arrivée, il fut reçu avec grandes démonstrations de joie par les habitants de la ville qui « se mirent, eux et toutes leurs terres, en ses mains pour garder leur petite demoiselle qui en était l'héritière ».

C'est à ce moment que Pons de Tripoli entra en révolte ouverte, se retranchant dans deux forteresses qui lui appartenaient dans la principauté d'Antioche, nommées l'une Châtel-Rouge et l'autre Arcican (ou Arzeghan). Le roi « assembla les gens du pays et partit pour aller contre le comte de Tripoli ». Il eut facilement le dessus, si bien que Pons ne dut son salut qu'à la fuite, tandis que les chevaliers qui l'avaient suivi furent faits prisonniers et ramenés par le roi à Antioche. Des pourparlers s'ensuivirent et les prisonniers furent libérés, tandis que la paix était rétablie entre le comte Pons et le roi Foulques. Mais celui-ci demeura quelque temps à Antioche pour assurer la sécurité de la ville et de son territoire. « Il arrangea très bien les affaires de la cité. Il fit garnir les forteresses, chacune selon son droit, il apaisa les disputes et rancunes du pays. Ainsi il n'y laissa aucune affaire d'où pouvait sortir la guerre... Il en acquit la grâce et l'amour de tous. » Finalement il quitta Antioche après l'avoir mise entre les mains du connétable Renaud Masoier.

L'AMI D'ENFANCE ET LE MARI JALOUX

Peu de temps après, la vie conjugale du roi et de la reine traversa une crise dramatique. Dans le proche entourage de Mélisende il y avait son cousin, Hugues du Puiset, un jeune chevalier de la meilleure venue. Depuis sa jeunesse il était l'un des compagnons préférés de Mélisende. « Sage et parlant bien, grand de corps et bien fait, il avait le visage clair et vermeil, chevalier fier et hardi, courtois et généreux avec tous les hommes selon la vaillance du siècle. » Il avait eu une vie conjugale difficile, ayant épousé Emelot, une veuve qui avait deux fils à peine plus jeunes que lui. Hugues, qui avait hérité de son père le fief de Jaffa, était quelque peu jalousé par ses beaux-fils. Eux-mêmes avaient hérité de leur père, Eustache Garnier, l'un – Gérard – le fief de Sidon et l'autre – Gautier – celui de Césarée.

L'archevêque Guillaume de Tyr, à qui nous devons la meilleure histoire de ce temps, dont il fut témoin, écrit : « N'était pas merveille si Hugues était plus familier de la reine que d'autres, mais plusieurs gens en pensèrent du mal. » Parmi ces derniers, Foulques, que sa quarantaine tourmentait probablement face à la jeunesse de son épouse, se montrait jaloux du beau et jeune chevalier. Hugues n'en avait cure, ce qui ne faisait qu'exaspérer la jalousie de Foulques. La cour de Jérusalem ne tarda pas à se trouver divisée entre partisans de l'un ou de l'autre, d'autant plus que les fils du premier mariage d'Emelot étaient ouvertement hostiles à leur trop jeune beau-père. Hugues du Puiset chercha des appuis. Le seigneur d'outre-Jourdain, Romain du Puy, lui prêta une oreille complaisante, et bientôt il y eut une véritable atmosphère de complot à la Cour.

Tôt ou tard le drame devait éclater. Cela arriva à l'initiative de Gautier de Césarée, le beau-fils d'Hugues. Un jour, lors d'une assemblée de prélats et de barons, il prit la parole et accusa publiquement Hugues du Puiset de trahison : « Gautier s'avança devant le roi et les barons, et dit : " Beaux seigneurs, écoutez-moi! Je dis que Hugues, le comte de Jaffa, a juré de poursuivre la mort de son seigneur le roi comme un traître qu'il est. Et s'il est assez hardi pour le nier, je le montrerai contre lui en combat singulier. " Alors il tendit son gage. » Le comte Hugues, quand il entendit cela, s'avança et dit que « c'était un mensonge »; dramatique défi lancé en pleine cour royale et qui obligeait les deux adversaires, le fils d'Emelot et son mari, à s'affronter en combat singulier.

Comme il était d'usage en pareil cas, un délai fut donné et une date assignée pour le duel judiciaire, procédure encore en usage à l'époque, et que Saint Louis devait abolir au siècle suivant. Hugues jugea préférable de regagner Jaffa. Or, à la date assignée, il ne parut pas. Dérobade? Se trouvait-il dans la situation d'un Lancelot qui avait fait un faux serment pour ne pas trahir l'honneur de la reine Genièvre? Reste que c'était une grave erreur que de refuser de comparaître en pareil cas. Le conseil du roi réuni constata que l'un des chevaliers faisait défaut et le déclara coupable de trahison, puisque son absence semblait l'accuser.

Hugues du Puiset, lorsqu'on lui rapporta le jugement de la Cour, perdit la tête. Il alla se mettre sous la protection du sultan d'Egypte dans la cité d'Ascalon demeurée entre les mains des musulmans; ce faisant, il se rendait effectivement coupable de trahison. Les Egyptiens, enchantés de l'occasion, commencèrent à piller la campagne autour de Jaffa, et jusqu'à la région d'Arsouf. Mais les partisans de Hugues, outrés de sa conduite, l'abandonnèrent et rejoignirent l'armée royale qui s'ébranlait vers Jaffa. Hugues, se voyant totalement isolé, n'avait plus qu'un recours : aller implorer le pardon du roi. Ce qu'il fit.

Le patriarche de Jérusalem, qui était alors Guillaume de Messine, homme de paix, n'eut pas de mal à faire comprendre à Foulques et à son entourage l'effet désastreux de toute mésentente entre Francs, en un pays où l'ennemi était partout et ne pouvait que se réjouir de ces querelles intestines. Et, en effet, pendant que l'armée royale se dirigeait sur Jaffa, l'atabeg de Damas s'empressa d'enlever aux Francs la forteresse de Panéas à l'autre bout du royaume. La décision fut prise en conseil d'exiler Hugues du Puiset pendant trois ans, ce qui laissait le temps aux rivalités et aux rancœurs de s'apaiser; il pourrait ensuite rentrer en Syrie « à la grâce du roi ».

A la suite de quoi, Hugues du Puiset, dont la nature

devait être quelque peu insouciante, revint à Jérusalem en attendant le départ d'un navire pour l'Italie. C'était là qu'il avait passé son enfance. Il était né dans la région des Pouilles lors du pèlerinage de ses parents. Et ceux-ci, hésitant à faire courir au nouveau-né les hasards de la vie en Palestine, l'avaient confié à Bohémond II de Tarente, le futur prince d'Antioche. Donc Hugues attendait son départ lorsqu'un soir, dans le souk des pelletiers, alors qu'en toute tranquillité d'esprit il jouait aux dés, confiant dans la parole du roi, il fut agressé par un chevalier breton qui le laissa pour mort : « Il prit bien garde que le comte était absorbé par son jeu, et il tira alors son épée et le frappa à la tête, et ensuite d'un estoc à travers le corps en plusieurs endroits; il lui fit de grandes plaies. »

Violente émotion dans Jérusalem. Le roi aurait-il failli à sa parole et tenté d'exécuter son rival? « Une grande rumeur sourdit par la ville très rapidement, et tous y accoururent. Et la cité fut très émue. » On en tirait des accusations simplistes : « Le bruit courut que le roi avait ordonné d'accomplir ce meurtre. Car ce chevalier (le Breton) n'eût pas été si hardi qu'il eût osé entreprendre cela s'il n'avait pas le consentement du roi. Les petites gens commencèrent à excuser le comte et dirent qu'il n'avait jamais commis la faute dont on l'accusait, mais que le roi le haïssait par jalousie. »

C'était grave, d'autant plus grave que les sympathies de la foule se retournaient vers ce Hugues du Puiset bien connu sur la terre syrienne, alors qu'après tout le roi Foulques, lui, était un « étranger ». En réalité, il n'était pour rien dans ce meurtre. Et le chevalier breton avait agi ainsi de sa propre initiative parce qu'il avait été scandalisé de l'alliance du comte de Jaffa avec les armées égyptiennes.

Le roi Foulques agit promptement, réunit aussitôt son conseil et ordonna de juger le meurtrier. Il fut atrocement supplicié, les membres coupés les uns après les autres, et jura jusqu'à sa mort qu'il avait agi seul, que le roi n'était pour rien dans cette affaire. « Il avait fait tout cela par lui-même, sans conseil d'autrui. » Du moins ce jugement énergique et sans pitié aboutit-il à laver le roi Foulques de tout soupçon et à lui rendre sa popularité.

Or, contrairement à toutes les prévisions, Hugues du Puiset survécut à ses blessures. Comprenant que pour lui le séjour en Palestine était désormais indésirable, il se retira en Italie où le roi Roger II de Sicile lui fit don du comté de Gargano – présent d'autant mieux venu que les revenus de son comté de Jaffa avaient été saisis pour payer les dettes qu'il laissait. Le beau chevalier ne devait d'ailleurs pas avoir le temps de vieillir. Peut-être méditait-il d'aller retrouver la reine Mélisende lorsqu'il mourut subitement en Italie.

On pouvait tout craindre des réactions de Mélisende. Elle avait perdu le beau chevalier servant qui avait été le compagnon de sa jeunesse. Et, comme le disent les chroniqueurs du temps, « le comte était mort hors de son pays pour elle ». Mélisende était une demi-Levantine aux passions violentes : si Alix avait jadis fait appel aux Turcs pour assouvir sa soif de pouvoir, que pouvait-on attendre de sa sœur aînée ? Il semble que le roi Foulques lui-même eut à craindre pour sa propre vie. Mais, surtout, la reine poursuivit désormais d'une haine mortelle tous ceux qui avaient pris parti contre Hugues du Puiset, entre autres le comte Rohart de Naplouse qui n'osait plus se montrer en présence de la reine, ni même sortir dans la foule où il craignait d'être victime d'un coup de poignard.

Avec le temps, pourtant, la colère de la reine s'apaisa. Le roi Foulques avait à cœur de complaire à sa jeune femme et celle-ci eut tôt fait de sentir que son pouvoir personnel s'en trouvait accru d'autant. Comme l'écrit Guillaume de Tyr, le roi « réglait toutes les affaires du royaume sur son conseil et après avoir pris la volonté de la reine il ne tint jamais, même une petite réunion, sans elle ».

LE FIEF D'UNE ENFANT ET LA CONVOITISE D'UNE MÈRE

Il y eut un cas, pourtant, où la reine Mélisende fut tenue à l'écart de la décision du roi Foulques. Celui-ci connaissait trop l'esprit de famille dont pouvaient faire preuve les quatre filles de Baudouin, lorsque leur pouvoir était en jeu, pour ne pas cacher soigneusement ses projets concernant la petite Constance d'Antioche, sa pupille. La mère de Constance, en effet, continuait à s'agiter dans son fief de Lattakié et faisait appel à l'influence de sa sœur aînée pour qu'il lui fût permis de regagner Antioche. Foulques, sur les instances de Mélisende, finit par y consentir. Et, comme l'écrit Guillaume de Tyr, « là agit cette dame et commanda ce qui lui plut et mena la ville tout à sa volonté ».

Or, en 1135, le patriarche d'Antioche, Bernard de Valence, mourut après avoir régi pendant trente-six ans le monde ecclésiastique de cette cité fameuse – où, nous disent les Actes des Apôtres, les tenants de l'Evangile avaient pour la première fois, au temps de saint Pierre, reçu le nom de chrétiens. Bernard avait occupé ce siège depuis la conquête de la Terre sainte. A sa mort, les prélats s'étaient assemblés pour élire un nouveau patriarche, quand un nommé Raoul, archevêque de Mamistra et originaire de Domfront, passa outre à leur volonté et, avec l'appui populaire qu'il avait su se ménager, se tint pour élu et s'empara littéralement du patriarcat. Après quoi, il se révéla brutal et autoritaire, faisant mettre en prison les chanoines qui lui déplaisaient, s'entourant d'une escorte d'hommes d'armes. Si bien que, comme l'écrit encore Guillaume de Tyr, « il semblait qu'il fût non pas patriarche, mais prince d'Antioche ».

La princesse Alix reconnut en lui, si l'on peut dire, un homme de la même trempe qu'elle et d'une ambition équivalente. Raoul de Domfront, de son côté, eut tôt fait de s'apercevoir qu'en ménageant Alix il pourrait agir à peu près à sa guise. Les barons du pays, quant à eux, ne tardèrent pas à comprendre qu'il était urgent de trouver un véritable maître pour la principauté d'Antioche. La petite Constance n'était encore âgée que de huit ou neuf ans, mais en lui donnant d'ores et déjà un époux il serait possible de mettre fin aux machinations toujours imprévisibles de sa mère – appuyée à présent sur le pouvoir ecclésiastique.

En grand secret, les barons se réunirent et demandèrent au roi de les recevoir. « Ils lui demandèrent quel baron

pourrait venir épouser leur demoiselle et recevoir la seigneurie de si belles terres qu'elle possédait ; ils lui dirent
bien qu'ils se fiaient beaucoup en son bon sens et en sa
loyauté, et qu'ils suivraient en tout son conseil. Le roi
reçut volontiers leur parole, et il lui sembla bien qu'ils lui
faisaient grand honneur. Alors il commença à nommer les
barons des terres qui sont au-delà des montagnes jusqu'en
Angleterre. Et il leur exposait les lignages et les rapports
comme les connaissant tous. » Finalement, le choix général se porta sur le fils du comte de Poitiers Guillaume IX,
du moins son fils puîné nommé Raymond. Il était né
l'année même de la prise de Jérusalem, en 1099, et avait
donc un peu plus de trente ans. Il se trouvait alors à la
cour du roi d'Angleterre, Henri Beauclerc, qui l'avait
armé chevalier ; il était somme toute le représentant de la
France du Nord, de l'Aquitaine et de l'Angleterre.

En grand secret, le roi Foulques et les barons tirèrent
leur plan de campagne. Il s'agissait d'aller pressentir Raymond de Poitiers sans éveiller les soupçons de la princesse
Alix. Réflexion faite, au lieu de lui détacher une escorte,
on se contenta de lui adresser un seul homme de
confiance, un chevalier de l'Hôpital, Gérard Jéberron.
Celui-ci – qui pouvait avoir mille autres raisons officielles
de se rendre en Occident – parvint jusqu'en Angleterre à
la cour du roi Henri Beauclerc, et révéla à Raymond de
Poitiers la mission dont il était chargé, consignée sur les
lettres scellées du sceau du roi Foulques de Jérusalem. Le
jeune homme accepta l'offre passablement romanesque
qu'on lui faisait de venir jusqu'en Terre sainte pour épouser l'héritière de la principauté d'Antioche.

Or lorsque Raymond prit la mer la nouvelle s'ébruita, si
bien gardée qu'elle fût. Elle parvint jusqu'aux oreilles de
Roger II de Sicile. Celui-ci était par son père cousin du
fameux Bohémond qui s'était jadis emparé d'Antioche. Il
avait de ce fait sur cette principauté les visées les plus
nettes, bien que ses droits fussent évidemment moindres
que ceux de la petite Constance, propre petite-fille de
Bohémond. Une première fois, il avait cru pouvoir satisfaire ses ambitions. En effet sa mère, la comtesse Adélaïde de Sicile, avait été demandée en mariage par le roi

de Jérusalem Baudouin Ier lorsqu'il avait, en 1113, répudié sa première femme, l'Arménienne Arda dont la conduite donnait ouvertement matière à soupçons.

La comtesse Adélaïde avait aussitôt fait voile vers la Palestine en grand appareil; les chroniqueurs ont décrit son entrée éblouissante dans le port de Saint-Jean-d'Acre, à la tête d'une véritable flotte d'apparat. Elle-même trônait à bord d'une nef dont le mât avait été entièrement plaqué d'or, et dont la proue était incrustée d'or et d'argent; le navire qui suivait, aussi brillant que le premier, avait à son bord les cinq cents guerriers d'élite de la garde personnelle de la reine, des archers arabes drapés de burnous blancs, éclatants sous le soleil d'août. Sept autres vaisseaux les escortaient, contenant les trésors personnels de la reine de Sicile. Le chroniqueur ne les détaille pas, se contentant de nous dire qu'ils étaient chargés d'or, d'argent, de pourpre, de pierreries, de tissus précieux, d'armures étincelantes. Pour n'être pas en reste, le roi Baudouin l'attendait dans toute sa pompe royale, entouré de ses familiers et de pages, avec chevaux et mules caparaçonnés de pourpre et d'or, au son des trompettes et dans le joyeux tumulte de la foule accourue à l'appel des clochers de la ville; les rues étaient tapissées de riches tissus et de tapisseries multicolores, jonchées d'herbes odorantes. Tous savaient ce que signifierait pour le petit royaume de Jérusalem l'apport des Normands de Sicile; et le fils d'Adélaïde, Roger II, en concevait de grandes espérances, car il avait été stipulé que, si Baudouin et Adélaïde n'avaient pas d'enfant, la couronne de Jérusalem lui reviendrait.

Mais le pape s'était alors énergiquement opposé à ce mariage, puisque la femme de Baudouin, Arda, était encore en vie; et Roger avait vu ses espoirs déçus. Lorsque quelques années plus tard il eut vent des projets de mariage entre l'héritière d'Antioche et Raymond de Poitiers, et de l'approche de ce dernier, il donna ordre, dans chacun des ports du royaume des Deux-Siciles, d'arrêter Raymond s'il se présentait.

La suite de l'histoire tient à la fois du roman policier et du vaudeville. « Raymond, qui était sage et sagace, apprit qu'on le guettait et sut bien se cacher. Pour mieux échapper, sa compagnie se dissémina tout entière. Les uns allaient deux journées en avant, les autres trois. Les troisièmes venaient après un grand intervalle. Il allait tantôt très pauvrement vêtu, tantôt il menait un chargement sur une mule, comme un garçon de marchand. D'autres fois à cheval, ou comme un pauvre pèlerin. Et, de cette façon, il échappa aux guetteurs que le duc Roger avait postés pour le prendre. »

Cette traversée mouvementée finit par le mener jusqu'à Antioche. Là il révéla son identité aux barons, dont les uns le reçurent « à très grande joie », tandis que les autres, partisans de la princesse Alix, se trouvaient fort embarrassés. Raymond eut tôt fait de comprendre que deux pouvoirs dirigeaient la ville : celui d'Alix et celui du patriarche Raoul de Domfront. Il était évident que ce dernier serait le plus facile à mettre dans son jeu. Raymond de Poitiers sut choisir des émissaires qui laissèrent discrètement entendre au patriarche que le futur prince d'Antioche était tout prêt à conclure un pacte avec lui pour une sorte de partage du pouvoir. Raoul voulut lui faire prêter « hommage lige », le comte devenant ainsi l' « homme » du patriarche : Raymond jura tout ce qu'il voulut. Raoul imagina alors d'aller trouver la princesse Alix pour lui annoncer que le beau chevalier nouvellement arrivé à Antioche aspirait à devenir son époux. « Celle-ci en eut grande joie. » Ce mariage romanesque, qui eût consacré son pouvoir, ne pouvait que combler ses vœux. Raymond, entrant dans le jeu, ne négligea rien pour l'entretenir dans ses illusions.

Certain jour la princesse l'attendait, quand elle entendit sonner les cloches et apprit que Raymond était en train de célébrer ses épousailles avec la jeune Constance, sous l'égide du patriarche Raoul de Domfront ! Furieuse et humiliée, elle regagna son fief de Lattakié : le pouvoir lui échappait désormais. Quant à Raoul de Domfront, qui l'avait trahie après s'être fait son complice, son dévouement envers Raymond de Poitiers ne lui réussit guère, car le prince d'Antioche n'eut rien de plus pressé que d'oublier l'hommage qu'il lui avait rendu pour parvenir à

ses fins ; après diverses mésaventures (il avait négligé de
faire approuver son élection par le pape de Rome !), il fut
déposé et remplacé par un autre clerc, Aimery de
Limoges, jusqu'alors doyen du chapitre.

On ne sait ce que la reine Mélisende, qui avait tant soutenu sa sœur Alix, pensa de l'aventure. Il semble toutefois
qu'elle ait accepté le mariage de sa nièce Constance avec
le jeune et beau chevalier, qui devait d'ailleurs se montrer, pour la femme-enfant qu'on lui avait désignée, un
mari fidèle.

LA PLUS JEUNE SŒUR DEVIENT ABBESSE

Mélisende et ses trois sœurs ont eu chacune leur destin
mêlé à celui de la Syrie franque. On a vu les tribulations
d'Alix, finalement résignée à laisser le pouvoir à sa fille
Constance et à son gendre. Sa seconde sœur, Hodierne,
avait épousé Raymond II de Tripoli, que la mort de son
père, Pons, plaçait en 1137 à la tête du comté. Quant à la
dernière, Yvette, elle a tenu visiblement une grande place
dans le cœur de Mélisende.

Elle était entrée chez les religieuses de Sainte-Anne-de-
Jérusalem. En 1138 une fondation est faite, que le pape
Célestin II devait confirmer par la suite, celle d'une
abbaye située à Béthanie (El-Azarieh) – où, selon l'Evangile, se trouvait la maison de Lazare et de ses deux sœurs,
Marthe et Marie. Mélisende y fit élever, dit la chronique,
« une haute et forte tour où les religieuses pouvaient se
retirer si besoin était (la région était exposée à des raids
venus de Transjordanie). Après, elle fit faire une belle
église, un cloître, un chapitre, un dortoir et d'autres
offices tels qu'ils existent pour les religieux. Cette grande
dame donna largement des calices et croix d'or, encensoirs d'argent et draps de soie, chapes, chasubles et autres
vêtements riches. Elle donna aussi des rentes et tenures en
quantité, tant qu'il n'y eut pas à cet endroit plus riche
couvent d'hommes et de femmes car, parmi les autres
possessions qui furent données à cette abbaye, la reine
leur donna un lieu qui est renommé, riche et délectable,

dans la plaine du Jourdain, qu'on appelle Jéricho... Une abbesse, vieille femme et religieuse, qui connaissait bien son ordre », fut placée à la tête de la nouvelle communauté de Béthanie; à sa mort les religieuses élurent Yvette comme abbesse. « Dès lors, dit la chronique, la reine aima davantage ce lieu qu'elle n'en avait coutume. »

L'église de Béthanie appartenait auparavant aux chanoines du Saint-Sépulcre. Mélisende et son époux leur offrirent, en échange, les revenus de la terre de Teqoa, à l'est de la route de Jérusalem à Hébron.

Cela nous rappelle la place des ordres religieux dans la vie du royaume, et les nombreux dons qui leur étaient faits pour les aider à tenir cette place. Nous avons déjà évoqué l'ordre du Saint-Sépulcre, attaché à la garde des Lieux saints, et sa confraternité. L'ordre de Saint-Lazare, dont nous possédons également le cartulaire, prenait en charge les lépreux. Cet ordre ne tarda pas à recevoir plusieurs donations en Terre sainte. Il est fait mention dès 1130 d'une citerne donnée à la maison des lépreux de Saint-Lazare à Jérusalem par un moine arménien nommé Abraham; sa vie durant il en conservera l'usage, et de plus il recevra de l'ordre des vivres et des vêtements; après sa mort la citerne sera acquise à perpétuité à l'ordre.

En 1142, le roi Foulques et la reine Mélisende, avec leur fils Baudouin, font mention d'une autre donation faite à la même maison par Baudouin de Césarée. Il s'agit encore d'une citerne, située entre le mont des Oliviers et ce que l'acte appelle la citerne rouge, « sur la route qui conduit au fleuve Jourdain », ajoute l'acte.

Le roi Louis VII, lors de son séjour en Terre sainte, fait aussi don à la maison de Jérusalem de dix livres de rente annuelle; revenu en France, en 1154, il remplace cette rente par le revenu de ce qu'il possède dans un lieu qu'il nomme Ballivacum – peut-être Boigny dans le Loiret –, à l'exception des bois qui s'y trouvent. La même année c'est la vicomtesse de Tibériade, Ermengarde, qui avec l'approbation de son fils Gautier et de sa fille Hodierne donne, à la maison des lépreux du même lieu de Tibériade, deux charruées de terre, ainsi qu'une ferme – attestant que l'ordre de Saint-Lazare possède là aussi une fondation. De même, c'est toute une famille qui s'unit dans la donation de Robert et Agnès de Franclieu, puisque leurs six enfants y sont énumérés : Amaury, Geoffroy, Albéric, Guy, et leurs filles Maxende et Isabelle ; ils donnent au couvent de Saint-Lazare de Jérusalem leur vigne, qui touche la vigne des lépreux, cela au temps du maître Barthélemy, l'an 1153.

D'autres donations plus importantes portent elles aussi mention de toute une famille. Ainsi ce casal nommé Zaïthar (Kharbet-Zeita), sur le territoire de Naplouse, qui ne représente pas moins de dix charruées de terre ; la famille de Philippe de Naplouse en fait don aux lépreux, ce dont témoignent sa femme Isabelle, sa mère Stéphanie, son fils Rainier, ses deux filles Hélène et Stéphanie, et même ses deux frères Guy et Henri. Après le siège d'Ascalon, l'ordre de Saint-Lazare installe aussi une maison dans cette ville, sous le magistère d'Hugues de Saint-Paul ; le frère du roi de Jérusalem leur fait don en 1155 d'un casal avec terre et jardin dont il leur assure la jouissance. Les lépreux sont nombreux en Terre sainte et l'on voit la reine Mélisende intervenir pour que leur maison de Jérusalem puisse entretenir un malade supplémentaire en 1159. A la même date Geoffroy le Tort et son épouse, Flandine, leur font don d'une rente annuelle de vingt besants, qu'ils verseront le jour de Noël, toujours pour la maison de Jérusalem.

L'ordre de Saint-Lazare devait compter de hauts personnages, puisqu'en faisait partie Eustache, le frère d'Hugues de Césarée. Avec l'assentiment de son épouse Isabelle, il donne à l'ordre, « par amour pour son frère défunt », un verger et une maison qui avaient appartenu à ce dernier. La dame de Beyrouth, Marie, joint en 1154 à leurs revenus une rente de dix besants assignée sur un casal, toujours pour cette maison de Jérusalem, qui semble avoir été contiguë aux remparts de la cité. Parfois des rectifications sont opérées à leur avantage. Ainsi, celle qu'Hugues d'Ibelin fait sur l'avis de sa femme Agnès et de ses deux frères Baudouin et Barisan. Il avait en effet ordonné de modifier les bornes délimitant, sur le territoire de Ramlah, la terre jadis donnée aux lépreux par son aïeul Rainier, et repris ce qui était situé en dehors des bornes pour son usage personnel. En 1169 il y renonce et leur donne la totalité de cette terre. La maison des lépreux de Jérusalem semble avoir survécu au désastre de 1187 qui fera retomber Jérusalem sous l'autorité des musulmans, et elle sera l'objet de nouvelles donations au XIIIᵉ siècle.

Ici et là apparaissent aussi dans les textes les actes de la vie liturgique à Jérusalem; ainsi les processions solennelles qui ont lieu dans la Ville sainte aux différentes fêtes. Certain jour, une altercation s'est élevée entre les chanoines du Saint-Sépulcre et les moines du monastère du mont des Oliviers. Ceux-ci ont interdit dans leur église la station habituelle lors de la procession de l'Ascension. Ils devront pour cela faire par la suite amende honorable au Saint-Sépulcre, et dès lors il sera décidé que le clergé de cette Eglise célébrerait la messe à chacun des jours de fête avec procession solennelle : le jour de la Purification, au Temple, le jour de l'Ascension, au mont des Oliviers, pour la Pentecôte, au mont Sion, pour l'Assomption de la Vierge, dans la vallée de Josaphat.

Nous voyons encore Mélisende intervenir à plusieurs reprises dans les rapports entre les communautés chrétiennes de Terre sainte. Entre autres, on lui doit l'accord passé entre le clergé occidental et le clergé jacobite installé à Jérusalem. La plupart des membres de ce clergé avaient déserté la ville à l'approche des Croisés, craignant sans doute de se trouver pris entre les occupants arabes et les nouveaux venus. Deux villages qui leur appartenaient aux alentours, Adesia et Bait Arif, avaient été octroyés à un chevalier nommé Gauffier. Celui-ci fut fait prisonnier par les Fatimides lors des combats du début du siècle, en 1103, et son fief récupéré par le clergé jacobite. Or, à l'étonnement général, Gauffier devait revenir sain et sauf après trente-trois ans d'emprisonnement et réclamer son bien. Sur l'intervention d'Ignace, métropolite arménien de Jérusalem, Mélisende se chargea de dédommager le vieux chevalier, et les biens demeurèrent à l'Eglise jacobite.

OÙ LE ROI FOULQUES TROUVE UNE MORT TRAGIQUE

Il semblait que, les orages de la jeunesse oubliés, le roi Foulques et la reine Mélisende allaient pouvoir achever paisiblement leur commun règne, quand survint l'accident inattendu du 10 novembre 1143. « Le pays était sans guerre, le roi et la reine séjournaient dans la cité d'Acre. Le temps s'approchait déjà de l'hiver et la saison qu'on appelle automne était passée. Un jour il advint que la reine voulut aller se promener hors de la ville, près de là, en un très beau lieu où il y a des fontaines. Le roi lui-même, quand il sut que la reine voulait aller là, dit qu'il l'y suivrait et fit seller ses chevaux. Ainsi il monta, et sa compagnie avec lui, chevaliers et sergents. Tous ensemble chevauchaient : le roi, la reine et leurs gens, valets et enfants se répandirent à travers champs, quand ils virent un lièvre qui sortit de la garenne où il se terrait. Le roi, qui montait un très beau destrier, courut aussitôt et prit un glaive pour tuer le lièvre. Il éperonna durement sa monture pour l'atteindre, mais le cheval mit le cou entre les jambes et vola au-dessus de lui tout à l'envers de telle façon que les arçons, à l'arrière de la selle, l'atteignirent à la tête et le décervelèrent. Tous les gens qui virent le roi tomber coururent, et beaucoup se rassemblèrent autour de lui. Alors, ils le levèrent sur son séant, pensant l'aider. Mais ils ne purent rien : la cervelle lui sortait par les narines et par les oreilles. Alors commença pour tous un grand deuil comme il convient en si cruelle mésaventure... Quand la reine vint à la place où le corps gisait, elle se laissa choir sur lui et elle le baisait là où il était le plus sanglant... Dans sa détresse, elle n'avait pas le cœur à pleurer, mais les cris qu'elle poussait et ses paroles montraient combien était grande sa douleur. Ceux qui la virent témoignent de la profondeur de son chagrin, et chacun sait bien à quel point elle était bouleversée. »

C'était en fait un grand désastre pour la Terre sainte, et chacun le sentait. « Cette nouvelle de la mort du roi vint aussitôt à l'intérieur de la cité d'Acre. Tous, petits et grands, y accoururent et ce fut une chose bien pitoyable d'entendre ce deuil qu'ils faisaient et de voir comment ils accouraient tous pour voir cette chose étonnante. Il y en eut qui tombèrent en pâmoison, hommes ou femmes. Le roi fut porté à l'intérieur de la cité. Il y eut beaucoup de larmes répandues, de mains jointes et de cheveux défaits... » Foulques semble n'être mort que le troisième jour après ce terrible et subit accident. Il fut embaumé et enseveli à Jérusalem dans l'église du Saint-Sépulcre, où Guillaume le patriarche l'enterra à droite, à côté de la porte, sous le calvaire, « près des autres rois qui avaient régné avant lui ».

Mélisende restait veuve avec deux fils encore jeunes : Baudouin, âgé de treize ans, qui régnerait sous le nom de Baudouin III, et Amaury, sept ans.

Foulques d'Anjou avait eu d'autres enfants de son premier mariage avec Arembourge du Maine. L'histoire de sa fille, Sibylle, mérite d'être rappelée ici. Elle avait épousé en secondes noces Thierry d'Alsace, comte de Flandre. Or les deux époux se rendirent en pèlerinage à Jérusalem en 1157. Sibylle semble avoir été émue en retrouvant, dans la cité sainte, le souvenir de son père. On la voit même se retirer dans le couvent Saint-Lazare-de-Béthanie sur le mont des Oliviers, où elle retrouvait pour abbesse Yvette, sœur de Mélisende.

Une fois là, elle refusa tout simplement de regagner la Flandre. A son époux qui la pressait de rentrer avec lui, « la dame répondit qu'elle ne reviendrait jamais en Flandre ni ne passerait la mer ». Tour à tour, après Thierry, le nouveau roi de Jérusalem, son demi-frère Baudouin III, et le patriarche de la ville essayèrent de la convaincre. « Quand elle sut qu'ils venaient à elle, elle alla demander à l'abbesse les habits pour être nonne. L'abbesse les lui donna. Quand ils arrivèrent là, ils la trouvèrent vêtue en costume de nonne. » Si bien que le comte Thierry de Flandre « très dolent » ne put qu'accepter cette vocation subite.

Sibylle demeura en Terre sainte. Un peu plus tard, les religieuses voulurent la nommer abbesse, ce qu'elle refusa. « Elle n'était pas venue pour être abbesse, mais pour être disciple. » Elle devait mourir en 1165 au couvent de Saint-Lazare. Son époux, revenu seul en Flandre en 1159, reprit le chemin de la Terre sainte en 1164. Etait-ce pour revoir son épouse? Les textes ne nous disent pas s'il en eut le temps avant la mort de Sibylle.

Cependant Mélisende avait pris en main les affaires du royaume, son fils Baudouin III n'étant pas en âge de gouverner – encore qu'il se révélât, malgré sa jeunesse, très hardi et accompagnât lui-même l'expédition qui alla reprendre aux Bédouins la forteresse de Val Moyse, située près de l'antique Petra. Mélisende, s'il faut en croire le patriarche Foucher de Jérusalem, « avait un grand cœur et beaucoup de caractère. Elle osait entreprendre de grandes affaires et les mener à bien. Comme son fils était trop jeune, elle gouverna le royaume si bien, si sagement qu'il ne perdit jamais rien. Il n'y eut aucun manque de justice. Les barons orgueilleux qui, par orgueil et leur grand pouvoir, voulaient refouler leurs voisins la redoutaient davantage, à cause de sa droiture à redresser les torts, que ne le faisait le menu peuple ».

Guillaume de Tyr fait aussi son éloge : « Femme des plus sages, ayant une expérience complète dans presque toutes les affaires du siècle, l'emportant sur la condition du sexe féminin au point de s'engager dans des actes réclamant un haut courage. » Les événements allaient, au cours de son règne, souvent lui donner l'occasion de déployer son courage et son énergie, en particulier la perte d'Edesse, accompagnée de terribles massacres, qui secoua profondément le monde chrétien et détermina une nouvelle expédition en provenance de l'Occident.

Edesse fut perdue en deux temps. Elle fut prise une première fois, le 23 décembre 1144, à Jocelyn de Courtenay par l'émir de Mossoul, Zengi. Mise au courant des événements, Mélisende avait envoyé en hâte une armée de secours, mais celle-ci arriva trop tard. Cependant Zengi fut assassiné le 15 septembre 1146 par les pages de son entourage. L'un de ses fils s'empara aussitôt de l'anneau de commandement au doigt de son père, et se fit reconnaître dans la cité d'Alep comme son successeur légitime. Mais les Arméniens d'Edesse s'étaient aperçus que la garnison turque était peu nombreuse dans leur cité.

« Quand ils virent la situation, ils envoyèrent au comte Jocelyn des messagers et lui demandèrent de se hâter de venir avec une grande compagnie de chevaliers. Il pourrait ainsi recouvrer la cité d'Edesse sans péril et sans en faire le siège, car ils la lui rendraient très facilement. »

C'était compter sans la promptitude d'action et le talent militaire de Nour-el-Din, digne fils de Zengi. Il vint en hâte faire le blocus de la cité dont la population, bien que prise de panique et affamée, prit le parti de sortir en masse. Une boucherie sans nom s'ensuivit, la population arménienne étant sans pitié massacrée par les Turcs. « Une route de sang », écrit le chroniqueur Michel le Syrien. On pourrait dire que ce fut là le premier massacre d'Arméniens, s'il n'y avait eu, quelque temps avant le début de ce que nous appelons les « Croisades », celui de la population d'Ani. Seuls ceux qui avaient des chevaux rapides purent s'enfuir. Toute la population arménienne et syriaque fut passée par les armes ou réduite en esclavage. C'était le 3 novembre 1146. Après quoi, Nour-el-Din se retourna contre la principauté d'Antioche.

La nouvelle de ces événements, parvenue en Occident, avait provoqué une réaction semblable à celle du concile de Clermont cinquante ans plus tôt. On vit dès lors rois et empereur se préparer à nouveau au départ. Et de nouveau des femmes faisaient partie de l'expédition, dont une de très illustre mémoire.

4

La Croisade d'Aliénor d'Aquitaine

Les chariots passaient l'un après l'autre sur la route, longue file cahotante qui n'en finissait plus : tantôt légers, attelés de deux chevaux, tantôt lourds et chargés, tirés par quatre chevaux qui peinaient, excités par les valets et les palefreniers s'efforçant de les dégager des flaques de boue ou des ornières. Beaucoup, beaucoup de chariots ; beaucoup trop, disaient les hommes de guerre expérimentés, inquiets d'une armée transportant de tels bagages. Que contenaient-ils, ces chariots ? Des vivres pour l'armée, de la farine, des barils d'huile et de vin, de la chair salée pour les hommes et, pour les chevaux, du fourrage, de l'avoine. Beaucoup aussi transportaient les armes, les casques, les cottes de mailles des combattants qui auraient à les revêtir en pays ennemi et qu'on chargeait sur des bâtons, suspendues comme sur des cintres.

Mais on murmurait aussi que plusieurs de ces lourds convois couverts de rideaux de cuir ou de bâches de toile forte voyaient s'entasser, à côté des tentes indispensables pour les étapes, trop de coffres à ferrures contenant les manteaux, les robes, les voiles de ces dames. Voire, en plus des aiguières, des bassins et de la vaisselle indispensable, de grandes quantités de linge et aussi d'accessoires de toilette – cuvettes, savons et miroirs, peignes, brosses, pots à fards et crèmes provenant du plus fin saindoux, celui des pieds de porc – que ces dames qui avaient pris la croix avec leurs époux jugeaient indispensables à leur randonnée, ainsi que leurs bijoux, bracelets, colliers, fibules et diadèmes sur lesquels veillaient leurs suivantes. « Il y avait une très grande quantité de chariots à quatre chevaux », écrit le chroniqueur qui est notre principale source pour l'expédition de Louis VII et d'Aliénor, Eudes (ou Odon) de Deuil. Et il remarque : « Dès que l'un rencontrait un obstacle, tous les autres étaient également arrêtés. Ou bien, s'il leur arrivait de trouver plusieurs chemins, quelquefois ils les obstruaient tous également et alors les conducteurs des bêtes de somme, pour éviter tant d'embarras, s'exposaient très souvent à de grands dangers. Aussi mourait-il un grand nombre de chevaux et beaucoup de gens se plaignaient de la lenteur de la marche. »

Aucune des dames qui faisaient partie de l'expédition n'avait entendu se passer de tout le confort possible ; aucune non plus n'avait renoncé au nombre qui lui paraissait indispensable de chambrières et suivantes. Ni la comtesse de Blois ni la comtesse de Flandre, Sibylle d'Anjou (elle ne sait pas encore qu'elle s'éprendra de la Terre sainte au point d'y retourner plus tard et de vouloir y finir ses jours), ni la comtesse de Toulouse, Faydide, ou celle de Bourgogne, Florine, et moins que toute autre Aliénor, reine de France, duchesse d'Aquitaine, qui a mis beaucoup d'activité et d'enthousiasme à préparer ce départ.

UNE REINE PREND LA CROIX

Car il a été précédé de multiples épisodes et pourparlers. C'est dès la date de 1145 que le roi et la reine de France ont pris la croix, lors des fêtes de Noël à Bourges, et ont annoncé leur intention à leurs vassaux, réunis aux assemblées solennelles qui se tiennent chaque année à cette occasion. Louis a le souci d'accomplir le vœu que n'avait pu faire son frère aîné, Philippe, mort d'une chute de cheval. De plus, il veut faire publiquement pénitence de l'incendie d'une église de Vitry-le-François, où, au cours d'une campagne imprudente, ont péri une multitude de malheureuses gens qui s'y croyaient à l'abri. Aliénor, en dépit de sa responsabilité dans la campagne de Vitry entreprise à son instigation, n'a pas revêtu comme son époux la tenue de pénitente ; mais elle prend la croix, et avec elle nombre d'autres dames s'y sont décidées. L'attrait de l'Orient, le goût de l'aventure lui auraient probablement suffi pour motiver ce départ ; mais à cela s'ajoutent les graves nouvelles venues de la Terre sainte, puisqu'on a appris que la cité d'Edesse, jadis conquise par Baudouin de Boulogne, était retombée aux mains des Turcs après un affreux massacre de la population arménienne. Louis et Aliénor, remarquons-le, sont les premiers roi et reine de France à prendre les armes pour un tel départ.

Une vaste assemblée avait été réunie pour les fêtes de Pâques suivantes, 1146, sur la colline de Vézelay, où Bernard, l'abbé de Clairvaux, qui était un peu la conscience vivante de la chrétienté d'alors, était venu lancer un vibrant appel à s'engager – renouvelant celui du pape Urbain II cinquante ans auparavant au concile de Clermont. Sa parole avait provoqué un ébranlement profond à travers toute la chrétienté. Et l'on raconte qu'il avait dû découper dans sa propre robe les petites croix que chacun tenait à s'attacher sur l'épaule comme signe de son vœu de Croisé.

Les préparatifs avaient aussitôt commencé. « Le roi fit demander au roi des Allemands et des Hongrois la faculté de passer sur leurs terres et de s'y approvisionner sur les marchés, et il reçut d'eux des députés et des lettres conformes à ce qu'il désirait. Beaucoup de ducs et de comtes de ces mêmes contrées, encouragés par un tel exemple, écrivirent au roi pour s'associer à son voyage. Ainsi toutes choses prospéraient selon ses vœux. Cependant la renommée a volé, passé la mer, pénétré en Angleterre et dans les retraites des autres îles. Les habitants des bords de la mer préparèrent leurs vaisseaux pour s'embarquer et partirent à la suite du roi », écrit Eudes de Deuil.

Aliénor semble s'être étonnamment dépensée pour éveiller chez ses vassaux personnels l'enthousiasme pour le « Saint Pèlerinage ». Elle a très probablement fait une tournée en Aquitaine, car ses vassaux répondent avec un bel ensemble. En premier lieu Geoffroy de Rancon, possesseur du château de Taillebourg où elle a passé sa nuit de noces quelque dix ans auparavant. Et encore Hugues de Lusignan, Guy de Thouars et quantité d'autres barons gascons et poitevins. On la voit aussi faire des dons importants, comme il est d'usage lors de pareils départs, aux abbayes de son domaine, à Montierneuf, à Saint-Maixent et surtout à Fontevraud. La donation qu'elle fait à cette importante abbaye (où les moines et les moniales font tous profession de foi entre les mains de l'abbesse, comme il en allait d'ailleurs dans toutes les abbayes doubles du haut Moyen Age) est pour nous évocatrice, car de semblables dons se répéteront périodiquement durant la longue existence d'Aliénor, qui marquera toujours une grande prédilection pour Fontevraud et les nombreux monastères issus de son ordre.

On sent revivre chez Aliénor quelque chose de l'esprit aventureux de son grand-père, Guillaume le Troubadour. Il s'était croisé en 1101, n'avait guère connu que des déconvenues au cours de son expédition, mais, une fois revenu sur les bords de la Garonne, il avait multiplié les chansons facétieuses, prouvant qu'il avait gaillardement pris son parti des dangers encourus. Aliénor subissait elle aussi cet attrait des rivages lointains – l'« *amor de lonh* » que devait chanter l'un des troubadours dont on dit qu'il s'était engagé à sa suite, le « prince de Blaye », Jaufré Rudel.

Il fallait avant tout déterminer l'itinéraire de l'expédition, son ordre de marche, son point de rassemblement. Louis VII lança un avis à tous ceux qui comptaient y prendre part, fixant une réunion à Etampes pour le 16 février 1147. « Une immense et glorieuse multitude d'évêques et de nobles s'étant donc rassemblée au temps et au lieu convenus, l'abbé (Bernard de Clairvaux) se présenta. A sa vue s'élevèrent de grandes acclamations, et toute l'assemblée se montra remplie de joie, car il arrivait d'Allemagne où il avait confédéré pour la milice de la Croix du Christ le roi et les grands de ce royaume. »

Quelles que soient les promesses de ce renfort, il y avait à faire un choix d'importance : la voie de mer ou la voie de terre? La première était préconisée par les agents du roi de Sicile, Roger II, qui s'étaient rendus à Etampes et offraient avec beaucoup d'insistance ses ports et son aide aux Croisés. De son côté, l'empereur de Byzance, Manuel Comnène, proposait aussi ses services à l'assemblée et l'assurait de son dévouement. Finalement, ce fut à ses vues – donc la voie de terre par l'Europe centrale – que l'on se rangea. « Ils résolurent de suivre leur chemin par la Grèce (Byzance) où ils devaient trouver la mort. Ainsi fut terminé ce jour de funeste mémoire », écrit Eudes de Deuil. « Les nobles hommes députés du roi Roger se retirèrent tout confus, montrant assez par les témoignages de leur tristesse les sentiments de leur seigneur et nous prédisant sur les perfidies des Grecs ce que par la suite nous avons bien éprouvé. Il n'est pas étonnant que Roger, ce roi sage et puissant, désirât attirer le roi puisqu'il aime les Français, étant lui-même originaire de notre pays. »

On peut penser que cette décision était due à l'intervention d'Aliénor d'Aquitaine. Elle avait certainement reçu des courriers de son oncle, Raymond de Poitiers, qui depuis une dizaine d'années était devenu prince d'Antioche en épousant la fille d'Alix, la jeune Constance. Or Raymond avait réussi, en dépit des fâcheux débuts de la première expédition, à nouer amitié avec les empereurs de Byzance. D'accord avec les rois de Jérusalem, il avait reconnu les prétentions byzantines sur cette cité d'Antioche, jadis si difficilement reconquise grâce à l'astuce et à la ténacité de Bohémond. Cette alliance avec les Grecs l'avait par contrecoup brouillé avec les Siciliens. Il est très probable qu'il avait conseillé la voie de terre par Constantinople et qu'Aliénor a elle-même, à Etampes, fait incliner dans ce sens les décisions de l'assemblée. Eudes de Deuil ne parle pas de la position de la reine, mais il ne trouve pas assez de mots pour blâmer cette décision et imputer tous les désastres qui allaient suivre à la « perfidie des Grecs ».

Vint le moment des derniers préparatifs : réunir des vivres, fabriquer des chariots pour les transports, des fers pour les chevaux, des tentes pour abriter les gens à l'étape, etc. On se trouva enfin prêt pour la semaine de la

Pentecôte, qui tombait en même temps que la foire de Saint-Denis où le roi et la reine allaient prendre le départ. Mais auparavant Louis VII prit soin de faire le tour des abbayes parisiennes, demandant des prières aux moines, et surtout « il sortit de la ville et se rendit aux maisons des lépreux : là, je l'ai vu moi-même positivement, écrit Eudes de Deuil, suivi seulement de deux serviteurs et tenant pendant longtemps la foule des siens éloignée de lui. Pendant ce temps, sa mère, sa femme et une multitude innombrable se portèrent en avant auprès du bienheureux Denis. » On sait comment, un siècle plus tard, son arrière-petit-fils Saint Louis renouvellera cette visite aux lépreux (dont la maison était située dans le quartier où se trouve aujourd'hui la gare Saint-Lazare) pour implorer de même la prière de ceux qui se trouvaient, pauvres entre les pauvres, isolés par leur maladie du reste de la société.

Louis VII se rendit ensuite à Saint-Denis « et trouva réunis le pape, l'abbé (Suger) et les moines de l'église. Alors, se prosternant très humblement sur la terre, il adora son patron ». On le voit ensuite vénérer les reliques de saint Denis, prendre sur l'autel la bannière (l'oriflamme de rouge et d'or) et « recevoir du souverain pontife la besace et la bénédiction ; il se retira dans le dortoir des moines pour échapper à la multitude, car il n'eût pu demeurer plus longtemps au milieu de cette foule empressée, tandis que sa mère et sa femme étaient presque suffoquées par leurs larmes et par la chaleur ». C'était le 12 mai 1147.

BYZANCE, ÉBLOUISSANTE ET DANGEREUSE

Le même chroniqueur donne quelques détails sur les villes traversées : Metz où avait été fixé le rassemblement général des forces croisées, Worms, Wurtzbourg, Ratisbonne, Passau. Il décrit la Hongrie avec ses ruisseaux, ses sources et ses prairies. « Lorsque je traversais cette contrée, écrit-il, elle me paraissait âpre et difficile en raison des montagnes. Maintenant elle me semble comme une plaine comparée avec la Romanie (la région de

Byzance). » Il indique, à l'intention, dit-il, des autres voyageurs, les fleuves qui traversent ces régions, la Drave, le Danube. « Tout ce territoire est couvert d'eau réunie en lacs ou en étangs, et de sources... Ce pays est tellement fertile en fourrage que l'on dit que c'était là que Jules César avait établi ses magasins. Nous y trouvâmes à souhait et des marchés et des moyens d'échange, et nous mîmes quinze jours à traverser cette contrée », qui les mène jusqu'au seuil de la Bulgarie.

C'est dans la ville de Ratisbonne que le roi reçoit la visite des premiers délégués de l'empereur byzantin. « Ils se présentèrent devant lui; l'ayant salué et lui ayant remis leurs lettres sacrées, ils demeurèrent debout attendant la réponse, car ils ne se fussent point assis si on ne leur en eût donné l'ordre. Lorsqu'ils l'eurent reçu, ils déposèrent les sièges qu'ils portaient avec eux et s'assirent dessus. » C'est avec étonnement qu'il note cet usage des Grecs. Et un peu plus loin il parle de la teneur des lettres envoyées : « Elles étaient tellement humbles et rédigées avec tant de bassesse pour capter la bienveillance que je puis dire qu'un tel langage, beaucoup trop affectueux parce qu'il ne provenait point d'un sentiment d'affection, ne convenait pas, je ne dis pas à un empereur, mais à un histrion... Je ne puis m'empêcher de dire que les Français, tout flatteurs qu'ils sont, ne pourraient, même quand ils le voudraient, égaler les Grecs sur ce point. Au commencement, le roi souffrait quoiqu'il en rougît qu'on lui dît toutes ces choses, mais sans pouvoir imaginer ce que signifiait un pareil langage. Enfin, lorsque étant en Grèce il vit plus souvent des députés, comme ils commençaient toujours à lui parler de la même manière, il pouvait à peine le supporter. »

Si bien que l'on comprend dès le début du récit du chroniqueur tout ce qui va heurter les « Francs » dans leurs rapports avec les Grecs; les formules obséquieuses, les titres pompeux qu'ils portent, la politesse excessivement raffinée exigeant cérémonies et circonlocutions sans fin – tout cela ne pouvait qu'agacer prodigieusement un être comme Louis VII avec sa nature simple et droite. D'autre part, il n'avait pas pris la précaution, lors de ses pourparlers avec l'empereur d'Allemagne, de prévoir des itinéraires distincts comme l'avaient fait les chefs de la Première Croisade. Si bien que son armée arrivait après celle des Allemands, qu'on accusait d'avoir commis pillages et déprédations sans nombre. Le roi de France avait rigoureusement interdit les pillages, mais ses fourriers avaient affaire à des paysans qui avaient appris, eux, à marchander et à pratiquer la loi de l'offre et de la demande, si bien qu'à chaque étape les frais dépassaient les prévisions. Ce n'est finalement qu'au bout de cinq mois d'une marche déjà pénible qu'ils arrivèrent à Constantinople, le 4 octobre 1147.

A une journée de là, le roi, la reine, le frère du roi, Robert du Perche, et les principaux feudataires qui les entouraient avaient été accueillis par tout un cortège de dignitaires byzantins chargés de les emmener jusqu'au palais des Blachernes, où l'empereur Manuel Comnène devait les accueillir. Au témoignage même d'Eudes de Deuil, qui tout au long du récit ne cherche pas à cacher son antipathie, le couple royal trouva « sous le portique du palais l'empereur qui vint les recevoir d'une manière assez convenable ». Après un premier accueil durant lequel ils firent l'un à l'autre bonne impression, « ils se séparèrent comme des frères et les nobles de l'empire accompagnèrent le roi hors du palais et jusqu'à celui qui lui avait été préparé pour son logement ». Louis et Aliénor logeaient en effet au Philopation, résidence de plaisance où les empereurs donnaient aussi leurs rendez-vous de chasse et qui se trouvait non loin des Blachernes, en dehors des murailles même de Constantinople.

On imagine sans difficulté l'impression que pouvait faire la cité byzantine aux Français du temps. « Constantinople, qui fait la gloire des Grecs, ville renommée pour ses richesses, et plus riche encore que sa réputation, écrit Eudes de Deuil... Sa beauté extérieure est presque incomparable et celle de l'intérieur surpasse beaucoup tout ce que je puis en dire. De toutes parts, on n'y voit que dorures et peintures de couleurs variées, ajoute-t-il à propos cette fois du palais des Blachernes. La cour est pavée en marbre avec une habileté exquise, un art merveilleux s'y déploie... »

On imagine de même l'émerveillement d'Aliénor lors de la cérémonie religieuse qui eut lieu dans la grande basilique de Sainte-Sophie, ruisselante de l'or des mosaïques dont elle est alors couverte et qui resplendit à la lumière des grands lustres en couronne portant les cierges et les lampes à huile – ce n'est qu'après sa conquête par les Ottomans, en 1453, que toute cette splendeur lui a été méthodiquement arrachée! Reçue au Palais sacré par l'empereur Manuel Comnène et son épouse, elle a dû apprécier tout ce qui était nouveau pour les Occidentaux lors du magnifique banquet qui leur fut servi : à commencer par le caviar qui garnissait souvent la table impériale, jusqu'aux légumes inconnus, comme les artichauts qui ne furent introduits que plus tard en Europe, ou encore l'usage de la fourchette à deux dents qu'elle aura sans doute retenu pour sa propre table. Enfin, elle n'a pas dû être insensible au vin de Grèce servi à profusion dans les coupes légères, elle qui, dans sa Guyenne natale, savait tout le prix des crus dégustés à bon escient, et introduirait plus tard en Angleterre le produit des vignobles aquitains.

Il y eut ainsi, halte bienheureuse au cours d'une randonnée terriblement dure, quelques jours de délices dont elle a dû amplement profiter : des parties de chasse dans les bois entourant le Philopation, des courses à l'hippodrome, dont l'immense enceinte pouvait contenir quelque trente-cinq mille spectateurs, applaudissant les prouesses des cochers à la tunique verte ou bleue. On pouvait y admirer le bel obélisque qui marquait le centre du champ de courses et dont on disait qu'il remontait à près de vingt siècles, ou encore ces groupes de sculptures déjà fameux dans le monde, comme celui de la louve de bronze nourrissant Romulus et Remus – ou encore les magnifiques chevaux, de bronze eux aussi, que les empereurs byzantins avaient fait enlever à Alexandrie et qui devaient un jour se retrouver au fronton de la basilique Saint-Marc de Venise, après la prise de Constantinople par les Occidentaux en 1204.

Le couple royal passa environ trois semaines à Constantinople, temps d'émerveillement sans doute pour Aliénor, nuancé pour son époux de quelque inquiétude : des rumeurs circulaient qui le faisaient douter du bon vouloir de l'empereur. En fait, la diplomatie byzantine ne restait pas inactive, et il allait s'avérer qu'une alliance secrète avait été conclue entre les Grecs et les Seldjoukides – en la personne du sultan de Konieh, Masoud, dont les Allemands, puis les Francs devaient traverser le territoire.

A la veille de son départ, le roi de France recevait de Manuel Comnène une nouvelle rassurante : les troupes de l'empereur Conrad de Hohenstaufen, dont la Croisade précédait celle des Francs, venaient, affirmait-il, de remporter une grande victoire en Anatolie. Mais Louis VII ne se trouvait qu'à quelques journées de Constantinople qu'il rencontrait les premiers survivants du désastre qu'avait été, en fait, pour les Allemands, la traversée des déserts anatoliens. Les guides byzantins leur avaient affirmé qu'il suffisait d'emporter huit jours de vivres, puis ils s'étaient éclipsés à la faveur de la nuit, laissant sans ressources et sans indications une armée à laquelle il eût fallu au moins trois semaines de ravitaillement : le temps nécessaire pour parvenir en Syrie à travers ces déserts sans eau et sans vivres aucuns.

Le roi de France décida aussitôt de changer d'itinéraire pour éviter un pareil sort à sa propre armée. Il s'engagea le long de la côte, par Pergame et le golfe de Smyrne, pour gagner le port d'Adalia – parcours beaucoup plus long, mais plus sûr aussi, que celui dans lequel s'était fait décimer l'armée allemande. Louis VII donna des ordres stricts : cheminer en rangs aussi serrés que possible, le corps principal étant constitué par les chariots, toujours trop nombreux ; lui-même dirigeait une arrière-garde de combattants mobiles et prêts à se déployer, et en avant-garde progressaient d'autres combattants sous l'autorité du comte de Maurienne, l'oncle du roi, et de Geoffroy de Rancon. Aliénor, cavalière intrépide, n'hésita pas à faire partie de cette avant-garde qui comportait beaucoup de ses vassaux.

L'IMPRUDENCE D'ALIÉNOR ET DES AQUITAINS

On parvint ainsi en bon ordre jusqu'en Pisidie vers le
mont Cadmos. Il fallait franchir là un passage dangereux
d'étroits défilés, exposés à la menace des Turcs, prêts à
profiter des innombrables occasions d'embuscades que
leur fournissait cette région hérissée de rochers, avec des
précipices qui s'ouvraient à chaque détour de la route.
C'était le jour de l'Epiphanie, 6 janvier 1148. Il fallait
redoubler de prudence et le roi renouvela ses consignes à
la veille d'un passage particulièrement dangereux.

« Le roi avait résolu d'employer toute une journée à
franchir la montagne exécrable et de ne pas s'y arrêter
pour dresser ses tentes. Ceux qui y arrivèrent les premiers
et d'assez bonne heure, n'étant retenus par aucun embarras, et oubliant le roi qui veillait alors sur l'arrière-garde,
gravirent la montagne. Et, tandis que les autres ne les suivaient que de loin, dressèrent leurs tentes de l'autre côté
vers la neuvième heure (l'après-midi). La montagne était
escarpée et couverte de rochers. Nous avions à la monter
par une pente rude. Son sommet nous semblait atteindre
aux cieux, et le torrent qui coulait dans le fond de la vallée paraissait voisin de l'enfer. La foule cependant
s'accumule sur le même point ; les uns se pressent sur les
autres, s'arrêtent, s'établissent, sans penser aux chevaliers
qui sont en avant, et demeurent comme attachés sur la
place bien plus qu'ils ne marchent. Les bêtes de somme
tombent de dessus les rochers escarpés, entraînant ceux
qu'elles rencontrent dans leur chute et jusque dans les
profondeurs de l'abîme. Les rochers eux-mêmes, sans
cesse déplacés, faisaient un grand ravage, et ceux de nos
gens qui se dispersaient de tous côtés pour chercher les
meilleurs chemins avaient à craindre également et de
tomber eux-mêmes et d'être entraînés par les autres. Les
Turcs et les Grecs, cependant, tirant sans cesse leurs
flèches pour empêcher ceux qui étaient tombés de se relever, se rassemblèrent pour se porter sur l'autre corps, se
réjouissant fort d'un tel spectacle, dans l'espoir de l'avantage qu'ils en retireraient sur le soir. Le jour tombait et le

gouffre se remplissait de plus en plus des débris de notre armée. Mais bientôt ces succès ne suffisent plus à nos ennemis. Et prenant une nouvelle audace, ils reviennent sur notre corps d'armée, car déjà ils ne redoutent plus ceux qui sont à l'avant-garde et ne voient pas encore ceux qui forment l'arrière-garde. Ils frappent donc, et le pauvre peuple dénué d'armes tombe. On fuit comme un troupeau de moutons. Alors s'élèvent de grands cris qui montent jusqu'aux cieux et parviennent en même temps aux oreilles du roi. »

Alerté, Louis VII se porte vivement vers le corps principal demeuré sans défense ; lui-même et les chevaliers qui l'entouraient ne s'étaient pas équipés pour combattre (puisqu'il avait été convenu que les défilés ne seraient franchis que le lendemain), cependant « de nouveau le roi, oubliant sa propre vie pour sauver ceux qui périssaient en foule, franchit les derniers rangs et résista vigoureusement aux ennemis qui faisaient rage sur le corps du milieu... Occupant un terrain glissant, les nôtres brandissaient leurs lances de toutes leurs forces mais sans pouvoir s'aider de la force de leurs chevaux. Et dans le même temps, les ennemis tiraient leurs flèches en toute sécurité, s'appuyant contre les arbres ou les rochers... Dans cette mêlée, le roi perdit son escorte peu nombreuse mais illustre. Et lui, conservant toujours un cœur de roi, agile autant que vigoureux, saisissant les branches d'un arbre que Dieu avait placé là pour son salut, il s'élança sur le haut d'un rocher. Un grand nombre d'ennemis se jetèrent après lui pour s'emparer de sa personne, tandis que d'autres, plus éloignés, lui tiraient leurs flèches, mais, par la volonté de Dieu, sa cuirasse (cotte de mailles) le préserva de l'atteinte des flèches et, de son glaive tout sanglant, défendant son rocher pour défendre sa liberté, il fit tomber les mains et les têtes de beaucoup d'ennemis. Enfin ceux-ci, ne le reconnaissant pas, voyant qu'il serait difficile de le saisir et craignant qu'il ne survînt d'autres combattants, renoncèrent à l'attaquer et s'éloignèrent pour aller, avant la nuit, enlever les dépouilles du champ de bataille ».

Et le chroniqueur Eudes de Deuil, témoin de ces faits

d'armes qu'il raconte très vivement, et ne combattant pas lui-même en sa qualité de moine, est envoyé vers le camp de l'avant-garde. « J'y racontai, dit-il, ce qui se passait ; tous, remplis de consternation, prirent les armes. Ils auraient bien voulu revenir en toute hâte sur leurs pas, mais à peine pouvaient-ils marcher, tant à cause de l'aspérité des lieux que parce que les ennemis, se portant à leur rencontre, les empêchaient d'avancer. »

On imagine en effet la consternation et la stupeur de cette avant-garde insouciante lorsqu'elle constate l'étendue du désastre. Eudes de Deuil ne nous dit rien, pas plus que les autres chroniqueurs, sur ce que faisait la reine en un pareil moment. Mais cette avant-garde oublieuse des consignes, le reste de l'armée la rendait responsable des malheurs survenus. N'eût été la vaillance personnelle du roi, la croisade aurait pu prendre fin dans les gorges de Pisidie. Seule la nuit survenant avait arrêté le massacre. Et Aliénor semble bien avoir été comprise dans la responsabilité qu'on faisait porter aux Aquitains, ses vassaux.

Quelques jours se passèrent à enterrer les morts et à réparer tant bien que mal le convoi, avant de reprendre plus lentement encore la route en direction du port d'Adalia. Lorsque le roi y parvint, il décida de prendre la voie de mer, mesurant mieux désormais les dangers et les lenteurs de celle de terre : quelque cinq mois s'étaient écoulés depuis leur départ de Constantinople ! Des messagers qu'il envoya vers Byzance revinrent avec la promesse de l'empereur d'équiper des bateaux pour faire passer en Syrie les restes de l'armée. Mais il ne fournit pas la moitié de la flotte promise. Le roi et la reine s'embarquèrent néanmoins pour gagner Antioche, espérant que le reste de leur armée les suivrait. Elle allait être, en fait, récupérée pour son propre service par l'empereur byzantin.

LE ROI ET LA REINE DE FRANCE AU SAINT-SÉPULCRE

On parvint enfin en vue du port de Saint-Siméon, qui desservait la cité d'Antioche, le 19 mars 1148. Là, ce fut la réception habituellement ménagée aux Croisés qui débarquaient : les cloches sonnant à toute volée à travers la ville, les clercs et les prélats s'assemblant en longues processions pour se diriger vers le port, munis de la croix et suivis de toute une foule exultante qui chantait le *Te Deum*. Semblable accueil pouvait réconforter quelque peu le roi et la reine, et celle-ci, parmi ceux qui l'attendaient sur le port, dut bientôt reconnaître son bel oncle Raymond de Poitiers : dix mois d'une longue marche pendant lesquels elle avait espéré cet instant de retrouvailles. Avant son départ pour l'Angleterre il avait été, durant l'enfance d'Aliénor et de sa jeune sœur, le grand compagnon qu'on admire. Le patriarche latin d'Antioche à l'époque était Aimery de Limoges, donc un vassal de la reine. A chaque instant, d'autres seigneurs méridionaux, comme Payen de Faye ou Charles de Mauzé, venaient lui rendre hommage ou se rappeler à son souvenir, et autour d'elle on usait de cette langue d'oc qui avait été celle de son enfance et des premiers troubadours qui avaient chanté en son honneur.

Raymond de Poitiers aimait lui aussi les troubadours. Au moment même où il recevait Aliénor à sa cour, celle-ci comptait un poète, Richard le Pèlerin, qui composait la *Chanson des chétifs*, un long poème racontant la Première Croisade, un demi-siècle auparavant. On imagine la joie d'Aliénor retrouvant l'atmosphère courtoise qu'elle avait suscitée autour d'elle en France (non sans quelques réticences de la part de son époux). C'était le printemps sur l'Oronte, le fleuve qui apportait à la cité, des hauteurs du Djebel Akra, la fraîcheur des montagnes et l'eau de la fonte des neiges. Antioche était alors dans toute sa beauté (que devait détruire le terrible tremblement de terre de 1170), avec ses murailles scandées de tours, ses églises, Saint-Côme-et-Damien, Sainte-Marie-Latine, Saint-Jean-Chrysostome et surtout la cathédrale Saint-Pierre. On y montrait la tombe de l'évêque Adhémar du Puy, qui avait guidé jusque-là ceux qui, peu après sa mort, reconquirent Jérusalem en 1099. Pour Aliénor, un véritable enchantement après le supplice des mois précédents, cette arrivée dans la ville dont son oncle était devenu prince.

Mais le roi Louis VII, lui, ne semble guère partager son

enthousiasme, et reste circonspect. Il est toujours, certes, très amoureux de sa jeune épouse de vingt-cinq ans, mais lui-même – guère plus âgé qu'elle du reste – garde le souvenir cuisant des quelques équipées où elle l'a entraîné et qui ont mal fini, qu'il s'agisse de l'incendie de Vitry ou du passage de la « montagne exécrable »...

Reste qu'après quelques jours consacrés au repos, les Croisés se réunissent avec Raymond de Poitiers et son entourage pour établir un plan d'action. Précisément on vient d'apprendre que l'empereur Conrad, remis de ses angoisses et dûment soigné d'ailleurs par l'empereur Manuel Comnène, a regroupé les débris des forces qui l'accompagnaient et décidé de venir, lui aussi, rejoindre la Terre sainte, accomplissant son vœu de Croisé.

Pour les seigneurs établis dans le pays, il ne fait pas de doute que les combattants sont venus libérer Edesse, sentinelle avancée dans le Nord, véritable front du royaume palestinien. C'est d'ailleurs sa chute qui a déterminé la prise de croix du roi comme de l'empereur d'Allemagne. Or, extraordinairement, le roi Louis VII refuse d'envisager cette reconquête : il a fait vœu d'aller à Jérusalem, et c'est vers la Ville sainte qu'il se dirigera avec ses troupes.

En même temps que sur Edesse, Raymond de Poitiers projetait une action sur les deux villes d'Alep et de Hama qui, demeurées aux mains des Turcs, étaient une menace constante pour le royaume latin de Palestine. Les chroniqueurs du temps, Guillaume de Tyr en particulier, ont bien fait remarquer que, profitant de l'état de surprise que causait aux Turcs son arrivée, le roi Louis VII aurait pu facilement réaliser ces conquêtes qui eussent assuré l'avenir de la Syrie franque. Raymond de Poitiers, stupéfait, puis exaspéré de l'incompréhension du roi, a tenté et sans doute facilement réussi à convaincre la reine. Il multipliait les égards, non seulement à son endroit, mais aussi envers les comtesses de Toulouse, de Blois, de Flandre qui l'accompagnaient, et en l'honneur desquelles il avait donné de brillantes fêtes, déployant tout le faste auquel se plaisait la cour d'Antioche. De fait, Aliénor prit parti avec feu pour les projets de Raymond ; du point de vue stratégique, ceux-ci s'imposaient. Et il fallut l'aveuglement, doublé d'une jalousie grandissante du roi Louis envers le prince d'Antioche, pour lui voiler la vérité.

Toutes les discussions, un jour après l'autre, dans l'atmosphère d'inquiétude qu'entretenait le souvenir des récents désastres, tournaient au drame pour le couple royal. Aliénor alla jusqu'à menacer de demeurer à Antioche avec ses gens. Louis répondit en arguant de ses droits d'époux. Sur quoi la reine l'invita à vérifier les droits en question : il y avait entre eux un lien de consanguinité qui plaçait leur mariage sous la menace d'un cas de nullité...

Ainsi un désaccord latent entre Louis et Aliénor se découvrait-il, comme il arrive parfois, sous l'effet d'une discussion violente. La nuit suivante, sans prendre congé de Raymond de Poitiers, Louis quittait secrètement Antioche et, emmenant de force son épouse, donnait l'ordre à son armée de le suivre en direction de Jérusalem. Une faille irréparable ne s'en était pas moins produite dans le couple royal. Leur mariage à Bordeaux onze ans auparavant avait éveillé de grands espoirs pour le royaume de France, en faisant entrer dans le domaine direct de la couronne tout l'ouest du pays, de la Loire aux Pyrénées. La belle aventure orientale mettait fin à ces espoirs et installait entre les deux parties du royaume une mésentente qui n'allait pas être calmée de sitôt.

L'ASSEMBLÉE DE SAINT-JEAN-D'ACRE

Entre-temps néanmoins les événements se poursuivaient, mais non dans le sens des victoires escomptées. Le couple fut pourtant accueilli avec beaucoup de joie et de solennité dans la cité sainte : « Toute la ville sortit à sa rencontre, notamment le clergé avec toutes ses processions. Le roi Baudouin III – le fils de Mélisende, âgé alors de seize ans – et les autres barons les promenèrent à travers les Saints Lieux qu'ils avaient tant désiré voir. Quand ils eurent achevé leurs oraisons, ils les conduisirent en leur hôtel qui était fort riche et les laissèrent là. » Louis VII et Aliénor auront été dans toute l'histoire les seuls roi et reine de France à avoir accompli réellement le pèlerinage au Saint-Sépulcre.

Quelque temps après, une imposante assemblée – la plus imposante qu'ait vue le royaume latin – fut réunie, cette fois à Saint-Jean-d'Acre, le 24 juin 1148, sous la présidence de la reine Mélisende. A ses côtés, Baudouin III, qui partage le pouvoir avec sa mère. Sont présents le roi et la reine de France, l'empereur d'Allemagne Conrad III, son demi-frère Otton de Freisingen, le futur Frédéric Barberousse (qui n'est encore que Frédéric de Souabe), le duc Henri d'Autriche, le duc de Bavière Berthold d'Andechs, ainsi que d'autres prélats impériaux comme l'évêque Etienne de Metz ou Henri de Toul, frère du comte de Flandre également présent, Thierry d'Alsace. Le marquis Guillaume de Montferrat dont la descendance s'illustrera en Terre sainte est là aussi, avec le margrave Hermann de Bade et le duc Welf de Souabe. Aux côtés du roi de France se tiennent son frère, Robert du Perche, son beau-frère Henri de Champagne ; enfin tout ce qui compte en fait de prélats et barons de Terre sainte, à commencer par le patriarche de Jérusalem, Foucher d'Angoulême, les archevêques de Césarée, Baudouin, et de Nazareth, Robert, le Maître du Temple Robert de Craon, l'un des piliers de l'Ordre qui a été créé trente ans plus tôt, et le Maître de l'Hôpital Raymond du Puy. Enfin tous ces seigneurs qu'il serait fastidieux d'énumérer : Balian, sire d'Ibelin, Onfroi II de Toron, Guy de Beyrouth et tant d'autres dont les noms évoquent chacun des souvenirs bibliques : Sidon, Césarée, Tibériade, etc.

Malheureusement, de cette vaste assemblée ne sortira qu'une décision mineure, sans rapport avec les véritables nécessités du temps. Il était évident qu'en la circonstance Aliénor avait vu juste en appuyant les souhaits de Raymond de Poitiers. Au lieu d'attaquer Alep ou de tenter de reprendre Edesse au redoutable Nour-el-Din, les Croisés vont mener une opération contre Damas – dont les sultans, fort paisibles, ne songeaient qu'à gagner l'amitié des Francs, pour résister au besoin à leurs voisins de Turquie ou d'Egypte. L'époux de Mélisende, le roi Foulques, avait même noué une amitié personnelle avec le vieil émir

Ounour de Damas. Il est vrai que l'année précédente une première action avait déjà été menée contre Damas, qui s'était du reste mal terminée.

Quoi qu'il en soit, mollement menée, l'opération se solda par un échec. L'empereur Conrad III se rembarqua dès le 8 septembre 1148 à Saint-Jean-d'Acre, tandis que Louis et Aliénor prolongeaient leur séjour en Palestine durant l'hiver.

Leur retour fut aussi mouvementé que l'ensemble de leur pèlerinage. Partis juste après les fêtes de Pâques 1149, le roi et la reine avaient pris place chacun sur un bateau différent dans le même convoi sicilien. Or le roi de Sicile, Roger II, était alors ouvertement en guerre avec l'Empire byzantin, et le convoi se heurta en mer, sur les côtes du Péloponnèse au large de La Malée, à une flotte byzantine. Les marins grecs réussirent à s'emparer de la personne d'Aliénor, et déjà ils cinglaient vers Constantinople avec cet otage de prix entre les mains, quand à nouveau un coup de main sicilien vint libérer la reine. De son côté, le roi débarquait le 29 juillet sur la côte de Calabre, tandis que les Siciliens vainqueurs emmenaient Aliénor à Palerme. Les deux époux, après être demeurés trois semaines sans nouvelles l'un de l'autre, purent enfin se retrouver à Potenza où le roi de Sicile, Roger II (dont on avait naguère écarté les propositions), vint les rejoindre et tint à les recevoir avec beaucoup d'honneurs. C'est lors de ce séjour qu'ils apprirent la mort de Raymond de Poitiers, tué le 29 juin précédent à Maaratha dans un combat contre Nour-el-Din. Celui-ci l'avait fait décapiter et, geste traditionnel, avait envoyé sa tête comme trophée au calife de Bagdad.

Contrecoup de tant de fatigue, d'émotions, de chagrins aussi, Aliénor tomba malade et le voyage de retour se fit à petites journées, avec un arrêt prolongé dans la belle abbaye bénédictine du Mont-Cassin. Après quoi, mis au courant de leur arrivée, le pape Eugène III, alors chassé de Rome par l'agitateur Arnaud de Brescia, les reçut dans sa résidence de Tusculum. Ils y furent accueillis vers la mi-octobre et, très ému de tous les dangers et les souffrances endurés par le jeune couple, le pape s'employa à renouer entre eux la tendresse, à les apaiser aussi à propos de ce cas de parenté pour lequel il leur promettait au besoin une dispense.

Aliénor et Louis VII regagnèrent les rives de la Seine vers la Saint-Martin, en novembre 1149, et l'année suivante un enfant leur naissait, une petite fille nommée Alix. En leur absence le royaume avait été sagement gouverné par l'abbé de Saint-Denis, Suger, auquel fut décerné le titre de « père de la patrie ». Mais celui-ci mourut l'année suivante, le 13 janvier 1151, et dès lors le ménage allait dénouer les liens qui l'unissaient. Mariés sans s'être choisis, alors qu'ils avaient l'un quinze ans, l'autre seize (et peut-être moins encore), on peut penser que l'aventure orientale les avait mûris l'un et l'autre en affirmant leurs différences. Ils poursuivront désormais un destin séparé – sans qu'on puisse toutefois oublier qu'un jour viendrait où Aliénor, déçue par son second époux, se retournerait vers le premier, qui, avec une vraie grandeur d'âme, accepterait de l'accueillir. Mais cette suite de l'histoire nous emmène très loin de notre sujet.

5

La reine Mélisende et ses fils

L'échec de l'expédition de Louis et de Conrad affaiblit le royaume de Jérusalem. « Dès cette époque, note l'*Histoire d'Eraclès,* la condition des chrétiens de Terre sainte commença à beaucoup empirer, car leurs ennemis, qui avaient beaucoup redouté la venue de grands princes, et constaté qu'ils étaient repartis sans rien faire, évaluèrent à rien du tout les efforts de la chrétienté, et devinrent si orgueilleux qu'ils estimaient pouvoir facilement tuer ou prendre tous les chrétiens qui restaient. » La première victime de ce changement des mentalités avait été Raymond de Poitiers. Peu s'en fallut que la cité même d'Antioche ne fût ensuite emportée par Nour-el-Din. La ville ne fut sauvée que par l'intervention du roi Baudouin III, venu au secours de la princesse Constance, veuve à vingt-deux ans et demeurée sans défenseur avec son fils Bohémond III encore en bas âge.

BÉATRIX DÉFEND SON FIEF

Non loin de là, une autre femme maintenait tant bien que mal les débris du comté d'Edesse, retranchée dans la forteresse de Turbessel (Tell Basher) : Béatrix, l'épouse de Jocelin II de Courtenay, un triste sire qui était devenu l'ennemi juré de Raymond de Poitiers. En ce mois de juin 1148, où l'on aurait pu croire toutes les forces chrétiennes réunies en un effort unanime pour sauver la Terre sainte, il était allé piller le grand monastère jacobite de Mar Barsauma sur le haut Euphrate. Or Jocelin II allait deux ans plus tard tomber par hasard dans une embuscade. Pris par des Turcomans, qui d'abord ne le reconnurent pas, il fut emmené et emprisonné à Alep. Le sultan Nour-el-Din le tint en captivité jusqu'à sa mort, donc pendant neuf ans, le menaçant à maintes reprises des pires supplices s'il n'abjurait pas sa foi, ce que Jocelin refusa obstinément. Les derniers sacrements lui furent administrés par l'évêque jacobite d'Alep, Ignace, après que le comte eut fait amende honorable pour son coup de main sur le monastère de Barsauma.

Pendant ce temps son épouse Béatrix, demeurée à Turbessel avec leur jeune fils Jocelin III, « faisait très bien garder les forteresses et les garnissait de toutes les choses dont elles avaient besoin. Cette bonne dame, ajoute le chroniqueur, se comporta partout si bien que Dieu et le monde lui en savaient bon gré. A cette époque, les choses étaient arrivées à un tel point que la principauté d'Antioche et le comté d'Edesse étaient sous le gouvernement de deux dames », note Guillaume de Tyr.

Dans les campagnes avoisinantes, les forteresses se rendaient les unes après les autres devant l'avance des Turcs. Béatrix, elle, tint ferme dans celle de Turbessel. « Elle écouta très volontiers les nombreux conseils qu'elle put avoir de ses barons et gouverna bien et fermement la terre qui lui appartenait, de telle sorte que le droit y fût bien appliqué. » Et lorsque Turbessel fut attaquée par le sultan de Konya, Masoud, les assiégés « combattirent vaillamment pour leur foi et, quoique les infidèles missent en œuvre divers moyens d'attaque et fissent jouer sans relâche leurs machines de guerre, les Turcs furent obligés de retourner dans leur pays découragés ».

Ainsi, à Turbessel comme à Antioche, des femmes maintenaient ce que leurs époux n'avaient pu sauver. Reste que leur situation, à l'une et à l'autre, était plus que critique. Le roi Baudouin III le comprit et, accompagné d'Onfroi de Toron et de Guy de Beyrouth, bientôt rejoints par Raymond II de Tripoli, il se dirigea avec l'armée royale vers Antioche.

Dans le même temps, la comtesse Béatrix, à Turbessel, recevait des propositions inattendues. Le duc Thomas de Cilicie lui avait été envoyé par l'empereur byzantin Manuel Comnène. Il avait la charge de négocier pour celui-ci la renonciation au comté d'Edesse. « (Manuel Comnène) se fiait tant à ses richesses et à sa grande puissance qu'il avait bien l'espérance de défendre contre les Turcs ces châteaux qu'on lui donnerait et de recouvrer par force ceux qui étaient déjà perdus ». Autrement dit, il proposait à la comtesse de lui céder ses droits moyennant espèces sonnantes et trébuchantes : « une très grande somme avec laquelle elle pourrait vivre largement en grand honneur ». Pour Béatrix, l'offre était attirante. L'ancien domaine de Jocelin de Courtenay était retombé, à peu près en entier, une forteresse après l'autre, entre les mains des Turcs, et il était visible que le roi de Jérusalem ne pourrait garantir une aide efficace pour les recouvrer.

Baudouin III lui-même, arrivé à Antioche, fut mis au courant de ces tractations. « Il fit venir devant lui les messagers de l'empereur qui exposèrent le problème devant tous les barons. Le roi leur demanda conseil à ce sujet. Ils n'étaient pas tous d'accord, car les uns dirent que la chose n'était pas encore arrivée en tel point qu'il convienne de mettre la contrée au pouvoir des Grecs ; les autres disaient que c'était une chose plus sûre qu'elle fût entre les mains des Grecs, et que, si les Sarrasins devaient la prendre à ceux qui la possédaient, ils ne pourraient pas la défendre longtemps. » Quant à Baudouin III, il se rendait compte tout le premier qu'il « n'avait pas un pouvoir si grand qu'il pût à la fois garder sa propre terre (Jérusalem) et le comté d'Edesse qui étaient éloignés l'un de l'autre de quinze journées. La terre même d'Antioche, qui était entre les deux, se trouvait depuis bien des années en grande aventure et en grandes difficultés. A cause de cela, le roi donna son accord pour que l'on donne aux gens de l'empereur de Constantinople les châteaux qu'ils demandaient aux conditions qu'ils avaient offertes ».

Cession d'ailleurs plus facile à négocier qu'à réaliser. Le roi Baudouin se rendit à Turbessel, prit sous sa protection la comtesse et ses enfants et déclara qu'il en faisait autant pour tous ceux, Latins ou Arméniens, qui voulaient quitter Turbessel désormais remis aux Byzantins. Or nombreux allaient être, dans la population, ceux qui ne se souciaient pas de tomber sous la tutelle de l'empereur, pour des raisons d'ordre politique ou religieux, étant donné l'intolérance dont faisait preuve le clergé grec. On allait donc assister à un nouvel exode de population. « Grande quantité de ceux de la terre emportaient toutes leurs affaires sur des chars, des charrettes, des bêtes de somme. Il y avait beaucoup de femmes, d'enfants et d'autres gens qui étaient sans défense. Le roi se mit en route en faisant avancer ses gens le mieux possible pour conduire ce menu peuple jusqu'à ce qu'il soit en sécurité. » Et le chroniqueur de l'*Histoire d'Eraclès* trouve des mots émouvants pour nous peindre ce départ et le désespoir des populations qui évacuaient ainsi leurs maisons et leurs champs. « C'était grande pitié de voir les gentilshommes du pays qui emmenaient leur femme, leurs filles pucelles et leurs petits enfants et laissaient leurs terres et les maisons où ils étaient nés. Ils abandonnaient leur pays pour toujours et ne savaient pas où ils allaient demeurer. En partant, il y eut de grands pleurs et de grands cris parmi les indigènes. Tous ceux qui voyaient cela en pleuraient de pitié. »

Le sultan Nour-el-Din ne pouvait manquer de profiter de cette émigration massive pour tailler en pièces les populations qui fuyaient. « Il pensa faire une bonne opération s'il pouvait rencontrer le roi qui était chargé et encombré de ce menu peuple sans défense qui traînait derrière lui à grand-peine tout son bagage. » Pourtant ses projets tournèrent court devant la belle tenue et l'exacte discipline de l'armée que menait le roi Baudouin III, en dépit des souffrances, de la chaleur et de la soif. Malgré les harcèlements de la cavalerie turque, qui lançait ses flèches sur les convois au point que les bêtes de somme et les bagages ressemblaient, raconte-t-on, « à autant de hérissons », la retraite, moyennant quelques étapes prévues, s'opéra dans un ordre parfait, le convoi des réfugiés étant encadré par les chevaliers. Si bien « que la nuit s'approcha et que le soleil commença à se coucher. Les

Turcs, qui n'avaient plus de ravitaillement dans leur armée, repartirent. Ayant perdu leurs meilleurs cavaliers, ils tenaient pour grand miracle que les nôtres se soient si bien comportés pendant la journée sans qu'apparaissent dans leur attitude les grands malheurs dont ils étaient accablés ». On racontait même que l'un des Turcs, ayant reconnu Onfroi de Toron qui protégeait l'arrière-garde, vint le saluer en lui disant qu'il n'avait rien à craindre, que Nour-el-Din allait partir cette nuit même, si bien que la retraite put se poursuivre plus sereinement et que les réfugiés arrivèrent sans encombre à Antioche, où la princesse Constance, elle aussi, attendait du secours.

ENTRE MÈRE ET FILS...

Qui régnait à Jérusalem durant tout ce temps? Le jeune Baudouin III avait été oint et sacré en 1143, le jour de Noël, quelque six semaines après la mort de son père Foulques. Il avait été également couronné et sa mère l'avait été en même temps que lui — elle qui avait déjà reçu onction et consécration en 1131 lors de son avènement. Le roi, en effet, n'était encore âgé que de treize ans, et l'on considérait à Jérusalem que les rois ne pouvaient être majeurs qu'à l'âge de quinze ans. Il était donc normal que sa mère exerçât le pouvoir. Son jeune âge ne l'empêcha toutefois point de prendre une part active aux opérations militaires, cela dès treize ans. Mais les actes de gouvernement, les chartes émanant de l'autorité royale portent désormais les deux noms du roi Baudouin et de la reine Mélisende; ainsi telle donation faite aux Hospitaliers de Jérusalem en 1145. L'ordre commençait, sous la pression des circonstances, à devenir militaire autant que charitable, car c'était un premier devoir que la défense de leurs hôpitaux et maisons-Dieu. Dans d'autres actes, on trouve des formules telles que : « Le susdit roi Baudouin et sa mère, la reine Mélisende, heureusement régnant (1er février 1146). » Ou encore : « Régnant le roi Baudouin susdit et la reine Mélisende, sa mère, dirigeant heureusement le royaume. »

Mélisende avait, aussitôt après la mort de son époux, désigné comme connétable un de ses parents, Manassès d'Hierges. Son office était l'un des plus importants, puisque le connétable présidait la cour des barons quand le roi était absent, et avait la charge du commandement militaire aussitôt après le roi. On voit la reine Mélisende envoyer son connétable au secours d'Edesse, en même temps que Philippe de Naplouse et Elinard de Tibériade, deux seigneurs qui lui étaient tout dévoués. De même nomme-t-elle comme chancelier un certain Raoul qui, plus tard, devait devenir évêque de Bethléem. Viennent ensuite les événements de la Croisade, et la vaste et imposante assemblée d'Acre le 24 juin 1148, où le roi est présent ainsi que sa mère. On ne sait d'ailleurs si l'un ou l'autre ont eu une voix prépondérante dans les événements qui suivirent, et par conséquent dans l'échec de cette importante expédition internationale. Par la suite, c'est Mélisende qui approuve l'échange que les chevaliers de Saint-Jean font à Acre entre les bains publics qu'ils possèdent rue Saint-Léonard et les maisons qui ont appartenu autrefois au châtelain d'Acre, Franco. La reine agit en nommant son fils Baudouin comme ayant donné son accord. Elle semble avoir généreusement privilégié les Hospitaliers, car on relève encore, en 1150, une importante concession qu'elle leur fait.

Mélisende était d'ailleurs très bien disposée envers les ordres religieux, et animée elle-même d'une profonde piété. Guillaume de Tyr fait son éloge, et son Traducteur (en français — il n'était pas rare que les traducteurs ajoutent leurs commentaires au texte) insiste plus encore sur ses qualités : « La reine Mélisende, qui était une dame bonne pour Dieu et pour le monde, conserva intacts et gouverna bien sa terre et ses enfants avec fermeté et grand bon sens. Elle prenait conseil des barons pour les affaires importantes, mais elle, qui était au-dessus d'eux quand ils n'étaient pas d'accord, savait bien choisir celui qui parlait le mieux. Et elle écoutait toujours les hommes les plus loyaux et s'en tenait à leurs conseils. »

On ne possède pas moins de quatre lettres adressées à Mélisende par Bernard de Clairvaux, celui qui fut la

« Voix de la Chrétienté » à l'époque : « Vous vivez débonnairement et en paix, lui écrit-il, gouvernant vos biens et vous-même sur le conseil des sages. Vous chérissez les frères du Temple et les comptez parmi vos amis. Vous affrontez les périls imminents de la Terre sainte sagement et avec prévoyance, par le conseil des gens expérimentés... » Il lui écrivait ainsi quelque temps avant l'expédition de Louis VII et d'Aliénor, à laquelle lui-même allait prendre une large part, prêchant sur la colline de Vézelay et décidant nombre de barons à prendre la croix avec leurs roi et reine.

L'apothéose du règne de Mélisende va être la consécration solennelle de la basilique du Saint-Sépulcre, le 15 juillet 1149. Il y avait cinquante ans jour pour jour que Jérusalem avait été reprise par les Occidentaux. La nouvelle basilique, celle que pèlerins et touristes visitent aujourd'hui, œuvre audacieuse qui réunissait en un seul monument l'emplacement de l'Anastasis et celui du Calvaire, ainsi que les lieux où les trois croix auraient été retrouvées par sainte Hélène, était une splendide réalisation, digne de celles qui surgissaient partout en Occident à la même époque. On ne saurait sous-estimer cet aspect de la reconquête de Jérusalem, qui d'ailleurs va de pair avec la tentative la plus convaincante faite pour mieux connaître l'Islam, puisque c'est en 1141 que Pierre le Vénérable, abbé de Cluny, fait traduire le Coran. Ainsi ces cinquante ans de présence en Palestine sont-ils marqués par la voie pacifique d'une meilleure connaissance de ceux qu'on appelait les Infidèles ou les Sarrasins, ainsi que par l'imposant édifice destiné à survivre jusqu'en notre temps. Et c'est à Mélisende que devait échoir l'honneur de cette solennelle consécration.

On peut considérer comme étant son œuvre l'érection du clocher de la basilique du Saint-Sépulcre. De même peut-on lui attribuer l'ornementation de la basilique de la Nativité à Bethléem : de superbes mosaïques à fond or représentant la généalogie du Christ, les conciles œcuméniques, et quelques scènes du Nouveau Testament. L'ensemble ne fut terminé qu'à la mort de la reine. Quelques noms d'artistes qui y travaillèrent sont connus : le

mosaïste Ephrem, et aussi un nommé Basilius qui est dit
pictor, peintre. Sans doute est-ce également à lui qu'on
doit l'enluminure du très beau psautier de la reine.

Celui-ci mérite qu'on s'y attarde un peu, car il s'agit
d'un chef-d'œuvre de la peinture du xiie siècle, et il donne
une haute idée de l'activité artistique en Palestine à cette
époque. Ce psautier [1] a probablement été exécuté entre
1131, date de la mort de Baudouin II, puisque son *obit* y
est porté et 1144, car celui du roi Foulques n'y figure pas.
Mélisende, n'étant morte qu'en 1161, l'aura eu quelque
vingt années au moins entre les mains. C'est elle, sans
aucun doute, qui a fait le choix des vingt-quatre miniatures en pleine page, dont la dernière porte la signature
« *Basilius me fecit* ». Les scènes représentées appartiennent toutes au Nouveau Testament, la première étant
l'Annonciation, la dernière le Christ en gloire trônant
entre la Vierge et saint Jean. Les types de visages, nez
allongé, yeux profondément marqués, évoquent tout à fait
les types traditionnels des icônes byzantines, types
qu'aujourd'hui on tend à rapprocher du visage du Saint
Suaire alors conservé à Constantinople. Les personnages
sont nombreux sur chaque image, avec beaucoup d'anges,
de draperies mouvantes, de décors suggérés : les femmes
y sont partout présentes, non seulement dans la scène de
la résurrection de Lazare, où Marthe et Marie figurent
selon le récit évangélique, mais aussi dans celle de l'entrée
du Christ à Jérusalem, ou de la descente aux Enfers. Et le
suaire ainsi que « le linge enveloppant la tête » dont parle
saint Jean sont dessinés très nettement sur la page qui
montre les saintes femmes au Tombeau ; enfin l'image de
l'Ascension est joyeuse, avec la Vierge au centre dans un
décor d'arbres en fleurs.

...Une couronne disputée

La reine, en ses dernières années, prenait goût au pouvoir. « Le roi Baudouin faisait tout ce que voulait sa
mère », note l'auteur de l'*Histoire d'Eraclès*. Or, dans le

---

1. Que conserve le British Museum (Egerton 1139).

même temps, le connétable qu'elle avait choisi, Manassès d'Hierges, ne faisait rien pour rendre ce pouvoir agréable aux autres barons. Sûr de la faveur de Mélisende, il traitait chacun avec hauteur et finissait par se rendre insupportable. « Il se fia tant à la Dame qu'il devint très orgueilleux et n'avait plus aucune considération pour les autres barons, mais était désagréable, faisait de vilaines réponses et disait des paroles grossières à tout le monde. » Le mécontentement des barons ne pouvait que se tourner contre la reine, et il trouvait écho chez le roi.

Celui-ci avait atteint sa majorité, et de plus acquis l'estime générale par sa conduite lors des expéditions militaires. Il fait l'objet d'éloges enthousiastes de la part de Guillaume de Tyr, entre autres : « De même que son corps était bien fait, et son visage beau et coloré, son cœur, écrit-il, était aussi noble et grand. Il était perspicace, généreux et bienveillant. Maintes fois il donnait plus qu'il ne lui était facile de le faire, et il ne convoitait pas le bien d'autrui. Il ne voulait rien posséder sans raison... Il prenait parfaitement garde aux choses de l'Eglise. Dès son enfance, il craignait Notre-Seigneur et l'aimait, et il écoutait chaque jour l'office avec grande dévotion. »

Or à ce fils si doué, qui atteignait vingt et un ans, Mélisende ne semblait pas disposée à laisser le pouvoir ; autrement dit, elle manifestait des tendances possessives et cette ambition qui avait jadis caractérisé sa sœur Alix. Une crise était à prévoir ; elle était activée encore par la présence de Manassès d'Hierges. « Parmi les premiers qui avaient ressenti une grande haine pour Manassès, il y avait le roi lui-même. Car il disait que ce dernier lui avait enlevé l'amour et la grâce de sa mère, de telle sorte qu'elle ne faisait aucune chose que le roi voulût... Les barons de tout le pays le maintenaient dans cette haine et l'attisaient de plus en plus, si bien qu'ils conseillaient au roi de ne plus supporter que sa mère gouverne le royaume. Car c'était une grande honte que lui, qui était grand et sage, n'ait point le pouvoir, même qu'une femme le régente comme s'il était encore un enfant », écrit Guillaume de Tyr pourtant équitable, et qui distribue de vifs éloges aussi bien à la reine qu'à son fils.

La crise qui couvait éclata au temps de Pâques, le 30 mars 1152. « Le roi, conseillé par les barons, avait pensé qu'il ferait une très belle fête à Jérusalem, le jour de Pâques, et serait couronné. Le patriarche et les autres prudhommes qui aimaient la paix dans le royaume le prièrent à maintes reprises d'accepter que sa mère soit couronnée avec lui. Il ne voulut pas le leur octroyer, mais différa de se faire couronner le jour de Pâques et le lendemain ; le troisième jour, quand la bonne Dame n'y prenait plus garde, le roi arriva couronné à l'église, entouré de tous ses barons. »

On ne sait au juste si ce coup d'autorité de la part du roi eut lieu le lundi de Pâques, 31 mars, ou le mardi. Qu'il ait été couronné de nouveau n'a rien de surprenant ; c'était l'usage du temps que de renouveler la cérémonie du couronnement quand l'occasion s'y prêtait, mais s'être fait couronner, lui seul, signifiait qu'il n'entendait plus partager le pouvoir avec sa mère. Il fut difficile de convaincre Mélisende d'y renoncer comme on le lui demandait. Baudouin III avait prévu une assemblée solennelle pour que cette renonciation fût publique : « Le roi retint ses barons avec lui (y furent présents le comte Yves de Soissons et Gautier, châtelain de Saint-Omer). Devant eux tous, il raisonna sa mère et lui dit que ce n'était pas belle chose qu'elle agisse ainsi ; c'est pourquoi il voulait gouverner la terre à sa volonté... Les barons parlèrent tant à la mère qu'elle dit qu'elle voulait bien que le royaume soit partagé et que le roi en prenne une moitié et qu'elle eût l'autre parce que toutes les terres étaient dans son héritage. » Ce n'était donc pas une remise de pouvoir, mais un partage entre le fils et la mère : celle-ci entendait conserver Jérusalem et Naplouse. Baudouin, pour l'instant, dut se contenter de Tyr et d'Acre avec leurs dépendances.

Pareil partage était-il viable ? Il était évident que le précaire royaume de Jérusalem, minuscule place forte menacée de toutes parts par l'Islam, exigeait une défense militaire perpétuelle, exposé comme il l'était aux coups de main ; il suffisait d'un chef turc de la valeur de Zengi ou Nour-el-Din pour réduire à rien les défenses qu'on pouvait leur opposer. Et ce n'était pas trop de toutes les forces rassemblées sur la mince bande de territoire, entre mer et Jourdain, difficilement maintenue au nord jusqu'à Antioche, au sud jusqu'à Gaza, pour prêter main-forte en cas de menace. Baudouin III venait de faire durement son apprentissage militaire lors de l'évacuation de Turbessel; lorsqu'il s'était porté au secours de la principauté d'Antioche, les barons dépendant des fiefs de sa mère n'avaient pas contribué à son effort ni répondu à ses appels. Après son couronnement, il s'empressa de nommer connétable Onfroi de Toron qui l'avait bravement assisté dans la circonstance, et qui ne pouvait que l'inciter à regrouper toutes les forces du royaume. « Il disait qu'il convenait plus à lui qui était roi qu'à sa mère de dépenser pour les besoins du royaume, et qu'il n'avait pas assez de la moitié du royaume. »

Les désaccords entre Mélisende et son fils prenaient une allure de guerre civile. Baudouin III, décidément fort avisé, s'en prit d'abord au connétable nommé par la reine, Manassès d'Hierges, qu'il soupçonnait d'avoir sur elle la plus détestable influence. Il marcha sur son château de Mirabel (Mejdel Yaba) et l'obligea bientôt à capituler. Son château et le fief qui en dépendait furent octroyés à la famille des Ibelin, tandis que le connétable était sommé de repasser aussitôt la mer et de ne plus reparaître en Terre sainte.

Mélisende avait mis son fief de Naplouse en état de défense. Baudouin s'empara facilement de la place et vint ensuite assiéger Jérusalem. On assista à cette scène étrange du roi de Jérusalem faisant le siège de la Ville sainte, tandis que sa propre mère s'enfermait dans la tour de David avec quelques partisans, le châtelain de Jérusalem Rohart le Vieux, le seigneur de Naplouse Philippe de Milly et enfin le comte de Jaffa, qui n'était autre que le second fils de Mélisende, Amaury, âgé de quinze ans, et qui prit son parti à elle contre son frère aîné.

Aussitôt le patriarche Foucher d'Angoulême, avec les clercs et les religieux de la cité, entreprit de s'interposer entre la mère et le fils. S'adressant au roi, « il lui donna maintes raisons pour lesquelles il devait maintenir la paix telle que sa mère l'avait faite et que ses ennemis seraient très joyeux si la dispute durait entre eux deux, car son pouvoir s'en affaiblirait beaucoup ». Baudouin III refusa de rien entendre. « Le roi s'en vint vers Jérusalem et trouva les portes fermées. Il fit camper son armée autour des murailles et assiégea la ville » ; les habitants cependant « redoutèrent tant son courroux qu'ils n'osèrent pas le laisser dehors, mais lui ouvrirent les portes et le reçurent à l'intérieur, lui et toute son armée ».

Mélisende résistait dans la tour de David. Le roi fit dresser perrières et mangonneaux et s'installa comme pour un siège de longue durée. Il est certain qu'un tel blocus ne pouvait persister très longtemps. « Des gens bien intentionnés parlèrent à la reine qui s'était assagie et lui montrèrent les maux qui viendraient à la chrétienté à cause de leur querelle. Ils en dirent tant qu'ils firent la paix, de telle sorte que la reine garderait la cité de Naplouse et ses dépendances et laisserait tout franchement à son fils Jérusalem qui était la capitale du royaume. » C'est ainsi que la paix fut faite et que les serments furent échangés entre la mère et le fils.

En réalité, les événements de 1152 qui avaient tourné à la guerre civile avaient été dramatiques, mais rapides [1]. La crise n'avait duré qu'une vingtaine de jours. Le roi avait agi avec discernement et célérité. De fait, la chancellerie avait été vacante. Mélisende avait dû recourir à un nommé Guy qui se dit « clerc de la reine » pour rédiger les actes conclus durant cette période. Ce clerc Guy continua ce service après que Mélisende se fut retirée dans son fief de Naplouse, tandis que Baudouin III rétablissait la chancellerie royale en faveur de Raoul qui l'avait tenue précédemment.

1. H.E. Mayer, qui a étudié très minutieusement cette période en se fondant sur les chartes et les formules employées, en conclut que la crise était finie à la date du 20 avril.

HODIERNE, LA TROISIÈME SŒUR

Il était d'ailleurs temps pour le roi et sa mère de se réconcilier, car ils allaient devoir agir ensemble dans une circonstance qui se révéla plus grave que prévu. L'une des sœurs de Mélisende, Hodierne, avait épousé Raymond II de Tripoli. Fils de Pons et descendant de Raymond de Saint-Gilles, le comte de Toulouse, sa réputation était un peu suspecte. On le soupçonnait, lorsque le propre fils et le petit-fils de Raymond de Saint-Gilles avaient débarqué un jour pour faire valoir leurs droits sur Tripoli, d'avoir fait empoisonner l'un et de s'être allié à Nour-el-Din pour barrer la route à l'autre (il fut retenu captif pendant douze ans à Alep).

Or Raymond se conduisait envers son épouse Hodierne plutôt comme le sultan d'un harem que comme un prince chrétien. Insupportablement jaloux, il la tenait quasi séquestrée et ne lui laissait aucune liberté ; il ne semble pourtant pas que la conduite d'Hodierne eût été entachée de soupçons tels que ceux qui avaient circulé à propos de Mélisende et d'Hugues du Puiset. Comme il en était allé pour Alix, la reine prit fougueusement le parti de sa jeune sœur. Elle se rendit à Tripoli et son fils, Baudouin III, l'accompagna. « La reine Mélisende était venue à Tripoli pour apaiser les choses. Elle parla au comte sagement et le pria qu'il laissât cette folie, ce soupçon qu'il avait sur sa femme. » Mais ce n'était pas chose facile... « Quand la reine vit qu'elle n'arriverait pas à le convaincre, elle pensa alors qu'elle devait emmener sa sœur dans son pays parce qu'elle était là trop malheureuse. » On imagine les conversations, les conseils apaisants et pour finir la suggestion d'un séjour à Jérusalem pour la jeune Hodierne, de façon à ce que le ménage puisse reprendre ensuite une vie plus paisible.

Tout le monde étant tombé d'accord sur le projet, le comte de Tripoli lui-même, Raymond II, se mit en devoir d'escorter la reine et sa sœur jusqu'à la sortie des faubourgs de Tripoli. Là, coup de théâtre : « Le comte avait accompagné sa princesse et, après avoir pris congé d'elle, il s'en était allé. A son retour, quand il voulut entrer par la porte de la cité, les Assassins étaient déjà dans la barbacane. Ils lui coururent dessus, tirèrent leurs épées et le tuèrent. Raoul de Merle, le bon chevalier, chevauchait à côté du comte, et quand il vit cela, il vola à son aide, mais n'y put parvenir et fut tué, ainsi qu'un sien chevalier qui voulait le secourir. »

Ces terribles Assassins (*Haschichin*, « mangeurs de haschich ») étaient des drogués à la solde du sultan de Cadmous, de véritables tueurs à gage dont le poignard n'épargnait jamais ceux que leur maître, le Vieux de la Montagne, leur avait désignés. Rien ne permet de savoir, en l'occurrence, qui avait commandité ce meurtre, qui semble avoir vivement surpris les chrétiens de Tripoli et d'ailleurs.

Cependant le roi Baudouin, demeuré à Tripoli, était tranquillement en train de jouer aux dés. Des cris s'élevèrent partout dans la cité et l'on courut aux armes. Il y eut même quelques erreurs commises : des Arabes ou Syriens tués parce qu'on les prenait pour ceux qu'on appelait les Ismaéliens. « Quand le roi entendit la nouvelle, il en fit un grand deuil; aussitôt, il envoya chercher sa mère et sa tante qui s'en allaient. Quand elles furent de retour, elles eurent une grande douleur et versèrent des pleurs et poussèrent de grands cris sur le corps du défunt. Après cela, il fut enterré très honorablement. » Le comte ne laissait qu'un fils de douze ans, Raymond III, ainsi qu'une fille, nommée elle aussi Mélisende. Les barons du pays vinrent rendre hommage à Hodierne et à ses enfants en présence du roi, qui repartit ensuite pour Jérusalem.

Ainsi une autre principauté encore allait rester sans défenseur capable de mener les actions militaires. Une reine à l'époque exerce normalement le pouvoir. Mais il est évident que la défense armée exige des chevaliers entraînés, rompus à manier la lance et l'épée, et possédant une force physique sans laquelle on ne peut se mesurer à l'ennemi – lequel est partout, en l'occurrence.

En cette année 1152 le roi était préoccupé, pour des raisons similaires, par le sort d'Antioche.

OÙ CONSTANCE CHOISIT UN CHEVALIER ERRANT

La principauté d'Antioche, en effet, était elle aussi aux mains d'une femme, Constance, et d'un enfant mineur, Bohémond III. Si Tripoli était relativement proche de Jérusalem, il n'en était pas de même d'Antioche, exposée en Syrie du Nord aux coups de main des Turcs. Il était évident pour tous que Constance, âgée de vingt ans à la mort de son époux Raymond de Poitiers, devait se remarier le plus tôt possible afin d'avoir à ses côtés un prince capable de défendre ses terres et ses sujets. C'est ce qu'avait pensé Baudouin lorsqu'il était venu en 1150 aider à évacuer les populations de Turbessel, qui ne voulaient pas demeurer sous la domination byzantine. « Le roi Baudouin réfléchit bien que l'affaire serait en grand péril quand il s'en serait allé. Il demanda la princesse et lui exposa débonnairement toutes ces choses. Après, il l'avertit et la pria très doucement que, pour garantir à la chrétienté l'honneur qu'elle tenait, elle regarde avec attention et choisisse un des barons qui étaient là et le prenne comme seigneur. Il y en avait plusieurs qui étaient sages, loyaux et bons chevaliers, capables de bien gouverner ce pays. »

Or, le Traducteur de Guillaume de Tyr poursuit : « La princesse qui connaissait le danger que peut représenter un mari et le peu de pouvoir qu'on laisse aux dames qui ont un époux ne regarda pas tant la sauvegarde de sa terre que la seigneurie qu'elle avait et qui lui permettait de faire ce qu'elle voulait. Et elle répondit au roi qu'elle n'avait pas envie de se marier. » Baudouin était entouré d'excellents chevaliers, comme Yves de Nesles, le comte de Soissons, ou Gautier de Fauquembergue ou de Saint-Omer, prince de Tibériade, ou Raoul de Merle (qui allait plus tard périr dramatiquement en tentant d'assister Raymond de Tripoli); les uns et les autres chevaliers éprouvés, et qui plus est célibataires, eussent volontiers épousé la princesse Constance d'Antioche. Peine perdue, Constance refusa énergiquement. En vain le roi eut-il recours à une assemblée solennelle pour tenter de la fléchir; il réunit les barons et prélats de la principauté d'Antioche comme ceux du royaume de Jérusalem et, pour mieux influencer Constance, il fit venir aussi la comtesse Hodierne et la reine Mélisende, ses tantes. « Mais jamais elles ne purent fléchir sa volonté et (Constance) répondit qu'elle n'en ferait rien. »

La situation était délicate car Constance semble s'être appuyée sur le patriarche d'Antioche, Aimery de Limoges, qui ne dédaignait pas de jouer le rôle de défenseur et protecteur de la région. Peu après, il y eut une intervention de l'empereur byzantin Manuel Comnène. Il proposait à Constance d'épouser son beau-frère, Jean Roger, récemment veuf de sa sœur Marie. Celui-ci se rendit à Antioche, espérant séduire Constance. Jean Roger était un Normand; les affinités pouvaient être grandes entre ce chevalier agréé par le monde byzantin et une principauté naguère créée par les Normands pendant la Première Croisade; peine perdue, Constance refusa une fois de plus le mari qui venait s'offrir.

Mais elle allait révéler soudain ses inclinations romanesques. Cette jeune femme qu'on aurait pu croire insensible aux passions et décidée à mener sa vie en amazone solitaire, voilà qu'elle tomba amoureuse d'un jeune chevalier, cadet sans fortune, nouvellement arrivé en Terre sainte, nommé Renaud de Châtillon.

Guillaume de Tyr traduit l'étonnement général que produisit ce coup de théâtre : « Ce n'était pas sans provoquer l'étonnement d'un grand nombre que cette femme si remarquable, si puissante et d'un si haut rang, épouse d'un homme tellement supérieur, consentît à épouser presque un simple soldat. » Renaud de Châtillon était un aventurier paré de toutes les qualités comme de tous les défauts de l'aventurier classique : il était beau, fougueux, excessif dans ses amours comme dans ses colères. Pour la princesse Constance, ce fut un vrai coup de foudre. Pourtant, en dame sage, tout en s'accordant secrètement, « de cœur », comme le dit le chroniqueur, avec celui dont elle voulait faire son époux, « elle ne voulut pas faire le mariage jusqu'à ce qu'elle en eût la permission et l'accord du roi qui était son cousin germain et qui avait en sa garde la principauté d'Antioche ».

Cela se passait en 1153; Baudouin était alors occupé au siège d'Ascalon, au sud du royaume. Peu importe. Renaud s'en alla à force d'éperons et finit par trouver le roi, ayant parcouru du nord au sud toute l'étendue de la Palestine. Baudouin fut probablement stupéfait du choix de la jeune princesse. Mais, après tout, ce qu'il cherchait pour Antioche c'était un défenseur, et visiblement Renaud avait la vaillance, voire la témérité, qu'il fallait. Il donna sa permission, fit rédiger les écrits nécessaires et Renaud s'en retourna aussitôt « en grande joie » à Antioche, où « il épousa la Dame qui le désirait beaucoup ». Le mariage eut lieu au début de l'année 1153, et Renaud de Châtillon, dont René Grousset a dit avec justesse qu'il était « un guerrier prestigieux, moitié baladin, moitié bandit », devint prince d'Antioche en épousant Constance pour le meilleur, mais aussi, on le verra, pour le pire.

Il ne tarda pas d'ailleurs à se signaler par un acte de barbarie intolérable. Le patriarche Aimery de Limoges n'avait pas vu d'un bon œil un mariage qui le privait pratiquement du pouvoir qu'il exerçait dans la cité. Il fit montre de quelque insolence envers le nouveau venu, ce qui blessa ce dernier à vif, d'autant plus qu'il était d'humble extraction. Comme l'écrit le Traducteur de Guillaume de Tyr, « le prince en fut fort courroucé et très troublé. Si grande colère le prit à ce sujet qu'il agit comme un démon, car il fit arrêter le patriarche et l'emmener honteusement dans le donjon d'Antioche... Celui qui était prêtre et sacré évêque était un vieillard maladif. Renaud le fit attacher au sommet de la tour et fit oindre sa tête de miel. Et là, exposé au soleil ardent de l'été, toute une journée, il souffrit un grand tourment en raison de la chaleur et des mouches ». Cela après avoir fait fouetter jusqu'au sang le malheureux vieillard. Lorsque Baudouin l'apprit, il envoya aussitôt à Antioche l'évêque de Saint-Jean-d'Acre (Ferry de la Roche) et son chancelier Raoul, avec ordre de relâcher sur-le-champ Aimery de Limoges et de lui rendre ses titres et dignités. Mais le patriarche aussitôt libéré ne se souciait pas de demeurer dans une terre devenue pour lui si inhospitalière, et il vint s'établir à Jérusalem. « Le roi et sa mère, la bonne Dame, le patriarche et les autres prélats du pays le reçurent en grand honneur et grande joie et il demeura parmi eux je ne sais combien d'années. »

La suite de l'histoire n'a fait que confirmer cette première impression fâcheuse donnée par Renaud de Châtillon. Notons pourtant qu'il devait assister à la consécration de l'église que la princesse Constance avait décidé de faire construire au lieu où un jeune enfant, fils d'un des chevaliers francs d'Antioche, avait été miraculeusement guéri par l'intervention de saint Barsauma, le fameux saint de l'Eglise syriaque. L'épisode s'était produit en 1152. « Les parents, pleins de joie, se rendirent chez la princesse (Constance). Les nobles francs et la princesse elle-même se joignirent à eux, ainsi qu'une foule d'Arméniens, de Syriens et de Francs. Et tous vinrent à l'endroit où avait eu lieu le miracle et où l'enfant indiquait que se tenait le saint quand il lui apparut. La princesse se prosterna en versant des larmes. » Elle avait alors décidé de faire construire sur place une église jacobite, et c'est cette église qui fut inaugurée en présence de Constance et de son époux Renaud, le 9 décembre 1156. Michel le Syrien remarque qu'une multitude d'Arméniens et de Syriens étaient présents à cette cérémonie de dédicace, que nous qualifierions aujourd'hui d'œcuménique ; seuls s'étaient abstenus, souligne-t-il, les représentants de l'Eglise byzantine.

DES ALLIANCES ENTRE LES FRANCS ET LES BYZANTINS

Baudouin cependant allait s'aviser – c'était en 1158, il avait alors vingt-sept ans – de ce qu'il n'était pas encore marié. Il semble avoir eu jusque-là une conduite assez libre (« il avait abusé du péché de la chair plus qu'il ne convenait à un roi », remarque l'*Histoire d'Eraclès*). La tendance était alors à une alliance avec Byzance. Rien de plus naturel que de songer à conforter les projets d'entente par un projet de mariage. « (L'Empereur de Constantinople) avait en son palais une grande quantité de jeunes filles de haut lignage. Il fut décidé que l'on y

enverrait de grands messagers pour demander pour le roi
l'une d'entre elles, car ils avaient grande espérance, si cela
se faisait, que des appuis et beaucoup d'aide viendraient
souvent de l'empereur en la terre de Syrie », écrit Guillaume de Tyr. Baudouin III avait ainsi envoyé à Constantinople son connétable, Onfroi de Toron, Guillaume des
Barres et un chevalier nommé Jocelin Pessel, ainsi que
l'archevêque de Nazareth qui mourut au cours du voyage.

Les ambassadeurs se heurtèrent d'abord à quelques
hésitations de la part de l'empereur, Manuel Comnène;
celui-ci était fort irrité par la dernière incartade de
Renaud de Châtillon, qui avait opéré une descente sur
l'île de Chypre (elle appartenait aux Byzantins) et s'y
était conduit avec ses compagnons comme un véritable
corsaire, raflant toutes les richesses à sa portée, maltrai-
tant les populations, outrageant les femmes, etc. Les
envoyés pouvaient néanmoins donner toute assurance de
ce que leur roi avait expressément désavoué Renaud de
Châtillon, Baudouin III ayant amèrement regretté d'avoir
introduit ce dangereux aventurier à Antioche.

Donc Manuel Comnène se prêta au mariage de sa nièce
Théodora, fille de son frère Isaac Comnène, avec le roi de
Jérusalem. Elle avait treize ans et « on la tenait pour une
grande beauté. Elle avait un corps gracieux et elle était
bien faite de toute part. Elle avait un visage bien modelé,
un teint blanc et coloré, d'abondants cheveux blonds. Elle
était sage et plaisait à tous », dit le Traducteur de Guillaume de Tyr. L'empereur la dota royalement et fit
remettre « or, pierres précieuses, très beaux vases étrangers, draps de soie, tapis, si nombreux qu'on put chiffrer
l'ensemble de ces joyaux à quarante mille perpères »
(c'était une monnaie byzantine; on évaluait alors chaque
perpère à sept sous parisis).

De son côté le roi octroyait en douaire à son épouse la
cité de Saint-Jean-d'Acre et son territoire. Les accords
étant faits, la jeune Théodora s'embarqua avec les ambassadeurs francs et une escorte de dignitaires byzantins.
Elle arriva à Tyr au mois de septembre 1158 et se rendit
aussitôt à Jérusalem où eurent lieu les épousailles. Le
nouveau patriarche, Amaury de Nesle, n'étant pas encore

confirmé par Rome, ce fut Aimery de Limoges, jadis si malmené par Renaud de Châtillon, qui célébra la cérémonie. En même temps que le mariage, il sacra et couronna la reine. Baudouin semble en avoir été très amoureux : « Du jour où il eut épousé sa femme, il abandonna toutes les mauvaises habitudes de sa conduite antérieure... et tant qu'il vécut, il garda une grande fidélité à son mariage, jamais plus ne pécha avec une femme. Et il aima tant sa femme qu'il lui portait grand honneur : il eut de bonnes mœurs et un sage comportement comme s'il avait été un homme de grand âge. » Ainsi s'exprime le Traducteur de Guillaume de Tyr, qui souligne la joie avec laquelle fut reçue, à Jérusalem, la jeune reine byzantine.

C'était une promesse de paix que cette réconciliation avec la maison impériale et chacun le sentait. L'arrivée d'une fille de Grèce dans la maison royale des Francs mettait fin aux discordes et aux malentendus qui s'étaient produits dès le moment où Alexis Comnène, quelque soixante ans auparavant, avait vu arriver les premiers Croisés et tenté d'obtenir d'eux le serment d'hommage. Ils ne venaient pas pour reconquérir les places perdues par l'empereur de Byzance, mais pour libérer le tombeau du Christ. Ambiguïté fondamentale qui n'avait cessé d'empoisonner les relations entre Francs et Grecs, et qu'avait aggravée plus récemment l'attitude de Manuel Comnène envers le roi Louis VII.

L'arrivée de la princesse Théodora signifiait que ce temps était révolu. Baudouin III était tout disposé à aider l'empereur à réparer et au besoin à châtier les fautes commises par son nouveau et insupportable vassal, Renaud de Châtillon. De fait, celui-ci dut s'incliner et, avant même que Manuel Comnène fût arrivé sur le territoire de la principauté d'Antioche, il alla implorer son pardon, « tête nue, pieds nus, bras nus jusqu'aux coudes, tenant par la pointe son épée dont il présentait le pommeau à l'empereur ». Ce fut pour celui-ci l'occasion de récupérer Antioche, qui jadis avait été arrachée aux Turcs par les premiers Croisés grâce à l'astuce du chef normand Bohémond Ier. En contrepartie, Manuel Comnène pardonnait à Renaud ses écarts, et notamment les pillages auxquels il s'était livré dans l'île de Chypre ; par ailleurs, Baudouin III s'entremettait pour que la paix soit rétablie entre l'empereur et la population arménienne de Cilicie, où une révolte s'était produite quelque temps auparavant.

Le roi de Jérusalem était décidément un roi pacifique. Entre lui et Manuel Comnène, l'entente diplomatique se doublait d'une amitié personnelle. Les deux princes avaient appris à s'estimer mutuellement.

Un incident survenu le 21 mai 1159 témoigne de ces liens personnels. L'*Histoire d'Eraclès* nous raconte l'épisode : « Manuel Comnène eut le désir d'aller chasser dans les bois et les montagnes qui étaient près de la cité (d'Antioche). Le roi, qui connaissait mieux le pays que les Grecs, dit qu'il les accompagnerait et les mena dans les endroits les plus giboyeux. Mais il advint que le jour de l'Ascension, alors qu'il se livrait à ce divertissement, le roi montait un cheval de chasse qui avait la bouche trop sensible. Quand il piqua des éperons, le cheval le renversa près d'un rocher, ils tombèrent tous deux et le roi se cassa le bras. Quand l'empereur l'apprit, il en fut très peiné et se rendit aussitôt sur les lieux, s'approcha de lui, descendit de cheval et, tout comme un médecin, fut un grand moment à genoux devant lui pour l'aider à réparer son bras, comme l'aurait fait un simple chirurgien. Les barons de Grèce qui le virent s'en étonnèrent fort et furent tout ébahis de ce que leur seigneur eût oublié sa grandeur et se soit comporté ainsi, car ils ne concevaient pas que, pour l'amour d'autrui, il se dût tant humilier et tenir si bas. Quand le bras fut bien lié et arrangé, ils s'en retournèrent à Antioche. Tous les jours, l'empereur allait voir le roi et, quand le chirurgien changeait bandes et onguents, l'empereur l'aidait très doucement : il n'eût pas fait mieux pour son propre fils. »

Or plusieurs autres unions franco-byzantines allaient suivre.

L'empereur Manuel Comnène avait en effet, au cours de l'été 1160, perdu sa femme, la princesse Berthe de Sulzbach, une Allemande. Il dépêcha vers le roi de Jérusalem son neveu pour demander la main d'une princesse

franque. Baudouin s'empressa de répondre à une offre qui
l'honorait, et il proposa la jeune Mélisende, sa cousine,
fille de la comtesse Hodierne de Tripoli (et donc nièce de
la reine Mélisende). On s'empressa de lui faire apprêter
un magnifique trousseau. « Grands atours et grands ornements préparèrent pour cette jeune fille. Le roi même et
tous ceux du lignage y mirent très volontiers du leur. Il y
eut beaucoup de robes, de riches draps de soie et de
toutes sortes ; ils recherchèrent une grande quantité de
vêtements écarlates et pers, verts et brunets ; ils confec-
tionnèrent des couronnes d'or et de pierres précieuses, des
ceintures, colliers, fermaux et anneaux et aussi une autre
sorte de joyaux que les dames pendent à leur cou et à
leurs oreilles, tous très riches et de grand prix. Ils arrangèrent beaucoup de pots d'or et d'argent, de la vaisselle,
des chaudières, des poêles et du matériel de cuisine de
toute grandeur et en fin argent, sans parler de selles de
cuir, de draps et de riches couvertures, car il y en eut trop
grande quantité et trop coûteuses. » Le comte Raymond III de Tripoli, son frère, fit construire douze galères
« très belles et il les avait garnies de toutes sortes de
choses, car il avait l'intention d'entrer dans ces galères et
de convoyer sa sœur jusqu'à Constantinople ».

Coup de théâtre : Manuel Comnène fit savoir, après
avoir reculé la date du mariage prévu, qu'il avait choisi
autrement : il s'était décidé pour la princesse Marie
d'Antioche, la fille de Constance et de Raymond de Poitiers ; sœur du prince Bohémond III, elle devait avoir quatorze ou quinze ans à l'époque. « Elle était belle, dit un
chroniqueur byzantin, plus que belle ; belle à ce point et
d'une beauté si remarquable qu'auprès d'elle semblaient
pures légendes tous les récits qu'on nous a faits d'Aphrodite au doux sourire, de Junon aux bras blancs, d'Hélène
au col souple, aux pieds charmants et de toutes les belles
dames que l'Antiquité a mises pour leur beauté au rang
des dieux. »

De fait on apprit que, tandis qu'il envoyait trois ambassadeurs négocier avec la cour de Jérusalem le mariage tri-
politain, Manuel avait dépêché un autre messager à Antioche pour demander à la princesse Constance la main de

sa fille Marie; cette manière de négocier paraît avoir été courante dans la diplomatie byzantine!

Que faire? Raymond III de Tripoli prit très mal la dérobade de l'empereur et l'affront fait à sa jeune sœur, mais Baudouin III, plus raisonnable, résolut bon gré mal gré d'accorder son consentement. « Il ne se louait pas de l'attitude de l'empereur dans cette affaire, mais parce que la demoiselle (Marie d'Antioche) était elle aussi sa cousine et n'avait pas de père, ne voulut pas la détourner de ce haut mariage avec l'empereur. »

On prépara donc en hâte une dot et un trousseau de noces pour Marie, qui s'embarqua à Saint-Siméon, le port d'Antioche, et peu après, le 25 décembre 1161, devenait l'épouse de Manuel Comnène.

Le roi Baudouin III ne survécut pas longtemps à cette nouvelle alliance franco-byzantine. Il mourut très brutalement à Beyrouth le 10 février 1163, probablement empoisonné. On accusa le médecin de Tripoli, nommé Barac, d'avoir usé de ses drogues. La mort de Baudouin, à trente-trois ans, fut ressentie par toute la population comme une perte inestimable. « Le peuple accourait de toutes les cités avoisinantes, des châteaux et des villes pour mener le deuil... Leur douleur se trouvait renouvelée par l'afflux de nouvelles gens qui accouraient. Les cris et les pleurs étaient si grands par tous les chemins qu'on pouvait les entendre de très loin. On ne trouve nulle histoire qu'un deuil aussi grand ait jamais été fait pour un prince en son royaume, car ils mirent huit jours pour aller de Beyrouth à Jérusalem. Tous les jours, le pays était couvert de gens qui criaient quand le corps passait. Il y eut même des Arabes qui descendirent des montagnes pour se mêler aux nôtres et ils menaient plus grand deuil que les nôtres en toute sincérité », écrit Guillaume de Tyr en commentaire de cette mort imprévue d'un prince si remarquable. Il mentionne même que Nour-el-Din, à qui on conseillait de profiter du désarroi de la population pour envahir les terres du roi de Jérusalem, n'en voulut rien faire, car, disait-il, « aucun prince n'avait été aussi bon sur cette terre ».

Sa mort survenait quelques mois seulement après celle

de Mélisende sa mère (le 11 septembre 1161), avec laquelle il s'était réconcilié dix ans auparavant et qui depuis administrait en paix son fief de Naplouse. De même Baudouin avait-il effacé toute trace de rancune envers son frère Amaury, qui lui succéda sans difficulté et fut couronné à Jérusalem le 18 février 1163.

6

Caprices de femmes, folie des hommes

Mélisende avait certes, comme sa sœur Alix, un goût excessif du pouvoir. Du moins a-t-elle su, le moment venu, dominer ce goût qui tourne si facilement à la passion incontrôlée, et remettre à son fils Baudouin la responsabilité qui lui incombait dorénavant. La période dans laquelle nous entrons va être marquée, elle, par ces passions incontrôlées, touchant aussi bien le royaume de Jérusalem que l'empire de Byzance, et qui les mèneront tous les deux à leur déclin. Entre une reine Mélisende et une reine Sibylle, sa petite-fille, une tête folle après une tête forte, la déchéance prématurée de la Terre sainte se trouve résumée.

Dans les dernières décennies du XIIᵉ siècle, ce sont toujours les mêmes lignées aux noms prestigieux que l'on retrouve sur le devant de la scène. Mais les descendants des premiers Croisés vont ruiner par leur conduite déréglée l'œuvre de leurs aïeux, qui exigeait au contraire tant de vigilance et de fermeté pour être maintenue.

AMAURY ÉPOUSE MARIE COMNÈNE

A la mort de Baudouin III, son frère Amaury lui succéda sur le trône. Il avait vingt-sept ans, il était très gros et gras, mais d'allure indéniablement royale d'après les témoins. Homme de sang-froid, excellent juriste, il était « sage et prudent, sans peur et sans effroi ». Il avait pour femme Agnès de Courtenay, fille de cette Béatrix qui avait si fermement assuré la défense de son fief de Tur-bessel, mais aussi de Jocelin à la moralité précaire. Agnès semble hélas avoir plus hérité du caractère de son père que de celui de sa mère : elle avait une réputation de légè-reté que la suite de l'histoire confirmera. A la veille du couronnement d'Amaury les barons se réunirent et lui adressèrent un ultimatum : « Nous ne serons pas d'accord pour que vous soyez couronné jusqu'au moment où vous vous serez séparé de la femme que vous avez, car cette femme ne doit pas être reine d'une cité aussi importante que Jérusalem » ; c'est ce que rapporte la *Chronique* d'Ernoul.

Amaury ne fut pas long à se laisser convaincre, puisque son couronnement put avoir lieu huit jours seulement après la mort de son frère. Agnès avait été répudiée entre-temps, les clercs ayant argué d'un empêchement d'ordre canonique – la consanguinité probablement – qui permet-tait de déclarer la nullité du mariage. Cependant il fut expressément admis que les deux enfants qu'avait eus le couple royal, Baudouin et Sibylle, garderaient leurs droits à la couronne.

Après plusieurs expéditions, qui d'ailleurs sont toutes à son honneur, le roi Amaury songea à se remarier. Il envoya une ambassade à Constantinople, qui se prolongea pendant deux ans et ne fut menée à bonne fin qu'en 1167. Les deux délégués revinrent accompagnant la princesse Marie Comnène, fille de Jean Comnène et petite-nièce de l'empereur Manuel. Son mariage avec Amaury fut célé-bré le 29 août 1167, à Tyr où elle fut couronnée en grande solennité ; et, ajoute la chronique, « le pays tout entier fut en grande liesse ». Le roi suivait donc la politique d'alliance avec les Byzantins inaugurée par son frère Bau-douin – à n'en pas douter un gage de survie pour le royaume de Jérusalem, comme d'ailleurs pour l'empire lui-même. De son union avec Marie Comnène, Amaury eut une fille, Isabelle, dont les amours comme les mariages successifs devaient influer longuement sur les destinées de la Syrie franque.

Entre-temps, divers épisodes romanesques captent

l'attention des lignées franques et byzantines et ne cessent
d'amener entre elles des complications.

ANDRONIC LE SÉDUCTEUR ET SES CONQUÊTES

Parmi les parents de l'empereur Manuel Comnène se
trouvait son cousin Andronic, que les chroniques
décrivent en termes dithyrambiques : de haute taille,
d'une grande élégance, cavalier accompli, guerrier téméraire parfois, on le disait aussi doué d'une éloquence naturelle et d'une grande force de persuasion, tout en restant
enjoué, spirituel, voire ironique. Ce portrait flatteur ne
devait pas être loin de la vérité, si l'on en croit les aven-
tures qui composent son existence.

Manuel Comnène l'avait désigné pour prendre un
commandement militaire en Cilicie. Là, Andronic entendit parler de la jeune Philippa d'Antioche, sœur cadette
de Marie devenue impératrice. Andronic ne tarda pas à se
rendre à Antioche et se mit en devoir de séduire la jeune
Philippa, qui devait avoir vingt ou vingt et un ans. Il était
persuasif et elle se laissa convaincre. Sans doute lui pro-
mit-il le mariage. Toujours est-il que l'empereur, mis au
courant des entreprises de son cousin à l'endroit de sa
belle-sœur, envoya promptement un autre gouverneur de
Cilicie, le prince hongrois Coloman, pour tenter de faire
cesser l'aventure ainsi ébauchée. Il semble d'ailleurs que
Coloman, peut-être par excès de zèle, ait voulu à son tour
séduire la jeune Philippa. Rien n'y fit.

Cela jusqu'au jour où Andronic, poursuivant ailleurs
ses exploits de séducteur professionnel, abandonna celle
qui s'était abandonnée à lui. Jugeant préférable de ne pas
retourner en pays byzantin, il vint offrir ses services au
royaume de Jérusalem. Amaury, revenant d'une campagne d'Egypte, où il avait fait la preuve à la fois de son
habileté et de sa valeur militaire, apprécia l'aide que pouvait lui apporter le beau chevalier et lui remit en fief la
cité de Beyrouth.

Andronic n'était pas disposé à s'y tenir tranquille. Non
loin de ce qui était devenu son domaine, à Saint-Jean-

d'Acre, vivait la princesse Théodora, veuve depuis cinq ans du roi Baudouin III. Elle était fort belle et n'avait que vingt-deux ans en cette année 1167. Le Byzantin lui rendit visite, ne put s'empêcher de lui faire la cour et, comme il en advenait généralement avec lui, sut s'en faire aimer. Théodora vint à Beyrouth et n'en repartit plus. Manuel Comnène, furieux quand il l'apprit, fit savoir au roi Amaury qu'il devrait sans délai s'emparer de son séducteur de cousin et lui faire crever les yeux, selon une tradition bien établie à Byzance. Comprenant que le séjour de Beyrouth n'était plus sûr pour lui, Andronic, avec sa nouvelle conquête, décida de s'enfuir. Il fit partout annoncer son départ. Théodora fit semblant de vouloir l'accompagner jusqu'aux portes de la ville et là elle prit la route avec lui.

Où se réfugier alors que ni l'empire de Byzance ni le royaume de Jérusalem ne pouvaient être pour eux une retraite sûre? Les deux amants se rendirent à Damas où le sultan Nour-el-Din les accueillit. Ils gagnèrent ensuite Harran, où la princesse mit au monde un fils, puis Bagdad. Mais l'hospitalité des États turco-arabes restait assez limitée, car on les voit ensuite gagner Mardin, puis Erzéroum : une vie de couple pourchassé au cours de laquelle l'ex-reine Théodora fut finalement reconnue et prise par le gouverneur de Trébizonde. Andronic décida alors d'aller implorer la grâce de Manuel Comnène, et fit sa soumission. Il lui prêta serment de fidélité, ainsi qu'à son fils Alexis II. Cela se passait au mois de juillet 1180. L'empereur devait mourir peu après, le 24 septembre de cette même année.

Il faut signaler entre-temps la terrible catastrophe qui secoua toute la région : le tremblement de terre du 29 juin 1170. La cité d'Antioche fut ruinée et ne devait guère se relever de la catastrophe. Il y eut aussi des dégâts sérieux à Laodicée, au Krak des Chevaliers, à Tripoli, ainsi qu'à Alep, à Homs et dans d'autres places musulmanes. Toute la contrée en fut fortement ébranlée. A Antioche la cathédrale grecque s'écroula, ensevelissant prêtres et fidèles au moment où la messe était célébrée. Le patriarche grec Athanase II fut mortellement frappé et le vieux patriarche latin, Aimery de Limoges, en profita pour revenir tenir sa place dans l'ancienne principauté normande.

En dépit de la trêve forcée imposée par la ruine du pays, la date coïncide aussi avec la montée au pouvoir d'un personnage nouveau, qui devait passer dans la légende : Saladin. La situation du petit royaume franc devenait de plus en plus critique, entre Nour-el-Din, qui allait s'attaquer une fois de plus à la principauté d'Antioche et au comté de Tripoli, et Saladin, qu'une série de coups de main amenait au pouvoir en Egypte. Aussi bien la mort de Manuel Comnène se produit-elle en un temps où l'Empire byzantin se trouve de plus en plus menacé. En 1180, son épouse Marie d'Antioche exerce la régence, leur jeune fils, Alexis II, n'étant âgé que de onze ans. Manuel, en associant son fils au trône, avait expressément confié la régence à son épouse à la condition qu'elle prendrait le voile – cela pour empêcher un remariage avec un prince franc ou byzantin.

Tout en revêtant l'habit monastique, Marie d'Antioche demeura au palais de Constantinople, en s'aidant d'un neveu de Manuel, prénommé lui aussi Alexis. Mais Marie était une étrangère; les autres membres de la famille des Comnène lui en voulaient de l'autorité qu'elle exerçait. Il y eut complot sur complot, fomentés notamment par une autre Marie, fille du premier mariage de Manuel Comnène, et son époux Renier de Montferrat, avec le soutien du patriarche Théodose, et les révoltes se succédèrent.

Andronic comprit vite le parti qu'il pourrait tirer de la situation. Il résidait alors sur les bords de la mer Noire, à Oinaion ou à Sinope, et il suivait avec attention les événements. Au printemps de 1182, ayant rassemblé une armée, il se porta sur Constantinople et son arrivée déchaîna une émeute sans précédent. Bientôt la colère populaire se porta contre les Occidentaux. Tous ceux qui ne purent trouver asile sur leurs vaisseaux furent massacrés sauvagement, prêtres et moines grecs excitant le peuple et allant jusqu'à décapiter le cardinal Jean, légat du pape Alexandre III.

Après des alliances qui auraient pu faire espérer une entente durable, le fossé était plus profond que jamais entre Byzance et l'Occident.

Andronic laissa passer quelque temps avant de faire son entrée dans la ville de Constantinople, puis, une fois les émeutes apaisées, sûr de lui, il se manifesta avec l'adresse et aussi la brutalité qu'on pouvait en attendre. Il commença par faire couronner, au mois de septembre 1182, le jeune Alexis II, tout en se débarrassant par le poison de Marie et Renier de Montferrat et en accusant de trahison la régente Marie d'Antioche, qui fut condamnée à mort et étranglée dans son cachot. Remplaçant par des hommes à lui les principaux fonctionnaires, et jusqu'au patriarche Théodose, Andronic se fit couronner lui-même un an plus tard à Sainte-Sophie par le nouveau patriarche, Basil. Restait le jeune Alexis; il le fit étrangler dans son lit et épousa sa fiancée, Agnès, qui avait onze ans et était fille du roi de France Louis VII.

Ce qui se passa ensuite porte à l'extrême les inconséquences si fréquentes en histoire – et particulièrement, il faut le dire, dans celle des derniers temps de l'Empire byzantin. Andronic prend une série de mesures des plus sages, supprime les abus, diminue les impôts, ménage aux agriculteurs une sécurité qui leur avait manqué jusqu'alors, entreprend d'utiles réformes, mais il se heurte à tous ceux qui lui reprochent d'avoir usurpé le trône, et qui sont aussitôt l'objet de cruelles représailles. En 1184 un neveu de Manuel, Isaac Comnène, s'empare de l'île de Chypre et s'y proclame empereur : Andronic fait massacrer ses parents demeurés à Constantinople, multiplie les violences et s'entend avec Saladin pour un partage des Etats chrétiens.

Or, dans le même temps, un descendant des Normands traditionnellement ennemis des Byzantins, Guillaume II, roi de Sicile, accueillait à sa cour un des neveux de Manuel. Nommé Alexis lui aussi, on le faisait passer pour Alexis II, le fils de Manuel qui aurait échappé à la mort. Guillaume II prit la mer avec une flotte importante et le dessein avoué de reprendre Constantinople à Andronic l'usurpateur. Le 24 juin 1185 il s'emparait de Durazzo, et

le 24 août prenait d'assaut Thessalonique, fief des Montferrat. A Constantinople, ce fut la panique. Les membres
de la noblesse se soulevèrent contre Andronic. L'un
d'entre eux, Isaac l'Ange, fut proclamé empereur par la
foule le 12 septembre 1185, au cours d'une émeute.
Rejeté de tous, Andronic tenta de s'embarquer sur la mer
Noire, fut reconnu, repris et lynché par la population : fin
misérable pour un aventurier. Dès lors s'affirmera le
déclin, lent mais définitif, de l'Empire byzantin.

L'HÉROÏQUE ROI LÉPREUX

A la même date, le royaume de Jérusalem était lui
aussi près de sa fin.

Le roi Amaury était mort une dizaine d'années plus tôt,
le 11 juillet 1174, d'un accès de dysenterie. Son jeune fils
Baudouin IV avait été reconnu roi et consacré trois jours
plus tard dans la basilique du Saint-Sépulcre. Il avait
treize ans : dans son enfance, il était « très beau, prompt
et ouvert, et chevauchait très bien, mieux que son père...
Il avait une très bonne mémoire, il savait assez les lettres
et il retenait les histoires et les racontait très volontiers ».
Guillaume de Tyr, à qui son éducation avait été confiée,
décrit dans les termes les plus favorables ce jeune homme
si doué. Avec une grande tristesse aussi, il raconte comment il s'était rendu compte, Baudouin étant encore
enfant, qu'il était *mesel* (lépreux). En le regardant jouer
avec d'autres enfants, il s'était aperçu que Baudouin ne
ressentait aucune douleur aux bras et aux mains, lorsqu'il
s'égratignait en jouant. L'ayant examiné plus attentive-
ment, il constatait que le tissu graisseux qui précède la
lèpre avait déjà envahi ses mains et ses bras. Rien ne put
enrayer les progrès de la terrible maladie. Le règne de
Baudouin IV [1] ne devait être qu'une longue agonie.

Cet adolescent mort à vingt-quatre ans allait pourtant
remporter les dernières et les plus étonnantes victoires du
royaume de Jérusalem, et cela contre un adversaire tel

1. Renvoyons ici à l'ouvrage que lui a consacré Pierre AUBÉ, *Baudouin IV de Jérusalem, le roi lépreux*, Paris, 1981.

que Saladin. Entre autres celle de Montgisard (Tell Jazer) où, le 25 novembre 1177, trois cents chevaliers mirent en fuite et acculèrent à la débâcle les armées turques en dépit de leur effarante supériorité numérique, y compris les mille Mamelouks qui entouraient Saladin. Le roi avait alors dix-sept ans. Journée épique que les chroniqueurs racontent en termes enthousiastes : ainsi Michel le Syrien, patriarche de l'Eglise jacobite, qui fut témoin des événements.

« Tout le monde, écrit-il, avait perdu espoir, car le mal de la lèpre commençait à paraître sur le jeune roi Baudouin qui s'affaiblissait et, dès lors, chacun tremblait. Mais le Dieu qui fait paraître sa force dans les faibles inspira le roi infirme. Le reste de ses troupes se réunit autour de lui ; il descendit de sa monture, se prosterna la face contre terre devant la croix et pria avec des larmes. A cette vue, le cœur de tous les soldats fut ému. Ils étendirent tous la main sur la croix et jurèrent de ne jamais fuir et, en cas de défaite, de regarder comme traître et apostat quiconque fuirait au lieu de mourir. Ils remontèrent à cheval et s'avancèrent contre les Turcs qui se réjouissaient, pensant avoir raison d'eux. En voyant les Turcs dont les forces étaient comme une mer, les Francs se donnèrent mutuellement la paix et se demandèrent les uns aux autres un mutuel pardon. Ensuite, ils engagèrent la bataille. Au même instant, le Seigneur souleva une violente tempête qui enlevait la poussière du côté des Francs et la jetait aux visages des Turcs. Alors, les Francs, comprenant que le Seigneur avait accepté leur repentir, prirent courage tandis que les Turcs tournaient bride et s'enfuyaient. Les Francs les poursuivirent, tuant et massacrant toute la journée. » Et la chronique d'Ernoul de résumer : « Jamais Roland et Olivier n'avaient fait tant de prouesses à Roncevaux que ... ce jour-là avec l'aide de Dieu et de Monseigneur saint Georges qui fut au combat avec nous. »

Plus difficiles à vaincre devaient être, autour du jeune roi lépreux, les inconséquences et les intrigues de son entourage. Sa mère Agnès de Courtenay était réapparue sur le devant de la scène après la mort d'Amaury ; quant à sa sœur Sibylle, ses amours fantasques allaient mettre en péril le royaume.

LA FANTASQUE SIBYLLE

Sibylle avait été élevée par sa grand-tante Yvette au couvent de Saint-Lazare de Béthanie, dont la plus jeune sœur de Mélisende était abbesse. Mais à sa sortie du couvent elle n'avait pas tardé à manifester une volonté capricieuse peu compatible avec ses obligations de future reine de Jérusalem. C'est à elle en effet que revenait une succession dont, les années passant et le mal de Baudouin s'aggravant, il était prévisible qu'elle lui écherrait bientôt.

Sibylle, pourvue du fief de Jaffa, était restée veuve, après quelques mois de mariage seulement, de Guillaume de Montferrat, et mère d'un autre petit Baudouin. Un nouveau mariage s'imposait pour la défense du fief. Le souhait du roi lépreux avait été qu'elle épousât Hugues II de Bourgogne, dont on disait qu'il avait pris la croix, mais il ne vint jamais en Terre sainte. D'un autre côté elle était courtisée par Baudouin de Ramlah, de la famille des Ibelin, lui-même veuf de la comtesse de Césarée. Baudouin était depuis longtemps amoureux de Sibylle : il avait même abandonné sa première femme, Richilde de Beisan, par amour pour elle, et c'est par dépit qu'il avait épousé ensuite la comtesse de Césarée ; mais celle-ci était morte au début de 1180 en lui donnant un fils.

Entre-temps Baudouin de Ramlah avait été fait prisonnier lors de la bataille de Marj Ayoun, et il languissait dans une prison de Damas. C'est là que lui parvint, certain jour, un message de Sibylle. La jeune femme lui faisait savoir qu'il eût à se racheter par rançon le plus tôt possible et qu'elle l'épouserait. Une scène pénible suivit. Baudouin demanda à Saladin de fixer sa rançon et celui-ci imposa l'énorme somme de deux cent mille besants : une rançon royale. Baudouin avoua qu'il n'avait pas de quoi la payer. Sur ce le sultan, furieux, menaça de lui arracher toutes les dents et commença par lui en faire extirper deux. Baudouin le supplia et finit par l'apitoyer, jurant qu'il s'acquitterait de sa rançon aussitôt qu'il serait libéré; Saladin le remit en liberté. Et Baudouin de Ramlah, tout heureux, courut retrouver Sibylle.

Stupeur : celle-ci avait changé d'avis. Elle commença par faire savoir à son soupirant qu'il devrait d'abord recouvrer réellement sa liberté en s'acquittant de la rançon fixée. Baudouin se rendit à Constantinople et sollicita l'aide de l'empereur – c'était encore Manuel Comnène – qui, généreux, lui fit verser en besants d'or la forte somme dont il avait besoin. Peine perdue, car quand Baudouin quitta Constantinople pour revenir à Acre, Sibylle avait désormais d'autres projets en tête.

En réalité un véritable complot avait été monté autour de la jeune femme, fantasque et sentimentale, par certains membres de la famille des Ibelin. Un Croisé récemment arrivé en Terre sainte, Amaury (ou Aimery) de Lusignan, avait épousé Echive d'Ibelin, la propre fille que Baudouin de Ramlah avait eue de sa première épouse répudiée. Or cet Aimery ne cessait de vanter devant Sibylle un frère qu'il avait en France et qui passait pour le plus beau chevalier de son temps : Guy de Lusignan. De connivence avec Agnès de Courtenay, il attisait de jour en jour chez la romanesque Sibylle le désir de rencontrer ce beau chevalier. Guy finit par débarquer en Syrie et son apparence ne déçut pas la jeune femme : il avait des manières élégantes, un visage séduisant à souhait. C'étaient là ses meilleurs atouts; comme l'écrit en effet le chroniqueur normand Ambroise : « Il était moins doué en fait d'intelligence, car il était ce qu'on appelle " un simple ". » Sibylle n'en tomba pas moins aussitôt amoureuse de lui, et vers Pâques 1180 son frère le roi lépreux se résigna à accepter son union – devenue d'ailleurs indispensable... – avec le chevalier poitevin qu'il faisait comte de Jaffa et d'Ascalon.

Ce mariage était lourd de menaces pour l'avenir du Royaume. Vers la même époque une autre union, non moins néfaste pour ce Royaume, s'était elle aussi conclue.

L'AVENTUREUSE ÉTIENNETTE

Elle concerne Etiennette de Milly, celle qu'on appelle la Dame du Krak. Il ne s'agit pas du Krak des chevaliers situé au nord, en Syrie, mais du Krak de Moab, à l'est du Jourdain. Etiennette est dame de la terre d'Outre-Jourdain, ce qu'on appelle aujourd'hui la Transjordanie. Elle a eu une vie assez mouvementée, ayant été déjà mariée deux fois, et son second époux ayant fini assassiné un soir dans les ruelles d'Acre, assez mystérieusement.

La Dame du Krak ne pouvait demeurer longtemps veuve : il était difficile d'imaginer le château et la terre d'Outre-Jourdain sans un défenseur armé. Sa forteresse de Kérak (c'est le nom qui lui est resté aujourd'hui) avait été construite par les Croisés en 1142, pour défendre un territoire que parcouraient les caravanes se dirigeant vers la mer Rouge. C'était une construction imposante ; de l'ouvrage des Croisés il subsiste notamment une grande muraille appareillée de pierres volcaniques, qu'ils avaient extraites sur place et rapidement dégrossies. Etiennette se maria donc pour la troisième fois, avec le fameux Renaud de Châtillon (veuf de Constance d'Antioche). Celui-ci, dont il a déjà été question plus haut, venait de passer seize années dans les prisons d'Alep, mais ne s'était pas amélioré pour autant. Il faut croire qu'il n'avait rien perdu de sa séduction puisque Etiennette fut aussitôt conquise ; son passé d'aventurier faisait de lui, en tout cas, un défenseur possible et probablement zélé de la terre d'Outre-Jourdain. Le roi Baudoin IV accepta le mariage envisagé, songeant qu'un combattant intrépide pouvait être utilement employé, surtout dans une région suffisamment éloignée de Jérusalem pour ne point trop nuire au royaume. En quoi le malheureux roi lépreux se trompait.

De son côté, le terrible « Arnaout », comme l'appellent les chroniqueurs arabes, le « Satan des Francs », comme ils disent encore, envisagea avec enthousiasme la perspective de devenir le seigneur de la terre d'Outre-Jourdain : Kérak n'était-elle pas située sur le parcours des caravanes qui suivaient la route du Hedjaz pour se rendre à La

Mecque? Les voies des pèlerins sont aussi celles des marchands ; les convois de chameaux venant de Damas transportaient suffisamment de tissus précieux, de parfums, d'épices, d'encens, d'or et d'argent – sans parler des armes « damasquinées » – pour éveiller la convoitise d'un pillard invétéré comme lui.

Son exploit le plus audacieux, il le réalisa en 1182. Il ne s'agissait de rien moins que de lancer une flotte sur la mer Rouge, pour s'emparer du trafic commercial et couper la route des pèlerins de l'Islam ; un chroniqueur arabe va jusqu'à affirmer qu'il voulait s'emparer du corps du Prophète, pour obliger ceux qui allaient en foule le vénérer à payer péage sur son propre territoire. Renaud fit construire cinq vaisseaux qui furent transportés en pièces détachées à dos de chameau jusqu'à Aïlat ; deux d'entre eux bloquèrent le port, tandis que les autres faisaient voile vers la Nubie, saccageaient le port d'Aïdhab, capturaient une caravane, s'emparaient sur la côte du Hedjaz d'un grand navire de commerce parti de Djeddah. « Grande fut la terreur des habitants de ces contrées, surtout ceux de La Mecque qui voyaient luire comme de sinistres éclairs les conséquences de cette invasion. Jamais on n'avait ouï pareilles nouvelles ni vu des gens de Roum (des Francs) en ces parages. On crut partout que l'heure du Jugement dernier arrivait. »

Saladin fit appel à son frère, Malik al-Adil, qui à son tour fit démonter des navires du port de Damiette, pour les faire remonter à Aïlat où ils eurent raison des vaisseaux francs qui s'y trouvaient. Ce fut ensuite une chasse en règle aux corsaires à travers la mer Rouge. Ordre fut donné par Saladin de décapiter tous ceux qui tomberaient entre les mains des Egyptiens.

LA TOUCHANTE ISABELLE

Quelque temps après cet audacieux intermède, la Dame du Krak décida de faire célébrer les noces de son fils Onfroi avec Isabelle de Jérusalem, à laquelle il était fiancé depuis déjà trois ans. Les invitations furent lancées à tout le baronnage. Renaud de Châtillon, probablement désireux de faire oublier son passé douteux, et son récent échec, par une cérémonie qui voyait entrer dans sa seigneurie d'Outre-Jourdain la propre sœur du roi de Jérusalem, se mit en frais. Jongleurs et ménestrels furent conviés. On peut se reporter à la description d'un mariage chrétien, dont le chroniqueur arabe Ibn Djobaïr avait été témoin dans la cité de Tyr, pour imaginer celui des deux très jeunes gens qui s'unirent ce jour-là dans la chapelle de Kérak : « La mariée était splendidement parée et portait une robe de soie magnifique tissée d'or dont la queue balayait le sol selon leur mode habituelle de se vêtir; sur son front brillait un diadème d'or recouvert par un filet tissé d'or, et sa poitrine était ornée de même. Ainsi parée, elle s'avançait en se balançant à petits pas comptés, semblable à une tourterelle... Les principaux d'entre les chrétiens, vêtus d'habits somptueux à queue très longue, étaient là suivis de chrétiennes, ses paires et ses égales qui, également couvertes de leurs plus belles robes, s'avançaient, traînant avec elles leurs plus beaux ornements. On se mit en marche, l'orchestre en tête, tandis que les spectateurs, musulmans et chrétiens, assistaient au défilé. »

Les deux époux ne doivent pas totaliser trente ans; Isabelle n'en a que onze, mais les fillettes sont vite développées en Orient à cet âge. Quant à Onfroi, les témoins arabes du temps reconnaissent que sa beauté était digne de celle qu'il épousait (« J'ai vu ce jeune homme : il était vraiment très beau », déclarent les chroniqueurs). Onfroi est d'ailleurs lettré, il parle la langue du pays aussi bien que le français, et plus d'une fois dans sa vie il servira d'interprète. Les jeunes époux sont très amoureux l'un de l'autre et l'on n'a rien ménagé pour l'éclat de leurs noces, en dépit de circonstances devenues dramatiques en ce 22 novembre 1183. En effet Saladin, désireux de se venger d'« Arnaout », est venu ce jour même faire le siège de Kérak. La citadelle a été si brusquement investie par ses troupes qu'elles ont failli entrer dans le château par surprise; on cite à cette occasion les prouesses d'un chevalier nommé Yvain, comme celui du fameux roman (*Yvain ou le Chevalier au lion*) qui, donnant de grands coups à droite et à gauche, était parvenu à défendre l'entrée alors qu'en hâte on levait le pont-levis où, tout criblé de flèches, il parvint à sauter au dernier moment.

En dépit de cette attaque inopinée, les fêtes du mariage allaient se poursuivre dans la vaste forteresse contre laquelle Saladin fit dresser huit mangonneaux avec lesquels il bombardait sans arrêt les murailles. Or Etiennette envoya au sultan des messagers; les portes s'ouvrirent, laissant passer des valets chargés d'une part du banquet de noce. On souhaiterait ici la description de mets raffinés – pâtés de venaison, oiseaux rôtis parés de leurs plumes, fruits étagés sur des nappes étincelantes, on ne sait... mais le chroniqueur Ernoul énumère seulement « du pain et du vin, des bœufs et des moutons » sans entrer dans plus de détails. Autrement dit, Etiennette priait Saladin et son armée de prendre part au festin. « La Dame du Krak le saluait, dirent-ils. Elle lui rappelait que lorsqu'il était enfant, retenu en otage dans ce château, il l'avait maintes fois portée dans ses bras. » Saladin ému de ce souvenir « la remercia moult hautement ». Il demanda aux messagers dans quelle tour avait lieu le banquet. Aussitôt il fit crier dans son armée d'épargner cette partie de la forteresse.

En dépit de cet échange de courtoisie, Renaud se voyait près d'être pris comme dans une trappe. Il fit allumer un grand feu au dernier étage de la tour la plus haute. Par temps clair, à distance d'environ quatre-vingts kilomètres, on apercevait de là les hauteurs de la tour de David à Jérusalem, ou du moins celles du jardin des Oliviers. On correspondait d'un château à l'autre par ces feux durant la nuit, pour donner l'alerte, et durant le jour on ajoutait au foyer de la paille mouillée, qui produisait une fumée noirâtre bien visible elle aussi. Le roi Baudouin fut bientôt averti du danger que courait le Krak de Moab. Aussitôt, il convoqua son « ost » et se mit en route. Saladin n'insista pas et leva le siège. Il devait prendre sa revanche quatre ans plus tard, lors du désastre de Hâttin.

LES CORNES DE HÂTTIN

Le roi lépreux finit par mourir le 16 mars 1185. La couronne revenait de droit à Sibylle, d'autant que son fils, que les chroniqueurs appellent Baudouinet, mourut lui-même quelques mois plus tard, en septembre 1186, Sibylle allait user de son nouveau pouvoir de façon extravagante : en dépit de l'opposition des barons, après avoir été elle-même couronnée, « elle prit la couronne et appela son seigneur, Guy de Lusignan, et lui dit : " Sire, approchez et recevez cette couronne, car je ne sais où je la puisse mieux placer. " Celui-ci s'agenouilla devant elle et elle lui mit la couronne sur la tête ».

Sibylle avait l'âme romanesque, mais de toute évidence peu de sens politique. Son geste lui créait deux ennemis : d'abord le comte Raymond III de Tripoli, auquel le roi lépreux avait confié pour dix ans la défense du royaume de Jérusalem sur son lit de mort, et qui n'avait été ni consulté, ni ménagé. Et aussi l'ancien soupirant de la reine, Baudouin de Ramlah, qui, plutôt que de prêter hommage à Guy de Lusignan, préféra abandonner ses terres, les remettre aux mains de son frère Balian II d'Ibelin, et se retirer à Antioche, où le prince Bohémond III lui fit bon accueil. Le Continuateur de Guillaume de Tyr ajoute qu'en se retirant, Baudouin de Ramlah prophétisa l'avenir en disant de Guy de Lusignan : « Il ne sera pas roi un an ! » – et, remarque le chroniqueur, « couronné à la mi-septembre (1186), il perdit le royaume à la Saint-Martin » (la seconde fête de saint Martin, le 4 juillet (1187), qu'on appelait saint Martin-le-Bouillant).

Sibylle avait fait le vide autour d'elle, à part quelques personnalités coupables de l'avoir mal conseillée ; en premier lieu, sa mère Agnès de Courtenay ; avec celle-ci, le patriarche de Jérusalem, Héraclius, de mœurs dissolues et très déconsidéré ; et encore le Maître du Temple, Gérard de Ridefort, chevalier errant qui avait réussi à se faire élire par les Templiers et qui haïssait le comte de Tripoli. Quant aux autres barons, épouvantés des mains dans lesquelles on laissait les destinées de la Terre sainte, ils tentèrent d'abord de se trouver un autre seigneur et s'adressèrent pour cela à Onfroi de Toron, dont la lignée, établie dans le royaume de Jérusalem depuis les origines, s'était entre toutes illustrée parmi eux. Onfroi était un jeune garçon extrêmement beau, mais sans caractère. Il déclina le dangereux honneur qui lui était fait et vint même s'excuser auprès de Sibylle et de Guy d'avoir été pressenti pour cette charge.

Sur ces entrefaites, celui dont l'imprudente Etiennette de Milly avait fait son époux, Renaud de Châtillon, commit l'acte inqualifiable qui devait déclencher la catastrophe : pillard invétéré, de même qu'il avait jadis mis à sac l'île de Chypre, il s'attaqua à une caravane de pèlerins allant à La Mecque – lesquels, comble de fatalité, emmenaient avec eux la propre sœur du sultan Saladin.

Or cet acte de piraterie se trouvait commis alors que des trêves avaient été jurées de part et d'autre pour quatre ans. Le geste était donc totalement inexcusable et sa gravité mettait en péril le royaume de Jérusalem tout entier. Sommé par le roi Guy de renoncer au butin sur lequel il avait fait main basse, et d'offrir toute réparation au sultan, Renaud de Châtillon refusa insolemment.

La conclusion de cette fatale série d'erreurs et de violences fut la bataille des Cornes de Hâttin, le 4 juillet 1187, où allaient disparaître l'armée franque et l'ensemble des forces occidentales autour de Jérusalem, la Ville sainte. Saladin y entra en vainqueur le 2 octobre. A l'issue de cette bataille de Hâttin, comme il se l'était promis, il avait lui-même tranché la tête de Renaud de Châtillon. En revanche il avait traité courtoisement les autres prisonniers, entre autres Guy de Lusignan, et il avait accordé la liberté à la reine Sibylle, à Marie Comnène, l'ex-reine douairière devenue l'épouse de Balian d'Ibelin, ainsi qu'à Onfroi de Toron – accédant à nouveau, comme quatre ans plus tôt, à la prière de sa mère Etiennette.

Saladin se sentait maître de la situation. Personne en fait ne doutait alors de la disparition du Royaume de Jérusalem.

7

Isabelle ou la raison d'Etat

« En l'an 1187, au quart (quatrième) jour de juillet, furent les Chrétiens déconfits et la Vraie Croix perdue; et le roi Guy pris et Acre rendue et Escalonne (Ascalon) rendue aux Sarrasins et tout le Royaume de Jérusalem hors Sur (Tyr); et en ce jour le soleil obscurcit. » Ainsi s'expriment les *Annales de Terre sainte* auxquelles une autre chronique, la *Geste des Chyprois,* ajoute seulement qu'il y eut, en ce même temps, un tremblement de terre à Chypre et que, peu après, la ville de Jérusalem fut perdue.

Ainsi se trouve brièvement exposée la série d'événements catastrophiques qui mettait fin au Royaume de Jérusalem proprement dit. La Ville sainte, une fois perdue, ne sera jamais regagnée (sinon pendant quinze ans, et d'une manière très précaire). Pendant près d'un siècle, de juillet 1099 à juillet 1187, le vœu du pape Urbain II entendu par l'ensemble des peuples d'Occident aura été réalisé, d'ailleurs contre toute attente. L'histoire du monde connu a été changée par ce départ d'hommes et de femmes, dont beaucoup se sont implantés sur l'étroite bande de terre qui aura été à trois reprises dans l'histoire de l'humanité la Terre promise : dans l'Antiquité hébraïque, à l'époque féodale dont il est ici question, et en notre xxᵉ siècle avec la formation de l'Etat d'Israël. Entre Méditerranée et Jourdain, dans un site il est vrai d'une exceptionnelle beauté, jamais terroir n'aura orienté comme celui-là l'attention des hommes, jamais royaume n'aura été plus ardemment revendiqué.

La date de la bataille de Hâttin marque dans cette histoire un tournant décisif, et là encore des femmes jouent un rôle de premier plan, tandis que d'autres en grand nombre subiront les désastres qui vont s'ensuivre. Le destin de l'une de ces femmes, qui aura vécu de bout en bout les événements surprenants de la fin du XIIᵉ siècle, est particulièrement captivant : celui d'Isabelle de Jérusalem, dont tous les historiens ont évoqué la touchante histoire. Destin exemplaire qui peut servir de fil directeur pour évoquer ces événements, où s'entrecroisent bien d'autres personnalités héroïques ou néfastes.

Isabelle a quinze ans lors du désastre de Hâttin. Son enfance, sa jeunesse ont été marquées par les événements qui, au regard de l'historien, et avec le recul dont il jouit, pouvaient faire prévoir cette fin d'une époque. Fille du roi Amaury Iᵉʳ et de sa seconde femme Marie Comnène, elle est la demi-sœur de Sibylle et de Baudouin IV; elle a vu son frère devenir lépreux, la maladie faire son œuvre et accomplir ses ravages sur le corps de l'adolescent d'une dizaine d'années plus âgé qu'elle. Née en 1172, elle n'a que deux ans à la mort de son père. Sa mère, qui a été alors écartée de la Cour et a gagné le fief de Naplouse, son douaire personnel, s'est remariée trois ans plus tard, en 1177, avec Balian II d'Ibelin.

Autour du jeune roi qui aura vécu sa courte vie dans un héroïsme quotidien, et déployé à défendre le royaume une stupéfiante énergie, les symptômes de décomposition – morale, celle-là – sont peu à peu apparus; faut-il les imputer à un environnement qui portait à la mollesse, à une sorte de perte d'identité au contact du mélange de populations parmi lesquelles on vit? Un exemple frappant est fourni par l'histoire de la principauté d'Antioche, jadis conquise grâce à l'astuce et à la ténacité de Bohémond de Tarente.

SIBYLLE, L'ESPIONNE DE SALADIN

A Antioche, en effet, de véritables tempêtes secouaient – depuis plusieurs années déjà à l'époque de Hâttin – la principauté à cause d'une femme. Le prince Bohémond III, surnommé le Bègue, s'était successivement séparé de ses deux épouses – l'une se nommait Orgueilleuse et était la fille du seigneur de Harenc, la seconde aurait été une princesse byzantine, Théodora Comnène. Vers l'an 1183 il s'était remarié avec une certaine Sibylle, belle-sœur du châtelain de Burzey, situé non loin des rives de l'Oronte, au sud de la principauté. La réputation de cette Sibylle est franchement mauvaise. Certains chroniqueurs la traitent de perverse, d'autres carrément de prostituée. Toujours est-il que Bohémond était amoureux fou d'elle. On imagine le scandale causé par sa conduite ; barons et prélats ne lui ménageaient pas les reproches ; furieux de s'entendre traiter de bigame, voire de trigame, et de se trouver excommunié par le patriarche Aimery de Limoges, il fut pris d'un véritable délire de persécution à l'encontre de tout le clergé. « Les évêques et tous les clercs, il commença à les guerroyer, les faisait battre, blesser et occire ; il faisait démolir les monastères et les abbayes ; il y faisait prendre tout ce qu'il y trouvait, reliques et autres choses. »

L'un de ses vassaux, Renaud le Masoier, seigneur de Margat, outré de ces procédés, recueillit le patriarche et se fit le protecteur des clercs persécutés qui, à l'abri de sa puissante forteresse, échappaient à la fureur de Bohémond. La principauté d'Antioche fut mise en interdit, les barons et le roi lui-même, Baudouin IV, tentèrent d'apaiser la fureur du prince. Quelque temps on put croire qu'il se calmerait, suite à l'intervention du roi lépreux ; mais bientôt il retomba dans son égarement. Et, comme quelques-uns des chevaliers persécutés par lui s'étaient réfugiés en Arménie, il entra en conflit avec les Arméniens de Cilicie. Cela se passait au moment même où débutaient les événements qui allaient se terminer sur le champ de bataille de Hâttin. Bientôt la principauté même d'Antioche fut menacée par l'avance de Saladin, qui s'empara du port de Lattakié. Peu à peu les châteaux qui assuraient la défense du pays tombaient entre ses mains, y compris l'extraordinaire forteresse de Saône (Sayoun), dont on peut voir encore aujourd'hui une partie des murailles et surtout cette étonnante pile verticale monolithe (vingt-huit mètres de haut), que les bâtisseurs avaient conservée dans le roc lors du creusement du vaste fossé de protection, pour servir d'appui au pont-levis.

Or, devant ces attaques, Bohémond III semblait frappé d'impuissance, toutes ses tentatives pour riposter comme infailliblement déjouées par l'ennemi. Une stupéfiante révélation allait bientôt se faire jour : cette fameuse Sibylle, pour l'amour de laquelle il était entré en conflit avec les barons francs, était une espionne à la solde de Saladin. « La femme du prince d'Antioche avait embrassé le parti du sultan, écrit le chroniqueur Imad-al-Din ; elle espionnait pour lui ses ennemis, le conseillait, le dirigeait et lui révélait leurs secrets ; le sultan lui envoyait de riches cadeaux. » Cela est confirmé par Ibn-al-Athir : « Elle dépêchait des messagers au sultan, elle lui donnait beaucoup de renseignements dont il avait besoin. » Aussi bien le châtelain de Burzey, la châtelaine et toute leur famille furent-ils mis en liberté avec beaucoup d'égards après la prise de leur château, et renvoyés à Antioche.

Cette trop fameuse Sibylle qui exploitait la faiblesse, ou pour tout dire la bassesse d'âme de Bohémond III n'allait pas s'en tenir là. Jugeant sans doute qu'avec les pertes que lui avait infligées Saladin, Bohémond n'était plus un parti intéressant, elle se tourna vers ces Arméniens avec qui il avait été en conflit à cause d'elle. On la voit séduire en 1194 le prince Léon II le Grand de Cilicie. Elle alla même jusqu'à comploter avec lui la mort de son ex-époux. A l'occasion d'une partie de plaisir avec quelques-uns de ses barons, Bohémond devait se rendre au lieu qu'on appelait la « fontaine de Gaston », et là il fut fait prisonnier par le prince arménien. On lui fit choisir entre sa liberté et la ville d'Antioche, qu'il se résigna à livrer. Pour finir, après un soulèvement de la population de la ville et une intervention du nouveau roi de Jérusalem (comme on le verra, le titre demeurait même après la perte de la ville), Henri de Champagne, les choses s'arrangèrent moyennant quelques cessions territoriales et le mariage du fils de Bohémond avec la nièce de Léon II. Cela se passait en 1195, huit ans après le désastre de Hâttin.

L'histoire de Sibylle, espionne à la solde de Saladin, pose le problème des limites de l'assimilation au milieu local d'hommes et de femmes qui, au départ, devaient défendre la foi et les mœurs de l'Occident chrétien.

Qu'un Bohémond III, avec ses trois épouses, ait subi dans sa vie privée l'influence des mœurs musulmanes, c'est évident; que sa partenaire ait été amoureuse de Saladin ou, en tout cas, des largesses qu'il lui dispensait, c'est probable. Pourtant les cas de ce genre semblent peu nombreux. On cite celui d'une femme qui épousa un musulman et en eut un fils; elle revint d'ailleurs chez les Francs par la suite. Quelques chevaliers furent stigmatisés comme renégats. Et l'on a aussi accusé le néfaste Maître du Temple, Gérard de Ridefort, à qui on peut imputer l'initiative de la bataille de Hâttin, d'avoir « crié la loi », c'est-à-dire adopté la loi musulmane; de fait, il fut le seul Templier libéré par Saladin après avoir été fait prisonnier, alors que seuls deux fuyards réchappèrent du désastre et que tous les autres furent passés par les armes. De rares cas donc. Ce qui est certain en revanche, c'est une assimilation morale latente qui frappait et souvent indignait les nouveaux arrivants. Ils reprochaient à ceux qu'ils appelaient les « poulains », nés en Terre sainte, leur trop rapide adaptation.

De fait, une fraternisation s'est établie, des amitiés se sont nouées avec des Turcs ou des Syriens musulmans; ainsi connaît-on les liens personnels entre le roi Foulques et le vieil émir de Damas, Ounour. Il arrive même que de la vie quotidienne cette fraternisation s'étende aux combattants. C'est le chroniqueur Beha-al-Din qui constate, lors du siège d'Acre, qu'« une sorte de familiarité s'établit entre les deux camps. On échangeait des conversations quand on cessait de combattre, et par suite de cette longue fréquentation on finissait par chanter et

danser de compagnie, puis une heure après on recommen-
çait à se battre ».

A un tout autre niveau, une meilleure connaissance
mutuelle entre chrétiens et musulmans s'est faite jour,
puisque dès 1141, nous l'avons vu, l'abbé de Cluny Pierre
le Vénérable a fait établir par une équipe de traducteurs,
comportant un musulman, une traduction du Coran. Par
la suite il fut interdit aux clercs de prêcher la prise de
croix sans avoir lu le Coran. Ajoutons qu'on ne relève pas
d'efforts réciproques parmi les savants et lettrés musulmans : l'Evangile n'a pas été l'objet à l'époque d'une traduction en arabe.

Il faut faire place ici à la façon dont dans l'un et l'autre
camp on considère la femme. L'auteur du *Livre des deux
jardins* ne cache pas son mépris pour les musulmans qui
se laissent séduire par les femmes franques. « Un vaisseau, raconte-t-il, avait amené chez les Francs trois cents
femmes remarquables pour leur beauté. Elles s'étaient
enrôlées pour ces hontes, exilées pour la consolation des
exilés... Loin de refuser leurs faveurs aux célibataires,
elles se donnaient spontanément comme la plus méritoire
offrande et croyaient que nul sacrifice ne surpassait le
leur, surtout si celui à qui elles s'abandonnaient réunissait
la double condition d'étranger et de célibataire. En effet,
les Francs, ajoute-t-il, ne considèrent pas comme cri-
minelles les femmes libres qui s'abandonnent aux célibataires, et elles restent pures à leurs yeux si elles accordent
cette consolation aux garçons malheureux. Or plusieurs
de nos Mamelouks pervertis désertèrent notre camp. Ces
êtres misérables et ignorants, aiguillonnés par le désir
charnel, suivirent cette voie de perdition. Les uns acceptèrent la honte, par attrait du plaisir, les autres se repen-
tirent de leur chute et s'enfuirent bientôt par ruse. » Laissons à l'auteur la responsabilité de ce récit et des
sentiments qu'il attribue aux femmes chrétiennes dont
plusieurs, c'est évident, ont suivi les armées occidentales
comme il y en eut toujours auprès de toutes les armées du
monde. Rien en fait ne scandalise davantage le musulman
que la liberté dont jouissent les femmes chrétiennes, et de
voir les Francs considérer ces femmes autrement que

comme un bien leur appartenant. On peut citer à ce sujet l'anecdote amusante que raconte Ousama, celle du marchand de vin de Naplouse. « Un jour, dit-il, en rentrant chez lui, ce marchand de vin trouva un inconnu au lit avec sa femme : " Qu'est-ce que cela veut dire ? s'écriat-il. – J'étais fatigué, répondit l'autre, et suis entré pour me reposer un peu. – Et pourquoi dans mon lit ? – Je l'ai trouvé tout fait, j'y ai dormi. – Mais ma femme avec toi ! – Le lit est à elle, pouvais-je l'en chasser ? " » Or, ajoutet-il, tout ce que le marchand de vin trouva à répondre fut ceci : « Fais bien attention que je ne t'y reprenne pas ! » Et le narrateur de s'indigner contre cette « étrange conception de l'honneur ». A vrai dire, c'est plutôt de la crédulité du mari que nous nous indignerions – ou amuserions – quant à nous.

FEMMES DANS L'EXIL ET DANS L'ESCLAVAGE

En 1187 une période noire, marquée d'un désarroi absolu, suit la défaite de Hâttin. L'armée franque a été anéantie. Les deux ordres militaires, Templiers et Hospitaliers, qui fournissaient l'essentiel des forces de défense, ont été l'objet d'une extermination en règle. Pour eux l'état de prisonnier n'existait pas : on laissait aux chevaliers le choix entre « crier la loi » (adopter la religion musulmane) ou mourir. A plusieurs reprises les chroniqueurs arabes nous décrivent la scène, que racontera aussi Joinville : « Veux-tu renier ? Or ceux qui ne voulaient pas renier on les faisait mettre de côté et on leur coupait la tête, et ceux qui reniaient on les mettait de l'autre côté »; l'ordre du Temple – ne tenons pas compte du néfaste Gérard de Ridefort – a pu se faire gloire de ce qu'aucun de ses membres n'ait accepté de « renier ».

Le sultan, aussitôt après sa victoire, avait entrepris la conquête des places de Terre sainte, et successivement Acre, Nazareth, Césarée, Sidon, puis Ascalon tombaient en son pouvoir ou celui de ses émirs. A Jérusalem, devant la résolution du défenseur de la ville, Balian d'Ibelin, qui avait en hâte armé chevaliers soixante bourgeois et organisé une résistance désespérée, Saladin accepta de négocier. Les habitants seraient libres de quitter la ville en se rachetant : dix dinars (pièces d'or) pour chaque homme, cinq pour chaque femme, deux pour les enfants de l'un et de l'autre sexe. Passé un délai de quarante jours, ceux qui ne pouvaient payer la rançon exigée deviendraient esclaves des vainqueurs. Ibn al-Athir fournit quelques détails permettant d'évaluer la population de la ville. « On avait estimé le nombre des chrétiens de la ville en état de porter les armes, écrit-il, à soixante mille sans compter les femmes et les enfants. En effet, la ville était grande et la population s'était accrue des habitants d'Ascalon, de Ramlah et des autres villes du voisinage. La foule encombrait les ruelles des églises et l'on avait peine à se faire place. Une preuve de cette multitude, c'est qu'un très grand nombre payèrent le tribut et furent renvoyés libres. Il sortit aussi dix-huit mille pauvres pour lesquels Balian avait donné trente mille pièces d'or. Et pourtant, il resta encore seize mille chrétiens qui, faute de rançon, furent faits esclaves... Ajoutez à cela qu'un grand nombre d'habitants sortirent par fraude sans payer le tribut. Les uns se glissèrent furtivement du haut des murailles à l'aide de cordes, d'autres empruntèrent à prix d'argent des habits musulmans et sortirent sans rien payer. Enfin, ajoute-t-il, quelques émirs réclamèrent un certain nombre de chrétiens comme leur appartenant et touchèrent eux-mêmes le prix de leur rançon. En un mot, termine-t-il aigrement, ce ne fut que la moindre partie de cet argent qui entra au trésor. »

Quitter Jérusalem pour aller où ? L'une après l'autre, les villes de Palestine tombent au pouvoir de Saladin, comme Saint-Jean-d'Acre, où la population fut d'ailleurs épargnée et put demeurer sur place. Ailleurs, comme à Jaffa ou Naplouse, elle fut réduite en esclavage. Sarepta fut prise dès la fin de juillet, Beyrouth quelques jours après, le 6 août. Les gens de la côte de Palestine se réfugièrent à Tyr, d'autres vers le nord gagnèrent Tripoli. Ceux d'Ascalon s'enfuirent vers le delta du Nil, où quelques-uns purent trouver place sur les vaisseaux marchands, italiens surtout, qui ne les acceptèrent d'ailleurs que de mauvaise grâce, et regagnèrent l'Occident. Les forteresses résistèrent plus longtemps : celles du Toron et de Châtel-Neuf étaient réduites au mois de décembre de cette fatale année 1187. Safed et Beauvoir résistèrent jusqu'à la fin de décembre 1188. Le Krak des Chevaliers, lui, tint tête aux vainqueurs, ainsi que Margat et la tour de Tortose, tandis que la ville qui était proche était prise et pillée.

Il ne nous est pas difficile, en notre xxe siècle, d'imaginer les foules lamentables se pressant sur les routes, cherchant dans la fuite un salut improbable. Dans cette tourmente, que deviennent les femmes? Pour celles du petit peuple, les roturières, paysannes ou citadines, le sort commun est l'esclavage, comme d'ailleurs pour les hommes. L'auteur du *Livre des deux jardins,* l'un des chroniqueurs musulmans de l'époque, écrit : « L'homme, la femme et les enfants se vendaient à la criée, d'un seul bloc. Le taux des prisonniers est tombé jusqu'à trois dinars (deniers) à Damas; j'ai vu vendre un homme, sa femme et leurs cinq enfants, trois garçons et deux filles, pour quatre-vingts dinars. » On imagine sans trop de peine cette foule lamentable, destinée au service des maîtres musulmans, lesquels se montrent pas tous la même compassion que l'historien Ibn al-Athir, témoin de ce temps, qui, voyant pleurer la jeune esclave que le sort lui a attribuée, tente de la réconforter et apprend que cette femme a perdu six de ses frères dans la bataille, et qu'elle ignore où se trouvent son mari et ses deux sœurs. Il raconte encore comment, d'un harem d'Alep, un homme fait sortir une femme franque qui retrouve dans la rue sa propre sœur : « Toutes deux se mirent à crier, s'embrassèrent en pleurant, et se jetèrent sur le sol pour s'entretenir : c'étaient deux sœurs et elles avaient un certain nombre de parents sur le sort desquels elles n'avaient aucun renseignement. »

Le sort des femmes emmenées en esclavage est simple, et ce depuis le début de l'histoire des Croisades : pour les jeunes, le harem; pour les autres, le service des maîtres. La tradition racontait que la margravine d'Autriche, Ida, qui s'était jointe à l'expédition en Anatolie de Guillaume le Troubadour en 1101 et avait disparu au cours du combat, avait fini ses jours dans un harem où elle aurait donné naissance au futur vainqueur d'Edesse, l'atabeg Zengi. Mieux attestée est l'histoire de l'épouse de Renier Brus, seigneur de Banyas, dont le château de Subeibe fut pris en 1132. Sa femme au cours du combat fut emmenée captive. Deux ans plus tard, elle recouvrait la liberté, mais entre-temps ses vainqueurs avaient abusé d'elle. Elle se retira dans un couvent de Jérusalem, son époux n'ayant plus voulu la traiter comme sa femme après une pareille mésaventure. On imagine combien de femmes ont dû être violées, soumises à la loi du vainqueur après le désastre de Hâttin.

Chez les Francs, le concile de Naplouse avait prévu des châtiments pour quiconque aurait violé une Sarrasine, fût-elle esclave. Car la contagion de l'Islam se fait sentir et il est parfois question d'esclaves, voire par la suite, à Saint-Jean-d'Acre, de marchés d'esclaves que tiennent les Vénitiens. Ou encore des patrons de navires marseillais qui ramènent, de temps à autre, des esclaves dans leur ville ; mais de toute façon, le baptême reçu libère aussitôt tout esclave parmi les Francs. Ceux qui ont été ainsi libérés s'appellent les « libertins ». L'un d'entre eux jouissait de la confiance du roi Baudouin Ier lui-même, qui en avait fait son chambrier ; il demanda à recevoir le baptême ; le roi tint à être son parrain et à lui donner son propre nom. Dans la rédaction des *Assises des bourgeois,* il est fait mention de ces cas : « Le libertin, c'est celui qui fut esclave sarrasin et fait chrétien. »

LA COMPASSION DU SULTAN

Parmi les hautes dames, épouses de barons ou suzeraines elles-mêmes, certaines échappent au désastre. La comtesse Echive de Tripoli, épouse de Raymond III, s'était enfermée dans la forteresse de Tibériade, dont elle était la Dame, avec quelques défenseurs. Cette forteresse est la première que réoccupa Saladin après la bataille de Hâttin. Dès le 5 juillet il s'y présentait et, comme aucun espoir de défense n'était permis, la comtesse sollicita et obtint un sauf-conduit : elle sortit avec ses biens, ses équipages, ses serviteurs hommes et femmes, et se dirigea saine et sauve et en possession de tout son avoir vers Tripoli.

Quant à la reine Sibylle, elle avait été avertie par Saladin lui-même que le roi Guy de Lusignan, son époux, était par lui envoyé à Naplouse; elle quitta aussitôt Jérusalem pour le rejoindre. Saladin le gardait prisonnier, espérant se servir de lui pour convaincre les habitants de capituler à son approche. Ainsi l'envoya-t-il également à Ascalon, où Guy fut fort mal reçu; les habitants l'accablèrent de reproches pour s'être fait ainsi le messager du sultan et, une fois assiégés, ils ne consentirent à capituler qu'à des conditions honorables : ils purent quitter la ville en emportant leurs biens. Saladin, selon sa parole, libéra Guy après la prise de Jérusalem; il se retira alors à Tripoli. « Saladin, qui était un homme très sage, remarque le chroniqueur Ambroise, savait que le roi Guy était malchanceux et qu'il n'était à la guerre ni âpre ni terrible. Il ne tenait pas à le changer et à avoir un autre roi... »

L'attitude du sultan a d'ailleurs fait beaucoup pour lui gagner l'estime, voire l'admiration des Francs. Quelques dames n'hésitèrent pas à tenter une démarche auprès de lui après la prise de Jérusalem. « Je vous raconterai, dit le chroniqueur Ernoul, la grande courtoisie que Saladin fit alors, quand les dames et les filles des chevaliers de Jérusalem, qui avaient été pris ou morts en la bataille, furent rachetées et sorties de Jérusalem. Elles allèrent devant Saladin lui demander pitié. Elles dirent que, par Dieu, il eût pitié d'elles, qu'il détenait leurs maris en prison, qu'elles avaient perdu leurs terres et que, par Dieu, il leur vienne en aide et les conseille. Quand Saladin les vit pleurer, il en eut très grande pitié et dit aux dames que, si leurs barons étaient vivants, elles lui fassent savoir s'ils étaient en prison et qu'alors il ferait délivrer tous ceux qu'il détenait; et tous ceux que l'on trouva furent délivrés. Après, il ordonna que l'on fasse de larges dons aux dames et aux demoiselles dont le seigneur ou le père était mort, à chacune plus ou moins selon leur état. » De même avait-il fait libérer cinq cents habitants de la ville, trop pauvres pour pouvoir se racheter contre rançon. Emu par le sort de deux vieillards qui vivaient là, l'un centenaire, Robert de Corbie, qui avait participé à l'assaut de la ville en 1099, et un autre, Foucher Fiole, né cette même année à Jérusalem, il les fit tous deux remettre en liberté.

Isabelle de Jérusalem n'aura pas été sans éprouver, elle aussi, un sentiment de reconnaissance envers le sultan Saladin qui avait laissé la vie sauve à son jeune époux Onfroi. Sans doute aura-t-elle pu, en ces heures d'angoisse, trouver refuge dans le Krak de Moab avec Etiennette de Milly, sa belle-mère. Elle ne savait pas que les événements qui secouaient la Terre sainte allaient influer de façon décisive sur sa vie privée.

Sur ces entrefaites, un étonnant épisode se déroula entre Saint-Jean-d'Acre et la ville de Tyr où affluaient les réfugiés. Tyr était la seule place forte, avec Tripoli et Antioche, demeurée aux mains des Occidentaux.

Dix jours exactement après le désastre de Hâttin, le 13 juillet 1187, une nef s'était présentée devant Saint-Jean-d'Acre. Elle appartenait au marquis Conrad de Montferrat, un Piémontais dont la famille se trouvait étroitement mêlée aux affaires tant de Constantinople que de la Terre sainte. Le frère aîné de Conrad, celui qu'on appelait Guillaume Longue-Epée, avait été le premier époux de la reine Sibylle, mort peu après la naissance de leur enfant, le petit Baudouin V. Un autre frère de Conrad, Boniface, devait un jour prendre part à l'assaut mené contre Constantinople. Pour l'heure, le père de Conrad était prisonnier de Saladin depuis Hâttin. Pénétrant dans le port d'Acre, Conrad et son entourage furent surpris de ne pas entendre sonner les cloches, comme c'était la coutume quand abordait un vaisseau franc; non moins surpris de n'apercevoir sur le rivage que des visages barbus, coiffés du turban à la mode sarrasine. Le vent étant tombé, Conrad dut aborder, en dépit de sa méfiance. Il se fit passer pour un marchand italien, et par bribes il apprit à la fois la défaite des Occidentaux et la chute de Jérusalem. Regagnant sa galère il put, grâce au vent qui à nouveau s'était levé, s'éloigner de la côte sans se faire arraisonner par les nefs égyptiennes, et il regagna le large ; il fit voile vers Tyr et, une fois débarqué, il organisa vigoureusement la défense de la ville dans laquelle, terrorisés par l'avance de Saladin, les habitants ne parlaient que de capitulation.

Conrad était s'il en fût l'homme de la situation. « Un homme semblable à un démon, plein de prudence et de vigilance, doué d'une grande bravoure », écrit de lui le chroniqueur Ibn al-Athir. Il s'empressa de faire jeter dans le fossé les bannières sarrasines que déjà on avait déployées sur les remparts et mit sans délai la ville en état de défense, renforçant les puissantes murailles qui plongeaient dans la mer « de sorte que Tyr devint comme un îlot inaccessible situé au milieu des eaux ». Saladin, à la fin de l'année 1187, tenta d'en faire le siège, bloquant la cité par terre et par mer, mais son escadre fut détruite, et il dut lever le siège sans plus insister dans la nuit du 1er au 2 janvier 1188. Dans cette cité de Tyr allait naître une résistance imprévue, et Conrad, dont le sens pratique était imbattable, s'empressa de distribuer dès son arrivée de larges concessions à tous les marchands de Marseille, de Montpellier, de Pise, de Gênes qui souhaiteraient venir s'y installer.

Dans le même temps l'Occident s'était ému de la perte de Jérusalem. Le pape envoyait ses légats aux princes chrétiens, les suppliant de mettre fin à leurs querelles, leur permettant de lever une dîme spéciale sur les biens du clergé – ce qu'on appela la dîme saladine – pour constituer des renforts et venir au secours de la Ville sainte. Le premier, l'empereur Frédéric Barberousse entreprit une expédition très importante dont l'annonce sema la terreur dans le monde musulman, et qui effectivement aurait pu réussir si le 10 juin 1190 il ne s'était noyé dans les eaux du Selef, un fleuve arménien. Son armée, puissante de quelque cent mille hommes et remarquablement bien organisée, avec des relais de ravitaillement prévus à l'avance, se décomposa alors littéralement. Mais cela avait redonné courage aux chrétiens, et permis à la contre-offensive sur place de s'organiser. Guy de Lusignan lui-même, rassemblant des forces éparses, avait entrepris en 1189 le siège de Saint-Jean-d'Acre. Et l'on annonçait comme prochaine l'arrivée du roi de France et du roi d'Angleterre.

ISABELLE DOIT QUITTER CELUI QU'ELLE AIME

Or la reine Sibylle de Jérusalem mourut au mois d'octobre 1190, durant ce siège d'Acre entrepris par son époux. N'ayant pas d'héritier, c'est Isabelle qui désormais recueillait la couronne, puisqu'elle était la dernière fille du roi Amaury Ier. Elle clama son intention de renouveler le geste de sa demi-sœur et d'octroyer sa couronne à son époux Onfroi dont elle était fort amoureuse. Mais les barons de Terre sainte furent unanimes à refuser cette idée : il leur suffisait d'avoir eu un Guy de Lusignan pour perdre Jérusalem; l'expérience n'était pas à recommencer. Il était évident qu'aux côtés de la reine il fallait un chevalier capable de s'imposer et de reconquérir ce qui avait été perdu. Pour tenir tête à un Saladin, il ne suffisait pas d'être joli garçon; Onfroi ne témoignait pas du courage qui avait rendu sa lignée célèbre, et les barons voulaient un homme fort. Celui-ci s'imposait en la personne de Conrad de Montferrat.

C'était la voix même de la raison, et qui plus est de la raison d'Etat. Mais Isabelle, tout comme Sibylle quelques années auparavant, se montrait parfaitement insouciante de la raison d'Etat. Elle adorait son joli garçon d'époux et n'entendait pas se séparer de lui. Dans les discussions qui agitèrent toute la société occidentale, la plupart des prélats, en tête l'archevêque de Cantorbéry, arrivé depuis peu en Palestine, se scandalisaient à l'idée de rompre un mariage valable aux yeux de l'Eglise. Les barons, eux, mettaient en avant le bien même de la Terre sainte et la reconquête de Jérusalem.

Quelqu'un intervint alors : la reine-mère Marie Comnène. Elle fit remarquer que sa fille avait été fiancée à l'âge de huit ans et mariée à onze : elle n'avait donc pas eu le libre choix dans sa décision. En réalité, l'occasion était bonne pour Marie Comnène, remariée avec Balian d'Ibelin dont la voix était prépondérante parmi les barons, de prendre sa revanche sur Etiennette de Milly – la mère d'Onfroi – qu'elle avait toujours jalousée et qui ne s'était pas fait faute de dresser contre elle la jeune Isabelle. Marie Comnène retrouvait quelque chose de son autorité maternelle en protestant contre les conditions du mariage de sa fille, dans la citadelle de Kérak, une dizaine d'années auparavant. Elle fut soutenue par le légat du pape qui s'empressa de faire valoir son argument : Isabelle avait été mariée alors qu'elle n'avait même pas atteint cet âge de la majorité que la coutume fixait à douze ans à l'époque pour les filles. Il en fit une cause de nullité. Ce légat s'appelait Ubaldo et était archevêque de Pise ; or les Pisans avaient été largement gratifiés d'avantages commerciaux par Conrad. Déjà les mobiles économiques commencent à primer sur tous les autres, dans cette Terre sainte qui va devenir, à bien des égards, une terre de commerce.

Finalement, c'est Onfroi lui-même qui allait porter la responsabilité de son divorce.

Au cours d'un parlement tumultueux, l'un des barons tenant pour le parti de Montferrat, le bouteiller Guy de Senlis, tendit son gant à Onfroi de Toron : geste traditionnel pour signifier qu'il était prêt à le défier en combat singulier. Or Onfroi ne le releva pas ; « le cœur lui faillit », selon l'expression d'un chroniqueur. Les barons, scandalisés, lui retirèrent tout soutien, et les deux époux également amoureux l'un de l'autre durent se séparer. Isabelle fut remariée à l'homme fort, Conrad de Montferrat, le 24 novembre 1190. Ajoutons que certains barons avaient vainement voulu arguer des droits de Guy de Lusignan à continuer à porter une couronne qui ne lui revenait que du chef de sa femme.

LA SŒUR ET LA FIANCÉE DU ROI RICHARD

D'autres événements allaient retenir l'attention tant de l'Occident que de l'Orient chrétien en cette année 1190. Le roi de France Philippe Auguste et le roi d'Angleterre Richard Cœur de Lion, accomplissant l'un et l'autre le vœu qu'ils avaient fait de se croiser, faisaient voile vers la Sicile où leurs flottes respectives devaient se rassembler. Des vents contraires, ponctués de terribles tempêtes, comme celle qui coula l'un des vaisseaux dans le port même de Messine, quelques jours avant Noël, les y retinrent jusqu'au printemps 1191. Philippe repartit le 30 mars, et le 20 avril il débarquait à Acre, où le siège commencé depuis deux ans pour reprendre la ville aux Turcs traînait en longueur, non sans de terribles souffrances pour Guy de Lusignan et ceux qui s'étaient joints à lui. Pris en tenaille entre les fortes murailles de la cité et les armées de Saladin qui les harcelaient, ils attendaient désespérément que leur vînt un secours par la mer. Richard partit un peu plus tard, le 10 avril. Mais un incident survenu au cours du trajet le retint quelques jours à Chypre – le temps de conquérir l'île.

Chypre avait fait partie de l'Empire byzantin. Mais en 1184 Isaac Comnène, las de porter le titre assez vague de gouverneur au nom de l'empereur de Byzance, s'y était déclaré indépendant. Sa souveraineté n'allait pas sans force démonstrations de bonne volonté envers Saladin et les musulmans en général. Or, faisant voile vers Saint-Jean-d'Acre, Richard Cœur de Lion essuya une forte tempête en quittant l'île de Rhodes où il avait fait escale. Une partie de sa flotte se trouva le 1ᵉʳ mai 1191 poussée par la tempête au large de Chypre, et trois de ses vaisseaux de transport – les « buzzes » – se démantelèrent à Limassol.

Parmi les noyés, on retrouva le vice-chancelier du roi, Roger Mauchat, portant le sceau royal suspendu à son cou. Les rescapés furent immédiatement emprisonnés sur l'ordre d'Isaac, et l'on raconte qu'ils n'échappèrent à la mort que grâce à l'intervention d'un chevalier normand qui refusa de transmettre les ordres et fut pour cela exécuté. Quoi qu'il en soit, un quatrième navire avait été en proie à la tempête, mais demeurait à peu près sain et sauf. Or il portait deux êtres chers au roi d'Angleterre : sa sœur Jeanne, veuve à vingt-cinq ans du roi Guillaume II de Sicile et qu'il avait retrouvée à Messine, et sa fiancée Bérengère, fille du roi Sanche de Navarre et venue elle aussi à Messine en grand équipage. Elle y avait été ame-

née par la propre mère de Richard, Aliénor d'Aquitaine,
qui devait retrouver en Sicile l'atmosphère de ce temps où
elle-même avait pris la croix. La nef sur laquelle le roi les
avait installées avait mieux résisté à la violence des flots
et demeurait en haute mer.

Isaac dépêcha de Chypre un galion pour s'enquérir de
l'état du navire, « savoir quels gens y étaient et d'où ils
venaient ». Une fois renseigné, écrit le Continuateur de
Guillaume de Tyr, il « pensa à un *barat* (tricherie) et une
trahison et il envoya ses messagers à la dame (Jeanne de
Sicile), priant et requérant qu'elle vînt s'héberger et reposer en sa terre et se rafraîchir d'eau et de viandes (ravitaillement), jusqu'à ce qu'elle eût nouvelles du roi, son
frère. Elle prit conseil de ses hommes et répondit aux
messagers qu'ils remercient leur seigneur car elle n'oserait arriver en terre sans le commandement de son frère.
Les messagers retournèrent et firent savoir à leur seigneur
ce que la reine leur avait dit et répondu, mais qu'elle le
priait que ses hommes viennent se rafraîchir d'eau.
Quand Isaac ouït cette parole, il commanda à ses hommes
qu'ils ne permettent à ceux de la nef de venir prendre
l'eau. Il fit cette défense parce qu'il ne voulait que nuls
gens abordent le rivage de Chypre. Puis il fit appareiller
ses galées pour prendre les nefs par force. Mais ceux de la
nef qui s'aperçurent de la trahison (projetée par Isaac)
levèrent leurs ancres et firent voile et se mirent en haute
mer et le lendemain trouvèrent la flotte du roi Richard,
dont elles eurent grande joie ».

Arrivé à son tour devant Limassol, le roi d'Angleterre
dépêcha d'abord des messagers pour « se rafraîchir d'eau
et de viandes » selon l'usage des navigateurs; toute aide
leur ayant été refusée, « durement en fut courroucé ». Il
fit débarquer ses troupes et en peu de temps se rendit
maître du port et de la ville. Isaac, terrifié, tenta d'abord
de l'amadouer, fit des promesses qu'il ne tint pas, puis
proféra des menaces qu'il eût été bien incapable de
mettre à exécution. Les pourparlers n'ayant fait que
s'envenimer, Richard confia une partie de sa flotte à son
compagnon, Robert de Turnham, et garda l'autre; faisant
à eux deux le tour complet de l'île, ils s'emparèrent au

passage des châteaux et des places fortifiées, y laissant de petites garnisons, si bien que quand les deux flottilles se rejoignirent, la conquête de Chypre était pratiquement accomplie. Le tout s'était déroulé avec la plus extrême rapidité. Arrivé le 6 mai devant Limassol, Richard y célébrait, moins de huit jours plus tard, le dimanche 12 mai, son mariage avec Bérengère de Navarre devant les évêques, prélats et seigneurs de tous rangs qui l'accompagnaient.

Durant son court séjour dans l'île, Richard reçut la visite des deux Lusignan, Guy et son frère Geoffroy, accompagnés d'Onfroi de Toron. Ils venaient mettre le Plantagenêt au courant de ce qui se passait en Terre sainte, et surtout implorer un prompt secours pour que soit mené à bien le siège d'Acre. Ils furent d'ailleurs pour Richard un renfort opportun, qui décida de l'issue de la bataille de Trémithoussia, au cours de laquelle fut vaincue l'armée d'Isaac Comnène et lui-même fait prisonnier. Comme il avait fait jurer à Richard qu'il ne le mettrait pas en « liens de fer », le roi ordonna de forger pour son captif des chaînes d'or et d'argent. Ayant appris que la fille d'Isaac se trouvait à Kérynia, l'un des châteaux du nord de l'île, il s'y dirigeait avec une escorte armée quand elle sortit de la forteresse et vint d'elle-même se remettre à la miséricorde du roi d'Angleterre. Elle fut confiée aux soins de Jeanne et de Bérengère et tous reprirent la mer le 5 juin, pour arriver le 7 à Saint-Jean-d'Acre. Le siège fut dès lors terminé avec la même vivacité qui caractérisait les entreprises de Richard. Pour tous, face à un « empereur » qui s'était conduit en pilleur d'épaves, il apparaissait comme le type même du roi chevaleresque, délivrant les dames emprisonnées et conquérant un royaume, comme un héros de la Table ronde.

Son épouse Bérengère et sa sœur Jeanne de Sicile firent désormais partie de sa suite et participèrent à son épopée. Jeanne allait même y jouer un rôle des plus imprévus. Âgée de vingt-quatre à vingt-cinq ans, elle était fort belle; elle avait fait une vive impression sur Philippe Auguste lorsqu'il l'avait rencontrée à Messine, au point que la foule, témoin de son trouble, allait déjà répétant que le roi

de France épouserait la sœur du roi Richard... Sur quoi ce
dernier s'était empressé de soustraire Jeanne aux regards
de Philippe en l'emmenant au château de La Bagnara : il
n'entendait pas faire un tel cadeau au roi de France, car
déjà entre eux bien des sujets de mésentente avaient
éclaté au cours de leur commune expédition vers la Terre
sainte. Par la suite, en revanche, Jeanne va paraître incar-
ner une possibilité de rapprochement inespérée entre
Francs et musulmans. Richard n'aura-t-il pas l'idée – cela
vers la fin de l'année 1191, au cours de laquelle Saint-
Jean-d'Acre est repris et la puissance des Occidentaux de
ce fait singulièrement renforcée –, d'une union entre
Francs et musulmans, un peu comme cela se passait en
Occident quand les traités de paix se trouvaient inévi-
tablement assortis d'un mariage entre deux familles
naguère ennemies ?

« Malik al-Adil me convoqua, raconte le chroniqueur
sarrasin Beha-al-Din, pour me communiquer les résultats
de ses derniers entretiens. Selon l'accord envisagé, al-Adil
épouserait la sœur du roi d'Angleterre. Celle-ci avait été
mariée au maître de la Sicile qui était mort. L'Anglais
avait donc amené sa sœur avec lui en Orient et il proposait de la marier à al-Adil. Le couple résiderait à Jérusalem ; le roi donnerait les terres qu'il contrôle d'Acre à
Ascalon à sa sœur qui deviendrait reine du littoral. Le sultan céderait ses possessions du littoral à son frère qui en
deviendrait le roi. La Croix (la Vraie Croix qui avait été
prise par Saladin lors de la bataille de Hâttin) leur serait
confiée et les prisonniers des deux camps seraient libérés ;
puis, la paix étant conclue, le roi d'Angleterre repartirait
vers son pays au-delà des mers. » Or la proposition était
plutôt bien reçue. Al-Adil obtint même l'accord de Saladin, « mais le maudit Anglais, ajoute Beha-al-Din, lui fit
dire que sa sœur était entrée dans une colère terrible
quand il lui avait soumis la proposition : elle avait juré
que jamais elle ne se donnerait à un musulman ! ». La
perspective de faire partie d'un harem ne la séduisait pas !

La solution romanesque étant refusée, les partenaires
recommencèrent à se battre. Faut-il en vouloir à Jeanne ?
On peut penser que cet accord, pour miraculeux qu'il pût

paraître, n'aurait guère été viable, et que le problème de fond n'en aurait pas été réglé pour autant. Ajoutons que Jeanne, par la suite, n'allait pas tomber en de meilleures mains, car elle épousa le piètre Raymond VI de Toulouse – dont elle était la quatrième épouse! – qui l'abandonna enceinte, au milieu d'un siège qu'il jugeait dangereux pour sa propre personne... Elle-même devait mourir à Rouen peu de temps après Richard Cœur de Lion, en 1199.

Celui-ci était devenu maître de l'île de Chypre à peu près sans le vouloir; mais, en stratège averti, il devait apprécier l'importance d'un relais tel que cette île admirablement placée aux abords de la Terre sainte. Il la remit aux Templiers, qui s'y installèrent mais, mal reçus par la population, ne tardèrent pas à le regretter.

Cependant, avec la reprise de Saint-Jean-d'Acre, suivie de plusieurs victoires décisives pour les Occidentaux, comme à Jaffa et Arsouf, la reconquête de Jérusalem, que la chrétienté espérait toujours, semblait se dessiner désormais. Entre-temps le fossé se creusait entre partisans de Conrad de Montferrat et de Guy de Lusignan. Guy, étant poitevin donc vassal du roi d'Angleterre (qui à l'époque étend son domaine sur l'ouest de la France et la Normandie), pouvait revendiquer l'appui de Richard. Celui-ci finit pourtant par accepter le choix qui s'imposait et décida de procéder au couronnement du seigneur qui avait la faveur de tout le baronnage de Terre sainte : Conrad de Montferrat, devenu l'époux de la reine Isabelle.

ISABELLE AUX AMOURS TRAGIQUES ET À LA POSTÉRITÉ GLORIEUSE

Le 28 avril 1192. Une journée de printemps comme beaucoup d'autres. Dans la cité de Tyr libérée depuis près de deux ans, l'élan de la reconquête se manifestait, et l'on préparait allégrement le couronnement de Conrad de Montferrat. Après avoir tenu conseil à Ascalon avec les barons, Richard, que sans cesse les messagers d'Angleterre pressaient de regagner l'Occident en raison des intrigues de son plus jeune frère, Jean Sans Terre, avait dépêché à Tyr son neveu Henri de Champagne, pour qu'il ramène Conrad et que celui-ci vienne recevoir à Saint-Jean-d'Acre la couronne qui le ferait roi de Jérusalem. De son côté le futur roi faisait aussi ses préparatifs pour la cérémonie proche.

Quelque temps auparavant, il avait fait main basse sur la riche cargaison d'un navire appartenant aux Isma éliens, les tenants de la fameuse secte chiite que commandait, des hauteurs de son palais de Cadmous, celui qu'on appelait le Vieux de la Montagne, Sinan. Celui-ci avait fermement invité Conrad à lui rendre les richesses acquises, mais le bailli de Tyr, Bernard du Temple, s'était employé à rassurer son seigneur. Par précaution, il avait fait noyer les marins de la galée ainsi conquise, et Conrad n'avait plus pensé à l'incident.

Au matin de ce jour, 28 avril, il fut abordé dans les rues de Tyr par deux Sarrasins qui déclarèrent vouloir recevoir le baptême. Ils demandaient aux deux seigneurs francs, Balian d'Ibelin et Conrad, d'être leurs parrains à la cérémonie. Celle-ci eut lieu comme prévu, après quoi chacun vaqua à ses affaires. Dans la soirée, Conrad et Isabelle étaient invités à dîner par l'évêque de Beauvais, Philippe de Dreux. Isabelle, qui était enceinte, s'attarda quelque temps aux bains. Conrad partit le premier, suivi de deux chevaliers. « Hors de la porte de l'archevêché de Tyr qui est près du Change (lieu où se tiennent les changeurs, nous dirions les banquiers), il s'engagea dans la voie qui est étroite; un homme était assis d'un côté, un autre de l'autre; il s'agissait des deux Sarrasins auxquels le baptême avait été administré le matin même. L'un d'entre eux lui montra une lettre et le marquis sans méfiance tendit la main pour la prendre. Et celui-ci sortit un couteau et le frappa parmi le corps et l'autre aussi qui était de l'autre côté, sauta sur la croupe du cheval, le frappa parmi le flanc et l'abattit mort. » C'était la vengeance du maître des Assassins.

Conrad fut enseveli, au milieu du deuil et des lamentations qu'on peut imaginer, dans la maison des Hospitaliers de Saint-Jean. Le drame mettait fin aux espoirs des barons comme à ceux du roi d'Angleterre. Et pour tous, le temps pressait.

A nouveau se trouvait-on face à la nécessité de donner un défenseur au royaume. Richard « par le conseil des barons du royaume, alla à Tyr et emmena avec lui le comte Henri pour lui faire épouser Isabelle, la femme qui avait été celle du marquis ». Il s'agissait du jeune comte Henri de Champagne, arrivé à Acre deux ans plus tôt, en juillet 1190. Il avait pris part à tous les épisodes de ce siège qui en avait connu de terribles, entre autres un hiver de famine, cuisant souvenir pour ce jeune homme, qui ne comptait guère qu'une vingtaine d'années au moment où il avait pris la mer, pour une expédition au terme de laquelle il comptait bien revenir dans sa Champagne natale. Il était le fils de l'exquise Marie de Champagne, donc le petit-fils de Louis VII et d'Aliénor d'Aquitaine, et par là même le neveu de Richard Cœur de Lion.

Le roi d'Angleterre dut vaincre les hésitations de son neveu : « Le roi parla au comte. Il lui dit que cette dame qu'il lui voulait donner était grosse du marquis et si elle portait un héritier mâle, il aurait le royaume et il (Henri) lui répondit : " Et je resterai encombré de la dame ". » Il regrettait aussi de ne plus pouvoir s'en retourner en Champagne. Richard lui fit force promesses, dont celle de lui envoyer tous les renforts désirables dès qu'il serait rentré en Angleterre. Finalement Henri changea d'avis quand il eut rencontré Isabelle. Elle était, disent les chroniqueurs, « plus blanche qu'une perle ». Barricadée à Tyr en attendant l'arrivée des barons, auxquels de pressants messages avaient été adressés, elle paraît elle aussi avoir été facilement convaincue. Henri était jeune, vaillant; courtoisie et chevalerie avaient pu s'épanouir en lui dans l'atmosphère de Troyes; toujours est-il que dès le 5 mai, huit jours après la mort de Conrad – le temps étant aux solutions rapides – Isabelle de Jérusalem célébrait à Tyr son troisième mariage. Elle avait vingt ans, elle était tendre et sentimentale, insouciante comme le sont les jeunes filles, et en France sans doute eût-elle passé ses journées entourée d'aimables jeunes gens chantant l'amour courtois. Mais elle était l'héritière du royaume de

Jérusalem ; pour la défense de ce royaume, elle avait dû se séparer de celui qu'elle aimait depuis l'enfance, puis elle avait vu son second mari assassiné. Aujourd'hui le destin et son devoir lui commandaient d'en épouser un troisième – et si elle avait su prévoir l'avenir elle se serait efforcée de ne pas l'aimer, pour ne pas avoir à souffrir à nouveau.

« Vous auriez vu là une belle réception, les processions réunies, les rues tendues de courtines aux fenêtres et devant les maisons des encensoirs plein d'encens. Tous les gens de la ville, près de soixante mille ou plus, sortirent d'Acre tous armés et allèrent à sa rencontre. Les clercs la menèrent à l'église, lui apportèrent les reliques et lui firent baiser la Sainte Croix et (Henri) remit son offrande à beaucoup de gens. » C'est ainsi que le chroniqueur Ambroise nous décrit la joie des Occidentaux à la conclusion de ce nouveau mariage, qui donnait à la Syrie franque un défenseur digne d'elle et capable de tenir tête à Saladin. Et c'était en effet un grand événement, la promesse d'une survie que devait confirmer peu après la naissance d'une petite Marie, fille de Conrad, et destinée à porter le titre de reine de Jérusalem.

Ce mois de mai 1192 fut décidément riche en événements. Richard Cœur de Lion, ne sachant trop que faire de sa conquête inopinée de l'île de Chypre, l'avait remise aux Templiers contre quelque cent mille ducats d'espèces sonnantes, mais les chevaliers avaient été mal acceptés par la population chypriote. Un mois juste avant le mariage d'Isabelle, le 5 avril – c'était la veille de Pâques –, une violente révolte avait éclaté à Nicosie, que le Maître du Temple, Arnaud Bouchart, eut quelque mal à maîtriser. L'ordre décida aussitôt de se retirer et de rendre au roi d'Angleterre ce qu'il considérait comme un cadeau empoisonné. Richard eut alors une idée d'avenir : il confia sa conquête à Guy de Lusignan, comme compensation appréciable à ce titre de roi de Jérusalem qu'il avait dû abandonner. Nul n'aurait pu prévoir que la dynastie du petit chevalier poitevin allait s'y perpétuer pendant trois cents ans, jusqu'à la fin du XVe siècle...

Richard Cœur de Lion, quant à lui, après s'être de nouveau couvert de gloire et avoir défendu Jaffa dans les conditions les plus difficiles, se rembarqua pour l'Europe le 9 octobre 1192. Il n'avait pas délivré Jérusalem, mais il avait obtenu des conditions de pèlerinage formellement garanties par Saladin dans un traité de paix. Saladin mourut d'ailleurs l'année suivante, le 3 mars 1193. Sa mort marquait un nouveau tournant dans les destinées du Proche-Orient musulman, d'autant plus qu'elle ouvrait au sein de l'Islam une succession singulièrement compliquée. De ses femmes, il laissait dix-sept fils, sans compter ses deux frères et plusieurs neveux, qui tous convoitaient l'héritage. L'un d'entre eux déclara s'emparer de l'Egypte, un autre prit Damas, un troisième Alep. On allait assister à quelque neuf années de combats, d'alliances et de trahisons, jusqu'au moment où le frère de Saladin, Malik al-Adil (celui qui avait failli devenir le beau-frère de Richard Cœur de Lion), réussit à réunir en son pouvoir l'héritage de la dynastie des Ayoubides.

Ce fut un répit appréciable pour les chrétiens : le fragile royaume de Palestine, réduit à une bande côtière étirée de la Syrie à l'Egypte, se trouvait sans cesse menacé lorsqu'en une même main était réuni le pouvoir des sultans d'Egypte et de Syrie. Malik al-Adil, par chance, envisagea sans déplaisir la coexistence pacifique avec les Francs, et mieux encore la venue de marchands italiens, auxquels il concéda volontiers privilèges et cautions, assuré qu'il était d'en tirer des bénéfices sous la forme de tributs, péages et taxes diverses sur les marchandises exportées. On le voit plus sensible que son frère à l'intérêt économique de ses Etats.

Cependant le règne d'Henri de Champagne révélait « un homme prudent, réservé et patient », comme s'expriment à son sujet les chroniqueurs arabes, en dépit de sa jeunesse. Son courage jamais en défaut, sa volonté de faire régner la paix parmi les barons francs, fût-ce les plus brouillons ou les plus suspects, comme un Bohémond d'Antioche, sa vigilance enfin qui allait lui permettre en 1197 de prévenir une attaque de Malik al-Adil sur Saint-Jean-d'Acre, lui valurent une autorité incontestée.

Vers cette même date, il recevait une visite qui dut réveiller en lui bien des souvenirs de famille : celle de la

« reine de Hongrie », Marguerite, sœur de Philippe Auguste et tante de Henri de Champagne, qui avait épousé celui qu'en Angleterre on nommait le Jeune Roi, Henri, et qui en secondes noces s'était remariée avec le roi Bela III de Hongrie. Celui-ci « était mort sans héritiers. Elle eut désir, écrit le Continuateur de Guillaume de Tyr, d'aller à Jérusalem pour visiter le Sépulcre, et pour ce que l'empereur mandait si grand secours (l'empereur d'Allemagne à cette époque, en effet, réunissait une vaste armée de Croisés), elle crut qu'il recouvrerait tout le royaume de Jérusalem. Pour cela, elle vendit son douaire dont elle reçut grand avoir (grande richesse) et pour ce elle prit la croix et amena avec elle belle compagnie de chevaliers et s'en vint avec les Allemands en Syrie et arriva à Tyr... Le comte Henri alla à Tyr voir sa tante et il la reçut avec moult grand honneur et elle ne vécut après sa venue et arrivée que huit jours et fut morte, et elle fut enterrée dans le chœur de l'église de Tyr. Elle donna tout son avoir au comte Henri parce qu'il était son neveu, fils de sa sœur ». Etonnante destinée que celle de cette femme croisée, morte en Terre sainte où elle avait espéré vénérer le Saint-Sépulcre.

Henri de Champagne n'eut d'ailleurs pas le loisir d'utiliser le « grand avoir » de la reine de Hongrie, sa tante. Un stupide accident vint brusquement interrompre un règne qui représentait l'espoir même de la Syrie franque. Le 10 septembre 1197, alors qu'il réunissait ses barons dans la grande salle de son palais d'Acre, Henri de Champagne, s'appuyant imprudemment sur le « treillis » trop léger d'une fenêtre, tomba à la renverse dans la cour et eut le crâne fracassé. Sa mort fut immédiate, comme celle de son compagnon favori, le nain Ecarlate, qui, voyant son maître tomber à la renverse, tenta de le retenir et fut entraîné avec lui.

« La reine Isabelle en entendant la nouvelle accourut comme folle; elle criait en égratignant son visage et arrachait ses cheveux; elle rencontra à la montée du château ceux qui apportaient le corps; aussitôt qu'elle le vit, elle se laissa tomber sur lui et commença à l'embrasser en se lamentant et exprimant beaucoup de regrets; ses cris étaient si perçants que tous ceux qui étaient là avaient une profonde pitié pour le grand deuil qu'elle menait », écrit le chroniqueur de l'*Histoire d'Eraclès*.

Tous les chroniqueurs expriment la même consternation : « Grand dommage advint, ce jour, aux chrétiens du royaume de Jérusalem de sa mort, car gentil et sage homme était et grand confort et profit eût rendus aux gens du royaume s'il avait plus vécu, car il était plein de bonnes coutumes. » Henri de Champagne fut inhumé dans l'église Sainte-Croix de Saint-Jean-d'Acre.

A vingt-six ans Isabelle se retrouvait veuve pour la troisième fois. De son troisième époux elle avait eu deux filles, Alix et Philippa, et la question se posait de nouveau pour elle d'apporter son titre, en l'épousant, à un défenseur sûr et efficace du royaume latin.

Autour de la reine toujours très belle, les prétendants ne manquaient certes pas. On imagine qu'en dépit de ce brutal veuvage, elle fut l'objet de maintes assiduités. Les chevaliers du Temple et de l'Hôpital soutenaient l'un des prétendants, Aimery de Lusignan, frère de Guy et qui lui avait succédé en 1194 sur le trône de Chypre concédé par Richard Cœur de Lion. Il avait alors jugé prudent de se recommander à l'empereur Henri VI : au moment où l'empire de Byzance connaissait une totale débâcle, le Saint-Empire germanique paraissait avoir seul autorité pour appuyer et confirmer un royaume, fût-ce celui de la lointaine île de Chypre. En fait, la protection ainsi recherchée devait par la suite amener bien des complications.

Le mariage d'Isabelle et d'Aimery fut suivi de leur couronnement – le quatrième pour la jeune femme ; il est vrai qu'à l'époque le couronnement des rois et des reines se trouve renouvelé aussi souvent qu'on en a l'occasion. Aimery de Lusignan se révéla roi attentif et brillant chevalier. A peine était-il couronné que, dès le mois d'octobre 1197, il courait au secours de la ville de Beyrouth menacée de destruction et parvenait à la sauver, d'ailleurs sans verser une goutte de sang et grâce à la complicité d'esclaves chrétiens travaillant à la citadelle. Précieuse reconquête qui rendait les Francs maîtres de toute la côte, de Tripoli à Saint-Jean-d'Acre. La terre fut remise à Jean d'Ibelin, fils de Balian II et de l'ex-reine Marie Comnène : c'est celui que dans les textes on désigne souvent comme le « Vieux Sire de Beyrouth ».

Aimery avait utilisé le renfort de ces Allemands avec lesquels était venue la reine Marguerite de Hongrie ; mais, chose curieuse, on ne tarda pas à apprendre la mort de l'empereur Henri VI, et dès lors cette croisade allemande se débanda comme cela avait déjà été le cas pour celle de Frédéric Barberousse, sept ans auparavant. Ses membres regagnèrent en hâte l'Occident, « comme ceux qui perdent la tête et leur volonté à la mort de leur seigneur », constate le chroniqueur qu'on appelle le Continuateur de Guillaume de Tyr. Aimery, d'ailleurs, n'en éprouva pas grand regret : les heurts étaient fréquents entre les Croisés allemands et les autres Occidentaux. Peu après leur départ, le 1er juillet 1198, la paix était conclue avec les forces musulmanes.

Quant à Isabelle, son mariage avec Aimery marquait la fin de ses tribulations conjugales. Elle eut de lui trois enfants : un fils mort en bas âge et deux filles nommées Sibylle et Mélisende. Aimery mourut le 1er avril 1205 ; Isabelle ne lui survécut guère puisqu'elle mourut cette même année 1205. La couronne de Jérusalem revenait à sa fille aînée, Marie, qu'elle avait eu de Conrad de Montferrat. Elle n'avait guère que douze ans et Isabelle, avant sa mort, désigna pour exercer la « baylie » – la garde du royaume et de la jeune princesse – le Vieux Sire de Beyrouth, Jean d'Ibelin. Il sut se comporter en régent calme et ferme.

Isabelle meurt au moment où de profondes mutations se préparent dans ce Proche-Orient, qui a capté pendant plus d'un siècle l'attention et les aspirations de l'Europe. Or, du monde nouveau qui se dessine, elle est comme la souche initiale. C'est d'elle que sont nées les dynasties qui vont agir et faire parler d'elles ; on retrouvera partout ses descendants. D'abord sur le trône de Jérusalem, avec sa fille Marie qui épouse Jean de Brienne : il a soixante ans, elle en a seize ou dix-sept lors de leur mariage en 1210, mais c'est un chevalier aussi valeureux que vigoureux qui n'hésitera pas, même octogénaire, à prendre les armes et

à chevaucher, au point qu'en dépit de son grand âge on lui
proposera la régence de l'Empire latin de Constantinople
en 1229. Les deux filles qu'Isabelle a eues d'Henri de
Champagne, bien qu'établies à Chypre – dont Alix,
l'aînée, devient reine –, revendiqueront longuement leurs
droits sur le comté de Champagne, tandis que leurs descendants vont peupler les cours de Chypre ou de Syrie.
Enfin les deux filles qu'elle a eues d'Aimery épouseront,
l'aînée, Sibylle, le prince Léon II d'Arménie, et la
seconde, Mélisende, Bohémond IV qui réunit en son pouvoir les principautés d'Antioche et de Tripoli. C'est dire
qu'à travers toutes les pages d'histoire qui seront consacrées à ces régions toujours mouvementées, il sera question des descendants et descendantes d'Isabelle de Jérusalem, l'amoureuse sacrifiée à la raison d'Etat.

8

Racines en terre étrangère

Dans la seconde moitié du XIIᵉ siècle, un saint ermite de l'île de Chypre, au retour d'un pèlerinage en Terre sainte, avait lancé de sombres prédictions qui émurent ses compatriotes. Ce moine, nommé Néophytos, s'était retiré dans des cavernes dominant la baie de Paphos où, vers l'an 1170, un monastère était né, des disciples s'étant peu à peu groupés autour de lui. Les grottes où il demeurait n'avaient pas tardé à se couvrir de magnifiques fresques ; quelques-unes sont attribuées à Théodore Apsevdes et l'ensemble constitue aujourd'hui une sorte de répertoire de la peinture murale byzantine des XIIᵉ-XIIIᵉ siècles, pour l'émerveillement des visiteurs.

Saint Néophytos annonçait des désastres à ses contemporains et d'abord la perte de leur indépendance. De fait, ils en avaient eu un avant-goût avec l'expédition de Renaud de Châtillon, ce pillard sans scrupules, dont les méfaits pesèrent si lourdement sur le destin de la Syrie franque ; et par la suite, leur sort n'avait guère été meilleur quand Isaac Comnène avait jugé bon de se déclarer « empereur » de l'île, laquelle jusqu'alors faisait partie de l'Empire byzantin, qui se contentait d'y déléguer des gouverneurs.

Cette île, qui sur la carte semble une main pointant l'index en direction d'Antioche, ne ressemble en fait à aucune autre en Méditerranée. Elle n'est pas le produit de tremblements de terre ou de mouvements volcaniques sous-marins, mais, à en croire les géologues, elle serait un véritable continent émergé des eaux originelles. D'où sans doute sa singularité : elle a vu s'épanouir une civilisation autonome dès les temps préhistoriques, naître une écriture sur laquelle s'exerce toujours la science des épigraphistes, et se renouveler au cours des temps la curiosité des archéologues, aussi bien que – hélas ! – l'avidité des envahisseurs.

L'ÎLE DE CHYPRE

Une île comblée par la nature. « Pline écrit que Chypre a renom à cause des émeraudes, du cristal, de l'airain, qu'on surnomme cuivre, diamants et alun qui y croissent » ; ainsi s'exprime la *Cosmographie universelle* de Sébastien Münster, dressée à Bâle en 1550, qui ajoute : « Chypre envoie beaucoup de choses aux autres nations dont elle a grand gain et n'a guère à faire des autres. » De fait, le nom même de Chypre vient du mot grec qui signifie cuivre. Mais, par contraste avec ce que nous connaissons des paysages miniers ou métallurgiques, Chypre est aussi l'île où l'on place la naissance d'Aphrodite, et l'anse magnifique où se dresse le rocher qui aurait été le cadre de son apparition est digne d'une telle vision, celle qui a inspiré Botticelli.

La proximité de la Terre sainte (une centaine de kilomètres seulement séparent Chypre de Lattakié, le port syrien qui avait été le fief personnel de la reine Mélisende) ne semble pas avoir d'abord attiré l'attention des Croisés sur l'île, où jadis saint Paul avait séjourné. Il avait abordé à Salamine, puis fait route jusqu'à Paphos, pour gagner ensuite ce qui est aujourd'hui la côte turque.

Placé comme on l'a vu sur le trône par Richard Cœur de Lion moyennant promesse d'une somme de cent mille ducats, Guy de Lusignan, qui semblait manifester une maturité tardivement acquise, avait quant à lui su aussitôt tirer parti de l'occasion offerte. Il avait emprunté à des marchands de Tripoli les quarante mille ducats que le roi d'Angleterre exigeait en acompte, et s'était mis en devoir d'attirer à Chypre les chevaliers démunis, les dames veuves, tous ceux que les conquêtes de Saladin avaient laissés ruinés ou inactifs, afin de mettre en valeur l'admirable terre devenue sa possession. « Les chevaliers qui étaient déshérités puisque les Sarrasins avaient pris leurs terres, écrit le chroniqueur Ernoul, et les dames dont les maris étaient morts et les jeunes filles orphelines y allèrent et le roi Guy leur donna des terres en grande quantité à la suffisance de chacun. » Au lendemain du siège de Saint-Jean-d'Acre, Chypre allait devenir le refuge de toute une foule que la chute de Jérusalem avait littéralement laissée à l'abandon. Le chroniqueur Ambroise en fait une émouvante description :

Dont (de la prise de la Ville sainte) il resta tant d'orphelins,
Tantes pucelles égarées
Et tantes dames éveuvées
Et tant héritages laissés
Et tant lignages abaissés,
Tant évêchés, tantes églises
Sans leurs pasteurs seules remises (laissées);
Là moururent tant princes et comtes,

Sans les moyens et les menus (sans parler des petites gens).

Dieu en son règne les accueille!

« On vit de pauvres savetiers, des maçons, des écrivains publics devenir tout à coup, dans l'île de Chypre, chevaliers et grands propriétaires », raconte de son côté le Continuateur de Guillaume de Tyr.

Les usages féodaux jouent : une femme laissée seule va trouver son seigneur ou celui de son époux défunt et celui-ci se doit de lui assurer vivre et protection. Guy de Lusignan s'occupa de marier les veuves ou les orphelines aux chevaliers ou aux sergents de sa suite, et de leur fournir des biens : « Il fieffa, continue Ernoul, trois cents chevaliers en la terre et deux cents sergents à cheval, puis des bourgeois à qui il donna aussi de grandes terres et beaucoup de biens. » D'autre part, imitant en cela Conrad de Montferrat, il distribua de larges privilèges commerciaux aux marchands de Pise, qui lors du siège d'Acre lui avaient apporté un solide appoint. Sage politique dont Guy n'eut guère le temps de profiter, puisqu'il mourut en avril 1194. Son frère Aimery, comme on l'a vu, lui succéda sur le trône.

Finalement c'est à Chypre, conquise par Richard pour secourir de nobles dames en détresse, que va s'établir la continuité du royaume de Jérusalem. L'île sera un relais précieux sur la route de la Syrie musulmane, dont profiteraient quelque jour les compagnons de Saint Louis. Son histoire va devenir partie intégrante de celle des royaumes latins d'outre-mer. Pendant trois cents ans, Chypre, sous la mainmise des Lusignan, sera le siège et l'espoir d'une chrétienté encore orientée vers la Ville sainte, Jérusalem. Trois siècles d'une hégémonie familiale qui semble avoir été bien acceptée, et s'est traduite d'abord par un incontestable enrichissement de l'île.

Le rôle et la place des femmes y seront quelque peu différents de ce qu'ils avaient été dans la première phase du royaume de Jérusalem, lorsque s'y était établie la vie féodale. Dans une société où vont primer les soucis d'ordre économique, l'équilibre social où les droits de la châtelaine comme de la paysanne étaient respectés va se trouver ébranlé, puis peu à peu détruit. Mais c'est cependant par elles que la couronne continuera à être transmise et l'autorité royale exercée, et aussi que les liens entre l'île et le reste de la chrétienté vont, dans les années à venir, être assurés.

DISPUTES PAR-DESSUS LES MERS

A la mort d'Aimery de Lusignan s'opère d'abord la scission, qu'il avait voulue et préparée, d'avec le royaume de Jérusalem. Son fils Hugues Ier lui succède dans l'île tandis que Marie, fille d'Isabelle et de Conrad de Montferrat, reçoit la couronne de Jérusalem. Mais les liens se renouent quelques années plus tard lorsque Hugues épouse Alix, demi-sœur de Marie. Hugues meurt prématurément à l'âge de vingt-trois ans, en 1218, ne laissant qu'un fils âgé de neuf mois, et c'est Alix qui recueille la couronne de Chypre. C'est ainsi qu'on voit la reine, dès le mois de juillet 1218, attribuer dans l'île des privilèges commerciaux aux Génois, notamment un terrain à Nicosie et un autre à Famagouste.

Mais une préoccupation semble dominer dans l'esprit d'Alix, plus forte que le souci de son royaume de Chypre. Lorsqu'elle apprend en 1201 la mort de son cousin Thibaud III, comte de Champagne, elle revendique aussitôt ses droits sur ce comté en France en tant que fille d'Henri de Champagne. Ses revendications, jointes à celles de sa sœur Philippa, vont se prolonger activement des années durant. Philippa avait de plus épousé un Champenois, Erard de Brienne, lequel appuyait, non sans quelque aigreur semble-t-il, les protestations conjointes de son épouse et d'Alix.

Nous allons voir ces revendications mettre rudement aux prises deux femmes de tête, l'une à Chypre, Alix, et l'autre sur place en Champagne, Blanche. Mais qu'on prenne d'abord un peu de recul pour réfléchir à ce que supposent, sur le plan matériel, des actions intentées par-delà les mers, à 3 000 km de distance – et qui se prolongent pendant près d'un demi-siècle... Elles supposent d'abord des communications beaucoup plus actives que nous ne pourrions l'imaginer. Il y a les envois de lettres par messager – lettres dont on garde copie et que par précaution on rédige en plusieurs exemplaires. Pour les adresser on prend occasion d'un navire en partance, d'un clerc, d'un moine, amenés par leur état à circuler, à la suite d'un légat ou chargés de quelque mission par leur abbé. Il existe aussi des messagers de métier, comme l'attestent quelques miniatures dès la fin du XIIᵉ siècle : messagers royaux, impériaux, pontificaux, reconnaissables à leur bâton, depuis toujours attribut du voyageur, et aussi à leur boîte à messages, semblable souvent à un petit baril, qu'ils portent sur l'épaule, ou encore à une sorte de coffret aplati passé à leur ceinture. Par la suite on verra souvent cette boîte prendre la forme d'un écusson chargé du blason de celui qui les envoie. Avec la multiplication des transports par mer, et dans le va-et-vient des marchands, ces envois de messagers deviendront de plus en plus fréquents.

Mais la reine Alix ne s'est pas contentée d'envoyer lettres et messages. Elle-même a pris la mer à plusieurs reprises pour aller défendre ses droits sur les biens paternels en Champagne. On l'imagine prenant place sur le navire où on lui aura réservé la place d'honneur, dans ce qu'on appelait le « château ». Les conditions d'un « passage » à l'époque nous ont été décrites par Jacques de Vitry – précisément un Champenois, devenu évêque d'Acre dans les premières années du XIIIᵉ siècle. Il raconte comment il a pu s'embarquer à Gênes au mois d'octobre, vers la fête de Saint-Michel, grâce aux navires génois qui sont « très puissants et de forte capacité », si bien qu'ils peuvent affronter les tempêtes de cette saison d'automne – pendant laquelle, avantage en retour, les vivres emportés et l'eau se corrompent moins facilement que durant les chaleurs de l'été.

Il a pris la précaution de louer une place dans un bateau neuf. Pour lui et la suite qui l'accompagne, il a retenu « le quart du château supérieur » qui comporte cinq *loca*, en principe cinq places de passager. Sur les miniatures on voit ce château, construction qui s'élève généralement à la proue, au-dessus du pont supérieur. Jacques de Vitry répartit ainsi les places louées par lui : « Là, écrit-il, je mangerai, j'étudierai dans mes livres, je demeurerai le jour à moins qu'il n'y ait tempête en mer... J'ai loué une chambre pour y dormir la nuit avec mes compagnons, j'ai loué une autre chambre pour y mettre mes vêtements et y placer les vivres nécessaires pour la semaine... Une autre chambre où mes serviteurs dormiront et prépareront ma nourriture. » D'autre part il a loué, mais dans la partie inférieure du navire, une place pour les chevaux qu'il emmène, et enfin dans la cale il a un autre emplacement où sont mis en réserve son vin, « du biscuit, des viandes (ravitaillement) et autres choses suffisantes pour trois mois de vivres ».

C'est en pareil équipage que l'on peut imaginer la reine Alix prenant la mer à Limassol pour se rendre en Occident. Elle aura pu débarquer à Messine, ou à Gênes, ou à Venise, et de là prendre la route pour se rendre dans ce qu'elle considère comme son comté. Elle y arrive avec le prestige que lui vaut sa qualité de reine de Chypre et aussi ses attaches avec le Proche-Orient, où la chrétienté continue à considérer la Palestine en général, et Jérusalem surtout, comme son fief.

Elle n'en a pas moins une rude tâche pour défendre une position violemment contestée. Ce sont deux fortes personnalités féminines qui s'opposent.

ALIX DE CHYPRE ET BLANCHE DE CHAMPAGNE

La comtesse de Champagne est Blanche de Navarre, qui avait épousé le frère d'Henri, le comte Thibaud III. Celui-ci se disposait précisément à prendre la mer pour le « passage outre-mer », lorsqu'il est mort en 1201; ses compagnons ont en été quelque peu désorientés. Ils étaient nombreux, appelés à prendre la croix par la voix énergique du prédicateur Foulques de Neuilly, au mois de décembre 1199 – cent ans juste après la reconquête de Jérusalem. L'expédition allait rassembler nombre de

Champenois et d'Ardennais, dont certains noms ont traversé les siècles, tel celui de Geoffroy de Villehardouin qui fut notre premier historien de langue française.

Demeurée veuve, Blanche de Champagne a dû faire face à maintes difficultés. Le roi Philippe Auguste, lui-même Champenois par sa mère, convoitait ces comtés de Champagne et de Brie. Déjà mère d'une petite fille, Blanche attendait un autre enfant, celui qui sera Thibaud IV, le fameux chansonnier. Elle prêta hommage comme il était naturel à son suzerain, et fit la promesse de ne pas se remarier sans son consentement; il lui arracha même, quand naquit le jeune Thibaud, celle de ne pas le déclarer majeur avant l'âge de vingt et un ans. Lorsqu'il eut atteint sa douzième année, en 1213, le comte de Champagne et sa mère prirent une autre sorte d'engagement, jurant de servir fidèlement le roi.

Blanche manifestait une grande activité pour développer le commerce sur son comté. On la voit faire construire des routes : des routes pavées comme la chaussée de Baudement, au sud de Sézanne, qui ne comportait pas moins de deux ponts sur le tracé prévu; la comtesse passe contrat avec les entrepreneurs, fournit elle-même le gros bois pour la construction des ponts, stipule les délais impartis pour le travail, avec concession aux entrepreneurs, pendant sept ans, des péages à percevoir sur la nouvelle route. C'est l'époque où les foires de Troyes, de Provins, de Bar-sur-Aube connaissent un étonnant développement, et la comtesse Blanche ne ménage pas sa peine pour que le passage des charrois transportant les marchandises soit assuré. On a pu ainsi calculer que les chars transportaient en pierres de taille jusqu'à trois tonnes neuf cents kilos par chargement, ce qui, en ajoutant le poids du char lui-même, fait un total estimé à six tonnes quatre cents kilos – d'où la nécessité de routes robustes.

C'est donc une administratrice énergique et avertie qui se trouve face à la reine Alix de Chypre.

La ténacité qui les caractérise l'une et l'autre va trouver matière à s'exercer, en un temps où les intérêts de la Champagne sont étroitement mêlés, comme on l'a dit, à ceux de la famille royale de France. En revendiquant la Champagne, c'est indirectement à Philippe Auguste, puis à Louis VIII qu'Alix s'affronte. Mais la mort de Philippe Auguste en 1223, et trois années plus tard celle de son fils, laissent la couronne à un enfant de douze ans, Louis IX (le futur Saint Louis) et à sa mère, une autre Blanche, celle que nous appelons Blanche de Castille. Les revendications d'Alix fournissaient d'excellents prétextes aux barons qui espéraient profiter de la jeunesse de l'héritier du trône pour s'octroyer une plus large indépendance, voire satisfaire leurs ambitions aux dépens du domaine royal. Les contestations vont se prolonger sur un quart de siècle et mobiliser bon nombre de seigneurs et de prélats, adoptant les uns la cause d'Alix et Philippa, les autres celle de Blanche et Thibaud de Champagne, et donc aussi de la reine Blanche et de son fils. On en perçoit l'écho jusque chez le chroniqueur Joinville, dont le père a prêté hommage à la reine de France, de même qu'un autre seigneur de la région, Hervé de Sombernon, en lui promettant de l'aider contre les entreprises d'Alix et de sa sœur.

Après avoir une première fois renoncé en 1221 à leurs prétentions contre compensation financière, les deux sœurs, et notamment Alix, reprenaient l'offensive en 1227. D'autant plus que la légitimité de sa naissance avait été insidieusement mise en question (en fait, on contestait surtout que le mariage du père d'Alix et Philippa, Henri de Champagne, eût été valable puisqu'Isabelle de Jérusalem restait l'épouse de son premier mari Onfroi). Dans l'alliance des ambitions et des mécontentements qui se manifestèrent à la mort du roi Louis VIII, l'un des plus virulents parmi les barons, le comte de Bretagne, Pierre Mauclerc, alla jusqu'à proposer le mariage à la reine Alix, dont il soutenait bruyamment les prétentions. Mis au courant, le pape Grégoire IX s'opposa à ce projet pour raison de consanguinité. Par ailleurs le comte de Champagne, Thibaud, qui avait été élevé à la cour de France, n'avait en réalité que tendres regards et vers enflammés à l'adresse de la reine Blanche de Castille, ce qui paralysait quelque peu les efforts des autres barons pour l'entraîner à ruiner son pouvoir.

Une chronique contemporaine, celle de Baudouin d'Avesne, résume bien en l'espèce les contestations de la reine de Chypre :

« Quand les barons (en révolte contre la reine de France) virent ce, ils envoyèrent par commun conseil chercher la reine de Chypre qui était droite héritière du comté de Champagne, comme ils disaient, car elle avait été fille du comte Henri de Champagne, qui fut roi de Jérusalem... Quand la reine (Alix) fut venue en France, elle demanda le comté de Champagne comme son héritage. Le comte Philippe de Boulogne l'en aidait de tout son pouvoir (il s'agit du bâtard de Philippe Auguste, qu'on appelait Philippe Hurepel). Plusieurs jours en furent pris. En dernier lieu, il fut offert à la reine huit mille livrées de terre à héritage et vingt mille livres tournois pour ses dépenses. Le comte de Boulogne, qui plus se mêlait de la besogne que tous les autres, lui fit refuser cette paix... Le comte Philippe de Boulogne mourut l'an de l'Incarnation de Notre-Seigneur 1233. Quand la reine de Chypre y revint..., il parut bien qu'elle avait perdu, car après plusieurs paroles, on ne lui offrit que deux mille livrées de terre durant sa vie et dix mille livres pour ses dépens... Quand la reine entendit les offres qui étaient si petites envers (en comparaison de) celles qu'on lui avait faites auparavant, elle en eut grand dépit. Mais, toutefois, elle consentit à la paix, car elle en trouvait peu qui voulussent entreprendre sa besogne (son procès), depuis que le comte lui manquait. Cette paix fut confirmée par le roi Louis de France. » Il apparaît bien là que ses perpétuelles réclamations et l'âpreté qu'elle mettait à les soutenir finissaient par lasser son entourage.

Effectivement, c'est devant Saint Louis que cette longue série de contestations trouva sa conclusion, au mois de septembre 1234. La reine reçut une somme de quarante mille livres tournois et sa vie durant un revenu de deux mille livres sur un bien foncier situé en France. Alix revint à Chypre au printemps 1235. Elle fit ratifier l'accord conclu avec Thibaud de Champagne, sous l'arbitrage du roi de France, par ses deux filles Marie et Isabelle, et par son fils Henri, roi de Chypre. Entre-temps elle s'était remariée, en 1223, avec le fils du prince d'Antioche, Bohémond V – mais l'union avait été dissoute pour cause de parenté.

DE LA CHAMPAGNE AUX RIVES DE LA MÉDITERRANÉE

Si attachée qu'elle fût à ses origines champenoises, la reine Alix n'en a pas négligé pour autant l'île lointaine dont la royauté lui était échue. Bien au contraire, les nombreuses traces architecturales qui subsistent encore aujourd'hui à Chypre illustrent la force du lien qui a uni pendant quatre siècles la France et le Proche-Orient. Les Croisés, et parmi eux des femmes comme Alix, ont transposé dans leur pays d'adoption le niveau élevé de civilisation qu'avait atteint l'Occident médiéval, et qui s'est exprimé avant tout dans la construction des églises.

Un détail architectural donne l'image familière de cet apport de l'Occident dans la vie quotidienne : lorsqu'on parcourt l'île en quête de ces petites églises perdues dans la montagne, qui généralement conservent des fresques d'une éblouissante beauté dont la facture byzantine n'est pas douteuse, on est frappé de voir souvent l'arrondi de l'abside et de la nef – voûte en berceau ou coupole – protégé par un second toit, à double pente celui-là, et couvert de tuiles plates, qui protège l'ensemble de l'édifice. Ainsi en est-il dans le très beau sanctuaire dédié à Notre-Dame (la Panagia Phorbotissa) d'Asinou, qui a conservé ses superbes peintures, notamment de l'iconostase séparant la nef du chœur, ou encore dans l'église de la Panagia tou Arakou à Lagoudera. Ce second toit protégeant l'ancien, c'est un apport de la construction occidentale, un témoignage de bâtisseurs qui ont eu l'expérience de climats pluvieux et neigeux et grâce auxquels ont été conservés pour nous tant de chefs-d'œuvre aujourd'hui encore trop ignorés. Plus important et plus notable, les historiens d'art ont tous remarqué la beauté des édifices construits ou commencés sous le règne d'Alix, et qui reste frappante, aujourd'hui encore, en dépit des destructions accumulées et du mépris dont auront témoigné les occupants successifs – ce sentiment tout négatif envers les créations artistiques du passé, dont notre époque semble se guérir peu à peu, mais qui fut une véritable plaie de l'humanité en un temps encore proche, celui où les propriétaires de la région toulousaine par exemple ne songeaient qu'à revendre au plus offrant les merveilleux chapiteaux provenant des cloîtres et anciennes abbayes dont leur contrée avait été si riche, et qui, aujourd'hui, ont permis de réunir l'ensemble unique que constitue à New York le musée des Cloîtres.

Camille Enlart, auteur de la plus importante étude sur les monuments de Chypre [1], faisait remarquer la ressemblance entre la collégiale de Mantes, qui se trouvait sur les territoires revendiqués par la reine Alix, et la cathédrale Sainte-Sophie de Nicosie, dont la construction fut entreprise aux alentours de 1200 et s'est poursuivie durant le XIIIᵉ siècle. La reine Alix semble avoir eu une prédilection pour cet édifice. On la voit, en 1220, faire le don d'un moulin au chapitre. Son influence personnelle, ses relations jamais interrompues avec le terroir occidental d'où venait sa famille, expliquent mainte similitude, relevée dans l'architecture ou le décor, entre édifices champenois et réalisations chypriotes. Nombreux ont dû être parmi les bâtisseurs ceux qui venaient d'un proche entourage de la reine. Plus tard encore, on a pu établir des rapprochements entre la cathédrale de Famagouste, « modèle d'architecture pratique, élégante et robuste », et l'église fameuse de Saint-Urbain de Troyes, qui date de la deuxième moitié du XIIIᵉ siècle : même plan, mêmes gables surmontant les fenêtres hautes, mêmes dessins de balustrades surmontant les murs, etc. ; ou encore entre la cathédrale de Bourges et la chapelle de l'abbaye de Notre-Dame-de-Tyr à Nicosie, qui fut un couvent de moniales. Quant à l'abbaye de Bellapaïs, la plus célèbre de toutes, avec son très beau cloître et les trois fenêtres percées dans un chevet rectangulaire qui subsiste encore de nos jours, elle évoque maints édifices de Champagne.

En ce début du XIIIᵉ siècle c'est aussi par un autre

1. Magnifiquement rééditée en anglais (Londres, 1987) par David Hunt sous le titre : *Gothic Art and the Renaissance in Cyprus*.

canal, assez inattendu celui-là, que la civilisation franque et particulièrement champenoise s'exporte sur les rives de la Méditerranée orientale. Une expédition de seigneurs, pour la plupart originaires de Champagne, était partie en 1202 pour tenter une nouvelle fois de reconquérir Jérusalem. Mais, victimes de leur manque de moyens, ils devaient solliciter l'aide de Venise, et se retrouvaient dès lors transformés en armée au service de la Cité des Doges, et de ses visées sur l'Empire byzantin. C'était le même détournement des forces croisées qu'avait déjà tenté un siècle plus tôt l'empereur Alexis Comnène, mais cette fois il s'opérait au profit de Venise, puissance montante de la Méditerranée orientale, et au détriment de Byzance, puissance déclinante.

Cette expédition, bientôt excommuniée par le pape en raison de la tournure qu'elle avait prise, a été maintes fois racontée, notamment par Geoffroy de Villehardouin et Robert de Clary qui y ont participé. L'état de décomposition où se trouvait alors la cour de Byzance, secouée par les intrigues et les émeutes, favorisait les convoitises des Sages vénitiens. Après avoir une première fois rétabli sur le trône le jeune Alexis IV, en 1203, les Croisés revenaient l'année suivante donner l'assaut aux murailles de Byzance, cette fois pour leur propre compte (et celui de Venise). Entre-temps, le jeune Alexis avait été étranglé par Alexis Doukas, celui qu'on surnommait « Murzuphle ». Toujours est-il que, dans Constantinople prise pour leur propre ébahissement, les compagnons de Villehardouin assistaient, le 16 mai 1204, au sacre du comte Baudouin de Flandre comme empereur latin de Constantinople. Ils ne tardaient pas, écrivant là la page la plus sombre de l'histoire des Croisades, et qui est en grande partie responsable de l'assimilation qu'on a pu en faire à des expéditions coloniales, à se partager les dépouilles des vaincus, s'attribuant de vastes fiefs autour de Constantinople et surtout dans le Péloponnèse. Un autre Geoffroy de Villehardouin, neveu du premier, devient prince d'Achaïe, tandis qu'un Othon de la Roche s'instaure duc d'Athènes. Venise entrevoyait dès lors ce qu'elle allait méthodiquement réaliser au cours des siècles suivants : une Méditerranée vénitienne.

Cependant, assez curieusement, une sorte de vie féodale va renaître dans les territoires où s'installent les chevaliers qui ont fait partie de l'étrange Croisade. Notons ici que l'établissement de nouveaux seigneurs sur les terres conquises ne se traduit pas par l'éviction systématique des précédents occupants. Les paysans, et en général la population des campagnes, changent de maîtres, mais leur condition, les redevances qu'ils paient, ne changent pas pour autant. Claude Cahen, qui a étudié à fond ces questions, a bien relevé un trait spécifique de l'époque : « C'est une règle à peu près générale au Moyen Age, écrit-il, et pratiquée aussi bien par les Francs que par les Orientaux, que chaque groupe social, chaque pays, a ses coutumes, son droit propre, et que chaque individu doit être jugé pour les causes personnelles selon le droit du pays où il se trouve. » Le respect de la coutume, très général dans les populations occidentales, sa pratique qui modèle des habitudes d'esprit extrêmement différentes de celles qu'engendre la pratique du droit romain, où la loi émane d'un pouvoir central, facilitent les relations avec la population locale.

En ce qui concerne les Francs établis en Morée, c'est-à-dire dans le Péloponnèse, Jean Longnon a tracé un portrait, peut-être un peu flatteur, de la civilisation qu'ils développent. Elle ne pouvait qu'être favorisée tant par le ciel de Grèce que par une population qui, si elle n'accepte pas ses conquérants en tant que tels, aura du moins l'occasion d'apprécier leur goût pour la vie courtoise, les lettres, la musique. On ne peut oublier que parmi ceux qui s'étaient croisés en 1201 se trouvaient Peire Vidal, Gaucelm Faidit, Raimbaud de Vaqueyras et Elias Cairel, quatre troubadours célèbres. Les trois derniers ont d'ailleurs combattu en Terre sainte. Et ce qu'on constate par ailleurs, c'est la facilité d'assimilation de ces Champenois et Ardennais qui ne tardent pas à parler grec et se plaisent dans les campagnes où ils font bâtir leur château – alors que les fonctionnaires byzantins ne considéraient les régions comme Mistra ou Calamata que comme d'ennuyeux exils.

Un Guillaume de Villehardouin, né en Grèce en 1211

au château de Calamata, parle grec et épouse Anne, fille de Michel II d'Epire. Lorsqu'il meurt en 1278, il est pleuré par tous et laisse le souvenir d'un chevalier parfait, dont beaucoup plus tard Goethe rappellera les exploits. Guillaume de Villehardouin peut personnifier pour nous un brillant moment de civilisation chevaleresque. « La meilleure vie que nul put mener », comme le dit la *Chronique de Morée*. Sous le ciel de Grèce a été recréée la vie féodale avec, certes, son cortège de fêtes et de tournois – et tel chroniqueur affirme que la cour de Morée était « plus magnifique que celle d'un grand roi » –, mais aussi l'épanouissement d'une culture qui fut brillante. C'est d'ailleurs dans son fief du Péloponnèse que Geoffroy de Villehardouin avait rédigé son *Histoire de la conquête de Constantinople* qui fut notre première œuvre historique en français (les précédentes ayant toutes été composées en latin). Son fils Guillaume réunira une bibliothèque dont l'inventaire nous a été conservé. Elle comportait quatorze romans, des traités de médecine, de droit, de théologie, des chroniques et, bien sûr, une Bible et un bréviaire liturgique, ainsi que des manuscrits grecs, langue qui lui était tout à fait familière. En son temps a été rédigée la fameuse *Chronique de Morée* déjà citée qui est notre source la plus importante pour cette période, et qui fut par la suite traduite en grec, composant un poème de neuf mille vers « qui compte parmi les premiers et les plus importants des textes en langue vulgaire grecque ».

Les restes du château de Villehardouin qui se dressent encore sur les hauteurs de Mistra, surplombant l'admirable ensemble de maisons et de petites églises grecques au milieu des oliviers, des vignes et des grenadiers, témoignent de ce que, là comme partout, les chevaliers ont laissé leurs traces sous forme de châteaux. Le mieux conservé a encore des restes imposants : celui de Khlemoutsi (en français Clermont) qui se dresse toujours sur la côte d'Elide, dominant la mer Ionienne. Et il faut remarquer que, à côté des belles cathédrales élevées à Andravida par exemple (Andreville), ont subsisté les églises orthodoxes, avec leurs icônes devant lesquelles brûlent toujours les cierges et les petites lampes à huile.

C'est aussi au temps de Guillaume de Villehardouin que se tint le curieux « parlement féminin » de Nikli, qui n'est pas sans rappeler la fameuse « assemblée des femmes » imaginée par Aristophane. Guillaume, après la désastreuse bataille de Castoria, ayant été fait prisonnier par Michel Paléologue (qui devait deux ans plus tard, en 1261, reconquérir Constantinople) ainsi que son compagnon Geoffroy de Bruyères, le vainqueur exigeait la cession de quatre forteresses en échange de la liberté des seigneurs prisonniers. Or le duc franc d'Athènes, Guy de la Roche, fit remarquer lors des pourparlers avec les ambassadeurs byzantins que céder ces forteresses faisait peser une grave menace sur l'avenir de la principauté franque de Morée. Mais nombreuses étaient les femmes qui assistaient à ce « parlement ». Pour elles les forteresses importaient peu : elles voulaient « revoir leur mari », et finalement ce fut leurs voix qui l'emportèrent. Guillaume – son épouse Anne d'Epire était grecque –, Geoffroy et les autres seigneurs prisonniers furent libérés, tandis que leurs forteresses faisaient retour à Byzance. L'installation des Francs dans le Péloponnèse en fut quelque peu compromise, mais par la suite Guillaume de Villehardouin put récupérer au moins la forteresse de Mistra.

On a quelque idée de cette société, et du faste déployé au cours des fêtes, en lisant le compte des dépenses pour les noces précisément de sa fille Isabelle de Villehardouin, lorsqu'elle épouse Philippe de Savoie après avoir été deux fois veuve à vingt-trois ans. Ces noces ont lieu d'ailleurs plus tard, le 12 février 1301, mais les dépenses, relevées fidèlement par un clerc nommé Guichard, ont le mérite de nous fournir l'ordonnance des banquets du temps. On prépare d'abord un local spécial pour la bouteillerie, où seront installés les fûts pour la boisson répartis en trois qualités : le vin ordinaire, le vin de Grenache et le vin romain, qu'on a dû faire venir d'Italie. Des pots et des amphores sont prévus pour répartir ces vins entre les diverses tables selon les mets et « entremets » qu'ils accompagnent. En dehors du local prévu pour la bouteillerie, il y a la paneterie (boulangerie), avec la provision de sel nécessaire et aussi les fruits qui se trouvent entreposés au même endroit, sans doute pour la confection des tartes et gâteaux divers. Enfin il y a l'élément principal : la cuisine, pour laquelle sont prévus deux bœufs, douze moutons, neuf porcs, soixante-douze veaux, huit chevreaux, sans compter les chapons et les poules. Un personnel spécial est engagé pour plumer ces volailles, tandis que dix hommes feront office de bouchers. Il est vrai qu'aux poules et poulets s'ajoutent vingt-quatre faisans, cinquante oies et des pigeons et perdrix en nombre indéterminé.

Tout cela ne se mange évidemment pas sans assaisonnement ni sans apprêt, d'où l'organisation des cuisines, qui transparaît bien à travers la sécheresse du livre de comptes. Cette cuisine est, selon un usage général, séparée de la maison proprement dite, ou disons du château où était donnée la fête. Dans la cuisine même, on compte onze amphores pour les transports d'eau, car l'eau y est aussi importante que le combustible constitué par le bois et le charbon. Peut-être d'ailleurs s'agit-il de charbon de bois, encore que le charbon de terre soit connu et employé dès le XIIe siècle. On y a besoin également de nombreux chaudrons, de broches, de casseroles et récipients divers, et aussi d'écuelles, de cuillères et de ce que nous appelons le service de table. De même prévoit-on les toiles et étamines – torchons – pour le service de la cuisine. Il a dû être compliqué si l'on songe à tout ce qui entre comme condiments pour accommoder les viandes, et aussi les vingt-quatre anguilles qui ont figuré au menu : l'ail et l'oignon, le persil, le vinaigre et le verjus, l'eau de rose, du vin pour la « gelée », le sel, bien sûr, et aussi les amandes, le poivre, le gingembre, la cannelle (trois livres, ce qui fait une forte quantité), plus les œufs et le fromage, la farine et la pâte pour les tartes que l'on a dû confectionner, les amandes et le sucre (vingt-sept livres), les raisins secs, les dattes et la farine de riz, qui s'ajoute à la farine de froment.

Pour l'éclairage, on a pourvu la pièce du banquet de trente livres de cire et cinq livres de chandelles, de cire également, ainsi que de « chandelles blanches », probablement plus raffinées, dont on ne donne pas le nombre. On mentionne les joncs, herbes odorantes et rameaux divers qui serviront au décor du sol et des murs ; des tables, c'est-à-dire des planches et des trépieds, ont été louées. Leur transport, leur portage sont prévus et coûteront cher : vingt et une livres, trois sous, onze deniers. En dehors de ceux qu'on dispose dans la salle proprement dite, il y a aussi les sièges, et les dessertes, dont on a besoin dans la cuisine. Ajoutons qu'on a prévu à la fin du repas de distribuer huit livres de dragées, et que des épices sont préparées pour des vins liquoreux, qu'il est d'usage de faire circuler également après le repas. Enfin, nombreux sont les jongleurs et amuseurs divers qui vont égayer ce festin et qui sont mentionnés globalement en fin de liste. Mais ils n'ont pas droit au même honneur que les trois cuisiniers dont le nom est expressément mentionné : Guichard, Rufin et Richard le Queux. Ils ont naturellement passé sur place la nuit qui a précédé le festin.

Il fallait signaler ce retour à la vie féodale, avec ses pages de courtoisie, ses festivités, et aussi son épanouissement littéraire, qui se seront manifestés au XIIIᵉ siècle en Grèce pour la dernière fois dans l'histoire. Certes, cela ne fait pas oublier les conditions plus que douteuses dans lesquelles a été menée cette conquête qui, au surplus, contribuait à faire oublier aux Occidentaux le but premier et principal de leur expédition : la reconquête des Lieux saints. Du moins les populations locales ont-elles eu affaire, en l'espèce, à des vainqueurs qui s'assimilaient facilement à elles et laissaient intactes leurs coutumes et, pour l'essentiel, leurs biens.

On ne peut malheureusement en dire autant des conquérants qui par la suite se succéderont sur cette terre trop convoitée. Déjà à la mort de Guillaume de Villehardouin, lorsque Charles d'Anjou, puis ses successeurs, héritent de la Morée, leur domination est celle de chefs militaires qui n'ont plus contact par eux-mêmes avec la terre ni avec la population, mais y envoient leurs « bayles », leurs représentants, appuyés de troupes de soldats mercenaires. Et quand ces mercenaires seront des routiers catalans, les Grecs du Péloponnèse, sur ces anciens duchés d'« Estive » (Thèbes) et de « Satine »

(Athènes) connaîtront les horreurs et les pillages d'une soldatesque sans scrupules. Puis viendra le temps des négociants florentins et vénitiens pour lesquels – ces derniers surtout – le pays conquis n'est plus qu'une place de commerce où l'on fait des bénéfices, jusqu'à l'arrivée des Turcs ottomans à qui est dû l'affreux « décapage » auquel devait être soumise la basilique de Sainte-Sophie à Constantinople : on ne peut la visiter aujourd'hui sans penser à ce trésor de mosaïques qui la recouvraient entièrement, du sol à la gigantesque coupole, et qui fut en 1453 détruit sans remède, comme d'ailleurs sans profit – splendeur d'art, ruissellement de beauté radicalement perdus dès lors pour l'humanité entière.

SLAV ET LA FILLE DE L'EMPEREUR

On ne peut terminer cette évocation des Francs à Byzance sans raconter l'une des plus charmantes histoires illustrant les cas d'assimilation entre Occidentaux et peuples encore peu raffinés. Après la prise de la ville en 1204, l'empereur Baudouin et surtout son successeur, son frère Henri, ont cherché des alliés tant parmi les Coumans, peuplade encore païenne et d'origine turque établie au nord du Danube, que parmi les Vlaques ou Valaques, répandus dans les Balkans entre le Danube et la presqu'île de Morée.

Un petit seigneur qui s'est voulu indépendant, nommé Slav (la chronique d'Henri de Valenciennes l'appelle Esclas), s'est déclaré l'homme de l'empereur. Villehardouin lui-même murmure alors qu'il devrait demander en mariage la fille de l'empereur Henri, selon l'habitude d'assortir les traités de paix et d'alliance d'un mariage qui symbolise cette alliance. Slav s'empresse de se « ragenouiller » devant l'empereur et lui dit : « Sire, on me fait entendre que vous avez une fille laquelle je vous prie, s'il vous plaît, que vous me donniez comme femme. Je suis assez riche homme de terres et de trésors, d'argent et d'or ; et assez me tient-on en mon pays pour gentilhomme. Je vous prie, s'il vous plaît, que vous me la donniez. »

Henri prend conseil des barons qui l'entourent. Ils approuvent ce projet d'alliance. « Esclas, je vous donne ma fille de telle manière que Dieu vous en laisse jouir et vous octroie avec toute la conquête que nous avons faite ici, de telle façon que vous en soyez mon homme et m'en fassiez service. » Slav le remercie, pleurant de joie, et revenant vers Constantinople après un bref séjour chez lui, il rencontre à nouveau Villehardouin qui lui demande où il va ; ayant appris qu'il se rendait aux noces promises, le maréchal lui dit : « J'en suis fort aise et sachez bien que vous aurez très bon père en Monseigneur l'Empereur si vous prenez garde à l'amour qu'il vous porte... Et sachez bien pour vrai de Mademoiselle votre Femme qu'elle est belle, sage et courtoise, et débonnaire et patiente, et parée de toutes bonnes choses que demoiselle doit avoir en soi. » Sur quoi, apprenant qu'elle se trouve à Salembrie (Sélymbria), Slav s'y rend tout droit.

« Il l'a prise en main et lui dit qu'il veut qu'elle vienne à Constantinople et elle dit qu'elle est prête à y aller. Slav, qui fut aussitôt embrasé d'amour pour la demoiselle lorsqu'il la vit, fit tant qu'il l'emmena à Constantinople, car il désirait fort le jour où il l'aurait épousée. Et il lui semble bien qu'un seul jour en dure quarante ! Quand l'empereur entend la nouvelle (de l'arrivée) de Slav, il vient à sa rencontre ; ils viennent ensemble à Constantinople et il lui fait épouser sa fille. S'ils en eurent joie et *soulas* (délices), je ne vais pas le demander : aussi eurent-ils grande abondance de tous biens qu'il faut pour mettre à l'aise et comme si on les puisait à la fontaine d'où ils jaillissent. Slav demeura ainsi à Constantinople toute une semaine et puis se sépara de l'empereur et partit avec sa femme.

« L'empereur lui fit tout l'honneur qu'il put et l'accompagna longuement avec toutes ses gens et avant qu'ils se séparent, il dit à sa fille en privé : " Belle fille, soyez à présent sage et courtoise. Vous avez pris un homme avec lequel vous vous en allez. Il est encore sauvage. Vous n'entendez pas son langage et il ne connaît pas le vôtre. Pour Dieu, gardez que pour cela il n'y ait ombre entre vous et lui. Ne changez pas votre attitude et n'en soyez pas rebutée. Car c'est fort grand honte pour une fille noble quand elle dédaigne son mari et elle en est durement blâmée par Dieu et les hommes; surtout, pour Dieu, gardez de ne délaisser vos bons usages pour ceux d'autrui s'ils sont mauvais. Soyez simple, douce, débonnaire et patiente autant comme il le faudra avec votre mari. Et ainsi pour son honneur vous honorerez tout son entourage. Mais par-dessus tout, gardez-vous jamais que pour l'amour qu'ils ont pour vous et vous pour eux vous ne retiriez votre cœur et ne cessiez d'aimer ceux dont vous êtes sortie. – Sire, fait-elle, sachez pour vrai que jamais de moi, s'il plaît à Dieu, vous n'aurez mauvaises nouvelles. Mais, beau doux père, nous sommes près de nous séparer, ce m'est avis. Or, je prie Dieu que, s'il Lui plaît, Il vous donne force de surmonter vos ennemis et accroisse votre honneur. " Alors ils s'entrebaisent et se séparent l'un de l'autre. »

Le mariage avait eu lieu à la fin de novembre 1208. Le chroniqueur ne nous a malheureusement pas fait part de la suite de l'idylle, mais une lettre de l'empereur Henri datée de 1212 montre clairement que ce Slav qu'il appelle son gendre est resté son allié.

9

La Terre sainte
entre Empire et négoce

On se souvient qu'à la mort d'Aimery de Lusignan et d'Isabelle de Jérusalem en 1205, tandis qu'Hugues Ier montait sur le trône de Chypre, Marie, fille d'Isabelle et de Conrad de Montferrat, recevait celui de Jérusalem. Elle n'avait alors que douze ans. Quelques années plus tard, un époux lui était désigné par le roi de France Philippe Auguste : Jean de Brienne, un chevalier champenois. Il avait la réputation d'être un grand poète, et il se pourrait que quelques-unes des chansons attribuées à Thibaud de Champagne, le prince des poètes, fussent de lui. Il semble, en tout cas, avoir été très épris de la mère de ce dernier, Blanche de Navarre. On racontait même que c'était pour l'éloigner d'elle que le roi l'avait désigné aux barons de Terre sainte. Jean de Brienne avait près de soixante ans : forte déception pour les barons qui auraient préféré un jeune chevalier plein de fougue. Ils n'eurent cependant pas à regretter le choix du roi de France car, pendant rien de moins que vingt-sept ans, Jean de Brienne allait se montrer infatigable dans la défense du royaume. Arrivé en Syrie en septembre 1210, il fut reçu à Acre le 13 de ce mois. Le 3 octobre suivant il épousait, dans la cathédrale de Tyr, la jeune reine Marie de quarante-deux ans sa cadette... et il devenait roi de Jérusalem.

Marie mourut deux ans plus tard, laissant une fille nommée Isabelle (Yolande, selon certains chroniqueurs). Dans une famille décidément vouée aux unions étranges ou tumultueuses, le sort de cette petite Isabelle allait être particulièrement cruel. C'est en son nom que Jean de Brienne devint le « bayle », le gardien et protecteur du royaume de Jérusalem. Pendant des années, comme on l'a dit, il défendit vigoureusement le trône de sa fille. Il advint pourtant qu'un jour il se trouva l'artisan bien involontaire de leur malheur à tous deux, Isabelle et son royaume.

« DOUCE SYRIE, QUE JAMAIS PLUS NE VOUS VERRAI... »

La cause en fut une expédition guerrière en Egypte. Elle commença bien, pourtant, et les chrétiens furent même, à un moment, tout près de recouvrer la ville de Jérusalem. Malheureusement l'insolence et l'incapacité du légat du pape, Pélage, qui prétendait mener l'expédition aussi bien que les pourparlers avec les Egyptiens, et avec cela l'imprudence de certains Croisés, finirent par retourner la situation et transformer en défaite ce qui s'annonçait comme une étonnante victoire. Jean de Brienne, après un an passé à Saint-Jean-d'Acre, confia la ville au connétable Eudes de Montbéliard et décida de se rendre auprès du pape pour lui exposer la situation. Au mois d'octobre 1222, il débarquait à Brindisi.

Or auprès d'Honorius III se trouvait celui que le pape considérait comme son pupille, l'empereur Frédéric II. Depuis bien des années déjà, il avait déclaré qu'il prenait la croix et qu'il allait entreprendre le « Saint Pèlerinage ». Médiocrement intéressé par le but pieux, il dressa l'oreille lorsque Jean de Brienne exposa la situation : lui-même ne faisait que défendre les droits de sa fille Isabelle, héritière de la couronne de Jérusalem et âgée de onze ans. Frédéric II était veuf depuis quatre mois de sa première épouse, Constance d'Aragon. L'idée d'ajouter une couronne à celle qu'il possédait déjà afin d'affermir son autorité en Allemagne, en Italie et en Sicile, ne pouvait que séduire son ambition sans limites. Aussi bien, le pape Honorius III et le Maître des Chevaliers teutoniques, Hermann de Salza, qui se trouvait présent à Brindisi, le persuadèrent-ils sans peine d'accepter la couronne qui s'offrait à lui. A vingt-huit ans, Frédéric II allait devenir le monarque le plus puissant, non seulement d'Occident, mais aussi d'Orient.

De son côté, Jean de Brienne fut ébloui à l'idée de voir une pareille force assumer désormais le destin de la Terre sainte. Il quitta l'Italie pour la France, plein d'espoir, et fut très choqué de l'accueil plus que froid que lui réserva Philippe Auguste lorsqu'il lui annonça la nouvelle. Le roi de France, en effet, qui avait contribué à l'envoyer en Terre sainte, le reçut « avec beaucoup d'honneurs et grande joie, mais il le reprit beaucoup et le blâma d'avoir donné sa fille en mariage à son insu et sans son conseil ». Il ne réagissait pas alors en raison de son droit de suzerain, mais de son sens politique, plus avisé que celui de son vieux vassal, lequel était imperméable à la ruse et facilement ébloui par des perspectives dont il était loin de soupçonner les dangers.

La jeune Isabelle de Jérusalem fut informée du destin qui l'attendait. Trois ans plus tard, au mois d'août 1225, une importante escorte de quatorze navires prenait la mer pour se rendre à Saint-Jean-d'Acre, où devait être célébré par procuration son mariage avec l'empereur du Saint-Empire. Après la cérémonie nuptiale dans l'église Sainte-Croix, puis son couronnement comme impératrice dans la cathédrale de Tyr, « comme il convenait de faire pour un si grand mariage..., celui de l'empereur avec une grande reine, la reine de Jérusalem », il y eut quinze jours de fêtes et de réjouissances.

Pourtant la splendeur des fêtes et le destin qui l'attendait ne paraissaient guère faire impression sur la jeune Isabelle. Au témoignage des chroniqueurs, elle semblait accablée d'appréhension et remplie de chagrin de la terre qu'elle laissait, puisqu'elle allait désormais vivre en Occident aux côtés de son époux. Née en Syrie où se trouvait sa famille, on la sent – à l'inverse de la reine Alix qui garde un œil fixé sur la Champagne – profondément attachée à ces rivages qu'elle allait devoir quitter. C'est une fillette de quatorze ans qui s'éloignait ainsi du cadre de son enfance; et autour d'elle on était pris de pitié. « La reine Alix, reine de Chypre, et les autres dames l'accompagnèrent sur le navire en pleurant à chaudes larmes, comme celles qui pensaient bien ne jamais la revoir. Et en partant elle regarda la terre et dit : " Adieu vous commande, douce Syrie, que jamais plus ne vous verrai ". »

Isabelle arrive à Brindisi au mois d'octobre 1225, et le 9 novembre suivant son mariage avec l'empereur Frédéric II de Hohenstaufen est célébré à la cathédrale. Première surprise pour Jean de Brienne, son vieux père : « Le jour même de ses noces, l'empereur mit le roi Jean à raison et lui réclama le royaume de Jérusalem et tous les droits de sa femme. Quand le roi Jean entendit cela, il en fut très étonné, car Hermann, le Maître de l'Hôpital des Allemands, qui avait arrangé le mariage, lui avait fait entendre que l'empereur lui laisserait garder le royaume de Jérusalem toute sa vie... Quand il vit ce qu'il en était, il ne put plus rien faire. C'est ainsi que l'empereur se saisit du royaume de Jérusalem et de tous les droits de sa fille. »

Jean de Brienne n'était pas au bout de ses étonnements, car Frédéric II allait quitter Brindisi dès le lendemain avec sa jeune épouse, sans le prévenir. Lorsqu'il les retrouva l'un et l'autre, sa fille était en larmes; après avoir consommé le mariage – bien qu'Isabelle n'eût que quatorze ans –, Frédéric venait de violer une de ses cousines, débarquées de Syrie avec elle. C'est ce que raconte l'*Histoire d'Eraclès*. « Quand le roi l'entendit, il en fut très contrarié. Il réconforta sa fille, puis alla vers l'empereur. Quand il y arriva, l'empereur se leva et lui souhaita la bienvenue. Le roi dit qu'il ne le saluait pas, que honnis soient tous ceux qui l'avaient fait empereur, sauf seulement le roi de France, et que, si cela n'était pas péché mortel, il le tuerait. Quand l'empereur entendit cela, il eut très peur et ordonna au roi qu'il quitte sa terre. Le roi dit : " Volontiers, car dans cette terre il ne demeurerait pas avec un homme si déloyal. " » La chronique qui s'intitule *Geste des Chyprois* nous donne par ailleurs des détails sur les mœurs de Frédéric II : « En ce qui concerne la luxure... il dépassa Néron. Sans nombre, il fit des adultères et des fornications et avec cela il était sodomite. » Jean de Brienne venait de livrer sa fille et la couronne de

Jérusalem à un triste personnage. La jeune Isabelle donna le jour à un fils, le futur empereur Conrad IV, et mourut peu après ses couches, le 4 mai 1228; elle avait seize ans. Frédéric devenait dès lors gardien du royaume au nom de son fils.

LA CROISADE EXCOMMUNIÉE

Les historiens du XIXᵉ siècle, et certains autres après eux, ont prêté à Frédéric II une personnalité exceptionnelle, « très en avance sur son temps »; sans doute à cause de son anticléricalisme foncier qui, effectivement, fut rare à son époque. Ils auraient pu y ajouter ses tendances dictatoriales qui, elles aussi, l'apparentent plutôt au XXᵉ siècle qu'au XIIIᵉ. Ainsi cet empereur qui se réclame des césars antiques, auxquels il ressemble en effet, a fondé l'université de Naples, étroitement soumise à son autorité, en interdisant à ses sujets d'aller étudier ailleurs ou de fonder dans son royaume une autre école supérieure. Cette université était uniquement consacrée à l'étude du droit romain. Lorsqu'on songe qu'à la même époque le roi de France s'interdisait, lui, toute mainmise sur l'université de Paris, qui se crée spontanément au début du XIIIᵉ siècle, et que le pape de son côté témoigne d'un même esprit de liberté en soustrayant cette université à la tutelle de l'évêque de Paris, on appréciera la distance entre ces deux attitudes : les méthodes de Frédéric II l'apparenteraient plutôt à un Napoléon, créateur en France de l'Université d'Etat. De même a-t-on beaucoup vanté sa tolérance envers l'Islam, mais en oubliant qu'il a commencé son règne par un véritable génocide des musulmans de Sicile et une déportation à Lucéra, sur le continent, de tous ceux qui dans l'île avaient embrassé la « Loi » de Mahomet.

A Chypre, la reine Alix était, comme on l'a vu, tout occupée à revendiquer ses droits sur la Champagne. Aussi avait-elle confié la baylie de Chypre et la garde de son fils Henri Iᵉʳ à Philippe d'Ibelin. Celui-ci, devant le comportement ambitieux et sans scrupules de Frédéric II, jugea plus prudent de faire couronner le jeune garçon, âgé de huit ans seulement. L'empereur risquait en effet de revendiquer la suzeraineté de Chypre en tant que roi de Jérusalem, et c'est ce qui ne manqua pas d'arriver.

La cérémonie eut lieu en 1225 dans la cathédrale de Nicosie. « L'empereur Frédéric se courrouça beaucoup de ce bailliage et du couronnement, parce que le roi Henri devait être son homme. Il disait que le bailliage était sien (lui revenait) et qu'il devait, par les coutumes d'Allemagne, tenir le bailliage jusqu'à ce que le roi eût quinze ans. » L'empereur réussit même à s'assurer un parti parmi les barons de Chypre : cinq d'entre eux, que le chroniqueur Philippe de Novare stigmatise comme des traîtres, tentèrent de conspirer contre les Ibelin : Amaury Barlais, Amaury de Beisan, Hugues de Gibelet, Guillaume de Rivet et Gausain de Chenichy. On les verra commencer à Chypre cette œuvre de séparation, de division à laquelle Frédéric II excella toute sa vie et qui devait amener au suicide son fils aîné et son favori Pierre de la Vigne. Philippe d'Ibelin, cependant, continua jusqu'à sa mort en 1228 à assurer la garde du royaume, que reçut après lui son frère Jean, le « Vieux Sire de Beyrouth ».

C'est alors que Frédéric II, qui avait pris la croix dès l'année 1215, mais qui se souciait fort peu de faire courir à sa personne les dangers d'une pareille expédition, et trouvait sans cesse de nouveaux motifs pour retarder son départ, finit par s'embarquer pour la Terre sainte. Le pape Grégoire IX, excédé de ses atermoiements, l'avait excommunié ; étrange Croisade donc. Elle commença par un coup de force de Frédéric II à Limassol, où il débarqua le 21 juillet 1228. L'empereur germanique tendit un véritable guet-apens au Vieux Sire de Beyrouth, en postant secrètement des soldats derrière toutes les portes et les fenêtres du château où il était logé, et où devait avoir lieu le lendemain le banquet donné en l'honneur de sa visite impériale [1]. Il entendait exiger, en effet, non seulement la suzeraineté sur l'île de Chypre et la régence du

----

1. Nous nous permettons de renvoyer ici à notre ouvrage *Les Hommes de la Croisade* (Fayard), où les événements sont racontés en détail dans le chapitre : « Le Croisé sans la foi ».

royaume de Jérusalem – laquelle revenait de droit à son fils Conrad –, mais même la cité de Beyrouth, fief personnel des Ibelin. Après avoir magnifiquement tenu tête aux prétentions de l'empereur, Jean d'Ibelin dut donner en otages ses deux fils, Balian et Baudouin, qui furent aussitôt étroitement enchaînés, puis il courut s'enfermer dans ce château du Dieu d'Amour, au nord de l'île, dont demeurent aujourd'hui des vestiges imposants.

L'empereur finit par quitter Chypre et débarqua à Saint-Jean-d'Acre le 7 septembre. Finalement, à force d'insistance et de combinaisons diplomatiques, il obtint du sultan Malik al-Kamil la reddition des trois villes saintes auxquelles tenaient les chrétiens, Bethléem, Nazareth et Jérusalem, par un traité conclu en février 1229.

Tous les historiens ont considéré ce traité comme une réussite ; pourtant, en fait, il ne satisfit personne en dehors de l'empereur et du sultan, et déchaîna des torrents de protestation dans l'Islam comme parmi les chrétiens. Frédéric II put réaliser le geste auquel il tenait : se couronner lui-même roi de Jérusalem au Saint-Sépulcre le dimanche 18 mars 1229. Mais seul le Maître de l'ordre teutonique, Hermann de Salza, était présent à la cérémonie.

Frédéric était excommunié, et dès le lendemain Pierre, archevêque de Césarée, envoyé par celui qui portait le titre de patriarche de Jérusalem, Gérold, jeta l'interdit sur la Ville sainte, outré qu'il était de la désinvolture de l'empereur. La population de Jérusalem à cette époque comporte à nouveau un certain nombre de chrétiens attirés par le commerce, ou réinstallés depuis peu à la faveur de la politique conciliante de Malik al-Kamil. Ils ne pouvaient que ressentir désagréablement les prétentions de Frédéric II à se comporter en maître absolu, sur une terre où il n'aurait dû se prévaloir que du droit de sa jeune épouse morte à seize ans, et du fils qu'elle lui avait laissé – sans le moindre égard pour ceux qui avaient pu reconquérir cette terre et s'y maintenir, au prix de souffrances et d'une ténacité quotidiennes pour lesquelles il ne montrait que mépris. A Jérusalem comme à Chypre, il n'entendait imposer qu'une autorité toute gratuite, qui n'avait même pas l'aval de la papauté.

Frédéric II, du reste, ne prolongea guère son séjour à Jérusalem. Vers la fin d'avril, il regagna Saint-Jean-d'Acre où il devait se rembarquer le 1er mai, conscient de l'hostilité à son endroit du peuple autant que des barons et des prélats. « L'empereur prépara son embarquement en cachette et, le premier jour du mois de mai à l'aube, sans le faire savoir à personne, il se réfugia sur une galère devant la boucherie. Il advint alors que le boucher et les vieilles femmes de cette rue, qui sont très grossières, le suivirent et le lapidèrent avec des tripes et des fressures très vilainement. » C'est sous la protection de quelques barons présents, entre autres Jean d'Ibelin lui-même, qu'il fut dégagé de la foule et reconduit jusqu'à ses galères, « maudit, honni, vileni ».

Or, circonstance très grave, il n'avait rien fait pour fortifier de nouveau Jérusalem, dont les murailles avaient été détruites au moment de la précédente expédition vers l'Egypte. Laisser la Ville sainte sans fortifications, c'était l'exposer à n'importe quel coup de main. La suite de l'histoire allait le prouver.

A son passage à Chypre, Frédéric assista aux fiançailles du jeune roi Henri Ier avec la nièce de Conrad de Montferrat, Alix. De graves discordes allaient d'ailleurs suivre de peu son départ – il était de retour en Italie le 10 juin 1229 –, entre les cinq seigneurs dont il s'était acquis le dévouement à Chypre et le parti des Ibelin. Il envoya bientôt outre-mer une flotte armée que dirigeait Ricardo Filanghieri. Les hostilités gagnèrent successivement Chypre, puis Beyrouth; une flotte génoise se mit opportunément du côté des Ibelin, si bien que la « Croisade » de l'empereur germanique laissait derrière elle un sillage de luttes, de discordes, de violences qui préfigure déjà ce qui se passera après sa mort en 1250 : la totale déconfiture d'un empire à la tête duquel Frédéric II s'était fait statufier en « César Auguste ».

INTÉRÊTS NATIONAUX, INTÉRÊTS COMMERCIAUX

> Quand la Syrie, à l'autre guerre,
> Fut perdue et puis reconquise
> Et qu'Antioche fut assise (assiégée)...
> Alors en ces temps anciens
> Qui était normand ou français?
> Qui poitevin et qui breton?
> Et qui manceau ou bourguignon?
> Et qui flamand et qui anglais?...
> Tous honneur ils en rapportèrent
> Et furent tous appelés Francs :
> Le brun, le blond, le roux, le blanc...
> Que n'en peut-on exemple prendre
> Et non pas l'un l'autre entreprendre!

Le chroniqueur Ambroise qui participa à l'expédition de Richard Cœur de Lion exprime ici avec force ce qui fut souvent répété en ce tournant de l'histoire des Lieux saints. Jusqu'alors les départs, qu'il s'agisse de petit peuple ou de seigneurs, n'ont été marqués d'aucune trace de « nationalisme » – ou plutôt, le mot étant alors anachronique, n'ont pas été décidés par un souverain en tant que tel : ce qui différencie absolument les Croisades de toute entreprise de colonisation, celles des temps classiques ou celles du XIXᵉ siècle. Tout naturellement, au départ comme à l'arrivée, les participants se sont regroupés, en général selon leur province d'origine, ou le seigneur dont ils dépendaient. Ainsi les chroniqueurs ont-ils remarqué qu'à Tripoli on entendait surtout le parler d'oc, celui des comtes de Saint-Gilles; ou encore a-t-on noté qu'autour de Godefroy de Bouillon s'étaient groupés des seigneurs ardennais; mouvement spontané qui appartient à tous les temps, mais qui n'a rien d'un « nationalisme » conscient et organisé.

La création de l'ordre des Chevaliers teutoniques – contre lequel s'élève le chroniqueur Ambroise! – est sans doute le premier indice d'une tendance nouvelle qui va profondément perturber le mouvement des pèlerinages, et notamment de ces pèlerinages en armes que nous appelons Croisades. On va revendiquer, que ce soit pour des raisons d'ordre politique ou commercial, l'appartenance à un Etat, à une ville. Les départs ne répondent plus à un élan qu'on pourrait dire européen ou occidental dès lors que, de l'attachement féodal à un seigneur, à un domaine, on est passé insensiblement à la notion d'Etat, à un nationalisme avant la lettre. Le caractère militaire des expéditions va s'accentuer désormais. Frédéric II est venu sans épouse, mais avec ses chevaliers et en fait ses hommes de main.

D'autre part, on va voir affluer les négociants, les « épiciers en gros », lesquels, eux aussi, viennent sans leur femme, préoccupés qu'il sont de leur boutique et de leurs affaires. Une pièce de vers, due à un trouvère parisien du XIIIe siècle, Phelipot, nous trace l'itinéraire des marchands, leur circuit complet à travers le monde.

> Marchands s'en vont par mond (monde)
> Diverses choses acheter;
> Quand reviennent de marchander
> Ils font maçonner leur maison,
> Mandent plâtriers et maçons
> Et couvreurs et charpentiers;
> Quand on fait maison et cellier
> Fêtes font à leur voisinage.
> Puis s'en vont en pèlerinage
> A Saint-Jacques ou à Saint-Gilles,
> Et quand reviennent en leur ville
> Leurs femmes font grand joie d'els (d'eux)
> Et mandent les ménest(e)rels,
> L'un tamboure et l'autre vielle,
> L'autre redit chansons nouvelles.
> Et puis, quand la fête est finie
> Ils s'en revont en marchandie
> Les uns s'en vont en Angleterre
> Laines et cuirs et bacons querre,
> Les autres s'en vont en Espagne,
> Et d'autres s'en vont en Bretagne,
> Bœufs et porcs et vaches acheter,
> Et s'efforcent de marchander
> Et reviennent de tous pays
> Les bons march(e)ands à Paris

Et savent très bien demander
Et Troussevache et Quincampoix [1].

Or les places du Proche-Orient sont, par excellence, celles qui attirent les négociants. C'est là – Henri Pirenne l'avait souligné en son temps – qu'ils trouvent les denrées de petit volume et de gros bénéfices qui sont entre toutes recherchées par les marchands : le poivre, par exemple, si apprécié qu'on l'utilise parfois en guise de monnaie. Le poivre est amené par les caravanes dont le chargement aboutit désormais à Saint-Jean-d'Acre ou encore à Tripoli, à Tyr, toutes ces cités dans lesquelles les commerçants de Gênes, de Venise, de Marseille se sont fait attribuer concessions et privilèges. C'est là aussi qu'ils se procurent tout ce qui relève le goût des aliments : la cannelle, le gingembre, le cumin; tout ce qui entre dans la composition des sirops et électuaires et fournit la base de la pharmacopée du temps. Que dire des produits tinctoriaux : le brésil, entre autres, ce bois précieux qui au XVIe siècle donnera son nom à toute une portion de l'Amérique du Sud, où l'on a découvert en masse les arbres qui donnent le « bois de brésil » : celui qu'on utilise pour les roses tendres et lumineux des miniatures, la teinte de braise. De Chine, de Bagdad on transporte, toujours par caravanes, la graine d'écarlate, le kermès, cet étrange produit fait de milliers d'insectes desséchés et broyés, ou encore l'indigo qui donne un bleu profond, différent du pastel (la guède) qu'on fait pousser en Europe. Et d'Orient viennent aussi les parfums, l'encens, les bois odorants qu'on laisse lentement se consumer sur une braise chaude, le musc – bref, tout ce qui donne goût et prix à la vie, tout ce qui alimente aussi luxe et raffinement qui se répandent dans la société d'alors.

On imagine sans peine ces boutiques elles-mêmes odorantes – un peu comme les très rares boutiques d'herboristes qui subsistent en notre temps, ou comme ces non moins rares pharmacies de l'époque médiévale telles qu'on en voit encore à Carpentras, ou dans un couvent

1. Les deux rues les plus commerçantes de Paris : la rue Trousse-vache est aujourd'hui la rue de La Reynie.

comme Santo Domingo de Silos. Sur les rayonnages s'alignent les bocaux de bois, ou plus souvent de céramique décorée, tandis que les mortiers avec pilons et pilettes sont là, prêts pour de savants mélanges qu'on dose volontiers avec une demi-coquille d'œuf, la mesure usuelle aux XIIe-XIIIe siècles. Celle dont se sert un Villard de Honnecourt lorsque, au hasard de son carnet, il note une recette médicale.

Ces marchandises de transport léger font la fortune du marchand qui, aux XIIe et XIIIe siècles, voyage lui-même. Plus tard, aux XIVe-XVe siècles, on le verra installer des succursales dans lesquelles des facteurs travaillent pour lui ; au XIIe siècle, le circuit que nous décrit Phelipot est le plus habituel. On connaît par exemple un marchand vénitien, Romano Mairano, qui pendant vingt-cinq ans, de 1164 à 1189, a pris la mer chaque année, d'ailleurs pour Alexandrie, où les denrées commerciales amenées de l'intérieur sont à peu près semblables à celles qu'on trouve dans les comptoirs de Terre sainte. Durant l'hiver il écoule les marchandises qu'il a rapportées, et probablement, pendant ses absences annuelles, son épouse, assistée de nombreux serviteurs et servantes – car l'« épicerie » est un commerce qui enrichit rapidement –, surveille la boutique. Il en résulte pour les femmes de marchands une vie familiale passablement différente de celle de la dame, qui prend part aux activités du seigneur (lorsqu'elle n'est pas elle-même suzeraine) ; différente même de la vie des femmes d'artisans, tailleurs, menuisiers, ferblantiers, etc., dont la boutique se trouve au rez-de-chaussée tandis que la famille habite à l'étage. Travailler, à l'époque, ne signifie pas habituellement sortir de chez soi – sauf pour quelques métiers comme les carriers, les maçons, les couvreurs et bien sûr les marchands ; mais la plupart des couples vivent alors, et travaillent, ensemble toute la journée.

L'implantation du marchand est donc fort différente de celle du Croisé qui, lorsqu'il s'établit, a un contact personnel avec la terre, le fief. Ce qui importe au marchand, c'est la marchandise et le bénéfice qu'elle rapportera selon les conditions et les risques du transport. Dans bien

des cas il devra lutter; éventuellement il se joindra aux
chevaliers pour aider à défendre une place assiégée. On
connaît quelques exemples de marchands qui ont certainement joué un rôle actif dans les reconquêtes de la fin
du XIIᵉ et du XIIIᵉ siècle, à commencer par les Pisans à Tyr
auprès de Conrad de Montferrat. En 1250, comme on le
verra, la défense de Damiette sera finalement assurée par
les marchands qui y résidaient, sur les supplications de
Marguerite de Provence. Mais le marchand n'a plus
d'autre attache profonde que celle du comptoir qu'il fré-
quente.

Et la femme auprès de lui ne joue plus le même rôle
que dans le mode de vie proprement féodal. L'histoire de
cet Anselme Ysalguier, membre d'une grande famille toulousaine dont on connaît encore aujourd'hui des descendants, est belle mais peut-être légendaire, et de toute
façon bien postérieure puisqu'elle ne date que du début
du XVᵉ siècle. Il aurait voyagé en Afrique et jusqu'aux
bords du Niger, et il aurait ramené de Gao une épouse
noire dont la réputation de bonté, presque de sainteté, se
répandit à Toulouse. Il en aurait eu plusieurs enfants,
dont une fille, Marthe, qui fut mariée au sire de Taudoas.
Le château de Pinsaguel qui fut la propriété des descendants des Ysalguier comporte une tour qu'on appelle la
« tour du Maure » [1].

Reste que dans l'environnement nouveau qui se crée en
ce temps où, selon l'expression de René Grousset, « les
royaumes latins qui devaient leur existence à un élan de
foi ne survivent plus que grâce au commerce des épices »,
l'influence des femmes va s'estomper. Il faudra bientôt
parler – et dès le milieu du XIIIᵉ siècle on en aura des

---

1. Il se peut que ce soit le nom qui ait donné naissance à une légende :
l'histoire n'est racontée que dans une chronique bien postérieure
puisqu'elle est du XVIIᵉ siècle – ce qui n'est d'ailleurs pas une raison pour
la rejeter entièrement, d'autant qu'elle s'attache à une famille de changeurs toulousains connus dès le XIIIᵉ siècle ou même plus tôt si l'on tient
compte des « Uzalgerius » à Elne en l'an 1020, voire des « Isalgarus » qui
figurent dès le Xᵉ siècle sur le cartulaire de l'abbaye de Conques. Le premier représentant qui en soit bien connu porte le titre de *mercator*, Raymond Ysalguier, et ce nom revient cinquante fois dans les listes des capi-
touls de Toulouse aux XIVᵉ et XVᵉ siècles.

exemples – de décadence de la chevalerie, tandis qu'entre ambitions politiques et rivalités marchandes la femme ne peut guère devenir qu'objet de plaisir qu'on achète, ou repos du guerrier. La Dame aura de moins en moins sa raison d'être, et l'occasion de se faire entendre.

LA GUERRE DES MARCHANDS DE SAINT-JEAN-D'ACRE

Les rivalités économiques tournent d'ailleurs facilement en affrontements militaires. Saint-Jean-d'Acre, devenue la principale ville du royaume de Jérusalem, en donnera le triste exemple. Durant la plus grande partie du XIIIe siècle, la ville dont la reconquête avait coûté la vie à tant de Croisés, chevaliers et petites gens, allait se trouver pratiquement répartie entre les puissances du temps.

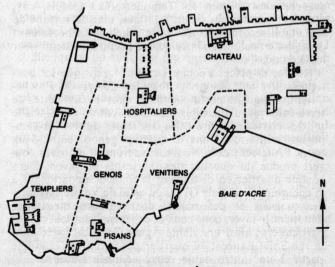

SAINT-JEAN D'ACRE

Les négociants de Venise s'étaient taillé la part du lion
le long de la baie intérieure, avec une église dédiée à
Saint-Marc et un fondouc (ensemble de magasins et
d'habitations) où s'ouvraient les boutiques au rez-de-
chaussée des maisons, tandis qu'au premier étage
logeaient les marchands de passage. Pour narguer les
musulmans, les Vénitiens avaient l'habitude d'y élever un
cochon. Proche de leur quartier était celui des Provençaux, tandis que les Pisans occupaient la pointe du pro-
montoire dans lequel s'ouvrait la baie d'Acre, avec pour
voisins les Templiers. Le reste de la cité était dominé au
nord, du côté des remparts, par l'ordre de Saint-Jean de
Jérusalem qui y étalait ses magnifiques bâtiments, où peu
après le siège de 1190 l'on avait commencé à dresser la
superbe salle des gardes (dont les trois colonnes géantes
n'ont pu encore être entièrement dégagées en notre temps,
en dépit des moyens modernes dont nous disposons).
Enfin, tenant le cap maritime de la cité et la partie la plus
avancée vers la mer, les Templiers. Les Génois, eux,
n'avaient pas d'accès direct à la mer, mais la surface de
leur établissement était très vaste : quelque six hectares et
demi, a-t-on calculé, contre quatre hectares et demi pour
les Vénitiens.

Ruelles et places s'enchevêtraient, tandis que les boutiques offraient désormais tous les trésors du Proche-
Orient : depuis les parfums brûlant dans les cassolettes de
terre cuite jusqu'aux tapis moelleux dont on garnissait le
sol des châteaux, voire celui des tentes durant les campagnes militaires. Dans le quartier génois, entre deux
tours, l'Ancienne et la Nouvelle, se trouvait un bazar couvert proche du quartier des fabricants de savon. Dans
chaque quartier on distinguait le fondouc appartenant à
la commune – celui de Gênes ou celui de Venise surtout –
des maisons et des palais, dont certains inventaires
détaillent le loyer, pour ceux et celles qui sont loués à des
particuliers : ainsi une dame Agnès Gastaldi, logée dans
la rue Saint-Laurent au quartier génois, qui en vend une
partie à une autre dame veuve nommée Lucensis.

Bourgeois et bourgeoises, chevaliers et matelots, Francs

et Sarrasins se côtoyaient dans les ruelles et devant les souks, dont ceux de Jérusalem nous donnent encore une idée aujourd'hui. Les bains étaient très fréquentés, surtout aux mois d'été durant les chaleurs. Certaines juridictions assignaient un jour de la semaine aux religieuses pour leur éviter le contact avec les prostituées qui ne manquaient pas de s'y rendre, d'autant plus que de tout temps, en Orient comme en Occident, les bains et étuves ont eu une douteuse réputation.

Or cette cité sera le théâtre d'émeutes, puis d'un véritable conflit en 1256. Il restera dans les annales sous le nom de guerre de Saint-Sabas, car il avait commencé en 1256 par des disputes entre Génois et Vénitiens pour la possession du monastère de ce nom et des maisons qu'il possédait dans la rue de la Chaîne. Il s'agit alors de batailles rangées. Un chroniqueur affirme avoir vu une cinquantaine de machines de guerre dressées le long des murs, et le conflit ne s'apaisera qu'avec le désastre infligé à la flotte génoise entre Acre et Cayphas en 1259. Discordes, escarmouches et violences feront alors de la Terre sainte une proie facile pour le sultan Baïbars et ses Mamelouks – cela avec des épisodes qui pourraient être facilement transposés en d'autres temps. C'est ainsi qu'en 1247, quand le sultan d'Egypte eut été informé – par l'empereur Frédéric II lui-même ! – de la prise de croix de Saint Louis, la panique s'empara des commerçants et navigateurs égyptiens, notamment à Alexandrie; les négociants italiens en profitèrent pour répandre le bruit que les musulmans faisaient empoisonner tout le poivre destiné au commerce avec les chrétiens. Les acheteurs se précipitèrent alors sur les anciens stocks et, une fois ceux-ci épuisés, les mêmes négociants n'avaient plus qu'à démentir le bruit qu'ils avaient eux-mêmes lancé. On verra constamment, durant ce XIIIe siècle et plus tard encore, le jeu des intérêts économiques primer sur la reconquête des Lieux saints qui avait été le but initial des Croisés.

LA SECONDE PERTE DE JÉRUSALEM

Tandis que les Occidentaux dispersaient leurs forces entre Byzance et le Péloponnèse, et que l'empereur Frédéric II regagnait l'Europe en se félicitant d'avoir récupéré Jérusalem grâce à ses bonnes relations avec le sultan d'Egypte, de vastes événements secouaient l'Asie, qui allaient avoir leurs répercussions jusqu'en Palestine et bientôt en Occident : l'invasion mongole avec les campagnes de Gengis khan. Lorsqu'il meurt en 1227, l'Iran a été en partie envahi, et le résultat de la gigantesque invasion a déjà été de bousculer les Turcs du Kwarizm (installés approximativement de la ville de Samarcande, que les Mongols avaient prise et pillée, jusqu'au sud de la mer Caspienne) et d'en chasser leur sultan, Jehal el-Din. Il parvint à rallier une partie de ses troupes et allait désormais constituer au sein de l'Islam une redoutable force armée, errant dans les steppes de Mésopotamie, employée tantôt par les sultans d'Egypte et tantôt par les Syriens, mais toujours en quête d'occasions de pillages.

Or Jérusalem n'était plus fortifiée, à l'exception de la tour de David, qui fut d'ailleurs rasée lorsqu'on apprit l'arrivée prochaine de l'expédition française conduite par Thibaud IV de Champagne, en 1239. Ville ouverte, Jérusalem était désormais exposée à toutes les attaques sans pouvoir être défendue efficacement. Le 11 juillet 1244 El-Sali-Ayoub, sultan d'Egypte, lançait les Kwarizmiens sur la Ville sainte. En dépit de l'absence de fortifications, Templiers et Hospitaliers résistèrent désespérément pendant quelques semaines. Une partie de la population obtint le droit de quitter la ville le 23 août suivant pour gagner Jaffa, mais une ruse de guerre des Kwarizmiens fit rebrousser chemin à ceux qui fuyaient en bon ordre : ils hissèrent des drapeaux francs sur les murailles, si bien que, croyant à quelque secours venus d'Acre ou d'ailleurs, les Francs revinrent dans la ville et furent massacrés sans pitié.

Les Kwarizmiens ne faisaient pas de prisonniers. Ils parcoururent les Lieux saints, décapitant les prêtres qui avaient refusé de quitter le Saint-Sépulcre, souillant et détruisant tout sur leur passage, avec la brutalité qu'on pouvait attendre d'une soldatesque ne vivant que de pillages ; finalement, le 17 octobre 1244, ils défirent les forces franques réunies à La Forbie, près de Gaza : un désastre que les historiens comparent à celui de Hâttin, au siècle précédent.

Dans le même temps d'ailleurs, l'invasion mongole s'était poursuivie, menaçant cette fois non plus seulement l'Asie, mais l'Europe : la Russie du Sud a été conquise entre 1236 et 1238, la Pologne, la Silésie, la Hongrie dévastées en 1241. Seule la mort du khan Ogodei, fils de Gengis khan, interrompit un élan qui semait la terreur dans l'Islam comme dans l'Europe chrétienne : les terribles conquérants rebroussèrent chemin pour participer à l'élection d'un nouveau chef.

10

Le passage outre-mer
du roi Louis et de la reine Marguerite

En 1244 le roi Louis IX, que nous appelons Saint Louis, relevant d'une maladie que l'on avait crue fatale, faisait le vœu de prendre la croix. Peu après – car il ne semble pas l'avoir su au moment de son vœu –, la nouvelle de la seconde perte de Jérusalem semait l'émoi dans la chrétienté. Son expédition va renouer pour un temps avec le grand élan qui avait parcouru tout le XIIe siècle. Saint Louis et son entourage sont profondément marqués par l'attirance vers la Terre sainte; quelque chose de cet enthousiasme premier anime tout son règne – depuis le moment où il a appris avec indignation que la Sainte Couronne, portée par le Christ durant sa passion, avait été mise en gage, jusqu'au dernier départ du roi et sa mort à Carthage, en 1270.

On a en effet l'impression qu'un choc s'est produit en lui, lorsqu'il a su que l'empereur Baudouin II de Constantinople avait engagé pour de l'argent la Sainte Couronne d'épines vénérée à Byzance. Cela se passait en 1238; le 4 septembre, les représentants de l'empereur avaient scellé cet engagement fait auprès d'un marchand vénitien, Nicolo Quirino. Trente ans après la conquête de Constantinople, Baudouin devait affronter d'énormes difficultés pour conserver un empire acquis dans des conditions plus que discutables, et le défendre aussi bien contre les Bulgares que contre les Grecs, décidés à rejeter la tutelle des Francs.

Le roi Louis décida d'indemniser Nicolo Quirino et

d'acquérir la précieuse relique, qu'il fit déposer dans la chapelle Saint-Nicolas de son palais parisien, au cœur de l'île de la Cité. Une autre relique ne tarda pas à venir elle aussi enrichir le trésor de la même chapelle : un morceau de la Vraie Croix que Saint Louis racheta de la même manière l'année suivante, aux Templiers, auxquels il remboursa encore une fois l'argent remis contre ce gage au même Baudouin II. Lorsque fut accueillie cette nouvelle relique, les chroniqueurs du temps ont fait remarquer que la procession générale qui se déroula dans Paris avait été suivie par trois reines : la reine Blanche, mère du roi, la reine Isambour, veuve de Philippe Auguste, et aussi la jeune reine Marguerite que le roi avait épousée six ans auparavant. Le mariage royal avait eu lieu en 1234 dans la cathédrale de Sens, où Marguerite avait été couronnée et sacrée reine le 28 mai, le lendemain des épousailles, selon l'usage. Le premier enfant du jeune couple ne naîtra que l'année suivant cette procession fameuse, en 1240 : une fille nommée Blanche comme sa grand-mère.

L'entente ne règne pas toujours à la cour de France – tous les historiens l'ont fait remarquer – entre belle-mère et belle-fille. Marguerite a treize ans lors de son mariage, et ces treize années passées à la cour de son père Raymond-Bérenger V de Provence et de sa mère Béatrice de Savoie, avec ses trois jeunes sœurs, Aliénor, Sancie et Béatrice, n'ont évidemment pas suffi pour développer en elle une aptitude à gouverner qui s'affirmera plus tard. Les deux jeunes époux sont très amoureux l'un de l'autre, aussi la reine Blanche voit-elle d'un mauvais œil son fils consacrer à la jeune Marguerite un temps dont elle juge qu'il serait mieux employé à parcourir ses terres, et à surveiller des barons toujours turbulents. Joinville qui, plus tard, sera le compagnon et souvent le complice de Marguerite, dont il fut très probablement amoureux, nous dit : « La reine Blanche ne voulait pas souffrir, autant qu'elle le pouvait, que son fils fût en compagnie de sa femme, si ce n'est le soir quand il allait coucher avec elle. »

Marguerite avait passé son enfance dans le cadre de la Provence – ce quadrilatère aimable entre tous, que définissait à la même époque le troubadour Peire Vidal :

> ... *de Rozer tro qu'a Vensa*
> *Si com clau mars e Durensa*
> ... du Rhône jusqu'à Vence
> Ce qu'enclôt mer et Durance.

A sa suite, elle avait amené six troubadours et l'un des ménestrels de son père; cela suffit à faire penser qu'avec elle la gaieté était entrée dans une cour qui avait été profondément endeuillée par la mort de Louis VIII en 1226.

NOUVELLE CROISADE DE CHEVALIERS ET DE DAMES

Mais Marguerite n'en partage pas moins l'intérêt de son époux pour la Terre sainte. Elle a vu bâtir la Sainte-Chapelle, vaste écrin lumineux dans lequel seront entreposées les précieuses reliques venues de Constantinople. Fait notable, elle n'est nulle part mentionnée parmi ceux qui, autour du roi, tentent de le faire revenir sur son vœu de Croisade prononcé en 1244. Pourtant, à cette époque, les époux ont eu après leur premier enfant, Blanche (qui n'a pas vécu plus de deux à trois ans), une seconde fille, Isabelle, née en 1242, et enfin un fils, à qui la couronne est destinée : Louis, né précisément en cette année 1244 où le roi fait vœu de se croiser.

Lorsque la Sainte-Chapelle est inaugurée en 1248 – et il est extraordinaire, lorsqu'on voit de nos jours le bel édifice, véritable mur-lumière maintenu par ses puissants contreforts, de penser qu'il a pu s'élever en quatre années –, les préparatifs du grand départ sont terminés aussi. Ils ont été menés à bien avec célérité et sans lésiner sur les moyens, puisque le roi n'a pas hésité à faire aménager un port d'embarquement, au seul endroit qui s'y prêtait sur les bords de la Méditerranée : la cité d'Aigues-Mortes. Les remparts n'en seront achevés que sous le règne de son second fils Philippe le Hardi – né en 1245 –, mais déjà se dresse la tour de Constance, d'où l'on peut dès cette date surveiller les mouvements de la flotte.

Or il ne s'agit pas seulement du départ du roi, mais

bien de celui du couple royal. Marguerite de Provence accompagne son époux comme il est normal, et d'abord parce que visiblement le roi et la reine n'ont pas envie de se séparer. Ils ont eu en 1248 encore un fils, Jean, qui n'a pas vécu. On sait que le royaume sera bien gardé en l'absence du roi et de la reine par la reine Blanche. Pour le reste, Marguerite, qui a vingt-sept ans et une santé superbe, manifeste autant que Louis le désir d'accomplir son vœu et de se rendre en Terre sainte.

On ne peut que s'étonner de l'étonnement des historiens à ce sujet; certains, nous l'avons dit, ne sont-ils pas allés jusqu'à prétendre que le départ de Marguerite n'avait pour motif que ses dissensions avec sa belle-mère! Faudra-t-il alors imaginer qu'au siècle précédent, l'épouse de Raymond de Saint-Gilles, la reine Aliénor d'Aquitaine, et combien d'autres fuyaient une belle-mère insupportable? Et toutes ces femmes qu'on retrouve en Terre sainte, qui apparaissent dans les actes, qui transmettent leurs droits de succession, doivent-elles leur « passage outre-mer » à des belles-mères acariâtres? Marguerite de Provence n'a fait que se conformer à l'usage courant. Elle n'a pas agi autrement que ses belles-sœurs, Mahaut de Brabant, épouse de Robert d'Artois, et Jeanne de Toulouse, épouse d'Alphonse de Poitiers; en même temps qu'elle partira sa plus jeune sœur, Béatrice de Provence, qui vient d'épouser le plus jeune frère du roi, Charles d'Anjou. Charles avait alors tout juste vingt ans, et Béatrice une quinzaine d'années. Elle accouchera d'un enfant en cours de route; une lettre de Robert d'Artois à Blanche de Castille lui fait part de cette naissance et lui parle du beau garçon né pendant le séjour des Croisés à Chypre, durant l'hiver de 1248.

En fait, on retrouve alors quelque chose de l'élan qui avait soulevé les tout premiers Croisés, ceux qui avaient reconquis Jérusalem en 1099, et du même coup on voit renaître la vie de l'Occident en Terre sainte. C'est bien la famille royale entière qui prend la route, ou plutôt se confie à la voile, puisque désormais le voyage par mer est entré dans les mœurs. C'est bien un voyage au long cours et une installation durable que signifie alors le départ. Ces couples s'apprêtent à aller mener outre-mer une bonne partie de leur existence, sans savoir au départ quelle pourra être sa durée – mais en tout cas qu'elle sera longue. Marguerite confie à leur grand-mère ses trois jeunes enfants, Isabelle, Louis et Philippe. Elle mettra au monde trois autres enfants, deux garçons et une fille, pendant son séjour dans le Proche-Orient, qui va durer six ans.

Son départ a dû briser bien des cœurs, si l'on adopte l'hypothèse d'une Rita Lejeune qui pense que Marguerite, cette princesse « au nom de fleur », a pu inspirer le *Roman de la rose* de Guillaume de Lorris, « somme » de la poésie courtoise, célébrant l'amour et le respect du poète pour la « haute Dame », que son poème allégorique place dans un jardin clos de tous côtés, où fleurit le buisson qui voit s'épanouir le bouton de rose vers lequel le poète se sent invinciblement attiré.

Pour son expédition, le couple royal se fait accompagner, non d'un médecin – un « mire » comme on dit à l'époque –, mais d'une « miresse » : il existe alors suffisamment de femmes exerçant l'art médical pour qu'on ait trouvé un vocable féminin que notre XXe siècle n'a pas su donner encore aux « femmes médecins » : Celle-là se nomme Hersent et, lorsqu'elle sera revenue en France, le roi lui concédera une rente de douze deniers par jour à percevoir sur la prévôté de Sens. Hersent rentrera au mois d'août 1250, ayant pu échapper aux plus grands dangers de l'expédition. La miresse se mariera avec un apothicaire et deviendra propriétaire d'une maison à Paris.

On connaît plusieurs autres médecins du roi Louis IX et de son épouse, comme Robert de Douai ou Nicolas Germinet de Langres ; et c'est pourtant une femme que le roi et la reine choisissent d'emmener dans cette expédition lointaine et périlleuse. En ce milieu du XIIIe siècle le fait n'a rien d'extraordinaire. Les femmes ne seront peu à peu exclues de la profession médicale qu'au siècle suivant, où l'exercice de la médecine deviendra illégal pour ceux qui n'ont pas le diplôme de l'Université de Paris : or les femmes n'y sont pas admises. La première moitié du XIVe siècle sera remplie de poursuites contre les femmes médecins, écartées d'une profession qui leur était largement ouverte précédemment.

Le « passage » de Saint Louis et de son épouse Marguerite va mettre singulièrement en vedette la présence des femmes et le rôle qu'elles jouent, même au sein des événements militaires. Dès l'arrivée de la flotte à Chypre d'ailleurs, un autre nom de femme mérite d'être mentionné : celui de l'impératrice de Constantinople, Marie de Brienne, épouse de Baudouin II. Elle est venue à la rencontre de Saint Louis solliciter des secours pour cet Empire latin en proie aux difficultés les plus graves. Joinville a raconté comment, par suite d'une tempête, la malheureuse impératrice s'était trouvée dénuée de tout : « En ce temps que nous séjournâmes en Chypre, l'impératrice de Constantinople, écrit-il, me manda qu'elle était arrivée à Baffe (Paphos), une cité de Chypre, et que je l'allasse quérir, moi et messire Erard de Brienne. Quand nous vînmes là, nous trouvâmes qu'un fort vent avait rompu les cordes des ancres de sa nef et avait emmené la nef en Acre et il ne lui était demeuré de tout son harnais que la chape qu'elle avait vêtue et un surcot de table (le vêtement qu'on avait coutume de porter pour passer à table). Nous l'emmenâmes à Limisso (Limassol) où le roi et la reine et tous les barons de France et de l'armée la reçurent très honorablement. » Joinville, ému, s'empressa de lui faire parvenir « du drap pour faire une robe et de la fourrure de vair avec... et une tiretaine et du cendal pour fourrer la robe (la doubler) ». L'impératrice allait repartir avec de nombreuses promesses de renfort, que la suite des événements ne permettra guère de tenir.

Chypre joue un rôle décisif dans l'expédition de Saint Louis. C'est le relais de la flotte, le centre de l'approvisionnement, le point de départ de la campagne militaire. Les Francs y trouvent un accueil amical. Les barons chypriotes s'étaient finalement libérés de la tutelle impériale qu'avait cru imposer Frédéric II, et le roi Henri Ier, surnommé le « Gros », avait été délié par le pape du serment de fidélité que ses prédécesseurs et lui-même avaient dû prêter à l'empereur. Il était le fils d'Alix de Champagne, la perpétuelle contestataire, dont précisément l'intervention de Louis IX en 1234 avait fait cesser les revendications sur le comté de Champagne.

Alix n'est morte qu'en 1246, donc après la prise de croix du roi. Sa vie conjugale n'avait guère été moins mouvementée que ses prétentions de suzeraine, puisque après avoir épousé le roi de Chypre, Hugues Ier de Lusignan, mort dès 1218, elle s'était unie au prince d'Antioche-Tripoli Bohémond V, dont elle avait dû se séparer pour raison de consanguinité, et avait enfin épousé un seigneur français, Raoul de Cœuvres, qui avait fait partie de l'expédition de Thibaud de Champagne en 1239. En plus de sa royauté sur Chypre, elle exerçait sur l'ex-royaume de Jérusalem une régence de droit, que lui avait conférée en 1243 une assemblée générale des barons de Terre sainte. A cette date en effet, les barons s'étaient avisés de ce que l'empereur Frédéric II n'avait plus aucun pouvoir sur la Terre sainte, puisque son fils Conrad, fils d'Isabelle de Jérusalem, avait atteint sa majorité. Enfin, à la mort d'Alix, son fils Henri Ier avait été reconnu « seigneur du royaume de Jérusalem ». Ainsi s'effaçait la scission entre la Ville sainte et l'île de Chypre. Dorénavant, c'est à Chypre que se transmettront le titre et les prétentions sur ce royaume à reconquérir.

En attendant, c'est là que se concentre la flotte des Francs. Les trois galées [1] royales, la *Reine,* la *Damoiselle* et la *Montjoie,* jettent l'ancre à Limassol le 17 septembre 1248 et trouvent les approvisionnements que le roi, au sens pratique jamais en défaut, a fait accumuler depuis un an sous la diligence d'un de ses sergents, Nicolas de Sousy (ou Soisy). Joinville parle avec admiration de tout ce qui avait été rassemblé par ses soins : « les celliers du roi et les deniers et les greniers », ce qui désigne les approvisionnements en céréales et fourrage, en vin et en espèces. Le roi Henri Ier et un millier de chevaliers avec lui vont prendre part à l'expédition de Saint Louis, et de même Guillaume de Villehardouin, prince de Morée. Comme la précédente expédition de Jean de Brienne, celle-ci a pour objectif l'Egypte, clé stratégique de la

---

1. Navires à voile; le terme ne doit pas être entendu au sens ultérieur du mot « galères ».

question des Lieux saints depuis qu'elle se trouve entre les mêmes mains que la Syrie. On sait par les chroniques musulmanes que l'empereur Frédéric II tenait soigneusement le sultan d'Egypte au courant de tous les préparatifs et mouvements de l'armée franque.

En juin 1249, la flotte des Francs quitte Chypre pour les rivages égyptiens. Toutes les épouses des chevaliers font-elles partie de l'expédition ? C'est probable, puisque nous les retrouverons par la suite à Damiette et à Saint-Jean-d'Acre, mais nous sommes surtout renseignés grâce à Joinville sur le rôle important que va tenir la reine.

MARGUERITE DÉFEND DAMIETTE ET SAUVE L'EXPÉDITION

L'expédition débute par un coup d'éclat qui remplit d'étonnement tout le Proche-Orient : la prise de Damiette en quelque vingt-quatre heures. En 1219, il avait fallu dix-huit mois d'efforts aux compagnons de Jean de Brienne pour s'emparer de la ville. Le 6 juin 1249 les Francs débarquent sur la terre d'Egypte, et Damiette se vide presque aussitôt de ses défenseurs ; ne demeurent que les prisonniers, faits lors du précédent siège ou à La Forbie, et qui se trouvent ainsi libérés, ainsi que la population chrétienne : Syriens, coptes, jacobites, qui tout au long de l'histoire des Occidentaux au Proche-Orient aura constitué une sorte de « cinquième colonne » et apporté un appoint appréciable à leurs entreprises.

Louis IX s'empresse de relever les fortifications de la ville, réparer les fossés, renforcer les murailles et on le voit apporter aussi tous ses soins à la restauration de l'église de Damiette : une vaste église consacrée à la Vierge, qui avait été à plusieurs reprises transformée en mosquée, puis avait de nouveau servi d'église. Elle comportait une vaste cour, et une grande salle de prières à six nefs, que coiffait une coupole. « Le roi fit richement orner de calices, d'encensoirs, de candélabres et de crucifix, de chasubles, d'aubes, d'étoles, de draps d'autel et d'images de Notre-Dame, les églises qui avaient été établies à partir des mosquées. » Le séjour des Francs se pro-

longe pendant près de cinq mois : le roi attendait l'arrivée
de son frère, Alphonse de Poitiers, avec les renforts venus
de France ; or il ne parvient à Damiette que le 24 octobre.
Ce n'est que le 20 novembre, après la décrue du Nil, que
l'armée se met à nouveau en marche en direction du
Caire.

A Damiette, Marguerite de Provence, alors enceinte, se
voyait confier la garde de la ville. Restaient avec elle les
autres femmes de l'expédition. La vie s'organisa dans une
cité qui ne manquait pas de ressources et à laquelle les
vaisseaux marchands italiens, qui en fréquentaient le
port, fournissaient du ravitaillement. Damiette constituait
la base arrière des Francs. Une navette de bateaux fut
établie sur le Nil, entre la ville et le bras du fleuve appelé
Bahr el-Saghir, pour fournir aux troupes en marche les
vivres nécessaires.

Au mois de décembre, les Francs arrivèrent face à la
forteresse de la Mansourah, que le sultan d'Egypte avait
eu le temps de faire fortifier. L'armée égyptienne se trouvait regroupée de l'autre côté du fleuve. Après plusieurs
semaines d'une véritable « guerre de position », les Francs
passèrent le fleuve à gué et l'assaut fut donné au début de
février 1250. L'affaire s'engagea bien mais l'impétuosité
de Robert d'Artois, le frère du roi, sa désobéissance aux
ordres donnés, remirent tout en cause après de furieux
combats. C'est à cette occasion que Joinville rapporte le
mot du comte de Soissons, resté dans les mémoires :
« Sénéchal, laissons huer cette chiennaille, nous en parle-
rons encore vous et moi de cette journée dans les
chambres des dames. »

Les dames regroupées à Damiette apprenaient bientôt
les nouvelles alarmantes qui leur venaient jour après jour
de l'armée. Le sultan Touran-shah, pour couper les Francs
de leur base, avait fait construire une flottille de vaisseaux de guerre, qui fut transportée en pièces détachées à
travers le désert à dos de chameaux, puis mise à l'eau et
remontée jusqu'au cours inférieur du Nil, de façon à
intercepter les convois de ravitaillement. Un combat eut
lieu le 16 mars 1250, à la suite duquel l'envoi des navettes
devint impossible. A la dysenterie, compliquée probable-

ment de cas de scorbut, qui sévissait déjà dans les rangs de l'armée, s'ajouta dès lors la famine. Le roi lui-même était gravement malade et le moral des troupes s'en ressentait.

Marguerite était alors sur le point d'accoucher. Elle vivait des journées d'angoisse terribles et des nuits pleines de cauchemars, que Joinville nous raconte de manière pathétique. Un vieux chevalier commis à sa garde, qui couchait au pied de son lit, la rassurait : « Madame, n'ayez pas peur, car je suis ici. » Avant d'accoucher, elle fit sortir tout le monde de sa chambre sauf ce chevalier, et lui fit prêter le serment « que, si les Sarrasins prennent cette ville, vous me coupiez la tête avant qu'ils ne me prennent » ; et le chevalier répondit : « Soyez certaine que je le ferai volontiers, car je l'avais déjà bien pensé que je vous occirais avant qu'ils nous eussent pris. » Un historien de notre temps, Paul Deschamps, grand spécialiste des expéditions au Proche-Orient et des forteresses construites par les Croisés, a pu identifier le vieux chevalier. Sa promesse a servi de devise à sa famille depuis l'époque des Croisades : il s'appelait d'Escayrac et la devise est « Y pensais ».

Finalement, à la suite de malentendus ou plus probablement d'une trahison, l'armée franque dut se rendre le 6 avril 1250. Tous furent faits prisonniers, y compris le roi, et une bonne partie des Francs furent massacrés. Dans le même temps Marguerite accouchait d'un fils, qui fut appelé Jean et surnommé Tristan, « pour la grande douleur du temps où il naquit ». Pour mettre le comble à son inquiétude, on vint la prévenir que les escadres italiennes, génoises ou pisanes, qui fréquentaient la ville et surveillaient l'entrée du port, se préparaient au départ.

Marguerite eut vite fait d'évaluer la situation : étant donné les nouvelles qui lui étaient parvenues de l'armée, la possession de Damiette restait la seule monnaie d'échange valable pour espérer obtenir le retour des prisonniers. Elle fit aussitôt convoquer dans sa chambre les principaux patrons de navires ; c'était le lendemain même de son accouchement. La suite de l'histoire vaut d'être rapportée par la bouche même de Joinville : « Elle (la reine) les manda tous devant son lit, si bien que la chambre fut toute pleine, et leur dit : " Seigneurs, pour l'amour de Dieu, ne laissez pas cette ville, car vous voyez que messire le roi serait perdu et tous ceux qui sont pris, si elle était perdue; et s'il ne vous plaît (si cela ne suffit pas), que pitié vous prenne de cette chétive créature (son fils, Jean-Tristan), qui gît ici, en sorte que vous attendiez jusques à temps que je sois relevée ". Et ils répondirent : " Madame, comment ferons-nous, car nous mourrons de faim en cette ville ? " Et elle leur dit qu'ils ne s'en iraient point par famine (pour cause de famine) : " car je ferai acheter toutes les viandes en cette ville, et je vous retiens tous dès à présent aux dépens du roi ". Ils se consultèrent et revinrent à elle et lui octroyèrent qu'ils demeureraient volontiers et la reine (que Dieu absolve!) fit acheter toutes les viandes de la ville (tout le ravitaillement disponible) qui lui coûtèrent trois cent soixante mille livres et plus. Elle dut se relever avant son terme, pour la cité qu'il fallait rendre aux Sarrasins, et s'en vint en Acre pour attendre le roi. »

Ce faisant, Marguerite de Provence a tout simplement sauvé le roi et ce qui restait de l'armée, la cité de Damiette étant remise en échange de leurs vies et de leur libération. Cela donne tout son prix aux termes dont Saint Louis a usé lors de sa discussion avec les envoyés du sultan, que Joinville, toujours lui, a racontée précédemment : « Quand ils virent (les « Sarrasins ») qu'ils ne pourraient vaincre le bon roi par les menaces, ils revinrent à lui et lui demandèrent combien il voudrait donner d'argent au sultan et avec cela, s'il leur rendrait Damiette. Et le roi leur répondit que, si le sultan voulait prendre de lui une somme raisonnable de deniers, il manderait à la reine qu'elle les payât pour leur délivrance; et ils dirent : " Comment est-ce que vous ne voulez pas dire que vous ferez ces choses? " (Pourquoi ne voulez-vous pas vous y engager vous-même?) Et le roi répondit qu'il ne savait si la reine le voudrait faire, pour ce qu'elle était sa Dame. » Cette affirmation du pouvoir de décision de la Dame avait certes de quoi surprendre des musulmans. « Et alors les conseillers retournèrent parler au sultan et rapportèrent au roi que si la reine voulait payer un million de besants d'or, qui valait cent mille livres, il délivrerait le roi. Et le roi leur demanda sur leur serment si le sultan les délivrerait pour autant en cas que la reine le voulût faire. »

Et c'est ainsi que les pourparlers s'achevèrent sur la promesse de cinq cent mille livres pour la délivrance de l'armée, et la ville de Damiette en échange de la personne même du roi.

Joinville raconte plus loin comment, « avant que Damiette fût rendue, on avait recueilli la reine en nos nefs avec tous nos gens qui étaient en Damiette, excepté les malades. Les Sarrasins les devaient garder par leur serment : ils les tuèrent tous. Les engins du roi (machines de guerre), qu'ils devaient garder aussi, ils les découpèrent en pièces ; et les chairs salées qu'ils devaient garder, car ils ne mangent pas de porc, ils ne les gardèrent pas, mais ils firent un lit des engins, un lit de bacons et un autre de gens morts et mirent le feu dedans ; et il y eut si grand feu qu'il dura le vendredi, le samedi et le dimanche ». Alors qu'il était encore prisonnier, le roi voulut protester contre ces manquements au serment que les émirs lui avaient prêté. « Il envoya le frère Raoul, frère prêcheur, à un émir qui avait nom Fares-Eddin-Octay, l'un des plus loyaux Sarrasins, ajoute Joinville, que j'eusse jamais vus. Et lui manda qu'il s'émerveillait fort, comment lui et les autres émirs souffrirent qu'on lui eût si vilainement rompu les trêves faites, car on lui avait tué les malades qu'ils devaient garder, on avait mis ses engins en pièces et brûlé la chair de porc salée qu'ils devaient garder aussi. Fares-Eddin-Octay répondit à frère Raoul et dit : " Frère Raoul, dites au roi qu'à cause de ma Loi je n'y puis remédier et cela me pèse, et dites-lui de ma part qu'il ne laisse en rien paraître que cela lui fasse peine, tant qu'il sera entre nos mains, car il serait mort. " Et il fut d'avis que, sitôt que le roi serait en Acre, il lui en souvînt. » Le roi s'en souviendra effectivement par la suite, et ce manque de parole devait justifier pour lui le non-paiement du reste de la rançon qui avait été convenue. La reddition de Damiette eut lieu le 6 mai 1250.

Les historiens des XIXᵉ ou XXᵉ siècles ont, en général, minimisé la part prise par la reine Marguerite en ces circonstances dramatiques; certains ont eu quelque difficulté à reconnaître l'autorité dont elle disposait. Le récent historien de Marguerite de Provence, Gérard Sivery, est quant à lui perplexe : il pense que Saint Louis « laisse à la reine les choix décisifs, ce qui permet de gagner du temps. Mais la suite, ajoute-t-il loyalement, montre que Marguerite de Provence se comporte en véritable chef, prend même, parce que l'urgence le commande, des décisions qui n'étaient pas prévues. Bien que nous ne possédions pas d'actes prouvant de manière incontestable que la reine avait été investie d'un vrai pouvoir lors du départ de Damiette de l'armée royale, elle agit, remarque-t-il, comme si elle en disposait réellement [1] ».

Il flotte toujours quelque malentendu touchant l'autorité dont dispose une reine à l'époque féodale, pour les esprits formés comme les nôtres au droit romain depuis plusieurs siècles. L'épisode serait pourtant convaincant à lui seul : peut-on imaginer qu'une femme tenue étroitement sous la dépendance de son entourage aurait pu prendre si rapidement et avec une pareille autorité des décisions aussi importantes qu'inattendues?

LE COUPLE ROYAL EN TERRE SAINTE

Saint Louis restera en Terre sainte pendant quatre années encore; quatre années bien employées. Entre mai 1250 et avril 1254, il fait fortifier les cités demeurées aux mains des Francs. Dès son arrivée à Acre, où il va résider jusqu'au mois de mars 1251, il reconstruit les remparts. Tout un pan de muraille est élevé de la porte Saint-Antoine à Saint-Lazare, ce qui renforce ce faubourg de Montmusart où s'étaient déroulées les batailles décisives lors de la prise de la ville au temps de Richard Cœur de Lion, un demi-siècle auparavant. C'était, pour reprendre l'expression de l'historien Jean Richard, le début d'une immense campagne de constructions. Tour à tour Cay-

1. Gérard SIVERY, *Marguerite de Provence*, Fayard, 1987, p. 99-100.

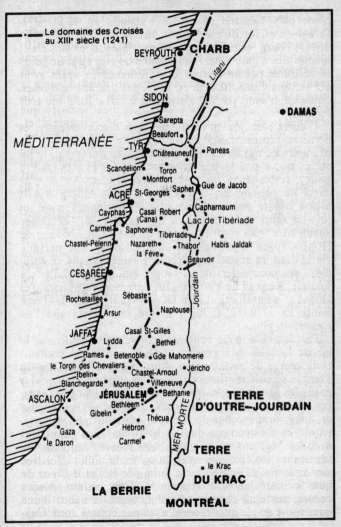

_._._ Le domaine des Croisés
au XIIIᵉ siècle (1241)

CHARB

BEYROUTH

Litani

MÉDITERRANÉE

SIDON

DAMAS

Sarepta

Beaufort

TYR

Châteauneuf • Panéas

Scandelion

Toron

Montfort

Gué de Jacob

ACRE • St-Georges • Saphet

Cayphas

Casal Robert
(Cana)

Capharnaum

Lac de Tibériade

Carmel

Saphorie

Tibériade

Chastel-Pèlerin

Nazareth • Thabor

Habis Jaldak

la Féve

Beauvoir

CÉSARÉE

Jourdain

Rochetaillée

Sébaste

Arsur

Naplouse

JAFFA

Casal St-Gilles

Lydda

Bethel

Rames

Betenoble • Gde Mahomerie

le Toron des Chevaliers

Chastel-Arnoul • Jéricho

Ibelin

Blanchegarde • Montjoie • Villeneuve

ASCALON

JÉRUSALEM • Béthanie

Bethléem

TERRE
D'OUTRE–JOURDAIN

Gibelin

Thécua

MER MORTE

Gaza

Hébron

le Daron

Carmel

TERRE
DU KRAC

le Krac

LA BERRIE

MONTRÉAL

LE DOMAINE DES CROISÉS EN 1241

phas, puis Césarée où le roi s'installa en 1251-1252, furent aussi fortifiées. Ce fut ensuite le tour de Jaffa, dont le bourg jusqu'alors n'était pas défendu, et où s'éleva bientôt une solide muraille flanquée de vingt-quatre tours et défendue par un double fossé. Sidon enfin, après avoir été victime d'une attaque en 1253, par une armée damasquine qui n'avait pas osé s'attaquer à Jaffa, fut à son tour fortifiée.

D'autre part, jouant habilement des discordes entre les derniers représentants de la dynastie ayoubide et les Mamelouks, qui en Egypte s'affrontaient durement, le roi obtint peu à peu la libération de tous les Francs (douze mille), restés dans les prisons égyptiennes. Au dernier envoi de prisonniers, le chef mamelouk Aïberg devait même joindre deux cadeaux adressés personnellement au roi : un zèbre et un éléphant. Si bien que, sans réclamer aucun titre – au contraire de ce qu'avait fait Frédéric de Hohenstaufen –, sans exiger autre chose qu'une parfaite clarté dans les négociations (pour y avoir manqué en entamant des pourparlers de sa propre autorité, le Maître du Temple, Renaud de Vichiers, fut durement réprimandé et amené à s'humilier), Louis IX, lorsqu'il quitte la Terre sainte en avril 1254, lui a assuré une survie que l'on n'espérait plus.

Par Joinville, nous connaissons quelques détails sur la vie de la reine Marguerite pendant que le roi poursuit cette œuvre de restauration. Ainsi, lorsque le Maître du Temple se voit réprimander lors des négociations qu'il a engagées de son propre chef, la reine intervient pour exercer son « pouvoir gracieux » : elle aurait voulu qu'Hugues de Jouy, le maréchal du Temple qui avait été le porte-parole et l'instrument des négociations ainsi ébauchées avec les Mamelouks d'Egypte sans l'assentiment du roi, fût néanmoins épargné. Mais la cohésion, l'unité d'action sont essentielles en une terre aussi divisée, et le roi exige que le maréchal soit chassé de Terre sainte. Mieux encore, grâce au chroniqueur champenois, on saisit quelques traits de vie quotidienne, avec parfois des anecdotes; ainsi celle des « camelins », que le roi demande à Joinville de lui acheter lorsqu'il s'en va en pèlerinage à Notre-

Dame-de-Tortose. Les camelins sont des tissus de poil de chameau, ou plus souvent de poil de chèvre d'Arménie, mélangés d'un peu de laine et de soie. Joinville rapporte les camelins demandés par le roi, mais en fait aussi mettre quatre de côté, bien enveloppés, qu'il destine à la reine. Lorsqu'un chevalier de sa suite les apporte à Marguerite, celle-ci se met à genoux. Le chevalier, stupéfait, de s'agenouiller aussi; sur quoi la reine s'écrie : « Levez-vous, sire chevalier, vous ne devez pas vous agenouiller, vous qui portez des reliques! – Madame, ce ne sont pas des reliques que mon seigneur vous envoie », réplique le chevalier, et chacun d'éclater de rire : la reine s'est agenouillée devant des chiffons. On imagine l'anecdote courant ensuite dans l'entourage, dames d'honneur et filles de service, sur la méprise de la reine.

Marguerite a certainement aussi pris part aux réceptions et négociations du roi durant le séjour en Terre sainte. Ainsi lorsque le jeune prince d'Antioche, Bohémond VI – celui qu'on appelait le Beau Prince –, leur rendit visite à Jaffa, le roi « lui fit grand honneur et le fit chevalier très honorablement », dit Joinville, qui insiste sur l'intelligence dont témoignait le jeune garçon. Il n'avait que quatorze ans à la mort de son père, en 1251, mais sa mère, Lucie de Segni, voulait le tenir en tutelle, alors qu'à cet âge on aurait pu le considérer comme majeur. Le fait d'avoir été armé chevalier allait conférer au jeune homme une certaine autorité. Il reçut de Louis IX des subsides suffisants pour pouvoir fortifier Antioche, tandis que sur le conseil du roi sa mère Lucie recevait un douaire pour résider à Tripoli, et laisser son fils agir en prince.

Celui-ci épousa en 1254 Sibylle, fille du roi d'Arménie Héthoum Ier, ce qui mettait fin à d'anciennes rivalités et rétablissait une solide alliance entre Francs et Arméniens. Alliance d'autant plus souhaitable que le roi Héthoum (Haython) était une forte personnalité, dont le règne exactement contemporain de celui de Saint Louis (1226-1270) fut éminemment bénéfique pour l'Arménie et pour la sauvegarde de la Terre sainte. Tout comme avec les maronites du Liban, la foi chrétienne créait entre Arméniens et Occidentaux un lien solide. Durant toutes les années du séjour de Louis et de Marguerite en Terre sainte se manifestera leur convergence de vues, notamment à propos des Mongols. Si Louis IX envoie des ambassadeurs auprès des Mongols, si Marguerite fait confectionner de riches cadeaux à l'intention du Grand Khan, de leur côté la reine Zabel (une Lusignan) et le roi Héthoum établissent des liens personnels, puisque ce dernier se rend lui-même auprès de Mongka, petit-fils de Gengis khan, en 1254.

Au total, lorsque Louis et Marguerite prennent de nouveau la mer à Tyr, le 25 avril 1254, avec les trois enfants (Jean-Tristan, Pierre et Blanche) qu'ils ont eus outre-mer, ils laissent derrière eux une terre apaisée, où l'on peut se reprendre à espérer reconquérir quelque jour Jérusalem.

Durant le voyage de retour, Marguerite a de nouveau l'occasion de faire montre de sa capacité de décision, et d'abord de sa présence d'esprit. Suite à la négligence d'une servante, alors qu'ils étaient en pleine mer, le feu prit la nuit aux vêtements de la reine, laissés près d'une bougie allumée. Donnons la parole à Joinville : « La reine s'éveilla, elle vit la chambre tout embrasée de feu, et sauta du lit toute nue et prit l'étoffe et la jeta toute en feu à la mer et prit les toiles et les éteignit. Ceux qui étaient dans la barque crièrent à mi-voix : le feu ! le feu ! Je levai ma tête et vis que l'étoffe brûlait encore, flambant tout clair sur la mer qui était très calme... Le lendemain, le connétable de France et Messire Pierre le chambellan et Messire Gervais le panetier dirent au roi : " Qu'y a-t-il eu cette nuit, que nous entendîmes parler de feu ? " Et je ne dis mot. Et alors le roi dit... " Je vous conterai ce qui fait que nous faillîmes être tous brûlés la nuit " et il leur conta comment ce fut. »

L'historien de Marguerite, Gérard Sivery, a très heureusement insisté sur le sens maternel dont elle témoigne, notamment durant quelques épisodes de ce retour de Terre sainte qui fut mouvementé. Ainsi obtient-elle, au passage de la flotte devant l'île de Pantellaria, que trois galères y fassent escale pour se procurer des fruits frais pour ses enfants. Malheureusement les passagers de la galère, une fois à terre, n'en finissent plus : six d'entre eux, fils de bourgeois de Paris, s'attardent à aller dévorer des fruits. La nef royale, ne voyant pas revenir les galères, doit rebrousser chemin, en une contrée peu sûre puisqu'on se trouve entre la Sicile et Tunis, et Marguerite se désole en pensant qu'elle est indirectement cause de ce retard. Le roi ordonne pour finir de mettre les six garçons fautifs dans une chaloupe, rattachée par des cordages à la nef, et c'est ainsi que les coupables termineront le voyage dans l'inconfort, exposés aux vagues qui passent par-dessus bord lors des tempêtes.

Il y a eu plus grave au cours de ce voyage de retour, puisque la nef échoua sur un banc de sable d'où on l'en détacha par miracle, mais moyennant une avarie qui rendait la suite de la traversée très incertaine. Au moment où l'on hésite à quitter la nef, les servantes demandent à Marguerite : « Madame, que ferons-nous de vos enfants ? Doit-on les éveiller et les lever ? » Et la reine répond, persuadée qu'elle est d'une issue fatale : « Vous ne les éveillerez pas, vous ne les lèverez pas, mais vous les laisserez aller à Dieu en dormant. »

Et l'on comprend la joie et l'impatience de la reine lorsque enfin, après six semaines de cette traversée fertile en émotions, elle arrive devant la côte provençale en vue du château d'Hyères, le 10 juillet 1254. Tous les lieux où elle a passé son enfance se trouvent là, sous ses yeux, à portée de barque – et voilà que le roi, lui, décide de repartir : il ne veut débarquer que dans ses propres états, dans la rade d'Aigues-Mortes. Marguerite heureusement trouve un appui, une fois de plus en la personne de Joinville, et d'ailleurs également de la plupart des conseillers ; finalement le roi se laisse convaincre et c'est à Hyères qu'a lieu le débarquement, la fin d'une grande aventure qui avait duré six ans. Pour Marguerite, ce devait être une véritable fête que de se retrouver dans son milieu le plus familier, celui où elle avait passé les premières années de sa vie.

QUATRE SŒURS QUI FURENT QUATRE REINES

Les jours, les semaines, les mois qui vont suivre seront pour le couple royal tout occupés des retrouvailles avec leur famille et l'environnement de leur jeunesse. Pour Louis une grande absence, celle de sa mère Blanche, morte deux ans avant leur retour, en 1252, et universellement pleurée par le peuple, car, disent les *Grandes Chroniques de France* : « Elle avait garde que le menu peuple fût défoulé (exploité) par les riches et gardait bien justice. » En revanche, la joie de retrouver leurs enfants, Philippe, Isabelle, et ce jeune Louis qui n'a encore que dix ans à leur retour, mais dont l'allure, la beauté, l'intelligence font un vivant portrait de son père, est une joie profonde pour les parents, tandis que ces trois aînés font connaissance avec les trois plus jeunes nés en Terre sainte.

Le caractère de retrouvailles familiales va s'accentuer du fait de l'arrivée en France du roi d'Angleterre et de son épouse. Mieux, c'est toute la famille de Marguerite, à commencer par sa mère Béatrice de Savoie, qui s'achemine vers le domaine royal et retrouve le couple de Croisés entre Chartres et Paris. C'est dans cette ville que l'ensemble de la famille va passer Noël 1254. On peut rêver sur cette rencontre. Les quatre sœurs sont devenues quatre reines, Marguerite reine de France ; Aliénor reine d'Angleterre ; Sancie a épousé Richard de Cornouailles qui portera le titre (surtout honorifique) de roi des Romains ; Béatrice enfin est la femme de Charles d'Anjou, roi de Sicile. Ainsi s'était réalisée une prédiction attribuée selon la légende à Romée de Villeneuve et faite à leur père Raymond Bérenger.

Elles fêtent ensemble, avec leur mère, la joie d'un retour où se trouvent effacées les discordes d'antan, lorsque Louis IX avait infligé à son beau-frère Henri III d'Angleterre une défaite sévère au pont de Taillebourg, dix ans auparavant. Mais le sentiment familial commence à prendre le pas sur les revendications territoriales et cela est en partie l'œuvre de Marguerite, car elle a une affection profonde pour Aliénor. Dès ce moment, on peut prévoir le temps où les trêves successives conclues entre roi de France et roi d'Angleterre depuis le début du siècle seront remplacées par une véritable paix, « pour mettre amour entre mes enfants et les siens, qui sont cousins germains », comme le dira plus tard Saint Louis.

Au cours de leur voyage Henri III et Aliénor, accompagnés de Richard de Cornouailles, frère du roi, et de Sancie, sœur de la reine, sont allés à Fontevraud se recueillir devant les gisants des rois Plantagenêt : Henri II, Richard Cœur de Lion et Aliénor d'Aquitaine. Les deux frères prennent soin de faire ajouter un quatrième gisant sur la tombe de leur mère Isabelle d'Angoulême. Puis ç'a été la promenade vers Paris, où en leur honneur le roi a demandé aux bourgeois de ses domaines d'orner les façades de leurs maisons, et de faire sonner les cloches partout où passeraient ses invités. Henri III, qui a un sens artistique raffiné, admire sans réserve la Sainte-Chapelle. De somptueux banquets ont lieu au palais de la Cité, tandis que les pauvres, qu'on n'oublie pas en de telles occasions, sont invités eux aussi et que pour eux on taille des pièces de bœuf et on met en perce les futailles de vin. Lorsque le roi et la reine d'Angleterre s'embarquent à Boulogne, leur flotte emmène un éléphant, cadeau du roi de France – mais aussi une précieuse aiguière en argent, que Marguerite a fait orner de sculptures lui donnant la forme d'un paon et enrichir de pierres précieuses par les orfèvres parisiens.

Cependant elle n'a pas oublié le vœu qu'elle avait fait au cours de ce voyage de retour, où leur nef faillit sombrer. Sur le conseil de Joinville, Marguerite a confié à ces mêmes orfèvres le soin d'exécuter une nacelle d'argent, avec des statuettes qui la représentent elle, la reine, ainsi que le roi, leurs trois enfants et quelques-uns des mariniers. Les voiles, les mâts, les cordages sont modelés en argent, et l'ex-voto ainsi réalisé est remis au sanctuaire de Saint-Nicolas de Varangeville ; on sait que saint Nicolas, l'évêque de Myre en Orient, est le patron des voyageurs et de ceux qui risquent péril en mer.

C'est Joinville qui avait suggéré ce don à la reine. Un demi-siècle plus tard, en 1300, alors que Louis et Marguerite, ses compagnons, sont morts tous les deux, et qu'il a lui-même soixante-seize ans, il accompagne leur petite-fille Blanche jusqu'à Haguenau, où elle va rencontrer l'époux qui lui est promis, Albert de Habsbourg. Sur leur route la jeune fille et le vieil homme s'arrêtent à Varangeville, et ils vont visiter le sanctuaire où trône la nacelle d'argent. Sans doute Joinville a-t-il fait avec émotion à Blanche le récit de ce voyage de retour mouvementé, où il était présent aux côtés du roi et de la reine.

Cinq ans plus tard il prendra la plume, à la demande de la reine de France Jeanne de Navarre; grâce à elle nous possédons ce *Livre des saintes paroles et des bons faiz nostre roy saint looys*, qui nous rend si vivant le « passage outre-mer » de Louis et Marguerite.

Celle-ci avait su convaincre son époux, qui à son retour de Terre sainte voulait abandonner sa couronne pour entrer au couvent, de rester à la place où la Providence l'avait mis pour rendre la justice, gouverner sagement son peuple et maintenir la paix. Mais elle ne pourra le dissuader d'entreprendre une nouvelle expédition au secours du Proche-Orient chrétien. Cette fois, pourtant, elle décide de rester, et laisse partir le roi avec son frère Alphonse et l'épouse de celui-ci, Jeanne de Toulouse, tandis que Charles d'Anjou et Béatrice doivent les rejoindre plus tard. Sans doute pense-t-elle qu'aux approches de la cinquantaine elle n'aura plus la force de supporter des épreuves comme celles endurées à Damiette vingt ans auparavant.

C'est à Vincennes que se séparent les deux époux, le 16 mars 1270. Déjà, dans le peuple, Louis est pour tous le « saint roi »; et quand après sa mort à Carthage, le 25 août suivant, ses ossements seront ramenés et ensevelis dans l'abbatiale de Saint-Denis, les miracles se multiplieront au point qu'une première enquête sur sa sainteté aura lieu dès 1272. Marguerite verra s'ouvrir l'enquête officielle en vue de la canonisation de son époux, en 1282; elle ne mourra qu'en 1295 – deux ans avant que Saint Louis soit élevé sur les autels. Plus heureux qu'elle, Joinville, qui ne meurt qu'en 1317, pourra consacrer une chapelle au roi qui avait été son compagnon en Terre sainte.

11

La fin d'un royaume

« Malheur à moi, quelle douleur attriste mon âme et quelle flamme d'affliction me dévore!

« En parlant de Tripoli, je commence par " Malheur à moi! " car la douleur m'étreignait avant même de composer ce poème sur les chrétiens et sur ce qui leur est arrivé à eux et à leurs enfants... Combien ils ont tué d'enfants sous les yeux mêmes de leur mère, et ces enfants disaient : " Mère, ce jour, d'où est-il venu? " et elles répondaient : " Mon fils chéri, ne me parle point ; lumière de mes yeux, je ne puis rien pour toi. "

« Que d'enfants restés orphelins, tandis qu'on étouffait la mère et qu'il pleurait affamé sur son sein! Les femmes infortunées, petites filles, vierges, épouses et aussi les jeunes garçons gémissaient en criant : " Malheur à nous!... " Combien ils ont traîné de jeunes filles par les cheveux, qu'ils couraient mener en hâte au marché pour les vendre et en tirer de l'argent, tandis que les larmes inondaient leurs joues, et elles disaient : " Ô Créateur! Est-ce ton bon plaisir qui nous traite ainsi? Nous qui étions puissantes, riches et jeunes, nous nous sommes trouvées dans le marché et tous ceux qui y venaient nous examinaient, tandis que nous n'avions pas connu d'autres marchés que celui où l'on vend les bestiaux et les troupeaux... "

« Aurais-je jamais cru que Tripoli pût être détruite si je n'y étais pas allé, si je ne l'avais pas vu de mes yeux?... Un miracle de beauté : qui le voit reste stupéfait et ébahi... et aujourd'hui, la voilà détruite, déserte et sans habitants : Dieu l'a donnée pour demeure aux oiseaux et aux hiboux...

« Voilà le récit de ce qui est advenu aux chrétiens quand ils furent abattus. »

Ce poème a été écrit deux siècles environ après la prise de Tripoli, qui eut lieu le 27 avril 1289. Son auteur est l'évêque syrien de Nicosie, dans l'île de Chypre, nommé Gabriel Bar Kala'i. Il a des accents si poignants qu'on pourrait croire son œuvre composée au lendemain des événements. A Chypre, il est vrai, leur souvenir s'est transmis de façon plus vivante et plus présente qu'en Occident : on s'y trouvait confronté à la civilisation islamique, ou du moins tout proche de cette civilisation ; et c'est à Chypre que le royaume latin de Jérusalem a vécu deux cents ans encore après que les chrétiens eurent été chassés de Terre sainte, en 1291.

Saint Louis, en effet, avait apaisé les anciennes rivalités d'ordre féodal, mais on allait bientôt voir s'aggraver les rivalités commerciales, lesquelles sont inexpiables et ne connaissent pas de limites.

On a vu comment, autour de l'église de Saint-Sabas à Acre, que Vénitiens et Génois se disputaient, naquit une guerre qui allait ensanglanter toute la Syrie franque, pour finalement l'acheminer vers sa ruine. Les hostilités entre Génois et Vénitiens provoquèrent ce que nous appellerions des réactions en chaîne. Les sires de Gibelet (Jebaïl) étaient d'origine génoise, et Philippe de Montfort, le seigneur de Tyr, prenait fait et cause pour eux, de même que les Hospitaliers ; au contraire leurs rivaux traditionnels, les Templiers, soutenaient les Vénitiens, de même que les sires d'Ibelin, seigneurs de Beyrouth et de Jaffa ; Pisans et Provençaux adoptaient leur parti, cependant que les Catalans prenaient celui des Génois, etc.

Saint Louis avait affermi à Antioche-Tripoli l'autorité de Bohémond VI, le Beau Prince. Sa sœur aînée, Plaisance d'Antioche, avait épousé le roi de Chypre Henri Ier, qui mourut en 1253, avant même le départ des Français. Il ne laissait qu'un fils âgé de quelques mois, Hugues II, qu'on appelait Huguet. Alarmé par l'extension de la

« guerre de Saint-Sabas », Bohémond VI se rendit à Acre avec Plaisance et Huguet. Réunissant les notables, il tenta de leur faire reconnaître pour ce dernier la « seigneurie du royaume de Jérusalem », tandis que sa mère en devenait régente comme elle l'était déjà du royaume de Chypre : « la plus vaillante dame qui soit au monde », disent d'elle les chroniqueurs. La plupart des membres de l'assemblée prêtèrent serment, à l'exception toutefois des Génois et des Catalans, soutenus par les Hospitaliers. En effet ces derniers arguaient des droits de Conradin, petit-fils de la reine Isabelle de Jérusalem, l'épouse de Frédéric de Hohenstaufen.

Cette assemblée tenue le 1er février 1257 comportait d'ailleurs un arrière-plan sentimental, car depuis trois ans déjà Plaisance d'Antioche était fiancée avec Balian d'Ibelin, qui en était tombé amoureux à l'âge de quinze ans. Leur mariage avait été interdit par les autorités ecclésiastiques pour raison de consanguinité. C'est à l'occasion du séjour de Plaisance et de Bohémond que les deux amoureux consentirent à se séparer, et qu'un vent d'apaisement souffla dès lors entre les Ibelin et les sires d'Antioche.

La lutte entre Vénitiens et Génois ne s'en poursuivait pas moins au point que, d'après l'*Histoire d'Eraclès*, « la cité d'Acre fut affaiblie par cette guerre comme si ce fut une cité détruite par une guerre entre chrétiens et Sarrasins ». Un épisode qui eut lieu probablement en 1258 en montre le caractère tragique. Ce même Bohémond VI qui tentait de rétablir l'ordre fut attaqué à Tripoli par Bertrand de Gibelet, qui le blessa de sa propre main d'un coup d'épée au moment où il franchissait la porte de la cité. Quelque temps après, les fidèles du prince d'Antioche surprirent Bertrand, l'assaillirent et le tuèrent, puis ils lui coupèrent la tête et la portèrent à Bohémond.

En vain Geoffroy de Sergines, que Louis IX avait commis à la garde de la Syrie avec cent chevaliers et le titre de sénéchal du royaume, tenta de ramener l'ordre. Il fut investi de la baylie par la régente Plaisance d'Antioche. Celle-ci allait mourir le 27 septembre 1261, ce qui ouvrait de nouveau la succession, en tout cas à la régence, puisque l'héritier du royaume restait Conradin, fils de

Conrad IV de Hohenstaufen. La princesse Isabelle de Lusignan revendiqua la régence du royaume de Jérusalem, tandis qu'à Chypre son fils, Hugues d'Antioche-Lusignan, devenait régent pour son cousin germain le petit Huguet, âgé de huit ans seulement à la mort de sa mère Plaisance.

Cependant une diversion inespérée se produisit, avec l'avance des forces mongoles en direction de la Terre sainte.

Dokouz-Katoun, la descendante des Rois Mages

Le khan mongol Hulagu, petit-fils de Gengis khan, avait passé l'Amou-Daria au mois de janvier 1256. Personne ne se méprenait sur ses intentions. Au reste, dès la fin de cette même année 1256, il avait contraint le fameux Maître des Assassins, le chef de la secte chiite qui, retranché dans sa forteresse d'Alamout, avait jusqu'alors défié tous les assauts y compris ceux des Seldjoukides, à venir s'humilier devant lui. Le 20 décembre, le Maître des Ismaéliens fut « admis à l'honneur de baiser la terre » devant le khan Hulagu. Ce dernier envoya ensuite son terrible prisonnier sous bonne garde à son frère le Grand Khan Mongka, lequel donna l'ordre de le faire assassiner en cours de route.

Les Mongols étaient dès lors installés en Iran. Ils ne manifestaient aucune sympathie pour le monde de l'Islam; en revanche, l'épouse même d'Hulagu – son épouse principale – Dokouz-Katoun, était chrétienne. La Perse avait été évangélisée avant l'invasion musulmane, en partie par des chrétiens professant l'hérésie de Nestorius (qui, au ve siècle, niait certains aspects du dogme de l'Incarnation); de là leurs disciples avaient gagné plusieurs régions de l'Extrême-Orient. Nombreux étaient les chrétiens nestoriens dans l'entourage des princes mongols et Saint Louis n'avait pas manqué de rechercher leur alliance, puisque par deux fois il avait envoyé des ambassadeurs auprès du Grand Khan. Un moine arménien nommé Vartan était le confident de Dokouz-Katoun et

nous a laissé une sorte de chronique. Il y note qu'elle
« avait une affection sincère et une considération particulière pour les chrétiens de quelque nation qu'ils fussent
et sollicitait leurs prières ». Il en était de même, ajoute-
t-il, de Hulagu.

Celui-ci devait certain jour recevoir les princes chrétiens accompagnés de leurs prélats. « Dans le nombre,
écrit Vartan, j'aperçus Héthoum, roi d'Arménie, David,
roi de Géorgie, le prince d'Antioche (Bohémond VI)... On
nous dispensa de fléchir le genou et de nous prosterner
suivant l'étiquette tartare, les chrétiens ne se prosternant
que devant Dieu... Les premières paroles que m'adressa
Hulagu furent celles-ci : " Je t'ai fait appeler pour que tu
fasses connaissance avec moi et pour que tu pries pour
moi de tout ton cœur "... et remarquant les moines et prélats qui entouraient les princes, il ajouta : " Comment ces
moines sont-ils venus de partout en même temps pour me
visiter et me bénir? Je crois que c'est une preuve que
Dieu est incliné en ma faveur. " » L'épisode se passait
quelque temps après la prise de Bagdad par Hulagu en
1258, qui fut l'occasion d'un affreux massacre de population. Son épouse obtint la vie sauve pour les chrétiens, et
fit ensuite réédifier les églises qui leur avaient appartenu.
Le moine Hayton, dans sa chronique fameuse intitulée
Flor des histoires d'Orient, indique qu'elle était « chrétienne et du lignage des trois rois mages qui vinrent ado-
rer la nativité de Notre-Seigneur ».

Ce qui se passa ensuite représentait une extraordinaire
chance de survie pour les royaumes chrétiens de Palestine, ou du moins ce qui en subsistait. L'invasion des
terres d'Islam par les Mongols, soutenus par le roi
Héthoum d'Arménie et par le prince Bohémond d'Antioche, prenait l'allure d'une nouvelle « Croisade ». Dès
1260 la cité d'Alep tombait entre leurs mains. Bientôt
Hama, puis Damas, tombaient à leur tour. Un immense
espoir s'ouvrait désormais grâce aux Mongols, très favorables aux chrétiens; et l'alliance entre le roi Héthoum
d'Arménie et Bohémond, devenu son gendre (puisqu'il
avait épousé sa fille Sibylle en 1254), était ouvertement
favorable aux Mongols. Quelque temps, on a pu penser

que ceux-ci allaient libérer Jérusalem, comme l'écrit l'auteur de la *Flor des histoires d'Orient* : « Hulagu le khan des Mongols entendait entrer dans le royaume de Jérusalem pour délivrer la Terre sainte et rendre celle-ci aux chrétiens. »

C'est alors que Mongka, le Grand Khan des Mongols, mourut inopinément en Chine le 11 août 1259. Après l'annonce de cette mort, les divers membres de sa famille se disputèrent le pouvoir suprême. L'un de ses frères, Kubilaï, fit appel à son autre frère Hulagu, et ce dernier dut interrompre la conquête de la Syrie pour ramener l'ensemble de l'armée mongole vers la Perse. Il ne laissait qu'une petite partie de ses hommes – vingt mille disent les uns, dix mille plus probablement selon les autres – en Palestine, sous les ordres d'un gouverneur, Kitbuka. Celui-ci était d'ailleurs un chrétien nestorien ; toujours selon la chronique du moine Hayton, « il aimait et honorait beaucoup les chrétiens ».

Eussent-ils tous manifesté la même clairvoyance, le même désir d'entente que le Beau Prince Bohémond, chrétiens et Mongols auraient pu tenir tête ensemble aux terribles Mamelouks. Mais la plupart des chefs chrétiens paraissent alors atteints d'un aveuglement politique qui n'avait d'égal que leur ambition et leur avidité, sans parler des rivalités commerciales qui continuaient à ensanglanter la cité d'Acre. Après les espoirs ouverts par les triomphes mongols de l'année 1260, ce fut, le 3 septembre de cette même année, le désastre d'Aïn Jaloud, où fut tué Kitbuka et son armée mise en déroute. Le sultan Koutouz ne tarda pas à faire sa rentrée dans Damas, où il fut du reste bientôt assassiné par un autre sultan dont le nom allait marquer les annales de la Terre sainte : Baïbars. Avec lui, les Mamelouks allaient régner en maîtres, et en maîtres à qui demeuraient totalement étrangères les valeurs chevaleresques de Saladin, voire de la dynastie ayoubide.

DERNIERS ESPOIRS ET DERNIERS FEUX

On pouvait dès lors prévoir la suite de l'histoire. Elle aligne un sinistre calendrier de défaites, de destructions et de massacres – lesquels ne semblent pas entamer cette sorte d'inconscience généralisée des chrétiens de l'ancien Royaume latin. Ils ne cessent pas pour autant de s'user en rivalités hors de propos, tandis que leurs légistes mettent minutieusement au point un ensemble – d'ailleurs remarquable – de droit féodal, qui s'intitule *Les Assises de Jérusalem*; son unique défaut est de se vider peu à peu de toute réalité, au fur et à mesure des trente années de survie du royaume sur un domaine qui se rétrécit comme peau de chagrin.

C'est d'abord, dès 1263, la destruction de l'église de Nazareth, des établissements du mont Thabor et de Kaboul, puis en 1265 la prise de Césarée, aux remparts desquels avait travaillé en personne le roi Saint Louis. Vient ensuite la chute de puissantes forteresses comme celle d'Athlith, des citadelles de Haïfa et d'Arsouf. Jaffa se trouve alors totalement isolée au sud de ce qui avait été le Royaume latin. Puis c'est Safed qui tombe, le magnifique château des Templiers, dont Baïbars fait massacrer toute la garnison après lui avoir promis la vie sauve si elle cessait de se défendre. En 1268 les Templiers doivent aussi céder Beaufort, après la prise de Jaffa demeurée tel un îlot dans la marée montante des Turcs – et c'est enfin la ville d'Antioche qui tombe, le 20 mai.

A cette date de 1268, les deux royaumes de Chypre et de Jérusalem se trouvent de nouveau réunis en une même main, celle d'Hugues d'Antioche-Lusignan, devenu Hugues III de Chypre l'année précédente.

De son côté le dernier descendant des Hohenstaufen, Conradin, meurt exécuté par Charles d'Anjou le 29 octobre; avec lui s'éteignaient les visées impériales sur le royaume de Jérusalem. Hugues III reçut donc la couronne, qui lui fut solennellement remise suivant l'ancien rituel dans la cathédrale de Tyr, l'année suivante, le 24 septembre 1269. Elle se révélait lourde à porter, mais

Hugues était un prince sage et avisé, doté d'un sens politique qui en de meilleures circonstances aurait peut-être pu sauver le royaume. Son premier soin fut d'apaiser les querelles qui divisaient les seigneurs et qu'attisait toujours la concurrence des marchands, vénitiens et génois surtout. Le seigneur de Tyr Philippe de Montfort avait pris parti pour les Génois et, de ce fait, restait sur la défensive vis-à-vis des chrétiens d'Acre, où, depuis la guerre de Saint-Sabas, les Génois avaient été exclus par les Vénitiens.

Hugues III sut provoquer une réconciliation d'où dépendait évidemment le sort du royaume et, loin de s'opposer à Philippe, il donna pour épouse à son fils Jean sa propre sœur, Marguerite d'Antioche. C'était une beauté éblouissante, à en croire l'auteur des *Gestes des Chyprois*, le Templier de Tyr, qui allait être son page lors des épousailles prévues (même si dans ces éloges qui reviennent sous la plume des chroniqueurs, on ne peut toujours démêler objectivité et convention littéraire) : « Cette dame fut la plus belle dame ou demoiselle qui fut outre-mer, à cette époque, et spécialement de visage – c'est bien peu de le dire assurément car je la vis très souvent, comme celui qui fut un de ses quatre valets et qui la servirent la première année... Et ce fut, ajoute-t-il, une très bonne et très sage dame, et généreuse en aumônes, et ils s'aimèrent beaucoup elle et mon seigneur, son époux. » Le mariage de Marguerite et de Jean de Montfort fut célébré avec éclat à Nicosie, dans l'île de Chypre, et le roi Hugues III lui-même les accompagna ensuite jusqu'à Famagouste, où ils prirent la mer en direction de Tyr. Il passait vers le même temps un accord avec son nouveau beau-frère, pour que les Vénitiens laissent les marchands génois revenir dans le port d'Acre.

Nul ne se doutait alors de la sentence de mort portée dès ce moment par le sultan Baïbars contre le seigneur de Tyr, Philippe. Il voyait en lui, non sans raison, le seul chevalier capable de s'imposer et de défendre ce qu'il restait de la Syrie franque. « Baïbars, sultan de Babylone, écrit le Templier de Tyr, savait bien que Messire Philippe de Montfort, seigneur de Tyr, était un très sage seigneur et que rien ne se faisait entre chrétiens de Syrie qu'avec son assentiment et il savait même qu'il envoyait lettres et messages aux rois et seigneurs d'Europe, pour les faire venir au-delà des mers ; aussi, ledit sultan voulut le tuer. » Il s'adressa aux tueurs professionnels d'alors, ces fameux Assassins dont les Mongols avaient détruit le repaire, mais qui subsistaient au Liban. Deux d'entre eux se présentèrent au prince et demandèrent le baptême. Philippe de Montfort accepta de servir de parrain à l'un d'entre eux, et le scénario se déroula un peu comme celui qui, trois quarts de siècle auparavant, avait abouti au meurtre de Conrad de Montferrat.

Le dimanche 17 août 1270, dans la chapelle de Tyr où se trouvait Philippe de Montfort, l'un des assassins se présenta pour l'offrande et planta son poignard dans le corps du seigneur, pour se jeter ensuite sur Jean de Montfort, agenouillé en prière. « Le seigneur de Montfort sortit de sa chapelle et il marchait bien sur ses pieds et il cria alors aux sergents : " Allez secourir mon fils à la chapelle, qu'un Sarrasin est en train de tuer. " Et tous coururent à la chapelle et tuèrent l'assassin et délivrèrent le jeune seigneur de Tyr qui vint vers son père ; et son père ouvrit les yeux et le vit sain et sauf, alors il leva ses deux mains vers le ciel, remerciant Dieu, sans parler davantage et son âme s'envola et il mourut. » Ainsi disparaissait celui qui aurait pu tenir tête au sultan et aux Mamelouks quand Hugues III se trouvait à Chypre.

Sur ce la mort de Saint Louis à Carthage, le 25 août 1270, deux mois seulement après son second départ outre-mer, anéantit les espoirs que les chrétiens du Proche-Orient avaient pu placer en sa venue. Dans le même temps échouait l'expédition des infants d'Aragon. Seul le roi d'Angleterre, Edouard Ier, poursuivit et accomplit son vœu de Croisé en débarquant à Acre. En 1271 Baïbars enlevait coup sur coup trois des plus belles forteresses édifiées en Terre sainte par les chevaliers francs : Châtel-Blanc (Safita), appartenant aux Templiers, le Krak des Chevaliers, appartenant aux Hospitaliers – la forteresse imprenable qui dut se rendre lorsque ses occupants n'eurent plus de cordes pour tirer l'eau du puits – et enfin Akkar, appartenant aussi aux chevaliers de l'Hôpital.

Le roi d'Angleterre Edouard, quant à lui, faisait relever les murailles d'Acre, mais, étant donné le petit nombre d'hommes qu'il avait pu amener, il ne pouvait prétendre à des opérations d'envergure. Baïbars, au reste, tenta de se débarrasser d'un ennemi énergique en employant, une fois encore, un de ces Ismaéliens qui, selon une méthode bien au point, se faisaient passer pour des Sarrasins désirant le baptême. L'attentat eut lieu le 16 juin 1272 dans une rue d'Acre : Edouard Ier put se défendre et en réchappa. Lorsqu'il se rembarqua, toujours à Acre, le 22 septembre de la même année, il avait conclu avec le sultan et le roi Hugues III une paix valable dix ans.

Le séjour de l'expédition anglaise allait avoir une autre conséquence curieuse. L'un de ses membres, que les chroniques appellent Edmond l'Estrange (l'étranger), était tombé amoureux d'Isabelle, fille et héritière du sire de Beyrouth, Jean II d'Ibelin. Peu de temps après l'avoir épousée, Edmond l'Estrange, malade et sentant sa mort prochaine, eut l'idée surprenante de mettre son épouse Isabelle et leur ville de Beyrouth sous la protection du sultan Baïbars ! Celui-ci allait donc se trouver suzerain, voire régent, d'une cité chrétienne comme Beyrouth. Cela, Hugues III ne pouvait l'accepter. Il se rendit à Beyrouth, fortifia la ville et emmena Isabelle à Chypre. Or – cela indique bien l'état de décomposition dans lequel se trouvaient les forces de la Syrie franque – les Templiers prirent dans cette affaire le parti de Baïbars. Une fois de plus, comme ils l'avaient fait au temps de Saint Louis, les chevaliers du Temple entendaient n'agir qu'à leur guise et ne laissaient passer aucune occasion de manifester leur esprit d'indépendance. C'est dire si le Mamelouk se sentait à l'aise vis-à-vis du royaume chrétien, dont les forteresses tombaient l'une après l'autre en son pouvoir.

Lorsqu'il mourut en 1277, à cinquante ans, aucun de ses fils, encore jeunes, ne put recueillir sa succession ; c'est l'un de ses anciens compagnons, le sultan Qalaoun, qui s'en empara. La décomposition du royaume chrétien n'avait fait entre-temps que se précipiter, notamment avec les menées du nouveau Maître du Temple – encore une fois –, Guillaume de Beaujeu, et de Charles d'Anjou, le plus jeune frère de Saint Louis, dont il s'était fait l'allié et qui ambitionnait la couronne de Jérusalem. Le drame fameux des Vêpres siciliennes, qui vit la population de Messine et des alentours se révolter contre ses représentants français et massacrer tous les Francs de Sicile, anéantit cependant en mars 1282 les ambitions de Charles. Hugues III mourut à Chypre deux ans plus tard, sans avoir jamais pu exercer pleinement ses droits sur un royaume désormais abandonné à lui-même et voué à sa perte.

Après la mort prématurée de son fils aîné Jean, son second fils Henri, roi de Chypre à quatorze ans, en 1285, fut appelé l'année suivante par les chrétiens d'Acre à recueillir un trône fantôme.

Celui que la chronique de Léonce Machéras appelle le « bon roi Henri » reçut le 15 août 1286 la couronne de Jérusalem – jadis refusée par Godefroy de Bouillon –, dans la cathédrale de Tyr, des mains de l'archevêque. Henri II n'avait que quinze ans et il était épileptique. Son couronnement n'en donna pas moins lieu à des fêtes fastueuses avec tournois et spectacles, comme les aimait cette chevalerie de Syrie et de Chypre dont les goûts frisaient volontiers l'extravagance. « Ils tinrent fête quinze jours dans un lieu en Acre qui s'appelle l'auberge de l'Hôpital-de-Saint-Jean, là où il y avait un fort grand palais. Et fut la fête la plus belle que l'on sache depuis cent ans de réjouissances et de tournois. Ils contrefirent la Table ronde et la reine de Féminie : c'est à savoir de chevaliers vêtus comme dames qui joutèrent ensemble ; puis contrefirent des nonnains (religieuses) qui étaient avec moines et joutèrent les uns contre les autres ; et contrefirent Lancelot, Tristan et Palamède et beaucoup d'autres jeux délectables et plaisants. » A lire ces pages écrites par Gérard de Montréal [1], on pense aux fêtes et déguisements auxquels s'est plu la société de l'Ancien Régime en ses dernières années, à la veille de la Révolution.

Le roi Henri regagna Chypre peu après son couronnement, en novembre 1286, en confiant Acre à Philippe d'Ibelin. La situation avait été passablement envenimée à

1. Celui qu'on nomme, inexactement du reste, le Templier de Tyr.

Tripoli, fort bien située du point de vue commercial et riche de son industrie textile, après la mort du prince Bohémond VII, dont l'héritage se trouvait disputé entre sa mère, l'Arménienne Sibylle, et sa sœur Lucie. Une troisième force était constituée dans la cité par les bourgeois et les marchands, en l'espèce une commune libre qui parvint à obtenir l'appui de l'étonnant homme de guerre que fut alors le Génois Benedetto Zaccaria. Les troubles et les discordes qui en résultaient ne pouvaient manquer d'attirer l'attention du sultan Qalaoun ; le Maître du Temple lui-même, Guillaume de Beaujeu, avait vainement tenté d'avertir les gens de Tripoli du danger où les mettaient leurs querelles. Le résultat allait être l'entrée des Mamelouks dans Tripoli, le 27 avril 1289, marquée par un épouvantable massacre, la population passée au fil de l'épée ; l'horreur de cette tuerie sans merci est longtemps restée dans les mémoires, au point de susciter encore, près de deux cents ans plus tard, le poème de lamentations cité plus haut.

LA CHUTE DE SAINT-JEAN-D'ACRE

Le chroniqueur arabe Aboul Fida nous décrit le spectacle : « Quand les musulmans eurent fini de tuer les habitants et de saccager la ville, le sultan la fit raser jusqu'au sol. Près de la ville était une île séparée par le port et où s'élevait une église de Saint-Thomas. Après la prise de Tripoli, une foule énorme, hommes et femmes, s'enfuit dans l'île et dans l'église. Les musulmans se précipitèrent dans la mer à cheval et atteignirent l'île à la nage. Tous les hommes qui s'y étaient réfugiés furent tués, les femmes et les enfants furent réduits en captivité. Après le sac de la ville, ajoute-t-il, je me rendis en bateau dans l'île et je la trouvai couverte de cadavres en putréfaction ; il était impossible d'y demeurer à cause de la puanteur. »

Dans le même temps le khan de Perse, Arghun, proposait inutilement au roi de France et aux autres princes de la chrétienté l'aide de la force mongole. L'un de ses envoyés, Rabban Çauma, fut même reçu en audience par le pape – ou plutôt par les cardinaux réunis à Rome, puisque le pape Honorius IV venait de mourir – et renouvela l'offre d'un appui aux chrétiens de la part des nestoriens, nombreux parmi les Mongols. De même, le jeune roi Henri II de Chypre envoyait-il en Europe Jean de Grailly, commandant la garnison d'Acre, pour tenter de secouer l'indifférence générale. Les Archives nationales, à Paris, conservent la lettre d'Arghun – un rouleau de papier, timbré de la marque du Grand Khan, que Rabban Çauma lors de son passage en France remit au roi – mais Philippe le Bel était plus attentif aux inutiles campagnes de Flandre qu'il préparait déjà, aux affaires de Sicile ou d'Aragon. L'Occident abandonnait désormais la Terre sainte, et ceux qui avaient tout quitté pour sa défense se trouvaient irrémédiablement entraînés dans sa ruine. La seule réponse positive fut donnée en juillet 1290 par Otton de Grandson, gentilhomme suisse, et son neveu Pierre d'Estavayer, qui vinrent avec quelques chevaliers participer à la défense d'Acre.

Un instant, on put espérer sauver ce dernier bastion des royaumes chrétiens ; après la chute de Tripoli, Henri II, revenu à Acre, avait réussi à obtenir une trêve de dix ans du sultan Qalaoun. Celui-ci mourut le 6 décembre de la même année 1290. Son fils, bien que menacé d'un complot, put se maintenir à sa suite et c'est lui, Al-Ashraf, qui allait enlever la dernière cité demeurée aux chrétiens sur les rives de Syrie, Saint-Jean-d'Acre.

La trêve fut d'ailleurs rompue de la façon la plus lamentable qui soit, par les chrétiens eux-mêmes : une Croisade d'Italiens fraîchement débarquée en Terre sainte et qui, mal préparée et mal gouvernée, s'en prit sottement à la population musulmane des environs d'Acre. Comme le raconte Gérard de Montréal : « Il advint un jour, par l'œuvre de l'ennemi d'enfer, qui volontiers pourchasse males œuvres entre bonnes gens (le diable qui inspire volontiers aux bonnes gens de mauvaises actions), que ces Croisés qui étaient venus pour bien faire et pour leur âme au secours de la cité d'Acre vinrent à sa destruction, car ils coururent un jour par la terre d'Acre et ils passèrent par l'épée tous les pauvres vilains (paysans) qui apportaient leurs biens à vendre, froment et autres choses, qui étaient Sarrasins du terroir d'Acre; et aussi tuèrent plusieurs Syriens qui portaient barbe et étaient de la loi de Grèce et, pour leur barbe (à cause de leur barbe), les tuèrent en change de Sarrasins (les prenant pour des Sarrasins); laquelle chose fut très mal faite et ce fut la cause pourquoi Acre fut prise par les Sarrasins. » Sursaut de folie fanatique qui fournissait au sultan un prétexte idéal pour rompre la trêve.

La suite est connue. Henri II arriva de Chypre avec deux cents chevaliers et cinq cents fantassins, en plein siège, le 4 mai 1291. Il amenait de plus un fort ravitaillement. Sa présence rendit courage aux assiégés. Sur son initiative, une délégation se rendit auprès du sultan Al-Ashraf. Celui-ci finit par promettre à la population de la laisser sortir avec tous ses biens, mais les travaux du siège étaient trop avancés, et l'on eut par la suite plus d'une occasion d'éprouver ce que valait la parole du sultan.

Le drame final allait se jouer le 28 mai 1291, après un siège de deux mois qui vit des prodiges de valeur, et – enfin – une union sacrée s'établir, hélas trop tard, entre tous ceux, ordres militaires, barons et chevaliers, dont les discordes avaient préparé le désastre final. Ainsi le Maître du Temple Guillaume de Beaujeu meurt-il sur les remparts au côté du maréchal de l'Hôpital, Matthieu de Clermont. On avait fait monter femmes et enfants sur des navires pour les emmener vers Chypre. Or, le lendemain de leur départ, une terrible tempête les obligeait à se replier de nouveau sur Acre. « Sachez que ce jour fut horrible à voir, dit l'auteur de la *Geste des Chyprois,* car les dames et les bourgeoises et les demoiselles et autres menues gens allaient fuyant dans les rues, leur enfant dans les bras; elles pleuraient éperdues et fuyaient vers le port pour essayer de se sauver la vie et quand les Sarrasins les rencontraient, l'un prenait la mère et l'autre l'enfant et les portaient d'un endroit à l'autre, et les séparaient l'un de l'autre, et, s'il y avait un Sarrasin qui se querellait avec un autre pour une femme, elle était tuée par eux; parfois, la femme était emmenée et l'enfant jeté à terre et foulé par les chevaux. Il y avait des femmes enceintes si bousculées qu'elles mouraient étouffées, ainsi que l'enfant qu'elles portaient. »

Le tout dernier acte allait voir un ultime geste de chevalerie dans la forteresse du Temple. Le sultan Al-Ashraf avait offert aux Templiers une capitulation honorable, leur permettant de se retirer sur Chypre en emmenant ceux qui s'étaient réfugiés chez eux. Or les Mamelouks qui avaient pénétré dans la forteresse pour surveiller leur départ se jetèrent sur les dames qui s'y étaient réfugiées et commencèrent à les violenter. Les chevaliers ne purent souffrir pareilles brutalités et pour les défendre s'attaquèrent aux Mamelouks, tandis que le maréchal du Temple faisait refermer les portes et se préparait à lutter jusqu'à la mort. De nouveau le sultan Al-Ashraf lui offrit une capitulation honorable. Le maréchal Pierre de Sevry eut l'imprudence de croire à son serment. Il se rendit auprès du sultan et celui-ci le fit aussitôt décapiter, ainsi que tous ses compagnons. Les derniers demeurés dans la forteresse, presque tous vieillards, blessés ou malades, décidèrent de fermer de nouveau les portes et de résister jusqu'à la mort, mais lorsque Al-Ashraf lança l'assaut final, la tour sapée à la base s'effondra et, comme l'écrit René Grousset, « le Temple de Jérusalem eut pour ses funérailles deux mille cadavres turcs », ensevelis sous les décombres en même temps que les derniers défenseurs de Saint-Jean-d'Acre.

Henri II n'avait fini par s'embarquer qu'aux tout derniers jours, le 18 mai – soit dix jours avant la fin –, avec les hommes et les femmes qui avaient alors trouvé refuge dans la forteresse du Temple, laquelle avait un accès direct à la mer. Après Acre, la cité de Tyr n'allait pas tarder à être prise, ainsi que Sidon au mois de juillet, tandis que Tortose tombait au début d'août. Les survivants des massacres successifs se retrouvèrent sur l'île de Chypre avec le roi Henri II.

LE VOYAGE DE RICOLD DE MONTE-CROIX

Un dominicain des environs de Florence, Ricold de Monte-Croix, a raconté le voyage qu'il avait entrepris vers

1286, ayant obtenu du pape la permission d'aller prêcher la religion chrétienne en Orient.

Ayant débarqué à Saint-Jean-d'Acre, il avait parcouru la Galilée et vu à Magdala l'église consacrée à Sainte-Marie-Madeleine transformée en écurie. Revenu ensuite à Acre, il s'était rendu en pèlerinage à Jérusalem, mais on lui avait refusé l'entrée de l'église du Saint-Sépulcre. Il avait constaté que l'église du Mont-Sion avait été transformée en écurie et que le Cénacle était devenu une mosquée. A Béthanie, l'église de Saint-Lazare avait été détruite, celle dont nous possédons une partie du cartulaire; et l'on peut imaginer, entraînés dans la destruction, les descendants des hommes, des femmes, des familles que nous avons évoqués plus haut grâce à ce cartulaire. Retourné une seconde fois à Jérusalem, il put enfin pénétrer dans l'église du Saint-Sépulcre – celle qu'avait inaugurée la reine Mélisende et que le pèlerin visite aujourd'hui –, puis, après avoir quelque temps longé la côte jusqu'à Césarée, il était remonté vers Acre et s'était dirigé vers Tripoli, peu de temps avant la prise et la destruction de cette ville; il devait apprendre plus tard comment la mer avait été teinte jusqu'au large du sang des victimes massacrées. Il s'était ensuite dirigé vers Tarse, en Cilicie, puis avait traversé Erzéroum et atteint Tauris. C'est là, sans doute, qu'il avait appris la prise de Tripoli.

Son séjour à Tauris s'était prolongé près d'un an, probablement de la fin de 1289 à la fin de 1290. Ricold s'était ensuite dirigé vers Mossoul et finalement Bagdad; en traversant le désert, il avait été apostrophé par des religieux qu'il dit « Tartares » et qui, voyant sa robe de moine, l'avaient roué de coups et dépouillé de ses vêtements. Aussi, par la suite, avait-il pris l'habitude de voyager vêtu en chamelier. Partout il avait vu les églises détruites, les crucifix ou les images du Christ et de la Vierge profanés; finalement c'est à Bagdad qu'il avait eu vent de la prise d'Acre. On disait alors que plus de trente mille chrétiens avaient péri dans la débâcle des derniers jours. Une religieuse, réduite en esclavage, lui avait raconté comment tous les frères prêcheurs de Saint-Jean-d'Acre avaient refusé de s'enfuir; leur couvent était proche de la mer et ils auraient donc pu s'échapper, mais ils avaient voulu rester et tous avaient été massacrés. Ils étaient une trentaine. Les frères mineurs qui s'étaient réfugiés chez eux avaient refusé eux aussi de partir et avaient été, de même, passés au fil de l'épée. Par la suite Ricold avait eu l'occasion de trouver des reliques, pour lui précieuses : des bréviaires, des ornements sacrés dont l'un, taché de sang, gardait la marque d'un coup de lance, un missel qui provenait du pillage d'Acre, etc.

Ce religieux exprime sa souffrance, son indignation dans ses lettres qu'il adresse « au Dieu vivant et vrai » ou encore « à la bienheureuse Reine Marie » ou enfin « à toute l'Eglise triomphante ». Ce sont des cris de douleur, presque de désespoir, à l'idée de tant de souffrances et d'injures faites contre sa foi chrétienne, comme cette croix qu'il a vue au cours de son voyage, traînée par un cheval dans les rues en signe de dérision. Et de s'adresser à Dieu en termes proches de l'imprécation : « Et je crois bien, Seigneur, que tout cela, nous le souffrons à cause de nos fautes, mais je me demande, toi qui as bien voulu autrefois pardonner à toute la cité de Sodome si seulement il s'y trouvait dix justes, n'as-tu pas trouvé dans une telle multitude de chrétiens et de religieux ce nombre de dix justes, dans toutes les cités de Tripoli ou d'Acre? » Il s'adressa également à la Vierge, non sans virulence : « O Dame, plaît-il davantage à ton Fils que les moniales et les vierges soient forcées de devenir danseuses et soient traînées à travers le monde, plutôt que de chanter à Dieu dans leurs monastères et de s'occuper d'œuvres spirituelles? Lui plaît-il davantage que les moniales et les vierges qui lui sont consacrées soient esclaves et concubines des Sarrasins et engendrent aux Sarrasins des fils sarrasins plutôt que de conserver le vœu de virginité qu'elles ont fait? »

Et encore lorsque le dominicain qu'il est s'adresse à saint François – dont le prestige est sans égal en Terre sainte [1] – parmi les membres de l'Eglise triomphante : « O

---

1. Rappelons que saint François avait pris la croix. En 1219, lors du siège de Damiette, il s'était avancé avec un compagnon, frère Illuminato, dans le no man's land séparant les combattants, et avait demandé à voir le sultan, qui l'avait d'ailleurs reçu et écouté.

bienheureux François, à qui dès mon enfance et jusqu'à présent j'ai été dévoué au véritable hameau de la pauvreté, je persiste à crier vers toi et gémis avec des larmes ; soulevé par le zèle de la foi et de la dévotion, tu t'es adressé au sultan de Babylone (d'Egypte) à qui tu as demandé l'épreuve du feu avec les Sarrasins ou même seul, de façon à ce que soit anéantie la perfidie de Mahomet. Tu l'as voulu, et tu ne l'as pas pu ; et maintenant, où tu es à ce point puissant dans la Cour céleste, peux-tu garder le silence quand s'élèvent tant de gémissements de toutes les âmes ? Que tes frères sont tués, qui ont refusé de renier leur foi et que tant d'autres gens dans le siècle sont forcés sous les coups et les supplices d'en venir à ce reniement ? »

Lettres très émouvantes où le dominicain, en termes véhéments, s'indigne du martyre de tout un peuple. Il semble particulièrement frappé par le sort réservé aux captives de l'Islam, où la femme est dans un complet état de sujétion. La pitié le prend à voir tant de souffrances : « Je vois des vieillards et des vierges, de petits enfants innocents décharnés, pâles et débiles, cherchant leur pain, et ils n'en trouvent pas, même parmi les chrétiens ; et parmi eux beaucoup souhaitent d'être esclaves des Sarrasins plutôt que de mourir de faim, pour avoir du pain à manger. Je vois des femmes jeunes et vieilles, pleurant au pied du crucifix, frappant leur poitrine desséchée, la voix brisée et faible, demandant secours et attendant que l'image vers laquelle ils se tournent ainsi puisse les aider, pleurant, inconsolables, leurs fils et leurs maris qui sont esclaves des Sarrasins ou ont été tués par eux. A qui recourent ces malheureux sinon à la Mère de Miséricorde ? » Et de la supplier : « Montre-toi Mère du Christ. » Il raconte enfin comment, selon des témoins dignes de foi, certains de ceux qui ont été tués, au moment où les Sarrasins se précipitaient sur eux, chantaient à haute voix : *Veni Creator Spiritus*. « Et c'était juste, car s'il est juste de chanter cet hymne lorsque quelqu'un est reçu dans l'ordre des frères prêcheurs, il était très indiqué de le chanter à un moment où tant de religieux étaient reçus parmi les légions d'anges. »

12

Chypre, terre d'asile

Les réfugiés s'entassaient à Chypre dans le port de Limassol. Tous ceux qui avaient pu échapper à la dernière tragédie de la Terre sainte venaient y tenter une improbable survie. Chypre, pour ces gens qui s'étaient fiés à la mer, était l'île du dernier espoir. Toute époque a plus ou moins connu ce spectacle : les arrivées de réfugiés, foules lamentables, apeurées, hébétées, traînant leurs dernières hardes et mues par le seul instinct de conservation. Mais sans doute notre XXᵉ siècle plus qu'aucun autre aura-t-il suscité de ces flux de populations – et précisément, aujourd'hui, sur les lieux mêmes où se sont produits les exodes de la fin du XIIIᵉ siècle, l'aéroport de Larnaca jouant pour les réfugiés de Beyrouth le rôle tenu alors par les ports de Limassol ou de Famagouste.

Au XIIIᵉ siècle, quelques-uns de ces réfugiés nous sont connus grâce aux registres d'un notaire génois, Lamberto di Sambuceto. Il a exercé sa profession dans diverses villes où ses compatriotes possédaient entrepôt ou *fondaco*. Il était à Caffa en 1289, à Chiavari en 1292. En 1300 et 1301 il exerce à Famagouste. Après chacun de ses voyages il rapporte à Gênes ses registres, aujourd'hui conservés aux Archives d'Etat de sa ville[1]. Ainsi le voit-on enregistrer, le 25 février 1300, la déclaration d'un nommé Georges Balistier d'Acre et de sa femme Dou-

---

1. Publiés jadis par RÖHRICHT dans les *Archives de l'Orient latin*, tome II, p. 3-120.

cette, originaire de Naples, qui passent contrat avec un autre citoyen d'Acre nommé Gracien.

On peut remarquer que leur lieu d'origine, Acre, reste accolé aux noms des réfugiés comme une sorte de patronyme, ce qui est dans les usages du temps. Gracien prête à Georges et à sa femme une somme de quatre-vingt-cinq besants sarrasinois et demi, qu'ils vont placer dans des marchandises contenues sur le navire *Regina*, pour le prochain voyage en direction de Marseille. C'est le prêt à la grosse aventure, *ad risicum et fortunam maris et gentium*, « aux risques et à la fortune de la mer et des gens » : on espère qu'argent ou marchandises arriveront intacts et qu'on pourra les faire fructifier outre-mer. De tels contrats sont très fréquents dans les registres des notaires de l'époque. Il est intéressant de noter que quelques-uns des réfugiés d'Acre font du commerce, ce qui signifie qu'ils ont pu conserver quelques biens ou en acquérir après leur fuite de la cité.

Certains actes notariés laissent en revanche deviner la détresse des réfugiés. Ainsi cette Alix épouse de Basile, autrefois châtelain d'Acre, qui loue à un Génois nommé Benoît Tartare les services de son petit-fils Stephanino, dont la mère a peut-être trouvé la mort au cours des massacres de la décennie tragique. L'âge du garçon n'est pas précisé; il est très jeune probablement puisque désigné par un diminutif. Ce garçon restera pendant les dix années à venir comme domestique de Benoît, « te rendant les services qui seront possibles aussi bien chez toi qu'audehors ». Elle veillera à ce que son petit-fils reste le temps convenu à son service, et de son côté Benoît promet de lui donner vivres et vêtements et de ne lui faire ni injures ni violences. Une caution de cent besants est prévue entre les parties pour le cas où l'une ou l'autre manquerait à ses engagements. L'acte a été conclu devant la loge – disons : le quartier – des Génois, le 21 avril 1300. Beaucoup d'autres actes suggèrent de même un expatriement définitif : ainsi un nommé Dens de Beyrouth est devenu citoyen de Famagouste; à l'occasion du mariage de son fils Mathieu avec Marie, fille d'Isabelle et d'un citoyen de Messine, il reçoit cent besants d'argent comme dot de sa future belle-fille et en fait aussitôt donation à l'occasion des noces.

On prend connaissance aussi des dispositions dernières d'Isabelle d'Antioche, épouse de Salvio d'Antioche, décédé. Bien que malade – et l'acte est dressé, lit-on, dans la maison de Famagouste où elle garde le lit, le 3 août 1300, entre l'heure de prime et celle de tierce, c'est-à-dire dans la matinée – mais toujours en son bon sens et en pleine conscience, elle souhaite être ensevelie dans l'église Saint-Nicolas de Famagouste et lègue pour cela vingt-cinq besants d'argent à l'œuvre de l'église, ainsi que diverses sommes plus modestes au chapelain, et à son clerc six besants pour des messes, plus deux au secrétaire qui a écrit son testament. Tout le reste de ce qui lui appartient sera vendu, et on en disposera au mieux pour le bien de son âme, étant entendu que les pauvres du Christ seront ses héritiers. Parmi les témoins il y a Marc, de la cité d'Acre, Thomas de Tripoli, Josmin de Tripoli et Domenze d'Acre. Les exécuteurs testamentaires sont l'un de Nicosie et l'autre de Boutron. Manifestement Isabelle avait pu emporter une part de ses biens dans son exil.

CHYPRE DEVIENT PLACE DE COMMERCE

Ce même registre, bien qu'il ne roule que sur dix-huit mois, témoigne aussi de l'extraordinaire affluence qui se manifeste à Chypre moins de dix ans après la perte de la Terre sainte et la destruction de Saint-Jean-d'Acre. Désormais c'est tout le commerce du Proche-Orient qui se déverse dans l'île, un peu comme aujourd'hui ce même étonnant terroir, continent émergé du fond des âges, recueille toute l'activité qui faisait jusqu'alors l'opulence de la Syrie et du Liban.

On y rencontre les grands commerçants de l'époque, par exemple les Bardi (ils feront bientôt faillite, en même temps que les princes Edouard III d'Angleterre et Robert d'Anjou, leurs créanciers), ou de plus modestes qui viennent de tous les ports de la Méditerranée : de Narbonne ou de Vintimille, de Barcelone ou de Tarragone, voire de Constantinople, d'Ancône, de Trapani, de Candie, un peu plus tard de Venise ou de Pise, souvent de Sicile ou de Sardaigne. Ainsi ces Catalans qui nolisent leurs vaisseaux à des Florentins; ou tel autre qui précise que sa taride (à deux mâts) est alors dans le port de Famagouste; ou encore ceux qui prévoient un vaste périple avec leur navire le *Saint-Jean*, partant de Famagouste, allant en Syrie en une région non mentionnée – dont ils espèrent qu'elle est encore tenue par des chrétiens –, pour se diriger ensuite vers la Sicile, faire relâche à Cagliari en Sardaigne et retourner à Tripoli, etc. Le tout donne l'impression d'une circulation extraordinairement fournie et active; la plupart se contentent d'indiquer une somme de besants à faire valoir, mais quelques-uns précisent qu'ils sont épiciers ou qu'ils font le commerce du coton ou des salaisons; certains vendent des amandes, d'autres – et il en sera de nouveau question par la suite – du sucre.

Les marchands vénitiens ne tardent pas à nouer des relations actives avec Chypre – encore que les Génois les aient précédés dans cette voie. Dès la date de 1293, donc deux ans après la chute de Saint-Jean-d'Acre, ils sollicitaient des franchises équivalentes à celles qu'ils avaient obtenues dans le royaume de Jérusalem. En 1306 ils concluaient un véritable traité de paix et de commerce, sous les auspices du doge Pierre Gradenigo. Vénitiens et Génois furent exemptés des droits de douane que payaient dans les ports de Chypre les autres commerçants : Pisans, Narbonnais, Provençaux, Catalans, gens d'Ancône, soumis à un impôt de deux pour cent sur la valeur de leurs marchandises. Les Florentins, eux, payaient jusqu'à quatre pour cent, mais leur taxe fut bientôt réduite.

Les uns et les autres reportaient à Limassol, à Paphos ou à Famagouste l'activité qu'ils avaient eue précédemment dans des ports comme Acre, Beyrouth ou Jaffa. Ils ne se faisaient pas faute d'enfreindre les prohibitions de vente d'armes aux Egyptiens, voire aux Mamelouks de Syrie, et leur fournissaient armes ou métaux dont les papes interdisaient de faire commerce avec les « Sarrasins ». On voit des Vénitiens se plaindre au doge de Venise de ce que trois commerçants de la ville aient été pillés, venant de Clarentza, en Grèce, et se rendant à Chypre : or leur cargaison, si elle comportait des draperies, était faite surtout de cuirasses, de boucliers et d'arbalètes, dont la destination dernière n'était pas douteuse...

L'intense activité économique qui reprit bientôt ne doit pas masquer le fait que l'afflux de réfugiés à Chypre provoqua dans les premiers temps panique et disette. On raconte que le prix des loyers décupla, passant de dix à cent besants pour l'année.

Le roi Henri II et sa mère, la reine Isabelle d'Ibelin, s'efforcèrent d'adoucir le sort des plus pauvres, leur distribuant aumônes et vivres. On voit aussi les ordres religieux prendre des mesures en faveur des réfugiés ; entre autres le Maître de l'Hôpital exempte en 1300 « les vilains de la Maison qui muirent en Chypre » – les paysans qui vinrent s'établir dans l'île – des redevances qu'il percevait à son propre profit et ordonne qu'« elles demeurent aux enfants et à la femme dudit vilain ». Les exemptions devaient faciliter l'installation des petites gens dans l'île refuge. De même, quoique à un tout autre niveau, le roi Charles II de Naples, fils de Charles d'Anjou, libère-t-il dès 1295 de tous droits les cargaisons de grains – froment, orge ou autres – que l'ordre du Temple importe désormais à Chypre, en provenance de ses maisons d'Occident.

HENRI II DÉFENDU PAR SA MÈRE

Henri II aura le plus long règne parmi les rois et reines qui se transmettent à Chypre les droits à la couronne de Jérusalem : trente-neuf ans, de 1285 à 1324. Personnage souvent mal jugé par les historiens (« un pauvre Louis XVI chypriote », disait de lui Nicolas Jorga), il semble avoir compensé son handicap physique – l'épilepsie – par une énergie assez étonnante. Son règne fut marqué par une lutte dramatique avec ses propres frères, au cours de laquelle sa mère Isabelle tenta désespérément de le soutenir.

Le chroniqueur Machéras a raconté l'épisode avec beaucoup de détails : « En 1306, le 26 avril, Amaury de Lusignan, fils du roi Hugues, prince de Tyr et connétable de Jérusalem, écrit-il, fut nommé gouverneur de Chypre par tous les seigneurs et gens de solde qui s'y trouvaient alors. » Amaury était le frère cadet d'Henri. Personnage remuant ; il avait tenté au mois de novembre 1299, donc huit ans après la perte de Saint-Jean d'Acre, de reconquérir une parcelle de territoire et avait opéré, sans succès, un débarquement sur la côte de Syrie à la hauteur de Tortose. Visiblement il convoitait le pouvoir de son frère aîné, dont la maladie semblait lui ouvrir tous les espoirs. Le chroniqueur mentionne pourtant que deux des seigneurs de son entourage, qui peu à peu avait été gagné à la cause d'Amaury, refusèrent de tremper dans le complot : « C'était sire Philippe d'Ibelin, frère de la reine mère du roi, et sire Jean de Dampierre, cousin du roi et neveu de la reine, fils de sa sœur...

« Pendant six mois, le prince de Tyr chercha les moyens de mettre à exécution ses méchants projets, sous le prétexte que le roi souffrait d'une maladie incurable. Ce prince, ainsi que son frère le connétable (Guy), étaient pauvres et avaient gaspillé leur patrimoine. Voyant que le roi était riche, ils conçurent ce projet dans le but de s'emparer de ses biens... Quelques chevaliers restés fidèles au roi lui révélèrent le fait. Mais celui-ci, qui était bon, n'ajouta pas foi à leurs paroles et leur dit : " Mes frères n'oseront jamais penser à un pareil crime. " Quelques-uns d'entre eux, voyant que le roi n'ajoutait pas foi à leurs paroles... allèrent secrètement trouver le frère du roi (le beau-frère), le sénéchal, qui fixé dans son village ne savait rien du complot... Il partit immédiatement et se rendit à la capitale... Il alla trouver le roi et causa avec la reine, sa sœur. Connaissant bien les desseins du prince de Tyr, son neveu, le sénéchal, ce bon seigneur, espérait qu'en lui parlant il pourrait le faire renoncer à ses projets... Mais cela ne servit à rien. Il retourna alors auprès de son neveu, le roi Henri.

« Le même jour, mardi 26 avril, le complot éclata... Tous les conjurés se rendirent aux bains... Ils envoyèrent chercher tous les hommes liges, chevaliers et soldats qui se trouvaient à Nicosie, et les engagèrent à leur prêter serment ; tous jurèrent, les uns volontairement, les autres par force... Le sénéchal se tint en dehors de tout cela ; en apprenant ces événements, il monta à cheval et, accompagné de sa sœur, la reine, ils allèrent pour tenter de réconcilier le roi avec les seigneurs. En entrant, il les trouva tous rassemblés... La reine les pria de prendre le parti du roi en disant : " Ce que vous faites n'est pas à votre honneur ; c'est un acte honteux et criminel ; vous agissez contre Dieu et contre votre Seigneur et, en ruinant ainsi cette île, vous encouragez le peuple à se révolter... " La reine versa d'abondantes larmes, elle s'agitait beaucoup, mais ce fut en vain... Voyant qu'elle s'épuisait vainement à les ramener et que le scandale ne faisait qu'augmenter, elle retourna auprès du roi le cœur plein d'amertume. »

Amaury de Tyr passa ensuite à l'action et lut devant le peuple une proclamation disant en substance : « De la manière dont le royaume est gouverné, il court à sa ruine et le cas échéant, les chevaliers seront obligés de contribuer de leurs biens. Pour ces raisons, tous ont jugé opportun de nommer gouverneur le frère du roi, le prince de Tyr... » Henri II ne se laissa pas déposer sans protestation : « Je ne suis pas le premier roi qui soit tombé malade ; l'empereur de Jérusalem, Baudouin, souffrait d'une maladie plus grave que la mienne. Au lieu de lui enlever la royauté, ses sujets lui dirent : " Dieu qui a envoyé la maladie peut aussi lui envoyer la santé. " Consultez nos coutumes, vous y verrez que jamais à Jérusalem on ne prenait aucune décision sur les affaires du royaume sans le consentement de l'empereur (de Byzance). Vous n'avez point le droit de m'enlever l'autorité... Et si quelqu'un de vous se permet d'enfreindre le serment que vous m'avez fait, je laisse à Dieu le soin de me faire justice. »

Mais Amaury ne devait tenir aucun compte de cette noble protestation. Après s'être fait proclamer lui-même gouverneur du royaume de Chypre, et avec de violentes menaces pour quiconque oserait protester, il s'empara de la chancellerie et du trésor, nommant quelques-uns de ses fidèles pour y veiller. « La reine, pendant ce temps, assise sur le balcon, déchirait ses vêtements et pleurait aussi amèrement que si son fils était mort... Elle priait chacun des passants de ne point maltraiter le roi, s'il ne voulait point encourir la colère de Dieu... Mais le diable avait tant endurci leur cœur qu'ils ne voulurent pas retourner à l'obéissance envers le roi et qu'ils n'écoutaient point les paroles de la bonne reine. » Amaury fit promptement installer des garnisons dans chacune des forteresses de l'île, tandis qu'il faisait vendre aux enchères les biens personnels du roi. Puis, craignant un revirement, après avoir quelque temps confiné Henri II dans son palais, il l'envoya en exil en Arménie, en février 1310.

La situation allait se retourner brutalement; l'acte d'Amaury, et plus encore ses manières, avaient indisposé les Chypriotes et soulevé contre lui des haines qui provoquèrent un nouveau complot. Amaury fut assassiné dans les lieux d'aisance par l'un de ses familiers, le chevalier Simon de Montolif, le 5 juin 1310; le meurtrier emporta comme trophée la main droite de sa victime, qu'il montra au peuple en dénonçant la trahison qui avait abouti à détrôner le « bon roi Henri II ». Une délégation de chevaliers demeurés loyaux alla chercher Henri en Arménie et le ramena triomphalement à Nicosie où, accueilli avec empressement par la population, bourgeois et chevaliers, il fut rétabli sur le trône au mois de septembre 1310 [1].

LES ORDRES RELIGIEUX DANS LA TOURMENTE

Ce tragique entracte dans la royauté de Henri II avait eu une curieuse répercussion à Nicosie même. L'un des

---

1. L'histoire de la déposition et du retour du roi Henri II devait inspirer beaucoup plus tard à Philippe de Mézières quelques pages très vivantes de son ouvrage *Le Songe du vieil pèlerin*, qu'après plusieurs années passées à Chypre comme chancelier du roi il composa à Paris, dans sa résidence de Beautreillis, en 1389. Sur le mode allégorique de son temps, il met le récit dans la bouche de la reine Vérité, sœur de Bonne Aventure qui, elle, représente la Justice, et paraît satisfaite des sévères règlements de compte entre les deux frères.

principaux couvents de femmes de rite latin s'y trouvait, voué à Notre-Dame-de-Tyr. Il avait été fondé sous le vocable de Notre-Dame-de-Jérusalem par une nièce de l'empereur de Constantinople. Comme il avait été très ébranlé par un violent tremblement de terre, sans doute dans les premières années du XIVe siècle, le roi avait proposé à l'abbesse, Béatrice de Picquigny, une complète reconstruction, et assigné une somme de dix mille besants à cet ouvrage, quand il fut écarté du trône par son frère. A ce même moment une autre abbesse fut désignée, Marguerite d'Ibelin. Indignées du traitement dont le roi Henri II était victime, elle et ses religieuses priaient Dieu pour son retour et la restauration de son pouvoir. Cela parvint aux oreilles d'Amaury de Tyr, qui les accusait d'ajouter à leurs prières imprécations et malédictions à son endroit.

A la mort de l'usurpateur, on rapporta à sa veuve que l'abbesse et le couvent en avait accueilli la nouvelle avec une joie démesurée. Il est remarquable de noter d'ailleurs que, fidèle à la tradition du droit d'asile qui s'était instituée dans les églises et les monastères d'Occident dès le VIe siècle, et ne devait être abolie qu'au XVIe, le couvent s'était peuplé de femmes de chevaliers qui avaient soutenu la cause d'Amaury et qui, en conséquence, craignaient à présent pour leurs biens, sinon pour leur vie.

Un jour, le 14 juin 1310, du balcon du palais, un clerc se mit à haranguer les foules, clamant que Simon de Montolif, celui qui avait tué Amaury, s'était lui aussi réfugié dans le couvent de Notre-Dame-de-Tyr. Une population furieuse (de partisans d'Amaury) envahit le monastère à son appel, armée d'épées ou de couteaux; ces gens se mirent à démolir les meubles, à piller les lieux en proférant contre les moniales les pires menaces, jurant de tout brûler si on ne leur livrait le meurtrier. Les religieuses s'enfuirent. La nuit même l'abbesse alla trouver le légat du pape, protestant contre les accusations dont elle et ses sœurs étaient l'objet, affirmant n'avoir jamais donné asile au meurtrier du prince de Tyr. Le légat la prit aussitôt sous sa protection, ainsi que toutes les moniales, fit lui-même mettre des gardes aux portes du couvent, assurant la sécurité de tous ceux qui y habitaient, et fit prendre les dispositions nécessaires pour calmer la foule excitée.

Chose curieuse, à diverses reprises, on allait ainsi voir les couvents d'hommes ou de femmes mêlés aux querelles intestines des Lusignan. L'époque est d'ailleurs marquée par de profondes mutations, au premier rang desquelles une remise en cause du rôle et de la place de l'Eglise et des ordres religieux. La disparition de l'ordre du Temple en est l'exemple le plus frappant.

Bien des reproches circulaient à l'endroit des Templiers. On ne se faisait pas faute de leur imputer jusqu'à la perte du royaume de Jérusalem, et de fait les rivalités entre les deux principaux ordres militaires, Templiers et Hospitaliers, avaient été – quoique à un degré moindre que les rivalités marchandes – en partie cause de la série de désastres survenus outre-mer. Le Temple pourtant gardait une part de son prestige et aussi de sa force, puisque ses commanderies en Occident restaient intactes.

Le 13 octobre 1307 eut lieu le coup de théâtre de l'arrestation de tous les chevaliers du Temple, ainsi que de bon nombre de ses sergents, par les agents du roi Philippe le Bel. Prétendant se faire le champion de la chrétienté, il accabla les malheureux sous des accusations aussi infamantes qu'inexactes – une fois passées au crible de la critique historique – mais solidement appuyées par des aveux obtenus sous de savantes tortures. Sans reprendre ici les péripéties d'un procès dont l'iniquité est évidente et qui traîna sur cinq ans, le pape n'intervenant guère que pour sauver des biens ecclésiastiques, la dissolution du Temple fut finalement prononcée en 1312. Le Maître et l'un des précepteurs de l'ordre, Jacques de Molay et Geoffroy de Charnay, moururent sur le bûcher en 1314, clamant leur innocence et celle de l'ordre qu'ils représentaient. Ni l'Eglise ni le roi de France n'en sortaient grandis, celui-ci ayant tenté de toute évidence de s'attaquer à celle-là : on a peine à croire que moins d'un demi-siècle sépare Philippe le Bel de celui dont il est le petit-fils, Saint Louis.

LE FROID, LE DÉLUGE ET LA PESTE

Assez curieusement, la mutation des esprits aura précédé, d'ailleurs de peu, les grandes mutations naturelles qui se produisent aussi à l'époque. L'Occident tout entier va se ressentir des pluies continuelles qui, en 1315 et 1316 (et aussi par contrecoup en 1317), empêchent tous les travaux des champs, aussi bien le labourage qu'évidemment la moisson, engendrant une terrible famine qui sévit ces deux, trois années-là dans toute l'Europe. C'était la conséquence des descentes de glaciers qui allaient transformer le Groenland, de « terre verte », en terre blanche, et faire de l'Islande une sorte de mini-planète lunaire dépouillée et désormais sans arbres. On a calculé que dans l'ensemble la température moyenne de notre hémisphère aurait perdu quelque trois degrés après cette énorme secousse climatique.

C'est plus tard, en 1330, que la secousse climatique se fit sentir à Chypre sous forme de pluies torrentielles qui inondèrent une partie de l'île. « Je vous dirai maintenant ce qui arriva dans notre île... Le 10 novembre 1330, à la suite de pluies abondantes, le fleuve Pedieos de Nicosie augmenta tellement et devint si impétueux qu'il déracina beaucoup d'arbres et, les entraînant à la ville, il encombra le pont du Sénéchal. Puis, les transportant autour de la ville, il renversa un grand nombre de maisons et noya plusieurs habitants. Comme souvenir de la hauteur à laquelle montèrent les eaux, on a mis un clou dans l'église Saint-Georges-des-Poulains à l'endroit où l'eau était arrivée, et un autre clou dans la maison du comte de Tripoli vis-à-vis de la forteresse. Ces marques subsistent encore... En 1348, Dieu, pour la punition de nos péchés, envoya une grande maladie qui enleva la moitié des habitants. En 1351, les sauterelles arrivèrent et firent de grands dégâts. En 1368, une autre maladie décima les enfants et fit périr une grande partie des habitants. »

C'est ainsi que la chronique de Machéras énumère les catastrophes ressenties localement à Chypre en ce XIVᵉ siècle, qui fut partout catastrophique. On a pu constater en effet qu'à Nicosie les grandes inondations de 1330 avaient atteint dans certains quartiers six mètres de haut. Les victimes furent évaluées dans la ville à trois mille personnes, surtout dans les quartiers situés en contrebas. La cathédrale Sainte-Sophie et le palais de l'archevêque, placés sur la hauteur, n'avaient pas été atteints par les eaux et avaient servi de refuges à la population lors du désastre. La ville s'en était trouvée longtemps appauvrie. Elle avait de plus été victime, en 1303, d'un violent tremblement de terre. Les travaux de la belle cathédrale Sainte-Sophie de Nicosie avaient été quelque peu retardés. Une bulle du pape Clément VI, en Avignon, l'an 1347, recommandait à la piété et à la générosité des fidèles la restauration et l'achèvement de ce magnifique édifice – dont la visite est aujourd'hui difficile, l'église étant située dans la partie turque de Nicosie.

Henri II quant à lui meurt en 1324, à cinquante-trois ans, sans héritier. Etrange destinée que la sienne. Il avait épousé en 1317 Constance d'Aragon-Sicile. Etait-ce par impuissance sexuelle? Etait-ce par crainte de transmettre son infirmité? Toujours est-il que le mariage ne fut pas consommé, et que Constance reste, devenue veuve, la reine vierge.

Elle ne devait pas manquer d'ailleurs de prétendants après la mort de son époux, puisqu'il fut successivement envisagé de la marier à Onfroi de Monfort, seigneur de Beyrouth et connétable de Chypre – qui mourut dès 1326 – au roi de Castille Alphonse XI, au futur Edouard III roi d'Angleterre – mais il n'avait que quinze ans en 1325 –, à Charles d'Evreux, frère de la reine de France. Tous furent écartés pour une raison ou une autre et laissèrent place au roi d'Arménie, Léon V, qui épousa Constance en 1329. Ainsi se renouait une longue tradition d'amitié : c'était en Arménie que le roi Henri II avait trouvé asile, lorsqu'il avait été écarté du trône.

UNE ÎLE NÉANMOINS PROSPÈRE

Chypre n'avait pas tardé, après les premiers temps mouvementés de l'exode, à connaître un vif essor économique, bénéficiant comme on l'a dit de sa position en Méditerranée, et recueillant l'activité que connaissaient précédemment les ports de la côte de Syrie et de Palestine.

Au XIVe siècle, la région de Larnaca comportait des salines exploitées sur la large plaine en bordure de mer ; le sel constituait une denrée d'exportation importante. Oliviers, citronniers, orangers abondaient sur les collines ; et la vigne surtout était partout cultivée. Les vins de Chypre étaient célèbres dans tout l'Occident ; dans le fabliau qui s'appelle *La Bataille des vins*, au début du XIIIe siècle, l'auteur établit une hiérarchie, plaisamment copiée sur la hiérarchie ecclésiastique, entre les divers vins qui sont servis à la cour de Philippe Auguste ; et le roi de France luimême nomme « pape » le vin de Chypre parmi tous les autres. On sait comment les établissements des Hospitaliers allaient en tirer des ressources durables, puisque le renom des vins de « la Commanderie » est toujours bien établi en notre temps.

Mais surtout la culture de la canne à sucre devenait source de gros rapports. L'Occident, qui jusqu'au XIIe siècle n'a connu que le miel et les fruits en fait de saveur sucrée, prendra vite goût au sucre de canne et à toutes les préparations qu'il permet en fait de confiseries ou confitures. Jusque dans les registres de la Faculté de Décret à l'Université de Paris, on verra mentionner, lors des réceptions des maîtres, les *confectiones zuchari* que l'on offre désormais en la circonstance. Aujourd'hui encore on visite à Chypre d'anciennes sucreries, non loin de Kolossi, et surtout à Kouklia. Au témoignage des archéologues (entre autres Vassos Karageorghis), on a déterré dans l'île six mille sept cents moules et trois mille jarres à sucre. Une sucrerie utilisait en effet deux à trois mille récipients, dans lesquels le suc de la canne à sucre, écrasée entre des presses de pierre, était bouilli dans de vastes chaudrons de cuivre, puis versé dans des cônes permettant à l'eau de s'évaporer. Il prenait alors la forme du « pain de sucre » qui s'est conservée jusqu'à notre époque ; ou encore on recueillait le sucre en poudre qui s'était cristallisé sur les parois du récipient.

L'île de Chypre s'était fait une spécialité de la fabrication et de l'exportation de ce sucre en poudre, d'une extrême finesse.

Le traité bien connu *Pratica della mercatura*, dû au marchand florentin Balduccio Pegolotti, qui représentait à Chypre la compagnie des Bardi, marchands et banquiers, vante la qualité de ce sucre chypriote. Et l'on en trouve mention aussi dans les archives fameuses du marchand de Prato Francesco Datini – ce qui prouve que le sucre de Chypre était vendu sur les marchés occidentaux dès la seconde moitié du XIVe siècle. Sa production allait monter à cinq cents tonnes par an au XVe siècle, pour diminuer d'un bon tiers au siècle suivant et cesser pratiquement d'exister au XVIIe. Durant l'époque de grande activité de cette production, on voit parfois les souverains s'acquitter de leurs dettes en nature; en l'espèce, avec des pains de sucre au lieu de monnaie.

S'il faut en croire la tradition, c'est aussi dès cette époque que les femmes à Chypre ont eu l'ingénieuse idée de confectionner les *glyka*, les fruits conservés dans le sirop, qu'il est encore de tradition d'offrir au visiteur, accompagnés d'un verre d'eau fraîche puisé aux grandes cruches de terre dont on se sert toujours dans les campagnes. Confiseries qui ont tenu dans la vie des femmes, surtout dans le peuple, la place que tenaient chez d'autres dentelles ou broderies.

L'APPEL DU LOINTAIN

Pour compléter ce bref regard sur les destinées du royaume de Jérusalem durant les années tourmentées qui ont vu son naufrage, et ses restes échouer sur l'île de Chypre, il faut noter aussi, caractéristique de l'époque, l'étonnante curiosité qui se manifeste touchant cet Extrême-Orient qui aurait pu n'inspirer que terreur, et provoque au contraire une sorte d'attirance. L'historien Jean-Paul Roux a pu ainsi souligner « l'immense mouvement d'exploration qui s'étendit approximativement sur cent années, de 1250 à 1350 [1] ». C'est l'époque de Marco Polo, celle aussi d'explorateurs moins connus comme Oderic de Pordenone, moine franciscain qui par deux fois se rendit en Chine, et lors de son second voyage, de 1318 à 1328, visita le Tibet : il fut le premier Européen à pénétrer dans la ville sainte de Lhassa, à voir le Grand Lama, qu'il compare au pape : il avait aussi vu, à Pékin – alors Khanbalik –, la première chrétienté établie en Chine, avec son archevêque Jean de Mont-Corvin.

Retraçant l'odyssée d'Oderic de Pordenone, Jean-Paul Roux dit son émotion de la découverte faite lors des fouilles archéologiques effectuées à Hang-Tcheou en 1951 : celle d'une pierre tombale portant en caractères gothiques la mention de Catherine Vilioni, morte le 2 juin, l'an du Seigneur 1342. Cette Catherine, dont la famille est par ailleurs connue – les Vilioni sont vénitiens, et leurs noms apparaissent dans les archives de la cité dès 1163 –, voyageait donc en Chine, où elle est morte ; celui qui l'accompagnait, père ou époux, fit faire pour elle cette tombe, ornée d'une Vierge à l'Enfant et des scènes, familières à l'iconographie du temps, du martyre de sainte Catherine d'Alexandrie. Dans cette curiosité qui suscita alors voyages et explorations, les femmes ne sont donc pas absentes.

On la retrouve, cette même curiosité, tournée cette fois vers d'autres rivages, chez un personnage hors du commun dont il sera bientôt longuement question, en même temps que de sa terrible épouse.

Au roi Henri II avait en effet succédé son cousin Hugues IV, qui de son épouse Alix d'Ibelin avait une fille, Echive, et trois fils : Pierre, le futur roi Pierre Ier, Jean, plus tard prince d'Antioche et connétable de Chypre, et enfin Jacques, connétable de Jérusalem. Or en 1349 ses deux fils aînés, Pierre et Jean, méditèrent une fugue – saisis du désir de visiter les pays d'Occident, de même que tant de jeunes Occidentaux, futurs seigneurs, moines ou pastoureaux, se passionnaient alors pour un départ vers

1. Voir Jean-Paul ROUX, *Les Explorateurs au Moyen Age*, Fayard, 1985 ; entre autres p. 128-156 sur Rabban Çauma, Jean de Mont-Corvin et Oderic de Pordenone, et p. 160.

l'Orient. Les deux frères – Pierre, l'aîné, devait avoir une vingtaine d'années – préparèrent leur départ en grand secret, mettant dans la confidence un chevalier nommé sire Jean Lombard. Celui-ci sollicita du roi la permission de s'absenter et chercha sur la côte un vaisseau pour les jeunes princes, qui parvinrent à prendre la mer et à s'enfuir.

« Quand le roi reçut la nouvelle du départ de ses deux enfants, il fut tellement affligé qu'il serait impossible de donner une idée de sa douleur. Il écrivit aussitôt aux baillis, chèvetains et à tous les gardiens, avec l'ordre de mettre partout de bonnes gardes, dans l'espérance que ses enfants n'étaient pas encore passés... Il se rendit à Famagouste et y trouva le pauvre Jean Lombard... Irrité contre lui à cause de son départ, le roi commença à soupçonner que c'était peut-être bien lui qui avait conseillé aux enfants de partir. Il le fit mettre à la torture et ce malheureux, après avoir été torturé sans pitié, fut envoyé à la cour royale, dans le palais du connétable. Désespéré de ne pas retrouver ses fils, le roi retourna à Nicosie et fit immédiatement appareiller deux galères. » Il envoie l'une d'elles à Chio et, la voyant revenir sans ses fils, fou de douleur, il fait couper une main et un pied, puis pendre Jean Lombard au gibet. Il est visible que l'époque n'est pas favorable au progrès des mœurs ; on les verra se durcir dans l'atmosphère impitoyable des guerres qui se succèdent et des ambitions qui se déchaînent. L'histoire même de Chypre est ainsi fertile en violences qui acheminent aux mœurs de la Renaissance, où l'assassinat deviendra une méthode de gouvernement.

Cependant le roi, de plus en plus désespéré, envoyait deux de ses fidèles, Antoine et Louis de Norès, sur deux galères porter partout la nouvelle dans la chrétienté – et d'abord à Rome, où le pape donna des ordres pour que celui qui retrouverait les jeunes gens les rendît à leur père sous peine d'excommunication. « On retrouva enfin les enfants et on les ramena à Chypre à la grande joie de tous... Afin de ne pas laisser ses enfants impunis, pour qu'ils servissent d'exemple à ceux qui voudraient s'enfuir, le roi se conduisit habilement. Il sortit et, se promenant de pays en pays, il arriva à Cérines (le château de Kérynia) où il mit ses enfants en prison. Il se tenait très affligé à la porte de cette prison dans laquelle ils restèrent enfermés pendant trois jours. La douleur qu'il ressentit, ajoute Machéras, fut la cause de sa mort. »

13

La tragédie de Pierre et d'Eléonore

Vient le moment où se lève à Chypre le spectre de l'ancienne chevalerie; certains diraient : sa caricature, si le terme pouvait convenir à une réalité aussi dramatique, car les violences vont se succéder et s'amplifier au cours d'un siècle tourmenté. Il est surprenant de voir ainsi revivre l'héroïsme, le sens du dépassement qui ont caractérisé la chevalerie en sa naissance et son épanouissement – mais avec des faiblesses, des lacunes et parfois une sorte de puérilité latente, à travers lesquelles se profile déjà l'image de Don Quichotte.

Le règne de Pierre Ier de Chypre et de son épouse Eléonore semble résumer les tendances de cette époque un peu folle; c'est en 1375 qu'a été ouvert à Hambourg le premier asile d'aliénés. Jusqu'alors, bien qu'au fil des textes on trouve ici ou là quelques cas de démence ou de débilité d'esprit, il faut bien admettre que le problème qu'ils posaient n'était pas assez répandu pour qu'on doive songer à des hôpitaux spécialisés comme pour les lépreux, alors que dans le courant du xive siècle, les malheurs des temps développent toutes sortes de manifestations aberrantes. On pense à ces processions de flagellants qui semblent avoir été nombreuses, surtout en Allemagne, en Flandre, en Hainaut : des pénitents qui se livraient à des actes de dévotion quelque peu morbides, flagellations, voire mutilations et autre *deliria*; ici et là, on prononce le mot de « sectes ». En témoigne le goût des fresques telle que la fameuse *Danse macabre* de La Chaise-Dieu. Plus tard apparaîtront ces associations de pénitents en cagoules – XVIᵉ et XVIIᵉ siècles en général – qui se produisent encore lors des processions de la semaine sainte à Séville, où elles sont devenues des attractions pour touristes. Même si ces excès restent le fait d'un petit nombre, la dévotion en général prend dès ce XIVᵉ siècle une allure doloriste – Christ torturé, Vierge de pitié – reflétant les angoisses d'une époque où séviront famines, guerres et cette épidémie de peste qui ravage pour la première fois l'Occident en 1347-1348, avec de très nombreux retours sporadiques par la suite.

Pierre Iᵉʳ a été couronné roi de Chypre à Sainte-Sophie de Nicosie, le 24 novembre 1358. En avril 1360, il recevait dans la cathédrale de Famagouste le titre à la fois glorieux et irréel de roi de Jérusalem. Il faisait couronner avec lui son épouse, « une belle jeune fille de Catalogne, nommée Eléonore d'Aragon », dit un chroniqueur peu soucieux de limites géographiques. Elle était la petite-fille de Jacques II d'Aragon; le terme « catalan » se répand en son temps avec la terreur qu'inspire la fameuse Compagnie catalane, sorte de force armée de mercenaires, réunis par un ancien Templier (Roger Blum qui avait italianisé son nom en Roger de Flor); il se met au service de divers suzerains, mais surtout impose sa loi en Méditerranée.

Nous avons déjà vu à l'œuvre l'impulsivité et la soif d'entreprises lointaines du jeune Pierre, pour le plus grand malheur du chevalier Jean Lombard. Pierre allait avoir désormais toute latitude de les laisser s'exprimer. Eléonore, quant à elle, aurait pu revendiquer des origines « catalanes » selon le sens donné alors au terme, de par le caractère entier et fougueux dont elle allait faire preuve. C'est un tel couple, réunissant deux personnalités également passionnées, pour le meilleur et pour le pire, comme on le verra, qui reçoit, plus de deux cents ans après Foulques et Mélisende, la couronne de Jérusalem.

« SA CHEMISE QU'A VÊTUE... »

La vie de Pierre et d'Eléonore débute comme une chanson courtoise, se poursuit comme un roman de chevalerie et s'achève sur un drame shakespearien, générateur de toute une série de misères et de malheurs, dont la prospérité de l'île se ressentira, tandis que la lignée royale de Lusignan en restera à jamais marquée. Pierre tient du héros digne de figurer à la Table du roi Arthur, mais aussi marqué par un temps où les vœux de Croisades se font autour de faisans lors de banquets somptueux, pour tarder à se réaliser et s'achever dans les marécages sanglants du lac Copaïs ou, plus tard, dans l'implacable désastre de Nicopolis; époque de vie intense et quelque peu démente où les fantasmes remplacent les exploits jadis inspirés par la foi, tandis que le négoce qui, lui, prospère, justifie toutes les trahisons, y compris celles qui se retourneront contre lui.

Le couronnement des époux royaux fut suivi par huit jours de fêtes splendides, bien dans l'esprit de la chevalerie du XIVe siècle, pendant lesquelles la cité entière de Famagouste fut en liesse – au point que l'excitation générale suscita des émeutes qui durent être sévèrement réprimées.

Les fêtes terminées, Pierre eut l'occasion de prouver sa vaillance. Un appel lui était lancé par les habitants grecs et arméniens de la ville de Gorighos en Cilicie. Il s'y rendit et prit la ville aux Turcs, puis sur sa lancée s'attaqua au port de Sattalia (Adalia) appartenant à l'émir Tekké, en août 1361. C'était un lieu de débarquement important sur la côte de Pamphylie. Tandis que l'émir s'enfuyait, Pierre désigna pour garder le port et la place un chevalier de son entourage, Jacques de Norès; il revint à Chypre après avoir enlevé au passage quelques petites places de la côte. L'émir Tekké allait tenter trois assauts successifs pour reconquérir Sattalia, sans y parvenir.

Succès évident sur ce rivage naguère entièrement soumis au pouvoir des Turcs. Mais les ambitions de Pierre Ier le portaient beaucoup plus loin; ce qu'il souhaitait, c'était la reconquête du royaume de Jérusalem, dont il portait le titre, dont il se sentait l'héritier. Après tout, il ne s'était guère écoulé plus de soixante-dix ans depuis la perte de Saint-Jean-d'Acre. A Chypre, on demeurait pénétré de l'idéal que représentait le royaume perdu, tandis que la menace permanente que les Turcs faisaient peser sur l'île ravivait quotidiennement un conflit dont le souvenir était déjà bien estompé en Occident.

Pierre décida donc de ranimer le souffle de la Croisade éteint depuis un siècle, depuis le dernier passage de Saint Louis. La tentative d'Henri II en 1290, envoyant désespérément en Europe Jean de Grailly chercher du secours quelques mois avant la chute d'Acre, n'avait ramené en Terre sainte qu'une poignée de gentilshommes suisses, après s'être heurtée à l'indifférence générale, notamment de Philippe le Bel. Aussi Pierre décida-t-il de s'embarquer lui-même pour aller secouer la torpeur de la chrétienté médiévale.

Les adieux du roi et de la reine durent être pleins d'émotion, à la veille d'un voyage qui promettait d'être long. Un trait raconté par Léonce Machéras nous révèle la nature passionnée de l'amour que Pierre portait à Eléonore.

« Sachez que le roi Pierre aimait la reine Eléonore selon les commandements divins. En partant pour la France, il ordonna à son valet de chambre de prendre une chemise de la reine et de la placer auprès de lui quand il préparait son lit pour dormir. Le roi embrassait ainsi la chemise de la reine pendant qu'il dormait. » Nous sommes encore ici en pleine lyrique courtoise, et l'on ne peut évoquer ce passage de Machéras sans songer au beau poème de Guiot de Provins dans lequel la femme aimée attend le retour du croisé :

> Sa chemise qu'a vêtue
> M'envoya pour embrasser :
> La nuit quand s'amour m'argüe (me point)
> La mets avec moi coucher
> Moult étroit à ma chair nue
> Pour mes maux assouager (soulager).

Ardeur sensuelle qui certes n'était pas absente de la lyrique courtoise, mais qui chez Pierre, comme chez nombre de chevaliers de ce temps, n'impliquera plus la fidélité de jadis et entraînera par contre des passions désordonnées.

Notons d'ailleurs qu'on possède une lettre de Pierre Ier à son épouse qui n'a rien d'une lettre d'amour, mais s'adresse à « notre reine consorte » et traite des moyens de venir à bout d'une révolte des Crétois – ce qui laisse entendre qu'il considère Eléonore vraiment comme reine, capable de gouverner en son absence.

LA GLORIEUSE ÉPOPÉE

Le 24 octobre 1362, Pierre s'embarquait à Paphos emmenant avec lui ses principaux chevaliers et emportant aussi comme un trésor la chemise de son épouse. Après une escale à Rhodes, ils arrivèrent à Venise où Pierre passa tout le mois de décembre. Puis il entreprit dès le 2 janvier le vaste périple qui avait nourri ses rêves d'adolescent : après Padoue et Vérone, Milan où il était reçu par les Visconti, puis Pavie et Gênes, où il passa tout le mois de février 1363.

Son intention était de voir le pape. Or à cette époque, on le sait, le pape résidait en Avignon.

Pour ce saint passage assouvir (réaliser)
Il a la haute mer passée
Et vint en France la louée
Mais il passa par Cour de Rome
Là eut maints honneurs – c'est la somme (sommet) –
Car le pape premièrement,
Les cardinaux secondement
Tout le clergé, tous les prélats
Et les peuples à grand soulas (soulagement)
Et à grande joie le virent
Et plus grand honneur lui firent ;
Plus de douceurs, plus de louanges
Qu'onques mais à roi si étrange (étranger)
Qui était de si longue marche (si éloigné)
Qu'aux Sarrasins son pays marche (touche).

Ces vers sont de Guillaume de Machault, le plus fameux poète français du temps, que le périple de Pierre Ier, sa bravoure, sa prestance ont enthousiasmé, comme ils ont enthousiasmé les populations sur sa route.

Pierre Ier passa les fêtes de Pâques en Avignon et il y resta deux mois, rencontrant le pape et le roi de France, Jean le Bon. France et Angleterre s'enlisaient alors dans une lutte fratricide, qui devait s'accentuer encore au début du siècle suivant, et dont les interminables péripéties bloquaient toute perspective d'action commune au Proche-Orient. Pierre de Chypre se heurtait à une sorte d'obstination aveugle à tout projet autre qu'immédiat : des rivalités de champs clos chez ces princes qu'il aurait voulu ouvrir à de vastes perspectives.

A-t-il trouvé une oreille plus attentive en Flandre, au Brabant, en Allemagne où, s'il faut en croire Froissart, il passa l'été ? Au mois d'octobre, il traversait la Manche et il était reçu magnifiquement en Angleterre, où le 1er novembre il assistait à un tournoi à Londres. Dans les archives de la garde-robe royale, il est fait mention de tissus remis à Richard de « Kareswell », le tailleur du roi Edouard, « pour couvrir une paire de gantelets donnés au seigneur roi de Chypre pour les jeux de lance faits à Smithfield, lors de la fête de Toussaint, ainsi que pour diverses chapes et vêtements en diverses circonstances ». Partout où il passait, Pierre Ier était ainsi reçu et fêté avec grands honneurs; danses, tournois et banquets se succédaient, chaque prince ou souverain faisant assaut de courtoisie, avec probablement l'arrière-pensée de se trouver quitte ainsi du paladin qui venait leur rappeler l'existence de ce qui, pour toute la chrétienté, avait été jadis la « Terre de Promission » (Terre promise).

En février 1364 il était de retour en France et, le 7 mai, il assistait dans la basilique de Saint-Denis aux obsèques du roi Jean. Quelque temps après, il était présent aussi au sacre de Charles V à Reims. Il passa l'été suivant en Allemagne et séjourna en Bavière, en Saxe, en Bohême, en Pologne et en Autriche, partout fêté et comblé de cadeaux, auxquels il répondait d'ailleurs avec un faste tout royal. Un inventaire des joyaux du roi Charles VI, dressé quelque trente ans après le passage de Pierre Ier, rappelle, par une brève mention, cette libéralité que lui

permettaient les richesses de Chypre, devenue alors le
centre du commerce des perles et des pierres précieuses :
« anneaux à rubis, laiton, c'est à savoir : sept gros rubis de
grand poids de couleur de violet et furent au roi de
Chypre ». La famille de Lusignan avait décidément
adopté ce faste dont raffolaient alors les dynasties occidentales.

Pierre se rembarqua à Venise, probablement au mois
de juin 1365, et fit étape à Rhodes où il passa deux mois.
Il se trouvait alors, ayant réussi à convaincre au passage
un certain nombre de princes et de chevaliers, à la tête
d'une flotte de cent quinze nefs emmenant une dizaine de
milliers d'hommes : mille chevaliers, des archers et des
« balistaires », l'artillerie de l'époque. A son passage à
Rhodes, les chevaliers, qui se signalaient par leur inces-
sante activité en Méditerranée, avaient armé quatre
galères avec cent combattants et des chevaux.

Muni de ces forces, Pierre allait créer la surprise dans
tout le monde connu. Le 9 octobre 1365, sa flotte arrivait
devant Alexandrie : « Les Sarrasins, en apercevant
l'armée du roi, furent pris de terreur et plusieurs abandonnèrent la ville et s'enfuirent », dit le chroniqueur
Machéras. Ils se ressaisirent ensuite et voulurent contre-
attaquer, croyant que le roi n'avait pas de cavalerie à sa
disposition, mais ils furent « saisis de frayeur en voyant la
cavalerie des chrétiens », que Pierre fit débarquer au cré-
puscule. Il était bien renseigné par un chevalier poitevin
devenu son chambellan, Perceval de Cologne, qui avait
été prisonnier à Alexandrie et connaissait bien la ville ; il
avait su le diriger vers ce qu'on appelait le vieux port, et
avait insisté sur la nécessité d'emmener une cavalerie,
grâce à laquelle, selon l'expression de Guillaume de
Machault qui a raconté avec force détails l'expédition
entière, la « cité d'Alexandre » pouvait être « détruite,
prise, arse et brûlée ». L'événement inspirera aussi par la
suite le poète et chroniqueur Philippe de Mézières.

L'attaque d'une cité aussi puissamment fortifiée
qu'Alexandrie n'en était pas moins audacieuse et difficile.
« Mais Dieu favorisa de sa grâce les chrétiens ; en même
temps que les soldats montaient à cheval, les galères

approchèrent et entrèrent dans le vieux port, tandis que l'armée de terre marchait contre la ville. Cinq mille Sarrasins se mirent à la défense des portes, mais les chrétiens incendièrent ces portes et pénétrèrent dans la ville pendant que les galères entraient par celles du vieux port. C'est ainsi qu'avec la grâce de Dieu fut prise Alexandrie qui est la plus forte de toutes les villes que les Sarrasins possèdent sur la mer. Cela arriva le vendredi 10 octobre (1365) à quatre heures. »

Coup d'éclat à peine croyable : jamais Alexandrie n'avait pu être prise d'assaut au cours des Croisades précédentes. « Cette prise causa une vive joie aux chrétiens qui rendirent de grandes grâces à Dieu. Le légat fit immédiatement remercier Dieu et on célébra la messe au nom de la Sainte Trinité, en priant pour l'âme des chrétiens tombés pendant la guerre. »

Mais un pareil coup d'éclat devait rester sans résultat sérieux, sinon d'enrichir par le pillage ceux qui y prirent part. On note d'ailleurs que le roi refusa noblement toute sorte de butin. Il était néanmoins évident pour tout son entourage que la cité ne résisterait pas à l'assaut des Mamelouks, lequel ne pouvait tarder. « Le roi prit conseil du légat et des chevaliers qui lui dirent unanimement qu'ils ne voyaient aucun intérêt pour eux à rester plus longtemps à Alexandrie et qu'ils préféraient retourner dans leur pays. » C'est ainsi que la flotte reprit la mer et débarqua à Limassol « où tous, le roi, les chevaliers et les barons mirent pied à terre au milieu d'une joie immense ». Pourtant l'inutilité de la prise de la ville – aussitôt abandonnée – révèle déjà l'altération de l'esprit chevaleresque, l'exploit gratuit auquel se sont livrés en fait Pierre et ses compagnons.

Les réactions en Occident allaient être différentes suivant ceux qui reçurent la nouvelle. Le pape en Avignon, la cité même de Rome « en éprouvèrent une vive joie ». Plusieurs seigneurs décidèrent de s'armer à leur tour ; le comte de Savoie entre autres se préparait au départ et le roi de France fit savoir à Pierre Ier qu'il allait lui aussi monter une expédition. Tout autre fut la réaction de la cité de Venise. « La république de Venise en apprenant la prise d'Alexandrie fut très irritée parce que les Vénitiens avaient là de grands intérêts, eu égard au profit qu'ils tiraient du commerce de Syrie. Ils envoyèrent immédiatement une ambassade au sultan pour lui annoncer que la flotte qui était dirigée contre Alexandrie avait été formée sans leur consentement. » L'ambassade ayant été reçue fraîchement par le sultan du Caire, ceux qui la composaient se rendirent aussitôt à Chypre, pour apprendre que le roi préparait une nouvelle expédition, cette fois dirigée sur Beyrouth. « Ils en furent, raconte Machéras, vivement contrariés... Seigneur, prends garde! Tu nous ruines, car toute notre fortune est en Syrie. » Ce n'était pas la première fois que Venise faisait passer avant tout autre ses intérêts commerciaux. Toujours est-il que « les seigneurs qui désiraient marcher contre la Syrie se séparèrent et ne donnèrent pas suite à leur projet, et cela au grand détriment de la chrétienté. Le comte de Savoie, prêt à partir pour aller attaquer les Sarrasins, ayant su que la paix allait se conclure, préféra se rendre en Romanie (l'Empire byzantin), au secours de son neveu, l'empereur de Constantinople ».

LE DÉMON DE LA LUXURE

Pierre, qui supportait mal sa déconvenue après l'étonnante victoire remportée, ne perdait pas l'espoir d'entraîner la chrétienté à la reconquête du royaume de Jérusalem. Après quelques assauts livrés sur la côte de Syrie, à Tripoli, à Tortose, à l'Aïas en Cilicie, il décida un second voyage en Europe pour tenter à nouveau de convaincre les princes; cela au moment où pour une fois réunis – en tout cas dans leurs efforts commerciaux –, Vénitiens et Génois multipliaient les ambassades auprès des sultans, notamment en Egypte, pour obtenir une paix dont ils faisaient valoir les avantages économiques. (« Informe-toi et tu apprendras que les magasins sont pleins de marchandises et qu'il ne se trouve personne pour en acheter. Où sont les ducats des Génois? Ne vois-tu pas que les revenus de tes douanes sont diminués et que les marchands ne savent ce qu'ils doivent faire?... Etc. ».)

Sur ces entrefaites, Pierre apprit que les Arméniens l'avaient désigné comme roi. Comme l'écrit Guillaume de Machault :

> Sa renommée qui court
> Par tous pays, par tous chemins
> L'exhaussa tant que les Ermins (Arméniens)
> L'ont pour leur seigneur élu.

Les liens étroits qui existaient entre les chrétiens d'Orient, Romains ou Arméniens, ainsi que la grande renommée de Pierre Ier, expliquent cette élection qui eut lieu très probablement au moment où il s'embarquait pour la seconde fois vers l'Occident, à la mort de Livon de Lusignan, roi d'Arménie, qui était d'ailleurs le cousin de Pierre Ier. Il ne semble pas que celui-ci ait eu le souci d'aller se faire couronner, tout absorbé qu'il était par ses préparatifs d'un second voyage en Europe. Il allait donc se rembarquer à destination de l'Occident et prendre à nouveau congé de sa femme. Leur amour devait être toujours vivace, car il emportait encore avec lui la chemise d'Eléonore. Cependant, comme on va le voir, le mariage n'était guère considéré ni par l'un ni par l'autre comme une entrave, et le séjour de Pierre à Chypre n'avait pas été occupé que de devoir conjugal.

Reprenant la mer, il fut reçu à Rome (où se trouvait alors le pape Urbain V), avec les plus grands honneurs, ainsi qu'à Trévise et à Florence. Mais de mauvaises nouvelles cependant n'allaient pas tarder à lui parvenir. Laissons la parole à Léonce Machéras qui raconte les événements.

« Comme vous le savez, écrit l'excellent chroniqueur, le démon de la luxure, qui tourmente le monde entier, séduisit le bon roi (Pierre) et le fit tomber en faute avec une noble dame, nommée Jeanne Laleman, veuve du sire Jean de Montolif, seigneur de Choulou (Khoulou, dans la région de Paphos), et il la laissa enceinte de huit mois. Le roi étant allé une seconde fois en Occident, la reine la fit appeler et venir à la Cour. Quand elle fut venue devant elle, elle lui adressa des paroles honteuses en lui disant :

" Méchante courtisane, tu m'enlèves mon mari ! " La noble dame se taisait. La reine donna un ordre à ses servantes qui la jetèrent à terre et apportèrent un grand mortier de marbre qu'elles mirent sur son ventre et avec lequel elles broyèrent diverses choses et une mesure de sel pour la faire avorter. Mais Dieu vint à son aide et l'enfant ne sortit pas de son sein. Voyant qu'on l'avait torturée tout le jour et que l'enfant était resté dans le sein de sa mère, la reine ordonna qu'on la mît dans une maison jusqu'au lendemain. Quand il fit jour, elle la fit amener devant elle, on apporta un moulin à main, on l'étendit par terre, on lui mit le moulin sur le ventre et l'on moulut deux mesures sur son ventre ; on la tenait et elle n'accoucha pas. On lui fit subir mille tortures, employant odeurs, orties et d'autres mauvaises ordures – tout ce qui était ordonné par les sorcières et les sages-femmes. L'enfant persistait à se fortifier dans le sein de sa mère. La reine la fit retourner chez elle et fit savoir à toutes les sages-femmes que celle qui recevrait l'enfant devait le lui apporter sous peine d'avoir la tête tranchée.

« Quand l'enfant naquit, le pur, l'innocent, on l'apporta à la reine et personne n'a pu savoir ce qu'il était devenu. Cette méchante reine donna des ordres et l'on emporta la malheureuse accouchée à Cérines (Kérynia) et on la jeta toute sanglante encore dans une prison souterraine et, là, elle eut beaucoup à souffrir de toutes les manières, privée de tout par le capitaine qui voulait exécuter les ordres méchants de la reine impie et méchante. » Une semaine plus tard, le capitaine de Cérines était changé et remplacé par Hugues d'Anthiaume, qui était un parent de Jeanne Laleman. Il s'empressa, en secret, d'aménager la fosse souterraine où avait été jetée la malheureuse. « Il lui donna des draps pour dormir, et la traita bien en lui servant à manger et à boire. Tous ces faits arrivèrent en Occident aux oreilles du roi de Chypre grâce à ses parents. En étant informé, le roi écrivit à la reine une lettre fort irritée : " J'ai su le mal que tu as fait à ma bien chère dame Jeanne Laleman. En conséquence, je t'annonce que, si je reviens à Chypre avec l'aide de Dieu, je veux te faire tant de mal que tout le monde en tremblera. Ainsi, avant que je revienne, fais donc tout le mal que tu pourras. " Aussitôt que la reine eut reçu la lettre, elle manda au capitaine de Cérines de venir secrètement à Nicosie avec sa femme et de retirer la dame Jeanne de la fosse. C'est ce qu'il s'empresse de faire et la reine, effrayée, lui fait restituer tous ses biens et retrouver sa maison. Mais elle intima à la malheureuse femme l'ordre de se retirer dans un monastère. Celle-ci se rendit au monastère de Sainte-Claire. Elle allait y rester un an et, ajoute le chroniqueur, sa beauté ne passa point. »

Par la suite, Jeanne Laleman allait être l'héroïne de plusieurs chansons populaires, dont l'une circule encore de nos jours en dialecte chypriote; c'est l'*Arodaphnousa* de la ballade.

Cependant le chroniqueur poursuit : «Sachez que le même roi Pierre avait une autre maîtresse, Echive de Scandelion, femme de sire Grenier le Petit, et, parce que la dame était mariée, la reine, remarque-t-il, ne pouvait lui faire aucun déplaisir. Qui m'a dit cela, c'est la belle-mère de Georges, Marie de Nouzé le Caloyer, fauconnier de sire Henri de Giblet au village de Galata, qui connaissait ce seigneur et le servait, et il a su cela.

« A ceux qui feraient observer que le roi portant un tel amour à la reine Eléonore qu'il avait toujours sa chemise pour dormir partout où il se trouvait – " Comment avait-il deux maîtresses? " je répondrai, dit Machéras, qu'il le faisait par la grande luxure qu'il avait et parce qu'il était un homme jeune. »

Cette double excuse paraît suffisante au chroniqueur qui ne s'étend pas plus sur la question. C'est qu'il a à nous relater une autre facette – inverse pourrait-on dire – de l'histoire qui survient alors que Pierre se trouve toujours en Italie.

LA MAUVAISE LETTRE QU'A REÇUE PIERRE

Nous quittons ici tout à fait le domaine de la lyrique courtoise pour aborder celui du vaudeville, mais d'un vaudeville qui tourne aussitôt au drame. «Venons-en maintenant, poursuit-il, à ce qui arriva à cause des péchés de la reine. Le diable de la luxure, maître de tout le mal, fondit sur le cœur de Messire Jean de Morpho, comte de Rochas (Jean de Morf, comte d'Edesse); il lui fit concevoir un vif et grand amour pour la reine. Il s'y prit de tant de manières, il donna tant de présents aux entremetteuses pour réussir, qu'il finit par obtenir ce qu'il voulait et que tous les deux se trouvèrent ensemble. L'affaire fut bientôt répandue dans toute la ville; on sut comment s'était fait ce péché; tout le monde ne parlait plus de rien autre chose si bien que les domestiques eux-mêmes s'en entretenaient. Les frères du roi (Jean, prince d'Antioche, et Jacques, connétable de Jérusalem) l'apprirent aussi et ils en furent vivement blessés. Ils songèrent au moyen de faire passer ce grand mal pour qu'il ne s'en produisît pas un autre plus grand comme il arriva. Sur ces entrefaites, arriva Messire Jean le Vicomte, auquel le roi en partant avait donné l'ordre de veiller sur sa maison. Les seigneurs commencèrent à l'interroger sur le comportement de Madame la reine et surtout ils lui demandèrent si c'était la vérité. Le bon chevalier commence par leur dire non. Il ajouta : " Seigneurs, qui peut être maître de la bouche du peuple qui est toujours prêt à dire du mal de chacun et à cacher le bien des autres ? " Il dit encore : " Dieu sait qu'à l'heure où j'ai appris ceci, j'ai failli tomber à terre évanoui, car je ne sais que faire. Mon maître, le roi, m'a donné la charge de veiller à son honorable maison plus que ses frères même. " Alors ils lui disent : " Il nous semble qu'il en doit être instruit par vous plutôt que par un autre. " Le bon chevalier rentra chez lui et il écrivit au roi une mauvaise lettre... »

Cette « mauvaise lettre », après de longs préambules disant : « Maudite l'heure où j'ai pensé à vous écrire, trois fois maudit le jour où vous m'avez chargé de surveiller votre maison », finit par lui avouer : « On dit dans le pays que le comte de Rochas a mis la main sur votre trésor, que votre brebis s'est égarée et qu'elle a été trouvée avec le bouc... » Il termine en souhaitant qu'à son retour on puisse prouver que c'est un mensonge et qu'on découvre celui qui a osé « répandre une pareille calomnie ». Sa lettre est datée de Nicosie, le 13 décembre 1368. Mais ici, il faut penser que Machéras a été trompé sur la date, car c'est en réalité dès le 23 septembre de cette même année 1368 que Pierre Ier quitte l'Italie pour rentrer à Chypre.

« On lui apporta la lettre; c'était la nuit quand on lui apporta cette triste nouvelle. Aussitôt, il ordonna à son chambellan d'enlever le vêtement de la reine d'entre ses bras. Ce serviteur s'appelait Jean de la Chambre et il lui dit de ne plus mettre la chemise sur son lit. Alors il soupira et dit : " Anathème sur l'heure et sur le jour où l'on m'a remis cette lettre; la lune assurément était dans le signe du Capricorne quand on me l'a écrite. " » Dès ce jour, son entourage est très frappé du changement qui s'opère chez le roi. Il s'assombrit, se ferme aux autres, devient « mélancolique ». Et cela influe très visiblement sur sa conduite et ses décisions.

« Le roi, voyant, continue Machéras, qu'il n'avait plus rien à faire dans le pays de l'Occident, ayant l'assurance de la paix avec le sultan, dit adieu aux princes de l'Occident, monta sur son navire et revint en Chypre. On le reçut selon les coutumes royales, on lui fit des fêtes et un joyeux accueil pendant huit jours. » Quelqu'un cependant se montre « en grand souci à cause de l'arrivée du roi » : c'est Messire Jean de Morf. Il s'empresse d'envoyer aux deux maîtresses de Pierre, Jeanne Laleman et Echive de Scandelion, « deux pièces d'écarlate à chacune et mille aspres (pièces de monnaie) d'argent de Chypre et il les fit prier de lui promettre qu'elles ne diraient rien, pas même au roi, et si elles entendaient quelqu'un le dire, de le contredire comme un menteur. Les dames promirent de le faire et elles le firent en effet ».

A son arrivée, le roi commence par visiter tous les couvents, tant grecs que latins, de Chypre pour y prier et y distribuer des aumônes, comme il en avait fait le vœu lors d'une grande tempête qu'il avait dû essuyer à son voyage de retour. Sa première visite fut pour le monastère de Sainte-Claire, où Eléonore avait envoyé Jeanne Laleman. Avec l'autorisation de l'abbesse, il put monter dans la cellule où elle se trouvait. « Celle-ci se mit à genoux et elle allait baiser la main du roi, quand il l'embrassa avec grande affection. Il lui donna mille gros d'argent (pièces d'argent) et lui demanda : " Qui t'a dit d'embrasser la vie religieuse ? " Elle répondit : " Puisque j'ai tant souffert dans le monde faux, que je souffre encore dans le bon. " Il lui ordonna de déposer sur-le-champ l'habit de religieuse, de quitter le couvent puisqu'elle y était entrée sans sa volonté sur l'ordre de la reine. »

Il interroge ensuite ses deux maîtresses au sujet de l'inconduite de la reine, et l'une et l'autre, d'un commun accord, déclarent au roi que la lettre qu'il a reçue de Jean le Vicomte ne peut être que l'effet d'une mésentente entre lui et la reine. « Ainsi, le roi fut trompé par ces deux dames en croyant qu'elles disaient la vérité. Voilà comment l'affaire se passa, déclare Machéras, comme je l'ai su de Madame Losé, la nourrice des filles de sire Simon d'Antioche, qui était une femme servante du comte de Rochas. Elle savait tous les détails de cette affaire; elle était la mère, ajoute-t-il, de Jean le Cuisinier. »

Mais le roi n'allait pas se fier à leurs paroles. Comme le remarque le chroniqueur, ce n'était pas un souverain ordinaire : « Né sous l'influence de la planète du Lion, il était beau de corps et vaillant de cœur, sage, prudent, ayant reçu de Dieu plusieurs grâces et un aspect imposant. » Pourtant la trahison dont on accuse la reine, aussi bien que les malheurs infligés à l'une de ses maîtresses, pèsent désormais sur son esprit – déjà aigri sans doute par l'insuccès de ses démarches auprès des princes occidentaux, sourds à ses appels pour une nouvelle expédition. D'après son ancien chambellan, Perceval de Cologne, une inquiétude l'habite et le poursuit désormais : il aurait vu apparaître la « serpente de Lusignan » – autrement dit la fée Mélusine, dont on disait en pays poitevin qu'elle hantait toujours les combles du château de Vouvent, et apparaissait aux sires de la lignée peu avant leur mort.

Le « charme » de Mélusine, la femme que son époux retrouve changée en serpent, a un sens ambigu qui fait voir en elle tantôt une sorcière tantôt une fée, et son obsession aura été néfaste à l'esprit de Pierre Ier, accablé par ses déboires aussi bien politiques [1] que conjugaux.

Toujours est-il que la conduite du roi à son retour pouvait légitimement inquiéter les siens. Machéras le montre réunissant son conseil et ses barons, leur exposant son infortune conjugale et eux, perplexes, de discuter ensuite du danger qu'il y aurait à mécontenter dans cette affaire la « grande famille des Catalans », dont la reine est originaire. Finalement, la colère du roi serait retombée sur Jean le Vicomte, envoyé prisonnier au château de Buffavent, où on l'aurait laissé mourir de faim.

La conduite du roi ne fait ensuite qu'empirer. « Il déshonora toutes les dames de Nicosie, petites et grandes; ce serait une grande honte de les nommer. » Cela lui attire de tous côtés des haines que le moindre prétexte fait ensuite éclater. Il avait fait bâtir une tour à Nicosie où se trouvait une prison et il la fit entourer de forts retranchements avec fossés. On l'appelait la tour Marguerite. Les chevaliers de son entourage le soupçonnaient de vouloir les y faire enfermer, à commencer par Jean, le prince d'Antioche, et son frère Jacques. Le bruit se répandit que, sous prétexte d'un banquet qu'il devait donner, tous ceux qui auraient répondu à l'invitation s'y trouveraient emprisonnés. Et l'on raconte que c'est son confesseur, Jacques de Saint-Dominique, qui, mis au courant du projet, le fit échouer.

Les actes de démence allaient se succéder. Un jour il voit son jeune fils, le « Perrin » des chroniqueurs, en pleurs. L'enfant avait remarqué deux superbes lévriers de Turquie que possédait le sire de Méniko, Henri de Giblet. Mais celui-ci y tenait beaucoup et refusa de les lui céder. Pierre, rendu furieux par ce refus, envoya Henri à Paphos, tandis que son fils Jacques était astreint à travailler aux fossés de la tour Marguerite, les fers aux pieds. Quant à sa fille, veuve et qui, effrayée de l'attitude du roi,

---

1. L'historien Jean Richard, auquel on doit la publication de nombreux documents qui ont permis d'approfondir l'histoire de l'île de Chypre, a développé dans un article très précis sur *La Révolution de 1369 dans le royaume de Chypre*, les dessous ténébreux du complot dans lequel devait périr le roi Pierre Ier (Bibliothèque de l'Ecole des Chartes, CX, 1952, p. 108-123).

s'était enfuie dans un couvent de Tortose, il la fit rechercher, s'en empara et la fit mettre à la torture. Elle allait d'ailleurs épouser celui-là même que le roi avait envoyé pour la ramener de Tortose, sire Jean de Neuville.

Les frères du roi, l'un après l'autre, lui reprochèrent sa conduite : « Tu as agi illégalement en te conduisant ainsi envers tes hommes liges, sans soumettre la querelle à ta cour souveraine pour qu'elle l'entendît et la jugeât. » Pierre ne fit que s'emporter et les injurier. Quant à l'orgueilleuse Eléonore, les infidélités multipliées du roi ne pouvaient qu'accroître sa fureur.

« Dès lors, raconte Machéras, commença à s'élever l'arbre de la haine. » Les chevaliers de sa Cour allaient se concerter, s'adresser aux deux frères du roi. « Depuis son retour d'Occident, (le roi) est devenu tellement superbe (orgueilleux) qu'il a trahi ses serments à cause de la haine qu'il nourrit contre nous. » Vainement l'un de ses proches, l'amiral Jean de Monstri, tenta de raisonner le roi, puis d'apaiser les barons qui s'étaient rendus à l'église Saint-Georges-des-Poulains, où ils complotaient rien moins que la mort de Pierre Ier. Après une nuit de palabres, voyant que les deux frères de Pierre, Jean et Jacques, se joignaient à leur révolte, « les chevaliers... devinrent audacieux et se consultant entre eux dirent : " Seigneur, il est vrai qu'auparavant nous avons dit aux frères du roi d'arrêter ce dernier jusqu'à ce qu'il nous promette de nous traiter convenablement, mais quand nous lui rendrons la liberté, il nous fera tous mourir. Avant d'être couronné, il a juré cette foi, et après ce serment il a mis la couronne. Mais tous ces serments sont oubliés car il agit contre les Assises et Dieu. Qui à l'avenir pourra ajouter foi à ses serments et à ses promesses ? " ». Dès lors la conjuration prend forme. « A minuit, ils forcèrent les frères du roi de préparer leurs chevaux et d'envoyer délivrer les chevaliers prisonniers en brisant les fers qu'ils avaient aux pieds. C'est ainsi que sire Jacques de Giblet et Marie de Giblet sortirent de prison. »

Or, pendant ce temps, le roi ne faisait que multiplier les signes de démence. « Il se mit à dîner dans un état de grande irritation : c'était le mardi 16 janvier 1369, la veille de la fête de saint Antoine. Il observait le jeûne ce jour-là... Après quelques plats, on lui servit des asperges. Son serviteur demanda de l'huile pour les assaisonner, mais on avait oublié d'en acheter et les boutiques étaient déjà fermées parce qu'il se faisait tard. Le roi attendait qu'on lui servît ce plat. Voyant qu'il tardait, il s'écria : " Mais, au nom de Dieu, apportez donc les asperges ! " Son serviteur lui dit : " Seigneur, on n'a pas d'huile et les parfumeurs ont déjà fermé leurs boutiques. Ils ont oublié d'en apporter. Daignez leur pardonner. " Le roi se fâcha et dit : " C'est le bailli de ma Cour qui a fait cela pour me tourmenter. " Aussitôt, il le fait mettre en prison, menaçant de le faire décapiter le lendemain matin. » Il s'agissait du maître de l'hôtel du roi, nommé Jean Gorap. L'anecdote est rapportée, une fois de plus, par Machéras.

« QUELS SONT CES HOMMES QUI VIENNENT D'ENTRER ? »

Les événements se précipitèrent au petit matin. « Le mercredi 17 janvier 1369, de bonne heure, tous les chevaliers accompagnés du prince (Jean de Lusignan) et de son frère (Jacques) arrivèrent à la maison royale et, mettant pied à terre devant le perron de l'escalier, ils montèrent et se dirigèrent vers les appartements du roi avec les prisonniers qu'ils avaient délivrés. Alors le prince frappa à la porte avec précaution. L'officier de service ouvrit la porte et, à la suite des frères du roi, tout le monde entra à la fois. Le roi entendant du bruit se leva de son lit et s'écria : " Quels sont ces hommes qui viennent d'entrer ? " Madame Echive de Scandelion, qui était couchée avec lui, dit : " Ce ne peut être que tes frères. " La noble dame se leva, s'habilla et sortant de la salle descendit à l'endroit où se trouvaient les selles pour les tournois. Elle ferma la trappe. » Sans doute le récit désigne-t-il ici une issue secrète : la trappe en question pouvait ouvrir sur une échelle conduisant à une resserre où étaient entreposés les accessoires d'équitation, et qui servait aux allées et venues de la maîtresse du roi.

« Le prince (Jean), voyant que Madame de Scandelion

avait quitté le roi, entra dans la chambre et le salua...
" Bonjour, Seigneur. " Le roi lui répondit : " Bonjour, mon
bon frère. " Le prince dit : " Nous nous sommes beaucoup
fatigués toute la nuit pour mettre par écrit notre opinion.
Nous te l'apportons pour que tu la voies. " Le roi était nu,
n'ayant que sa chemise, et il avait honte de s'habiller
devant son frère. Or il lui dit : " Mon frère, éloigne-toi un
peu pour que je m'habille et j'examinerai votre écrit. " Le
prince se retira... Le roi commençait à s'habiller et, passant une manche de son habit, il tournait le visage pour
mettre l'autre; il vit les chevaliers dans sa chambre et les
apostrophant : " Lâches et parjures, dit-il, que venez-vous
faire dans ma chambre à une pareille heure? " Ces chevaliers étaient au nombre de trois : c'était sire Philippe
d'Ibelin, seigneur d'Arsouf, sire Henri de Giblet et sire
Jacques de Gaurelle. Aussitôt, ils dégainent et portent au
roi trois ou quatre coups chacun. Le roi se met à crier :
" Au secours, pitié ! " Alors accourt sire Jean Gorap, le
bailli de la Cour, et, le trouvant évanoui, il tire son couteau et lui coupe la tête en disant : " Tu voulais
aujourd'hui me faire décapiter, eh bien! c'est moi qui te
coupe la tête et ta menace tombe sur toi. " » Scène sauvage, quels que soient les torts passés de Pierre, et sans
précédent, car c'est vainement qu'on chercherait
l'exemple d'un régicide dans les annales de l'Occident à
l'époque féodale [1] : celui-là nous fait sentir que l'on
approche de ce XVIe siècle où, on le sait, tous les chefs de
file, rois ou seigneurs, comme les Guise, ont péri assassi-
nés, où se sont multipliés les meurtres individuels ou col-
lectifs.

Aussi est-ce avec stupeur que l'Occident entier appren-
dra l'attentat dont avait été victime le roi-chevalier.
« Aussitôt, écrit Machéras, la trompette sonna à la porte
du palais et l'on cria : " Seigneurs! Dieu a exécuté sa
volonté sur le seigneur roi! " Le grand drapeau royal fut
suspendu du côté du fleuve (la scène se passe à Nicosie,

---

1. Le régicide le plus anciennement connu est sans doute celui du roi
d'Angleterre Edouard II, commis en 1327 à l'instigation de son épouse
Isabelle, fille de Philippe le Bel, celle que les Anglais appelaient la
« louve de France ».

arrosée par le fleuve Pedieos) et on fit publier parmi le peuple que personne ne devait faire de bruit sous peine d'être décapité. Puis le roi Pierre, fils du roi Pierre, prit possession de ses droits sur le royaume et tous prêtèrent serment au nouveau roi. Le peuple plaignit beaucoup le roi mort et cria trois fois : " Vive le roi Pierre ! ". » De l'attitude d'Eléonore et de ses réactions, le chroniqueur ne dit rien. Il est manifeste cependant qu'elle a encouragé ou au moins laissé faire ce meurtre, par un désir de vengeance exacerbé envers son mari.

Et l'histoire se poursuit, toujours sur le mode tragique, par celle de Jean de Monstri, l'amiral qui avait tenté de sauver le roi. Il était l'amant de la femme de Philippe d'Ibelin et peut-être la rivalité entre les deux hommes a-t-elle joué en la circonstance. Toujours est-il que Philippe d'Ibelin réclama justice contre lui « et, comme il demandait que le coupable fût mis à mort, le prince (Jean de Lusignan) et la reine (Eléonore d'Aragon) firent mettre l'amiral en prison à Cérines... Celui-ci était enfermé dans une tour. Il ôta de la fenêtre deux barreaux de fer et, se suspendant à une corde, il sortit de la tour, puis s'embarquant sur une barque de pêche, il mit à la voile et alla au golfe de Sattalia. Quand le gardien de la tour vint pour lui apporter sa nourriture, il ne le trouva plus. Il annonça aussitôt l'évasion au capitaine de Cérines. Celui-ci arma une nef... qui partit et découvrit en mer le fugitif. L'amiral, voyant qu'une nef était à sa poursuite, descendit à terre et, la peur lui ayant fait presser le pas, il gravit une montagne, tout épuisé de fatigue, et il se jeta sous un arbre pour reprendre haleine, mais il y expira... L'amiral trouvé mort fut enterré par les chrétiens qui étaient là dans l'église de Sainte-Marine, près de Sattalia ».

Evasion romanesque qui reste bien dans la ligne de l'histoire d'un Pierre Ier. Cependant son jeune fils, Pierre II, allait être couronné à Nicosie comme roi de Chypre deux ans après la mort de son père, le 12 janvier 1371, et comme roi de Jérusalem à Famagouste le 12 octobre 1372.

LA LÉGENDE DU ROI-CHEVALIER

Rarement roi fut acclamé et célébré en Occident comme l'aura été Pierre Ier [1] de Chypre.

Le noble roi de Chypre, le hardi conquérant,
Le meilleur roi qui fut par-delà conversant
Cinq cents ans a passé (depuis cinq cents ans).
      (Cuvelier, dans la *Chronique de Du Guesclin.*)

Il fut loué par Pétrarque qui pourtant n'aimait ni les Chypriotes ni les Français. Et Guillaume de Machault termine le récit de ses exploits et celui de sa mort par une sorte de complainte :

Mort est le bon roi, c'est dommage,
Pleurez, honneurs et vasselages,
Pleurez, enfants, pleurez, pucelles,
Pleurez, dames et damoiselles,
Pleurez aussi, toutes gens d'armes
Pleurez sa mort à chaudes larmes,
Pleure la foi en Jésus-Christ
Car je ne trouve en un écrit
Que depuis le temps Godefroy
De Bouillon qui fit maint effroi
Aux Sarrasins, homme fut né
Par qui fussent si malmenés,
Ni qui tant leur fit au contraire (fut leur ennemi)
Car de Chypre jusques au Caire
Les faisait trembler et frémir.

Et Froissart lui fait écho : « Et si le noble roi de Chypre, Pierre de Lusignan, qui fut si vaillant homme et de si haute emprise, eût longtemps vécu, il eût tant donné

---

1. Signalons qu'en notre temps (1985), une épée qui passe pour avoir appartenu au roi Pierre Ier de Chypre, portant une inscription qui la date de 1367, a été vendue à Londres par les soins de Sotheby's. Mise à prix quinze mille livres, elle a été acquise pour la somme de quarante-cinq mille livres.

à faire au Soudan (sultan) et aux Turcs que, depuis le temps de Godefroy de Bouillon, ils n'eurent tant à faire qu'ils eussent eu. »

On pourrait ainsi multiplier les citations. Sa mort dramatique a frappé les contemporains autant que ses exploits et sa renommée de vaillance.

Plus près de nous, au XIXe siècle, Gérard de Nerval célébrera Pierre Ier de Chypre et la famille des Lusignan dans son plus fameux poème *El Desdichado* :

Suis-je Amour ou Phœbus? Lusignan ou Biron?
Mon front est rouge encor du baiser de la reine;
J'ai rêvé dans la grotte où nage la sirène...

Et j'ai deux fois vainqueur traversé l'Achéron :
Modulant tour à tour sur la lyre d'Orphée
Les soupirs de la Sainte et les cris de la Fée.

La fée dont parle Nerval, c'est sûrement cette Mélusine dont la légende est liée à l'histoire des Lusignan. Et le rapprochement de Pierre de Lusignan et de « Biron » (lord Byron pour l'orthographe d'aujourd'hui) est intéressant : deux héros en qui s'incarne la défense des limites orientales de l'Occident, de notre frontière culturelle en quelque sorte, et aussi deux héros également chevaleresques, passionnés et grands séducteurs.

Pierre Ier avait réécrit quelques pages glorieuses d'une épopée qui avait vivement marqué l'histoire et frappé les esprits. Après lui, le recul de la chrétienté au Proche-Orient, l'avance belliqueuse des Turcs et la montée de la violence reprendront : l'île de Chypre en subira durement le choc, tandis que le titre de roi de Jérusalem, si étonnamment transmis par la lignée poitevine des Lusignan, deviendra de plus en plus dérisoire.

LES POIGNARDS CACHÉS SOUS LES POURPOINTS

Les suites immédiates de la mort de Pierre ne seront pas moins dramatiques que son assassinat lui-même. Les lancinantes rivalités marchandes, ainsi que l'attitude aveugle et emportée d'Eléonore, vont les caractériser. Un incident très significatif se passe déjà lors du couronnement de Pierre II, le fils de Pierre Ier, dans l'église Saint-Nicolas de Famagouste. Le chroniqueur Machéras, témoin oculaire et observateur attentif de l'époque, nous l'a raconté :

« Quand le roi sortit de l'église et arriva au perron pour se mettre à cheval, les Vénitiens s'élancèrent et saisirent la rêne droite du cheval. Les Génois prétendaient eux-mêmes à l'honneur de tenir cette rêne, suivant le privilège qu'ils avaient obtenu, c'est-à-dire que, quand le roi serait à cheval, les Génois se mettraient à sa droite et les Vénitiens à sa gauche. Un vaisseau vénitien se trouvait alors au port. Ceux-ci, étant plus nombreux, ne craignirent pas de tenter la lutte et il s'en suivit un grand tumulte...

« Le podestat (génois), craignant que les Vénitiens ne fissent quelque bruit, avait recommandé à tous les Génois d'avoir de petites armes sous leurs vêtements... Quand ils se mirent à table pour manger, l'ordre fut donné de placer la table des Génois à droite et celle des Vénitiens à gauche. Pendant que les deux communes (les gens des deux communes) mangeaient, elles se menaçaient réciproquement en grinçant des dents. Les Génois armés, pendant qu'ils étaient à table, avaient constamment l'œil sur les Vénitiens. Quand on se leva de table, le roi alla mettre ses habits de cérémonie pour ouvrir le bal. Pendant l'absence du roi, les Génois et les Vénitiens s'insultaient réciproquement. Aussitôt trois négociants génois... sortirent leurs épées et s'élancèrent sur les Vénitiens. Quelques-uns de ces derniers... mirent aussi l'épée à la main pour se défendre. Les Génois armés qui se trouvaient hors de la Cour, ayant entendu ce bruit, envahirent le palais...

« Le tumulte était devenu considérable. Le peuple de Famagouste alla détruire la loge des Génois. Plusieurs furent tués, d'autres blessés, une partie se sauva. La populace de Famagouste ivre de vin... avait envahi la loge et brisé la caisse; certains entraient dans les boutiques et les maisons et les pillaient; le prince envoya aussitôt sire Jean de Morpho, comte de Rochas, avec plusieurs chevaliers et hommes d'armes, pour défendre à la populace de faire du mal aux Génois. Celle-ci se retira et chacun rentra chez soi. On trouva les Vénitiens dans leur loge, armés, et avec un drapeau déployé qui signifiait la guerre ; on les obligea de rentrer dans leurs habitations. Il fut défendu à tout le monde de porter des armes... Le tumulte s'étant calmé, chacun rentra chez soi. »

Le roi, pour montrer qu'il avait oublié le scandale, fit des joutes et de grandes réjouissances et les esprits s'apaisèrent momentanément.

Fâcheux signe pour le début d'un règne. Chypre allait connaître un siècle après Saint-Jean-d'Acre l'effet de cette rapacité des commerçants, avides de monopoliser les richesses de l'île bienheureuse qui portait les espoirs des Lusignan, et de tous les fidèles de ce royaume de Jérusalem cher à la chrétienté.

Le chroniqueur Machéras raconte par le menu les tractations avec les Génois, certes responsables en partie des troubles, mais à la présence desquels on tenait néanmoins, car la population chypriote dépendait à présent des richesses qu'ils avaient accumulées. Le règne de Pierre II allait se passer ainsi en démêlés avec la cité de Gênes, au fil des années plus exigeante.

Les pourparlers se compliquèrent de désaccords surgis entre les Lusignan, frères du roi défunt, et la reine Eléonore, mère de Pierre II. Celle-ci avait été déçue des dispositions récemment prises et des nominations ordonnées par ses deux beaux-frères, Jean et Jacques. Du même coup, naissait en elle un violent ressentiment, peut-être un remords, de la mort de son époux. Par son infidélité, elle avait grandement contribué au déséquilibre du roi et à la détérioration de la situation qui devait conduire au meurtre ; et elle avait par désir de vengeance encouragé ou du moins complaisamment laissé s'accomplir ce meurtre. Aujourd'hui, alors que la situation qui en résultait tournait à son désavantage et à celui de son fils, ses deux beaux-frères accaparant peu à peu le pouvoir sur Chypre, elle se retournait contre ceux dont elle avait été la complice. Ce n'était sans doute pas tant le fait d'avoir commis un crime qui tourmentait cette femme violente et sans scrupule, que d'avoir commis un crime inutile. Elle chercha dès lors un appui auprès des Génois, n'hésitant pas à s'allier à ceux par qui le malheur et la discorde venaient à Chypre.

De son côté, la seigneurie de Gênes intriguait auprès du pape, inventant des explications honorables aux troubles qui ravageaient l'île. Ils s'adressaient même au roi d'Aragon, prétextant que « la reine de Chypre avait demandé aux Génois de préparer une flotte et de venir à Chypre pour venger le sang de son époux. Son fils avait été couronné et c'était le prince (Jean d'Antioche) qui recueillait toutes les rentes de Chypre, tandis que son pauvre fils avait à peine de quoi vivre ».

L'île devait faire face à un conflit interne aux chrétiens, presque à une guerre civile pour laquelle elle n'était pas préparée – cela sous le regard des « Sarrasins », toujours prêts à tirer profit de ces désordres. C'est ainsi que, au mois de mai 1373, les Chypriotes, plutôt que de voir le port de Sattalia tomber entre les mains des Génois, préférèrent le céder à l'émir de Tekké et abandonnèrent cette prise due à Pierre Ier qui leur donnait pied sur la côte d'Asie Mineure. Comme l'écrit Machéras : « Ce fut une grande honte pour la chrétienté que le roi ait rendu aux Turcs une si belle forteresse que le valeureux roi, Pierre, son père, avait conquise après une grande guerre et après tant de sang versé. Ce sont les Génois qui furent cause de ce malheur. Le peuple, ajoute-t-il, se retira sur les vaisseaux avec toutes ses provisions et avec l'image de Notre-Dame-de-Chypre peinte par l'apôtre Luc, ainsi qu'avec d'autres reliques qu'on transporta à Cérines. »

Des tentatives de réconciliation entre Chypriotes et Génois eurent lieu, émanant notamment des chevaliers de Rhodes, conscients des dangers qu'une fois de plus ces haines entre chrétiens faisaient subir à tous sur les rivages du Proche-Orient. Mais les exigences des Génois étaient énormes. Ils demandaient quatre cent cinquante mille ducats d'indemnités pour les dommages subis lors du « tumulte » du couronnement ; sans parler de la remise à merci de tous ceux qui les avaient attaqués et de la livraison d'une forteresse qui leur appartiendrait en propre... A Limassol, à Paphos, la population entière vivait sur le pied de guerre. Finalement, le 2 octobre 1373, trente-six galères génoises assiégeaient Famagouste. Au bout de quelques jours, sans doute par la trahison du comte de Rochas, Jean de Morf – celui qu'on avait accusé d'être l'amant de la reine –, la forteresse leur fut livrée et l'amiral génois Pierre de Campo-Fregoso y fit son entrée.

Eléonore allait être désagréablement surprise par la première attitude des Génois à son égard. Après une messe solennelle dans l'église Saint-Nicolas, l'amiral « conduisit le roi, sa mère et le prince dans la cour de la forteresse. Ils (les Génois) sortirent l'un après l'autre et fermant les portes à clé, les laissèrent ainsi sans manger ni boire pendant toute la journée, et sans un serviteur pour les servir. La nuit, ils dormirent sur la terre comme ils se trouvaient et ils furent traités comme des chiens. La reine, en voyant son fils sans dîner et dormant sur la terre, fut profondément affligée... Le lendemain matin, les Génois permirent à trois serviteurs d'entrer et de servir les prisonniers, le roi, la reine et le prince. Ce dernier – Jean de Lusignan – fut arrêté comme assassin de son frère ». Eléonore devait sentir le vent tourner à son avantage. Jean allait cependant s'évader grâce à son cuisinier qui, lui faisant chausser de larges bottes où les fers qu'on lui avait mis aux pieds étaient dissimulés, le gratifia d'une casserole, sur la tête d'un chaudron et le fit ainsi sortir de Famagouste.

Les scènes de violence se multiplient par la suite, derrière lesquelles on peut deviner les menées impitoyables d'Eléonore, devenue l'instrument de la vengeance du meurtre de son mari. Le seigneur d'Arsouf, Philippe d'Ibelin, celui qui avait porté le premier coup au roi Pierre Ier (trahi lui-même par sa femme « qui était devenue la maîtresse de l'amiral des Génois », dit Machéras), fut décapité, ainsi qu'Henri de Giblet et qu'un autre seigneur coupables d'avoir trempé dans le même assassinat.

Pierre de Campo-Fregoso se conduisait en maître et alla jusqu'à gifler le malheureux Pierre II qui refusait de rendre la forteresse de Cérines, la plus sûre de l'île.

Celle-ci subissait partout la dure loi des terres soumises à une armée d'occupation. Les Génois avaient fait publier un édit selon lequel tous ceux qui garderaient des armes chez eux seraient aussitôt pendus au gibet; ils l'appliquaient férocement, dans les campagnes comme en ville.

Finalement, le connétable de Jérusalem, Jacques de Lusignan, s'étant retranché à Cérines, les Génois durent s'en éloigner après quatre mois de siège, mais non sans avoir exigé de Pierre II un traité de paix qui plaçait pratiquement l'île entière sous leur mainmise, obligeant les Chypriotes à payer une indemnité de guerre de deux millions cent quarante-six mille quatre cents écus d'or – une somme insensée à l'époque – et se faisant livrer le port et la cité de Famagouste jusqu'à la fin du versement. Après s'être assurés de la personne de Jacques de Lusignan, qu'ils envoyèrent en otage à Gênes, ils cessèrent pour un temps, en octobre 1374, leurs déprédations.

LA VENGEANCE DE LA REINE

En dépit de tant de malheurs – ou peut-être excitée par le spectacle des violences devenues désormais quotidiennes dans l'île – la reine continuait à méditer sa vengeance. Installée à Nicosie, elle fit prier par deux fois le prince d'Antioche, son beau-frère Jean, de venir l'y retrouver. « Très irritée contre lui, écrit Machéras, elle cherchait le moyen de s'en emparer et de lui donner la mort. Elle excitait son fils à le tuer comme coupable de la mort de son père. » A son invite le prince, qui s'était retranché dans la forteresse de Saint-Hilarion, finit par gagner Nicosie, où Eléonore se trouvait avec Pierre II. « Après le dîner, le roi fit dire à son oncle de venir auprès de lui. On avait caché derrière, dans les voûtes, sire François Tamachi, Génois qui était resté à Chypre au service du roi, sire Frasses Saturno, Catalan, et Louis Pons, serviteur du roi, avec d'autres Napolitains, Lombards et chevaliers chypriotes. »

Comme le prince, après avoir reçu l'ordre royal, se disposait à monter à cheval, les serviteurs, qui l'aimaient, lui dirent : « N'y va pas, on va te tuer. » Il ne tint pas compte de cet avertissement et alla jusqu'au perron ; là, on lui renouvela le même conseil. Il ne voulut pas y croire, disant : « On se jouerait donc des serments ! » En effet, « la reine et lui avaient ensemble assisté à la messe quelque temps auparavant et tous deux avaient juré sur le Corps du Christ de conserver la paix ». Et Machéras poursuit son récit : « A peine avait-il mis les pieds dans les étriers que son cheval fit un faux pas et tomba. » Insensible encore à ce signe néfaste, Jean de Lusignan se rendit au château de Nicosie selon l'invitation.

« Après être descendu de cheval, il entra dans la chambre couverte de tapis d'or et qu'on nommait Chambre de Paris. Là, il trouva le roi et la reine assis sur le canapé ; il les salua ainsi que ses parents. La table était servie. La reine dit au prince : " Seigneur frère, viens manger avec nous. " Celui-ci, pour ne montrer aucune rancune, répondit : " A vos ordres. " On se mit à table. La reine était convenue d'un signal ; au moment où elle lèverait son mouchoir, on lui apporterait sur un plateau la chemise que son mari portait quand il fut tué. Elle avait dit aux assassins : " Au moment où je montrerai la chemise, soyez prêts à le tuer. " Ainsi fut fait. Le prince restait à table, le cœur oppressé. On lui dit : " Seigneur, mange. " Il répondit : " Mon cœur, mon cœur, je ne sais pourquoi il est oppressé ; je ne sais ce que j'ai. " Quand ils eurent fini de manger, on apporta la chemise à la table ; la reine dit : " Seigneur prince, à qui appartenait cette chemise ? " Aussitôt, les assassins se précipitèrent sur le bon prince et l'égorgèrent en la même chambre où le roi Pierre avait été tué. »

Scène digne des temps de la Renaissance. Rien n'y manque, ni les faux serments, ni les spadassins cachés derrière un rideau, ni surtout la scène shakespearienne d'Eléonore d'Aragon brandissant la chemise ensanglantée de son époux. Scène d'horreur qui, en cette année 1374, clôt toute une série lugubre de combats, d'assassinats, de défaites et d'humiliations, pour cette population chypriote dont le renom de gloire et de prospérité était tel cinq années auparavant.

Eléonore – dont l'âme avait dû s'aigrir au contact de tant de crimes –, ira par la suite jusqu'à comploter contre son fils. Alerté par sa suivante, Pierre II découvrira plusieurs lettres – destinées encore une fois à des Génois – que sa mère cachait sous ses couvertures au pied de son lit. En 1377, le roi épouse la nièce du duc de Milan, Valentine Visconti. La mésentente qui s'installe aussitôt entre Eléonore et sa bru décide Pierre II à renvoyer sa mère dans son pays natal. Eléonore regagne la Catalogne en 1380.

Elle avait été couronnée reine de Jérusalem vingt ans plus tôt au côté de son époux, le roi chevalier, dans une ville de Famagouste en liesse. Cela avait été l'occasion de fêtes somptueuses qui avaient semblé préluder à la reconquête tant attendue de la Terre sainte. Aujourd'hui, les Lusignan sont morts ou prisonniers à Gênes. Famagouste sert de caution au versement d'une monstrueuse rançon de guerre. La chevalerie, l'héroïsme, l'esprit d'aventure viennent de vivre en cette fin du xive siècle, sur ces rivages mythiques dans toute l'histoire de la chrétienté, quelque chose qui ressemble à leur chant du cygne : un élan exacerbé, excessif, désespéré, qui en se retirant ne laisse plus place qu'à une violence stérile et dénaturée.

Au xvie siècle un autre Lusignan, Etienne, qui était dominicain, allait passer plusieurs années dans le monastère de Saint-Dominique (détruit en 1567), où se trouvaient les tombes de plusieurs rois de Chypre : Hugues IV, Pierre Ier, Pierre II, et Jean, le prince d'Antioche, victime d'Eléonore, ainsi que leurs successeurs, Jacques, le connétable de Jérusalem, et son fils Janus. Nous possédons un ouvrage de lui où il décrit les deux chambres, celle du roi Pierre Ier et celle de la reine Eléonore, où chacun d'eux venait durant la semaine sainte pour suivre les offices. On y voyait encore, lors du séjour d'Etienne, un retable où étaient peintes sainte Ursule, sainte Eulalie, sainte Marie-Madeleine, et agenouillée devant elles la reine Eléonore d'Aragon. Le culte de ces saintes, que le retable lui prêtait, ne semble pourtant pas lui avoir inspiré quelque sens de la miséricorde ni du pardon.

14

Renouveau des pèlerinages

Après la prise de Saint-Jean-d'Acre en 1291, il ne pouvait plus guère être question de pèlerinage, en armes ou sans armes, vers Jérusalem. La plupart des églises avaient été détruites – celle du Saint-Sépulcre étant pourtant exceptée – et la pratique du culte chrétien interdite par les sultans d'Egypte qui, désormais, avaient la haute main sur les territoires de Syrie et de Palestine.

Cependant le désir d'accomplir le pèlerinage en Terre sainte n'en reste pas moins vivant au cœur de la chrétienté. On ne se fait certes pas d'illusion sur ce que représente de difficultés l'accès aux Lieux saints ; et, d'ailleurs, les projets de Croisade, les plans pour une récupération de la Terre sainte sont au début du XIVᵉ siècle plus nombreux que jamais, alors qu'ils ne débouchent sur aucune action concrète. L'entourage même de Philippe le Bel – ces légistes si acharnés contre les chevaliers du Temple – élabore divers plans de récupération dans lesquels dominent les préoccupations d'ordre financier, bien caractéristiques d'un temps qui a inauguré en France la manipulation des monnaies. Le dernier Maître du Temple, Jacques de Molay, avait lui-même, avant son arrestation, esquissé dans un mémoire la possibilité d'une reconquête de la Terre sainte grâce à un débarquement en Arménie, pays ami. Surtout, un personnage allait s'attacher à une reconquête, mais celle-là avant tout d'ordre spirituel : l'étonnant génie que fut Raymond Lulle avait ainsi projeté, reprenant les vues de François d'Assise lui-même, la transformation de la Croisade en mission. « Je vois les chevaliers mondains aller outre-mer, à la Terre sainte, et s'imaginer qu'ils la reprendront par la force des armes, et à la fin, tous s'y épuisent sans venir à bout de leur dessein. Aussi pensé-je que cette conquête ne se doit faire que comme tu l'as faite, Seigneur, avec tes apôtres, c'est-à-dire par l'amour, les oraisons et l'effusion des larmes. » Au concile de Vienne, l'an 1312, tandis qu'on examinait de nouveau certains projets de reconquête armée, on allait aussi adopter quelques-unes des vues de Raymond Lulle, entre autres la fondation de chaires de langues et de civilisations orientales dans les principales universités d'Europe, à Oxford, à Bologne, à Paris, à Salamanque et, bien entendu, à Rome. Il s'agissait principalement de chaires d'hébreu, d'arabe et de chaldéen. Mais on restait loin, ce faisant, de tout ce qu'avait souhaité et tenté d'obtenir Raymond Lulle qui, à quatre-vingts ans, revint vers ces rivages barbaresques, où il se savait détesté pour y obtenir ce qu'il appelait « la robe cramoisie du martyre », et mourut lapidé à Bougie en 1313.

À cette date, le pèlerinage en Terre sainte, justement, redevenait possible. Dix ans auparavant, en effet, le sultan d'Egypte avait autorisé la réouverture de certaines églises et même la pratique du culte chrétien, cela à la suite de négociations entreprises à l'initiative de Robert d'Anjou (le petit-fils de Charles d'Anjou, jadis maître de la Sicile et d'une partie de l'Italie) et de son épouse Sancie d'Aragon, avec le sultan d'Egypte El-Naser Muhamed. Celui-ci regrettait en fait la source de bénéfices que représentait l'afflux des pèlerins chrétiens. Dès l'an 1305, il accordait à des pèlerins aragonais des sauf-conduits leur permettant de circuler en Egypte et d'aller en Palestine visiter le Saint-Sépulcre ; l'année suivante, El-Naser proclamait officiellement que « les pèlerinages chrétiens en Terre sainte pouvaient être entrepris en paix et sécurité [1] ».

Or, dans le même temps et pour les mêmes raisons, ceux qui désiraient se rendre d'Occident en Terre sainte

---

1. Voir la thèse de Béatrice DANSETTE, *Les Pèlerinages en Terre sainte aux XIVe et XVe siècles* (en particulier, introduction, p. 16).

allaient rencontrer un obstacle inattendu. Les tributs, les péages ainsi versés aux Sarrasins ne constituaient-ils pas pour ceux-ci des ressources qui leur permettraient ensuite d'acheter des armes et de les retourner contre les chrétiens? C'est là du moins le raisonnement tenu par certains papes, comme Benoît XII ou Clément VI. Mus par le désir de couper toutes les sources de profit possibles aux musulmans, ils n'hésitèrent pas à lancer l'excommunication contre les chrétiens qui désormais se rendraient en pèlerinage en Terre sainte... Cette menace d'excommunication ne fut levée que progressivement; il fallait désormais, pour entreprendre le pèlerinage, une permission exprès.

En dépit de ces difficultés d'ordres divers, les pèlerinages allaient reprendre au XIVe siècle, surtout lorsque les Franciscains purent résider en Terre sainte, suivant en cela le dessein de saint François. Ils étaient douze autorisés à s'installer en 1309 et seront vingt-cinq au siècle suivant, assurant la garde des Lieux saints, prenant soin des pèlerins et organisant ce qu'on appellera par la suite la Custodie (la garde) de Terre sainte (sur laquelle, plus tard, le roi François Ier allait obtenir pour la France une sorte de protectorat, lointain, mais qui perpétuait cependant la présence chrétienne aux Lieux saints).

C'est ainsi que l'on voit au XIVe siècle renaître les pèlerinages, tolérés, parfois encouragés, avec des sursauts épisodiques d'hostilités plus ou moins marqués, sur un fond constamment inamical que nous détaillent les récits – d'ailleurs nombreux – de pèlerins qui ont réussi à se rendre en Palestine et à visiter les Lieux saints.

La plupart de ces récits sont dus à des hommes. Il semble en effet que les difficultés matérielles du voyage et son prix – de plus en plus lourd, nous le verrons – aient découragé les ménages de s'y rendre ensemble, comme cela avait été le cas, surtout au début des Croisades. De plus en plus, au lieu d'un couple, ce sera un individu, père ou mari généralement, qui prendra seul la mer et endossera les difficultés et les frais d'un tel périple, signifiant plusieurs mois d'éloignement; et d'ailleurs, avec le XIVe siècle, on aborde l'époque dans laquelle on commence

à penser « individu » plutôt que « famille » ou « lignée ».
La Renaissance n'est pas loin, avec le « Prince », selon
Machiavel, se substituant au chevalier de jadis, lequel
avait pour équivalent la Dame. Et les guerres qui
s'amorcent au XIVe siècle, et ne cesseront d'ensanglanter
l'Europe, réintroduisent l'emprise du militaire, voire du
soudard.

DES FEMMES REPRENNENT LA ROUTE

On connaît cependant un certain nombre de femmes
qui ont accompli au cours du XIVe siècle le pèlerinage de
Jérusalem. Ainsi, dans la famille même des rois de
Chypre, Marguerite de Lusignan, qui avait épousé le
prince de Morée, Manuel Cantacuzène. Elle fait le pèlerinage de Jérusalem vers l'année 1372.

Elle aura pu croiser la route d'une autre femme dont
les pèlerinages ont été célèbres : l'étonnante Brigitte de
Suède. Etonnante, car il s'agit d'une mystique, dont la vie
et la prière sont comblées de visions et révélations ; or
semblable don du ciel se trouve dispensé généralement à
des personnes vivant dans des monastères, bénéficiant de
la paix du cloître, voire de la cellule d'une recluse – alors
que Brigitte, née en Suède en l'an 1303, est une mère de
famille qui n'a pas moins de huit enfants, dont plusieurs
fort turbulents comme son fils aîné Charles.

Brigitte a épousé dès l'âge de quinze ou seize ans le
sénéchal de la cour de Suède, nommé Ulf. Elle-même, à
trente-deux ans, se verra requise par le roi Magnus pour
exercer dans son palais la charge d'intendante. C'est à
travers ses fonctions officielles et sa vie familiale que Brigitte reçoit les révélations exceptionnelles dont l'autorité
ecclésiastique a reconnu l'importance lors de son procès
de canonisation, terminé peu de temps d'ailleurs après sa
mort, dès 1391. Encore faut-il ajouter à cette vie déjà sur-
chargée les pèlerinages qu'elle accomplit : une première
fois avec son époux à Trondheim sur la tombe du saint roi
de Norvège, Olaf II, puis à Saint-Jacques-de-Compostelle
en passant par la grotte fameuse de la Sainte-Baume, où

se serait retirée la sainte Marie-Madeleine de l'Evangile ; et enfin, après la mort de son époux (il était quelque temps auparavant entré chez les Cisterciens d'Alvastra en Suède), à Jérusalem avec l'un de ses fils, Birger, et l'une de ses filles, Catherine, célèbre par sa beauté et surtout par sa sainteté qui allait l'élever, comme sa mère, sur les autels.

Ensemble, ils avaient quitté Rome (où Brigitte a passé une partie de son existence) au mois de novembre 1371. Peut-être eût-elle souhaité, comme le disent ses biographes, assister aux fêtes de Noël à Bethléem, mais semblable voyage ne s'accomplissait pas si facilement. A Naples les voyageurs durent attendre longtemps pour avoir un navire se dirigeant vers la Palestine, et ce navire lui-même fut retenu par les tempêtes, au point que la famille n'allait s'embarquer que le 14 mars de l'année suivante, 1372. Finalement, le 12 mai de cette année-là, Brigitte réalisait l'un de ses souhaits les plus chers en pénétrant pour la première fois dans l'église du Saint-Sépulcre de Jérusalem. Le voyage dura un an en tout. Après quoi Brigitte revint à Rome, où une partie de son activité s'était passée à inciter les papes à regagner leur Ville sainte, en ce temps où la plupart d'entre eux préféraient l'exil doré d'Avignon. Elle devait y mourir le 23 juillet 1373.

On peut mesurer les difficultés d'accomplissement de ce pèlerinage au temps que Brigitte et ses enfants ont dû lui consacrer : un an entier. Or il s'agissait d'une grande dame pour laquelle ne comptaient ni les soucis financiers ni les difficultés de la vie quotidienne, puisqu'elle était partout reçue selon son rang. On imagine ce que pouvaient être les obstacles que rencontraient sur leur route ceux et celles qui s'engageaient avec des ressources modestes et sans autres droits que ceux des « pauvres pèlerins » ordinaires.

Et pourtant nous avons des témoignages qui nous indiquent que beaucoup de « pauvres pèlerins » ont eu le désir de visiter les Lieux saints et que quelques-uns y sont parvenus, en cette période troublée que sont la fin du XIVe et le début du XVe siècle. L'un d'entre eux nous est connu pour avoir acquis la sainteté en raison même des difficultés qu'il lui avait fallu vaincre, et au cours desquelles le troubadour qu'il était se dépensait en chansons, plaisanteries et facéties diverses, afin de maintenir le moral de ses compagnons de voyage durant les tempêtes ou lors des rencontres hasardeuses : il s'agit de saint Rainier, fêté le 17 juin dans le calendrier ecclésiastique.

Sur un autre registre, cette fois résolument populaire, un personnage nous est présenté comme ayant fait à trois reprises le pèlerinage de Jérusalem : c'est la fameuse « femme de Bath » dans les *Contes de Canterbury*, de Geoffrey Chaucer. Parmi les pèlerins qu'il décrit en marche vers le célèbre sanctuaire, où avait été jadis assassiné Thomas Becket, « il y avait une femme de Bath, personne de bonne apparence, qui hélas était un peu dure d'oreille », mais fameuse par son habileté à tisser des draps éclipsant ceux des meilleurs tisserands d'Ypres et de Gand. Le poète nous la décrit avec son beau visage, résolu et puissamment teinté de rouge. « Trois fois, dit-il, elle avait visité Jérusalem et avait traversé maints rivages étrangers, elle était allée à Rome, elle avait voyagé à Boulogne, à Saint-Jacques-de-Galice, à Cologne... » Et d'esquisser sa silhouette avec sur la tête un superbe voile, des bas de fine écarlate soigneusement tirés, des chaussures souples, un vaste manteau et par-dessus le tout, un immense chapeau « plus large qu'un bouclier ». Avec cela, la langue bien pendue ; en sa compagnie fusent les éclats de rire. Somme toute, un type de gaillarde pèlerine comme il s'en est certainement rencontré beaucoup sur les routes.

La silhouette du pèlerin, en effet, ne varie guère, qu'il s'agisse d'un homme ou d'une femme. Ce qu'on voit de lui, c'est avant tout le manteau, la besace pendue à l'épaule, la gourde suspendue à son bâton – son bourdon – ou quelquefois, au bout de ce même bourdon porté alors sur l'épaule, linge et vêtements de rechange pliés dans un vaste mouchoir. De toute façon, le grand chapeau est de rigueur, rejeté sur le dos lorsqu'on ne le porte pas sur la tête pour se garantir du soleil ou de la pluie, généralement en feutre, et prévu pour résister aux intempéries. Le man-

teau, qui y a gagné le nom de « pèlerine », est souvent
roulé pendant la marche et porté sur l'épaule ; il sert surtout la nuit, on s'enveloppe dedans pour se protéger du
froid.

PRÉPARATION ET COÛT D'UN PÈLERINAGE

Quels bagages emportait-on pour un long pèlerinage ?
Un nommé Greffin Affagart, qui, au début du XVIᵉ siècle,
est allé par deux fois à Jérusalem, en a donné la description ; si tardive soit-elle, elle est probablement valable
pour les temps qui précèdent. Il recommande d'emporter
une natte « pour la poix » – à cause de la poix dont le pont
du navire est enduit, car le pèlerinage se fait normalement
par mer. De toute façon, il recommande d'être « en habits
simples et dissimulés, tant le pèlerin soit-il de grand
état »... Mieux vaut ne pas se faire remarquer, « car ceux
qui se démontrent être plus riches sont en plus grand péril
et sont plus molestés et par les chrétiens sur la mer et par
les Turcs dans le pays ». « Les chrétiens » désigne ici les
patrons de navire ; qu'ils soient génois, vénitiens ou marseillais, ils ont tous une grande aptitude à extorquer aux
pèlerins qu'ils transportent un prix maximal. Aussi vaut-il
mieux ne pas faire étalage de sa richesse, si tant est que le
pèlerin soit riche.

Greffin Affagart lui conseille aussi d'emporter des provisions de bouche, « car le patron, écrit-il, n'est tenu de les
nourrir sinon tant qu'ils sont sur son navire, et parfois ils
séjournent en une île quatre, six, dix jours, parfois plus ou
moins et ne trouvent pas les viandes (denrées) conve-
nables à leur appétit ou nature ». De toute façon, ils
feront bien d'emporter « deux petits vaisseaux (tonne-
lets) : l'un pour mettre de l'eau douce de Saint-Nicolas
pour ce qu'elle est de meilleure garde sur la mer, l'autre
pour mettre du vin de Padoue, qui est bon pour boire en
pays chaud car il n'est point violent ». Visiblement, son
pèlerinage à lui passe par l'Italie, sans doute par Venise,
qui est le principal port d'embarquement. Il conseille
d'autre part d'emporter, en fait de provisions, « de la chair

salée, comme jambon, langue de bœuf, du fromage, du
beurre et quelques petits pots pour cuire quelque chose
quand il est besoin, du pain frais pour sept ou huit jours,
du biscuit, des figues, des raisins, des amandes, du sucre
et, sur toutes choses, un petit flacon de sirop violat de
conserve de roses et autres choses qu'on peut prendre par
le conseil du médecin, qui sont bonnes pour remettre
l'estomac à sa nature après qu'il a été dévoyé... ».

On peut essayer d'imaginer, d'après cette énumération,
la forme et l'allure des bagages qu'emportaient pèlerins et
pèlerines. Des ballots soigneusement ficelés, c'est probable, peut-être roulés dans la natte qui servira sur mer,
les provisions de bouche sans doute rassemblées dans la
besace pendue au cou, ou dans le mouchoir au bout du
bâton. De toute manière, à leur débarquement, les pèlerins trouvaient force bonnes gens qui leur proposaient le
secours de leurs ânes pour leurs bagages ou pour leur personne. Le même Greffin Affagart raconte qu'à leur
débarquement à Jaffa « grande multitude de pauvres gens
arrivèrent avec leurs ânes et mulets pour gagner de
l'argent à porter des pèlerins ». Les gens du pays devaient
vivre en partie du pèlerin comme de nos jours du touriste.

Le même Greffin Affagart ajoute des recommanda-
tions d'un autre ordre : « Quiconque veut faire ce voyage,
écrit-il, il faut qu'il ait bonne intention, bon cœur, bonne
bouche, bonne bourse. » Bonne intention, développe-t-il,
c'est-à-dire ne pas se rendre aux Lieux saints poussé par la
seule curiosité « ni pour proufficit temporel ». Sur les pas
des pèlerins, et probablement parmi eux, devaient se trouver un certain nombre de marchands. A chaque étape,
d'ailleurs, l'arrivée d'un groupe provoque les mêmes
remous dans lesquels le « prouffict temporel » trouve son
compte. Et cela de tous temps. Le registre du notaire de
Marseille, Giraud Almaric, qui était en fonctions en 1248
lors du départ de l'expédition de Saint Louis et Marguerite de Provence, en garde témoignage. Ainsi, un acte
qu'il enregistre le 6 juillet de cette année 1248 contient
l'engagement entre deux Marseillais, Bernard Amoulet et
Marie de Valence, qui se promettent d'aller séjourner
durant le mois d'août suivant aux îles de Marseille (là où

avait lieu l'embarquement proprement dit des pèlerins et d'où partit Joinville) pour vendre, dans la maison appartenant à Marie, du vin, des poissons, des « viandes », c'est-à-dire des vivres divers, à l'équipage et aux passagers en partance pour le Proche-Orient : simple acte notarié qui évoque toute une activité née autour du pèlerinage, en armes ou sans armes, et qui aura forcément repris avec le mouvement même des pèlerins. Il suffira d'évoquer ce que sont en notre temps les boutiques d'« objets religieux » à Lourdes, ou encore ces stations – formalités en quelque sorte obligatoires – dans les magasins de Bethléem, où l'on invite aujourd'hui les touristes à se munir des petits souvenirs qu'ils souhaitent rapporter à leur famille...

Avoir « bonne intention », cela écarte aussi les pèlerins qui se sont engagés dans leur démarche pour de l'argent : aux xive et xve siècles surtout, il est devenu sinon fréquent, du moins assez habituel que dans les groupes de pèlerins se trouvent des gens qui accomplissent le vœu de quelqu'un d'autre. Les grands de ce monde, qui ont fait vœu d'aller à Jérusalem et se trouvent retenus par des affaires qu'ils jugent plus urgentes, soulagent leur conscience en dépêchant à leur place un pèlerin engagé moyennant salaire. On raconte que la reine Jeanne de Naples était coutumière de ces vœux qu'elle ne remplissait pas personnellement et faisait accomplir par procuration. Ceux qui entreprenaient dans ces conditions un pèlerinage rémunéré pouvaient-ils avoir réellement « bonne intention » ? Sans doute est-ce notamment en pensant à eux que Greffin Affagart ajoute « bon cœur » et précise : c'est-à-dire « bon propos d'avant que partir et ne retourner arrière pour chose qui advienne, bon courage de porter et endurer virilement toutes les peines, froidure, chaleur, faim, soif et autres misères qui pourraient advenir par le chemin pour l'amour de Jésus qui a voulu être pèlerin pour nous ». Il sait de quoi il parle lorsqu'il rédige son récit. Il a lui-même accompli en plus d'un an, 1533 (il est le 15 octobre à Jérusalem) - août 1534, la visite des Lieux saints et en connaît les fatigues et les difficultés.

La troisième condition ne manque pas non plus d'intérêt : « bonne bouche ». « Il ne faut pas vanter, explique-t-il, si on a de l'argent car l'on trouverait bientôt assez d'aide... Il y en a de mauvais garçons, et ne cesseront jamais par leurs subtils moyens qu'ils ne l'eussent tiré ou dérobé... Il faut aussi diligentement garder, insiste-t-il, de ne faire, ni dire aux Turcs, ni aux Maures, choses qui leur déplaisent, car ils ne demandent qu'occasion pour rançonner les pèlerins. »

Enfin une quatrième condition : il faut avoir « bonne bourse ». Ce que l'auteur développe : « Qui veut faire le voyage, il doit avoir trois bourses pleines : l'une pleine de patience, l'autre pleine de foi, et l'autre pleine de finances. » Et cette troisième bourse ne lui paraît pas moins indispensable que les deux autres, car, dit-il, « on ne va pas entre gens piteux (apitoyés, charitables) qui fassent rien par charité ». Et de se lancer ensuite dans le détail du prix des voyages et des monnaies à emporter, certaines n'étant pas admises ; son évaluation est d'ailleurs intéressante. Il conseille d'emporter deux cents ducats vénitiens en quittant Venise, soulignant que, si le pèlerin se borne aux Lieux saints de Jérusalem, une somme de cent ducats peut suffire, mais il est bon d'avoir une petite somme en réserve, par exemple en cas de maladie, « car sans argent on est mal traité ».

C'est là l'évaluation du prix d'un pèlerinage pour des gens de niveau moyen, étant évident que le train de vie des hauts personnages peut le faire considérablement varier. Ainsi de Henri de Lancastre, en 1393-1394 – celui qui devait bientôt usurper le trône d'Angleterre et faire promptement périr le dernier descendant direct des Plantagenêt, Richard II. Il s'avère que le voyage de Venise à Jaffa, aller et retour, lui a coûté deux mille sept cent quatre-vingt-cinq ducats. Le Grand Conseil de Venise, apprenant ses intentions, avait décidé de lui prêter « gratuitement » une galée, à charge pour lui de l'armer et de l'approvisionner. La République vénitienne était probablement flattée de recevoir un si grand personnage, et pour lui le Sénat s'était mis en frais, allant jusqu'à voter trois cents ducats pour donner une réception en son honneur lors de son arrivée. Même empressement cent ans plus tard à l'endroit du prince de Saxe, qui emmenait avec lui environ trois cents pèlerins allemands. Or le prince avait fait auprès du banquier Garzoni un emprunt de mille ducats pour couvrir les frais de son pèlerinage [1].

Il s'agit là de voyageurs d'un rang exceptionnel. Pour les simples pèlerins, le prix minimal semble bien avoir été autour de trente ducats vénitiens, la plupart ayant payé davantage. On cite tel chanoine de Milan, nommé Pietro Casola, qui déclare n'avoir pu accomplir qu'à l'âge de soixante-dix ans le pèlerinage de Terre sainte, car jusqu'alors ses ressources ne lui auraient pas permis pareilles dépenses. Au début du xvᵉ siècle, Margery Kempe, dont il sera question plus loin, paie son passage au départ de Venise quarante ducats, équivalant à quinze livres anglaises. Or, à la même époque, on peut acheter en Angleterre un cheval de selle pour cinquante shillings, donc deux livres et demie. Son voyage en Terre sainte serait revenu (si tant est qu'on puisse se fier à ces équivalences) au prix de six chevaux.

UN RÉCIT TRÈS DÉTAILLÉ

Les récits du pèlerinage proprement dit sont nombreux. L'un des plus précis et des plus complets est celui que nous a laissé Ogier, sire d'Anglure. Il s'agit d'un pèlerinage de pénitence. La lettre de rémission qu'il a implorée et obtenue du roi Charles VI, quelques années avant son départ, nous révèle la grave accusation qui pesait sur lui. Une nommée Colette, femme d'un certain Jehan le Desgourdi, avait été amenée dans le château d'Anglure par deux de ses écuyers. Cette paysanne paraît du reste avoir été assez peu farouche. Ogier l'avait approchée, lui disant : « Il convient que je parle à vous. » Il l'a ensuite prise par la main et menée en sa garde-robe; là, il l'a « connue charnellement une fois seulement; et tantôt après la fit revenir dans sa chambre, au feu, et commanda à ses gens et officiers qu'on la fît boire et manger ». Ce

---

1. Ces détails sont empruntés à la thèse de Béatrice DANSETTE, *op. cit.* Voir notamment p. LXIX et suiv.

sont les termes de la lettre de rémission par laquelle s'exprimait le pardon royal et qui nous détaille le forfait du sire d'Anglure. La mère de ladite Colette et Jehan le Desgourdi, son mari, s'étaient par la suite, en effet, adressés à la justice. Si bien que le sire Ogier « se doutait d'être par rigueur de justice molesté ou empêché en corps ou en biens ». Il avait alors imploré la clémence du roi, lui rappelant la part qu'il avait prise à la campagne menée par l'armée royale contre les gens de Gand en 1385. Sur quoi le roi avait accordé son pardon. Mais sans doute le confesseur d'Ogier d'Anglure n'avait-il, lui, accordé le sien qu'à la condition que le pénitent accomplisse le « saint voyage de Jérusalem ». Et voilà pourquoi Ogier s'était mis en route « le seizième jour du mois de juillet, l'an 1395 » pour un pèlerinage dont il nous a raconté très minutieusement les diverses étapes. Le récit qu'il nous a laissé peut aussi bien s'appliquer aux femmes qui entreprenaient à l'époque le même voyage : ces étapes, comme on le verra, sont à peu près immuables pour tous et fixées d'avance.

Il s'est d'abord rendu de Champagne en Savoie, et de là en Italie, où de Pavie il s'est embarqué sur le Pô pour se rendre à Venise. Son départ a eu lieu le lundi 30 août. Il aborde Rhodes après diverses escales le dimanche 19 septembre et finalement arrive à Beyrouth le 24 du même mois. Cette première partie du pèlerinage s'est donc accomplie dans de bonnes conditions. Le sire d'Anglure note que « les Vénitiens envoient chaque année cinq galées en la Terre sainte... et arrivent toutes à Beyrouth ... et de là partent (se séparent) les deux qui mènent les pèlerins au port de Jaffa qui est le port de Jérusalem ». Ce qui implique pour ces « galées pèlerines » un trafic régulier avec lequel s'esquissent déjà les organisations touristiques de notre temps.

Le récit du seigneur d'Anglure rend de façon très vivante les diverses étapes du « saint voyage ». Sur la côte de Palestine, c'est d'abord l'arrivée à Beyrouth, « belle cité, dit-il, mais elle fut jadis plus belle qu'elle n'est à présent et n'y habitent que Sarrasins ... Nous partîmes de Beyrouth le dimanche, vingt-sixième jour de septembre, et le lundi suivant passâmes devant Tyr en Syrie, qui est grande cité détruite et n'y habitent que Sarrasins ». Finalement ils arrivent au lieu de débarquement : Jaffa. « Jadis, cité bonne et grande, mais à présent elle est toute déshabitée. » Les pèlerins de l'époque auront tous à faire connaissance plus ou moins longuement avec les grottes qui environnent les rivages de Jaffa. Ils y passent la première nuit après leur débarquement, non sans inconvénients : « une vieille caverne pleine d'immondices », dira Greffin Affagart. Les pèlerins y sont consignés le temps nécessaire pour prévenir de leur arrivée les autorités de l'endroit.

Lorsque arrivent les galées pèlerines, en effet, on hisse sur la tour de Jaffa un drapeau rouge qui sert de signal, retransmis à Ramlah et à Jérusalem. Il avertit de l'arrivée d'un convoi de pèlerins le gardien du mont Sion (le « custode »), un frère franciscain qui aussitôt se munit des sauf-conduits nécessaires ; ce qui peut prendre du temps, car les rapports, en dépit des traités, ne sont pas toujours au beau fixe entre les frères mineurs chargés de l'accueil et les autorités en place. Une fois les formalités accomplies, l'un des Franciscains est délégué à Ramlah pour une première étape d'accueil en Terre sainte. Là, il commence par admonester les arrivants pour les prévenir des difficultés qui les attendent : « Comment ils avaient à se conduire et la patience qu'il fallait que chacun d'eux supportât, des Maures et autres infidèles et que chacun se confessât pour plus facilement gagner et acquérir les pardons (indulgences) ». Ce sermon d'accueil rappelle le but spirituel du pèlerinage et invite les pèlerins à se préparer pour bénéficier au mieux de l'acte de dévotion qu'ils vont accomplir.

Là prend place au besoin une cérémonie qui, à distance, nous étonne : la relève de l'excommunication prononcée par les papes, puisque certains d'entre eux, on l'a vu, Clément VI en particulier, ont interdit le « saint voyage » en raison des gros profits qu'il constitue pour le sultan d'Egypte. Le même pape avait cependant donné à l'archevêque de Nicosie le pouvoir de relever de cette excommunication les pèlerins de passage à Chypre. L'évêque de Famagouste s'était vu octroyer semblable pouvoir par le pape Benoît XII. Il reste que pendant plusieurs décennies une sorte d'équivoque pesait ainsi sur le pèlerinage de Jérusalem. Mais en fait, le gardien du mont Sion procédait à la levée de cette menace libérant la conscience des pèlerins les plus scrupuleux.

Pour édifier le couvent même où demeuraient les Franciscains, gardiens des Lieux saints, il avait fallu solliciter une autorisation spéciale, qu'avait obtenue une noble dame de Florence, Sophie d'Archangelis, à laquelle était due cette pieuse fondation. Elle avait expressément reçu d'un autre pape, Innocent VI, la permission de faire transporter en Syrie les matériaux nécessaires, avec recommandation d'en éviter tous mauvais usages : les matériaux de construction étaient en effet, avec les métaux, ce qui manquait le plus aux « Sarrasins ».

La cérémonie d'accueil à Ramlah se terminait par la messe et la communion. Après quoi le groupe reprenait la route, accompagné jusqu'à Jérusalem par des frères mineurs et aussi par une escorte de Mamelouks, dépêchée par celui qu'on appelle dans les textes d'alors le « gouverneur de Jérusalem ». En effet, les attaques de bédouins ou de pillards divers n'étaient pas rares sur la route, notamment sur cette partie favorable aux embuscades entre Ramlah et Jérusalem, avec les collines avoisinantes. De Ramlah, que le sire d'Anglure trouve « belle et bonne et bien marchande et fort peuplée et habitée de Sarrasins », les pèlerins ne tardaient pas à apercevoir l'église Saint-Georges de Lydda – proche de ce qui est aujourd'hui l'emplacement de l'aéroport de Lod – où se voyait encore au xive siècle cette église fameuse, « moult noble et moult belle », bien qu'en partie détruite lors de la reprise de la Palestine par les musulmans.

Les pèlerins parvenaient enfin à la Ville sainte. Greffin Affagart dit en des termes touchants la joie qu'il éprouve du plus loin qu'il l'aperçoit : « De Ramlah à la sainte et très désirée cité de Jérusalem, laquelle se voyait d'environ demi-lieue (deux kilomètres), d'aussi loin que nous l'aperçûmes, nous fûmes tellement épris et remplis de joie et de consolation, tant spirituelle que temporelle, que toutes les misères que nous avions endurées par mer et par terre et que toute sollicitude furent mises en oubli et, sur l'heure, descendîmes à terre en la baisant par grande dévotion et combien que fussions là, fâchés et ennuyés (fatigués), nous semblait-il non marcher à pied, mais voler. »

A Jérusalem, les pèlerins sont logés tant bien que mal par les soins des frères mineurs. Les plus privilégiés sont reçus dans leur couvent du mont Sion. Greffin Affagart y retrouvera un frère franciscain de Bernay, Bonaventure Brochard, « de laquelle chose je fus moult réjoui, écrit-il, et non sans raison car ... en si lointain pays un homme seul est bien étonné ». A la fin du XVe siècle, par suite de diverses mésententes, les patrons de galères vénitiennes ne seront plus accueillis au mont Sion, mais les pèlerins, eux, y seront toujours admis. Les femmes trouvaient plus généralement place dans l'ancien hôpital Saint-Jean de Jérusalem. Quelques-uns aussi étaient logés chez des particuliers, car à cette époque et jusqu'à nos jours auront subsisté à Jérusalem un certain nombre d'Arabes chrétiens ; beaucoup ont émigré en notre XXe siècle, mais il s'en rencontre encore ; à l'époque, on les appelait les « chrétiens de la ceinture ». Allusion à la légende qui voulait qu'au moment de son assomption la Vierge Marie eût confié sa ceinture à saint Thomas, qui avait ensuite évangélisé Arabes et Syriens avant d'aller porter la Bonne Nouvelle aux Indes. Une prière très populaire dans les groupes de pèlerins est le « pâtenôtre saint Julien », récité « pour espérance d'avoir bon hôtel », comme l'écrit le chroniqueur Henri de Valenciennes : il s'agit de saint Julien l'Hospitalier, dont Flaubert devait narrer la légende ; on l'invoquait spécialement pour trouver un gîte au cours du pèlerinage.

Alors commence pour les pèlerins la « sainte serche », selon l'expression d'Ogier d'Anglure, qui reprend l'appellation traditionnelle désignant la visite des Lieux saints à travers la ville. En procession, le groupe s'arrête aux endroits désignés comme ayant vu le passage du Christ chargé de sa croix. C'est là l'origine du chemin de croix, dévotion qui se répandra dans les églises occidentales aux XVIe-XVIIe siècles, lorsque le pèlerinage lui-même deviendra plus difficile et infiniment plus rare. Les recherches archéologiques d'aujourd'hui apportent du reste plus d'un correctif, du strict point de vue historique, aux étapes fixées par la tradition. Toujours est-il qu'elle atteste concrètement la préoccupation essentielle du pèlerin : « mettre ses pas dans les pas du Christ ».

La « pérégrination » trouve son accomplissement au Saint-Sépulcre. « Ce mardi, cinquième jour d'octobre, après le retour des Lieux saints, nous tous pèlerins, ensemble, à heure de vêpres, entrâmes dans la Sainte Eglise du Saint-Sépulcre, note le seigneur d'Anglure, en laquelle nous demeurâmes toute cette nuit et le lendemain jusqu'à heure de none (vers midi), que les portes nous furent ouvertes par les Sarrasins. » La nuit passée en prière autour du Saint-Sépulcre représente le sommet du pèlerinage. Une procession se déroule avec vénération des principaux lieux : le Calvaire, le Sépulcre lui-même, le lieu où sainte Hélène retrouva les croix, le tout selon un ordre désormais fixé et adopté par la liturgie avec prières, hymnes et antiennes, pour aider les pèlerins à méditer sur la passion et la résurrection du Christ. Durant tout ce temps, les pèlerins ont été enfermés par les gardes musulmans de l'endroit, qui détiennent les clés de l'église : mesure de sécurité pour eux-mêmes et de protection aussi, remarquons-le, pour les groupes de pèlerins, ainsi garantis contre l'éventuelle hostilité des populations alentour. Ajoutons que les « Sarrasins » peuvent ainsi plus facilement faire payer à l'entrée le tribut auquel ils soumettent les pèlerins.

On imagine mal aujourd'hui ces nuits passées dans la basilique par des groupes souvent très nombreux. Le récit d'un certain frère Paul Gautier [1] parle de « deux mille pèlerins des deux sexes », admis en même temps dans la basilique du Saint-Sépulcre pour y passer la nuit, avec parfois quelques troubles provoqués par ceux qui ne craignent pas de manger et de boire dans le sanctuaire comme dans une taverne. Un voyageur allemand, le chevalier Arnold von Harff, en 1476, s'est déclaré gêné par la foule remplissant la basilique au coude à coude, au cours

1. Voir la thèse de Béatrice Dansette, *op. cit.*, introduction, p. LXII.

de cette nuit de veillée où se manifeste quelque dissipation en dépit de la liturgie organisée.

Aujourd'hui, seule la nuit de prière aux Saintes-Maries-de-la-Mer, lors du pèlerinage des gitans, peut nous en donner idée. Mais il faut remarquer qu'à l'époque beaucoup de sanctuaires reçoivent ainsi les pèlerins pour une nuit entière : non seulement à Saint-Jacques-de-Compostelle, mais dans beaucoup d'autres églises comme Saint-Martin de Tours ou Saint-Denis, près de Paris. Ainsi le veut l'usage : on passe la nuit auprès du tombeau du saint que l'on est venu vénérer ou dont on implore l'assistance. C'est la coutume de la « pernoctation » qu'a décrite Edmond-René Labande [1]. Au reste, il faut se rappeler la familiarité du fidèle d'alors avec l'édifice religieux, dont le jansénisme nous a éloignés pour longtemps. On ne trouve pas déplacé alors de manger, boire ou dormir dans l'église. La maison de Dieu n'est-elle pas celle du peuple ? A Marseille, c'est l'église des Accoules qui réunit les gens de la commune pour élire leur recteur et l'équivalent de nos conseillers municipaux. A Chartres, on ne se gêne pas pour tenir dans la cathédrale le marché aux vins à l'époque des vendanges ; et telles églises de Haute-Provence, récemment dégagées, comme Saint-Donat, présentent un sol en plan très légèrement incliné, ce qui facilitait le balayage de la paille ou autre « jonchée », au petit matin, lorsque sortaient les pèlerins.

Le sire d'Anglure, quant à lui, ne paraît pas autrement scandalisé de la tenue de son groupe de pèlerins, et poursuit son récit en décrivant la visite de Bethléem, l'excursion au Jourdain où il se baigne, et à Béthanie. Puis, comme il tient à faire un pèlerinage très complet, il se dirige vers Sainte-Catherine, c'est-à-dire vers le mont Sinaï, où le monastère passe pour abriter le corps de sainte Catherine qui y aurait été transportée par les anges après sa mort. Il commence par faire des provisions et, en Champenois qu'il est, n'oublie pas le vin qu'il se procure à Baït-Jala, non loin de Bethléem. « En ce dit village, nous fîmes notre pourvoyance de vin qui nous fut délivré par le

---

1. Voir *Les Pèlerinages chrétiens à travers les âges,* dans *Mélanges Labande,* Londres, 1974, tome XI.

consul de Jérusalem, car pour ce que les Sarrasins ne boivent point de vin, les pèlerins ont à très grande difficulté du vin et très cher. Et sachez, ajoute-t-il, que Baït-Jala est fort peuplée de chrétiens de la ceinture, plus que de Sarrasins; les chrétiens labourent les vignes où bons vins croissent; et sachez qu'on les peut bien appeler bons vins! » Il repart le 13 octobre et arrive le samedi suivant, 16 du même mois, à Gaza. Là encore, il est question de « pourvoyance », c'est-à-dire de ravitaillement : « Toute manière de choses que nous savions qui nous étaient nécessaires pour passer les déserts... C'est à savoir, de biscuits, d'ânes, de harnais, de chèvres qui portent l'eau, de pavillons (tentes) et y séjournâmes neuf jours. »

Lorsqu'il reprend ensuite la route avec son groupe, survient un épisode étonnant. Au jour de la Toussaint, les pèlerins arrivent devant ce qu'ils appellent la « fontaine du soudan » (du sultan). « Tous les pèlerins ont usage de loger près de cette fontaine pour prendre rafraîchissement d'eau douce, car depuis que l'on est parti de Gaza jusqu'à Sainte-Catherine, on ne trouve eau qui soit bonne ou profitable qu'en cette dite fontaine du soudan. » Cette fois-là, pourtant, ils n'y purent loger. Un vaste pèlerinage de Sarrasins, en effet, près de dix mille hommes assure-t-il, se trouvait déjà près de la fontaine, revenant de La Mecque. Deux religions, deux civilisations qui se croisent en plein désert, chacune en quête de sa vérité, dans une région du monde où décidément souffle l'esprit... Une rencontre de ce genre donne matière à réflexion. Reste qu'en gens pratiques, les « patrons » (organisateurs) du pèlerinage ne se souciaient guère de voir les deux groupes de pèlerins s'approcher trop; le sire d'Anglure et ses compagnons durent aller loger « un peu outre, environ deux milles ». Ils arrivèrent le 6 novembre « environ deux heures en la nuit » à Sainte-Catherine.

Ogier d'Anglure, doué décidément d'un esprit curieux, ira ensuite jusqu'au Caire. Il est émerveillé par la grandeur de la ville « et vous certifie que, à notre avis, si nous y eussions entrés (dans la ville) au point du jour, nous ne fussions pas venus à notre auberge qu'il n'eût été nuit serrée tout avant ». En fait, ceux qui les conduisent ont pris soin de les faire pénétrer au Caire à la nuit, « pour ce qu'aucun Sarrasin ne nous fît empêchement ». Il trouve très belles les « églises de Sarrasins, que l'on appelle *muscas,* auxquelles ils font et disent leurs dévotions... et il y a de telles églises qui sont fort grandes et fort belles et semblent être belles églises de chrétiens; mais toutefois, nul chrétien n'y ose entrer par crainte des Sarrasins qui ne les y veulent souffrir ».

Il visite aussi la « cité de Babylone », c'est-à-dire le vieux Caire, admire les « greniers des Pharaons » – les Pyramides – et poursuit jusqu'à Alexandrie, non sans essuyer sur le Nil une attaque d'une « barque de Sarrasins », au cours de laquelle « un chevalier de Picardie, qui était nommé messire Pierre de Morqueline, reçut une sayette (flèche) parmi la tête, dont il eut depuis du mal assez; et d'autres y eut-il de blessés parmi les mariniers ». A Alexandrie, il mentionne la grande quantité de « fondiques », c'est-à-dire de quartiers réservés aux marchands étrangers (qu'on appelle plus communément des fondoucs) : ceux des Français, des Vénitiens, des Génois, des Castillans ou Aragonais, des Chypriotes, des Napolitains, des Anconitains et des Narbonnais. « Et en ce fondique de Narbonne, fûmes-nous hébergés nous tous pèlerins. Et en nul des autres fondoucs ne peuvent être hébergés les pèlerins, ajoute-t-il, parce qu'en ce fondouc il y a un official de par le soudan (un préposé du sultan) qui est chrétien et sait combien il doit rendre au soudan de tributs pour chaque année et il sait combien il doit y avoir de chrétiens qui entrent en Alexandrie comme pèlerins, et est appelé cet official : consul de Narbonne et des pèlerins. » Ce qui nous apprend que c'est, entre tous les étrangers, le consul de Narbonne qui a la charge de percevoir les impôts au profit du sultan d'Egypte et qui contrôle, par conséquent, toutes les arrivées des pèlerins à Alexandrie. Tout indique qu'en cette fin du XIVe siècle les sommes ainsi levées sont suffisamment importantes pour que le sultan se garde de contrarier les pèlerinages et les allées et venues des « galées pèlerines ».

LES « FORTUNES » DU PÉRIPLE EN MER

Pour la suite du voyage, Ogier d'Anglure nous fait vivre l'une de ces « fortunes » qui pouvaient surprendre en mer – autrement dit une tempête – et qui le mit, ainsi que ses compagnons, en danger. La nef sur laquelle il était embarqué perd l'un des gouvernails « et fut renversée notre voile par plusieurs fois en la marine (la mer) malgré tous les mariniers et quand se vint le soir de Noël un petit peu après minuit ... il fit si obscur que l'un ne pouvait voir l'autre sur la nef. Nous étions à cette heure près de terre, c'est à savoir des rochers de Chypre ... qui était la chose qui plus nous déconfortait et les mariniers aussi et, en vérité, il n'y avait nul qui fit autre semblant sinon comme celui qui bien voit devant lui qu'il lui faut mourir ». Détourné de son but qui était l'île de Rhodes, le navire qui les porte se trouve donc à Chypre, échappe de peu aux récifs et finalement aborde au port de Limassol, « dont chacun de nous fut moult joyeux et remercia Notre-Seigneur de bon cœur ».

Le voilà donc arrivé à Chypre dans l'après-midi du jour de Noël. Le roi, mis au courant de l'arrivée du navire de pèlerins en détresse, envoie des bêtes de transport, mules, chevaux et « sommiers » (bêtes de somme) pour emmener les gens et leurs bagages jusqu'à Nicosie. Sur leur chemin, les pèlerins ne manquent pas d'aller « droit à la Sainte Croix qui est en Chypre, qui est la croix où le bon larron fut pendu à la droite de Notre-Seigneur Jésus-Christ ». Après avoir rappelé le souvenir de sainte Hélène demeuré vivant à Chypre, notamment dans les églises de Stavro Vouni et de Tochni, qui auraient l'une et l'autre recueilli les reliques qu'elle détenait [1], le sire d'Anglure nous décrit ce qui est aujourd'hui encore ce monastère de Stavro Vouni, dont il s'émerveille, puis il fait son entrée à

---

1. Il n'a pas fait mention, par contre, d'Akrotiri, où l'on attribue aussi à sainte Hélène l'initiative d'avoir fait débarquer un navire rempli de chats, destinés à débarrasser l'île des serpents qui l'infestaient ; aujourd'hui encore on visite les restes du monastère Saint-Nicolas-des-Chats, où une cinquantaine de ces animaux sont entretenus par les religieuses qui y résident.

Nicosie. Les pèlerins y sont reçus par le roi : « Le roi de Chypre était assez bel homme et son langage assez bon français. Il nous fit bon accueil et démontra grand signe d'amour aux pèlerins. » Ceux-ci sont hébergés chez les frères mineurs de Nicosie, « et là le roi nous fit apporter des propres lits de son hôtel : des matelas de laine pour dormir dessus et des tapis pour mettre autour de nos chambres ». Le lendemain, jour de l'Epiphanie, le roi leur fait envoyer des présents, de quoi festoyer largement : cent pièces de volailles, vingt moutons, deux bœufs, quatre outres pleines de très bon vin vermeil et quatre outres pleines de très bon vin de « Marboa », et grande abondance de très bon pain blanc. Le dimanche suivant, le roi reçoit à nouveau les pèlerins. Il s'agissait, en cette année 1396, de Jacques Ier de Lusignan, celui des deux frères de Pierre Ier qui avait échappé à la vindicte d'Eléonore d'Aragon ; il avait épousé Héloïse de Brunswick dont parle aussi la relation d'Ogier d'Anglure. « Et vint la reine en la salle, très noblement et gracieusement accompagnée de quatre de ses fils et cinq de ses filles, de chevaliers, de seigneurs, de dames et de damoiselles et nous salua tous moult gracieusement. Elle était, ajoute-t-il, fort honorablement parée et avait un moult noble et riche chapel (diadème) d'or, de pierres et de perles sur la tête. »

Le séjour à Chypre va à être assombri pourtant par la mort de « Monseigneur Simon de Salebrücke » (Sarrebrück), qui était un peu regardé comme le maître du pèlerinage. Pris d'une fièvre que les médecins déclarent d'abord bénigne, mais qui ne tarde pas à dégénérer, le 18 janvier suivant il « rendit l'âme à Notre-Seigneur Jésus-Christ moult débonnairement et doucement ». Il fut enterré dans l'église Saint-François-des-Cordeliers de Nicosie, église aujourd'hui totalement disparue.

Les pèlerins quittèrent deux jours plus tard Nicosie, « fort dolents et fort courroucés, comme ceux qui avaient perdu leur seigneur et leur maître ». Ils s'embarquèrent le 22 janvier à Limassol et abordèrent dans la petite île de Châtel-Rouge, appartenant aux Hospitaliers, après avoir encore subi maintes tribulations en mer. Les dix pèlerins restants avaient dû emprunter quelque temps une barque qu'on venait de décharger de son sel, et dans laquelle « nous n'avions pas toutes nos aises, car nous avons été trois jours et plus sans boire de vin ... et le patron n'avait vivres dont il nous pût aider, hors un petit peu d'eau toute punaise (pourrie) et un peu de vieux biscuits pleins de vers ». Heureusement, à Châtel-Rouge, les frères de l'Hôpital allaient les réconforter et les rafraîchir. Ils devaient finalement s'embarquer à Rhodes le 9 avril 1396, pour atteindre Venise, après quelques arrêts forcés sur les côtes de Dalmatie, le 23 mai suivant. Enfin un mois plus tard, « le vingt-deuxième jour de juin, l'an de grâce de Notre-Seigneur 1396, nous fûmes au dîner à Anglure », conclut le pèlerin.

Des « guides du pèlerin »

Ainsi se termine le récit du seigneur d'Anglure, très exact dans sa concision. On pourrait conclure de sa relation, comme de celles si nombreuses qui ont subsisté – et qui, soulignons-le au passage, mériteraient le recensement complet que permettent aujourd'hui les ordinateurs – à une sorte de stabilité dans les itinéraires suivis comme dans la liturgie adoptée. Y a-t-il très loin de ce que nous rapportent les fragments conservés de la *Peregrinatio Etheriae* – pour lui conserver son nom traditionnel –, au IVe siècle de notre ère, à ce qui se pratiquait normalement mille années plus tard ? Cette persistance à travers les temps et en dépit des heurs et malheurs de la Terre sainte est confirmée par ces petits ouvrages qu'ont été, dès les XIVe-XVe siècles, les « guides de pèlerins ». Nous en avons eu un entre les mains [1]. Il s'agit d'un manuscrit au format de poche : 125 sur 90 millimètres, composé de feuillets de parchemin et de papier – ceux-ci consolidés par ceux-là, de place en place, afin d'assurer la fermeté des trois cent quatre-vingt-dix-huit folios qui le composent –, solidement maintenus dans une robuste reliure de peau de mouton sur ais de bois avec des fermoirs de cuivre. L'historien

1. Dans la bibliothèque Jean Lebaudy, aujourd'hui à la bibliothèque de Versailles.

Röhricht a autrefois donné la liste des guides connus. Signalons que la plupart provenaient du couvent du mont Sion à Jérusalem [1]. Il y a eu dès le XIIIᵉ siècle de ces petits guides, dont beaucoup ont servi d'ailleurs de base aux récits proprement dits de pèlerinage. Celui que nous avons eu l'occasion d'étudier, et dont l'état de conservation était tout à fait remarquable, est très complet puisqu'il comporte une partie historique : l'histoire de la Palestine, tirée de l'*Historia Orientalis* de Jacques de Vitry, une partie géographique énumérant comme autant d'étapes les Lieux saints de Galilée, de Judée et d'Egypte, une partie liturgique avec les chants, antiennes et oraisons qui s'imposent au long de la visite de chacun des Lieux saints, et ensuite des traités doctrinaux concernant les diverses religions ou divers cultes et rites pratiqués en Orient, et même un glossaire des termes bibliques, ainsi qu'un récit de pèlerinage bien connu, celui du dominicain Bouchard du mont Sion. Muni d'un guide de ce genre, le pèlerin, clerc ou laïc, était à même de profiter complètement du « saint voyage » qu'il avait entrepris.

En dépit de la dureté des temps et des difficultés qu'il présente, le pèlerinage vers Jérusalem semble avoir été très courant à la fin du XIVᵉ siècle et encore au XVᵉ siècle. On peut même remarquer qu'à l'époque le pèlerinage en général imprègne la mentalité. Il fournit le thème de maints poèmes allégoriques, comme ce *Pèlerinage de vie humaine* de Guillaume de Digulleville, le prieur de Chaalis, composé au milieu du XIVᵉ siècle. Il inspire aussi maints pèlerins désireux d'entrer dans cet ordre du Saint-Sépulcre qui avait été fondé au lendemain même de la prise de Jérusalem et avait connu dès 1130, sous l'impulsion de Baudouin II une extension qui s'accroîtra notablement au XIVᵉ siècle. Une bulle du pape Clément VI avait confié aux Franciscains, gardiens des Lieux saints, et notamment aux custodes du mont Sion, le pouvoir de consacrer chevaliers de l'ordre du Saint-Sépulcre certains des pèlerins qu'ils recevaient. Parmi eux il y eut le futur empereur d'Allemagne, Frédéric III, venu à Jérusalem

1. Röhricht, *Deutschen Pilgerreisen nach dem Heilige Lande*, Innsbrück, 1900.

avec quelque neuf cents compagnons, ou encore Eric de
Poméranie, roi de Danemark, en 1425. Les cérémonies de
l'adoubement des chevaliers avaient lieu dans la basilique
même du Saint-Sépulcre. On sait que cet ordre a subsisté
à travers les temps et a retrouvé en notre XXᵉ siècle une
activité nouvelle, entretenant hôpitaux et écoles en Palestine.

PÉRÉGRINES [1] DE TOUS LES TEMPS

On ne peut clore ce chapitre consacré au renouveau du
pèlerinage de Terre sainte sans citer cette « pèlerine »
célèbre que fut la mystique anglaise Margery Kempe.
Elle s'est longuement étendue sur son pèlerinage à Jérusalem dans son autobiographie. Née en 1373, elle a quarante ans lorsqu'elle décide d'aller en Terre sainte. Auparavant elle s'est rendue au sanctuaire de Canterbury, qui
ne l'a guère éloignée de chez elle, puisqu'elle vit à Lynn
dans le Norfolk. Elle a épousé à vingt ans John Kempe et
tous deux, mari et femme, font ensemble vœu de chasteté,
l'an 1413, après vingt ans de vie commune. Margery, qui
semble d'une piété quelque peu démonstrative, a rendu
visite avant son pèlerinage à cette autre mystique dont
l'œuvre est restée appréciée à travers les temps, Julian de
Norwich.

Elle s'embarque à Yarmouth au mois de novembre
1413 et aborde à « Sérice », c'est-à-dire Zierickzee, ville
de la Hanse située en Hollande, qui sera son point de
départ et celui des autres pèlerins avec lesquels elle va
voyager. Les événements de France à l'époque – c'est
l'année où Paris se trouve totalement bouleversé par la
guerre civile entre Armagnacs et Bourguignons, et où
déjà le roi d'Angleterre prépare le débarquement qui
aboutira à sa victoire d'Azincourt – ne facilitaient évidemment pas la traversée du pays. Les pèlerins, ayant

---

1. Il nous est agréable de reprendre ici le titre donné par Jeanne Bourin à son roman, consacré à une famille comptant plusieurs « pèlerines »
remarquables, replacées dans le cadre – historiquement très exact – de
la Première Croisade (*Les Pérégrines*, éd. François Bourin, 1989).

donc choisi de passer par la vallée du Rhin, arrivent à la ville de Constance, en Suisse, où Margery Kempe, dont la présence est assez mal supportée par les autres en raison de ses démonstrations de piété exaltée, signale qu'elle a été réconfortée par un frère anglais, le légat du pape, qui l'apaise et l'encourage. Elle est à Venise à la fin de l'année. Elle y passera treize semaines dans l'attente d'un convoi, car la saison ne favorise guère les départs.

Margery aborde donc à Jaffa dans les premiers mois de l'année 1414, et c'est montée sur un âne qu'elle prend la route de Ramlah, qui l'amène à Jérusalem. Au moment où elle aperçoit la Ville sainte, elle exulte de joie au point qu' « elle faillit tomber de son âne, ne pouvant supporter la douceur que le Seigneur apportait en elle »; deux pèlerins hollandais la secourent à temps et l'empêchent de tomber. L'un d'eux, compatissant, lui fait avaler quelques « épices » (?) pour la réconforter. Au Calvaire, elle pleure et crie à haute voix, ayant eu la vision du Christ crucifié. Elle nous confirme que, durant les pèlerinages, les femmes étaient logées dans une grande salle dépendant de l'Hôpital Saint-Jean, tout proche de l'église du Saint-Sépulcre; c'est aujourd'hui l'église luthérienne.

Margery énumère ensuite les étapes de son voyage : Bethléem, les bords du Jourdain, le mont de la Quarantaine – le terme fait allusion aux quarante jours que le Christ y aurait passés, jeûnant dans le désert – et Béthanie. Elle revient au Saint-Sépulcre et prend le chemin du retour, toujours par Venise, où elle se trouvera sans doute à la fin de juin ou au mois de juillet 1414. Lors de ce voyage de retour, elle séjourne à Rome et regagne l'Angleterre. On la verra, en 1417, repartir une fois encore, en direction de Saint-Jacques-de-Compostelle. Ainsi aura-t-elle accompli durant sa vie les trois grands pèlerinages de la chrétienté.

Pour terminer, il serait juste de faire au moins une rapide mention de la reprise en notre xxe siècle de ce goût du pèlerinage, avec tout ce qu'il suppose du point de vue spirituel certes, mais aussi du point de vue humain en général. La curiosité d'esprit et le goût de l'aventure nous sont revenus après avoir été quelque peu gommés aux temps classiques, lorsque, à part de rares exceptions, on pensait généralement avec Pascal que « tous les malheurs de l'homme viennent de ne savoir demeurer au repos dans une chambre ». Nous n'irons pas interroger les statistiques ou faire appel aux agences de voyage : chacun a pu, en 1989, avoir un écho de ce pèlerinage de quelque cinq cent mille jeunes à Saint-Jacques-de-Compostelle. Mais il nous est particulièrement agréable de souligner ici l'exploit de deux jeunes filles intrépides, Evelyne et Corinne Coquet, qui en 1973, le dimanche 23 septembre, prenaient le départ à Paris sur la place du parvis Notre-Dame, pour aller à cheval jusqu'à Jérusalem, entraînées par le rêve un peu fou de chevaucher sur les pas de Godefroy de Bouillon. Il y avait tous les risques du monde pour que leur équipée se termine piteusement, par défaut d'endurance des chevaux ou découragement, maladie, désarroi des cavalières. Mais non. Par monts et par vaux, durant quelque six mille kilomètres – car, comme l'écrit Evelyne Coquet, par la route lacis et lacets font beaucoup plus que les quatre mille kilomètres de Boeing qui permettent de joindre Paris à Jérusalem ! –, ayant encouru des périls un peu semblables à ceux qu'avaient encourus les Croisées qui les avaient précédées sur ces mêmes chemins quelque neuf cents ans auparavant avec en plus des difficultés que n'avaient pu connaître ces Croisées – entre autres la paperasserie dont il avait fallu se munir au départ –, elles atteignaient leur but et se trouvaient devant le Saint-Sépulcre le 18 avril 1974. De leur équipée de six mois un livre est résulté, intitulé *Le Bonheur à cheval. De Paris à Jérusalem sur le chemin des Croisés* [1].

N'était-il pas indispensable de rappeler à la suite des pèlerines d'antan l'exploit remarquable, témoignage tout à la fois de culture historique, d'endurance sportive, de désir d'amitié aussi avec les innombrables populations et civilisations rencontrées en cours de route, de ces Croisées du XXᵉ siècle ?

1. Robert Laffont, 1975.

15

Les dernières reines

« Notre empereur désire donner sa fille unique en mariage à Ta Seigneurie. La première chose qu'on demande, en pareille circonstance, c'est la beauté : or nous t'assurons qu'elle est l'une des plus belles femmes qui soient au monde. La seconde, c'est l'esprit. Protégée par la grâce divine, elle a de l'esprit et elle a été instruite dans les lettres par les plus célèbres maîtres, comme Ta Seigneurie peut s'en informer auprès de tout le monde. Nous te promettons de plus une dot très considérable ; outre plusieurs forteresses dans l'Hellade, elle t'apportera en or et en argent cinquante mille ducats ; ainsi, tu auras l'empereur pour père et lui t'aura comme son propre fils. »

Cette lettre engageante résume assez bien ce que l'on attend d'une jeune femme appelée à devenir l'épouse d'un prince étranger. En l'occurrence il s'agit de l'invitation que les ambassadeurs de Constantinople remirent au roi de Jérusalem et de Chypre, Pierre II, le 8 novembre 1372. Ils étaient envoyés par l'empereur Kalojan Paléologue. Diverses intrigues de cour firent pourtant échouer l'union du jeune roi de Chypre avec la maison impériale et celui-ci épousa – en secret, dit le chroniqueur Machéras – Valentine Visconti, la fille du duc de Milan Barnabó Visconti, pourvue d'une grosse fortune.

Peu de fortes personnalités féminines se manifestent d'ailleurs durant ce règne passablement obscur. Retirée en Aragon comme on l'a vu, Eléonore, la mère de Pierre II et la femme du défunt Pierre Ier, reparaît de temps à autre dans les textes de l'époque, notamment pour réclamer ses revenus, après que lui eurent été supprimés ceux qu'elle pouvait tirer de l'île de Chypre. Elle finira par obtenir de son cousin, le roi d'Aragon Pierre IV, une pension substantielle et des droits sur la ville de Valls, située près de Tarragone, avant de mourir fort âgée à Barcelone, le 26 décembre 1417.

CHYPRE PRISE ENTRE GÉNOIS ET MAMELOUKS

Son fils, Pierre II de Chypre, mourut en octobre 1382 sans laisser d'héritier, si bien que lui succéda son oncle Jacques Ier – celui-là même que les Génois avaient fait prisonnier et emmené dans leur ville. Le malheureux ne put quitter Gênes et recevoir la couronne de Chypre que trois ans plus tard, après avoir cédé aux Génois la cité de Famagouste et le fameux château de Cérines (Kérynia), au nord de l'île. Pierre II, déjà, avait tenté en vain de s'opposer à la mainmise génoise en s'alliant avec les Vénitiens; mais désormais le pouvoir de Gênes s'appesantissait sur l'île de Chypre, obligeant à lever des impôts de plus en plus lourds sur la population. Une société par actions, la fameuse Mahone de Chypre, en percevait le montant à titre d'indemnités de guerre, et se faisait réserver aussi le monopole du commerce chypriote. Les actionnaires – surtout des « dames veuves », précise Machéras – avaient réuni un capital de quatre cent mille ducats, dont ils escomptaient soixante pour cent de bénéfices (« à savoir deux cent quarante mille ducats par an »). Comme l'écrit à ce propos René Grousset : « Jamais exploitation capitaliste de tout un peuple par une société financière ne fut plus complètement réalisée » (on pourrait ajouter : sinon en notre XXe siècle par les pouvoirs financiers d'Occident vis-à-vis des pays d'Afrique noire, par exemple).

Cette dépendance absolue se poursuit sous le règne du fils de Jacques Ier, qu'il avait appelé Janus, par flatterie envers l'orgueilleuse seigneurie de Gênes qui croyait trouver des rapports étymologiques entre son nom *(Januenses)* et celui du dieu antique aux deux visages : un long règne de trente-quatre ans, de 1398 à 1432, durant lequel la tutelle génoise s'alourdit encore après une tentative avortée du roi pour recouvrer Famagouste. La cité, jadis si prospère, ne cesse de se dépeupler et voit ses comptoirs désertés sous l'effet du monopole génois.

L'île elle-même se trouve envahie par les Mamelouks d'Egypte. L'occasion était bonne pour eux de se venger de l'exploit inoubliable de Pierre Ier s'emparant d'Alexandrie. Après avoir une première fois pillé Limassol, les Mamelouks reviennent en force et, en 1426, écrasent l'armée chypriote à Khirokitia : une de ces défaites marquant la décadence de la chevalerie d'alors, un peu comme en Occident celle de Crécy au XIVe siècle, d'Azincourt au XVe. Le roi Janus fut fait prisonnier et dut défiler dans les rues du Caire à la tête des lamentables restes de son armée vaincue. Le désastre fut suivi de révoltes paysannes – un peu comme la Jacquerie en France –, tenant d'ailleurs plutôt du pillage que de la révolte organisée.

Pour obtenir sa libération, le roi Janus dut se reconnaître vassal du sultan du Caire. Ainsi Chypre se soumettait aux Mamelouks, tandis qu'elle restait littéralement pillée par les Génois, qui lui extorquaient à la fois des impôts et des droits de douane. Chypre, doublement humiliée, est plus que jamais « une pierre jetée au milieu de la mer » comme l'écrit Machéras : « (Janus) n'avait jamais ri depuis le premier jour de sa captivité ». Ce fut cependant, au témoignage du même chroniqueur, « un homme savant, fort, beau et bon ».

Il avait épousé le 25 août 1411 Charlotte de Bourbon, dont l'arrivée avait été marquée, au dire du chroniqueur, par une fort heureuse coïncidence : « Dès son arrivée le fléau des sauterelles diminua et des biens innombrables arrivèrent à Chypre, grâce, dit-il, à la bonne fortune de la reine. » L'île était en effet désolée non seulement par un retour de la peste, mais aussi, depuis deux ans, par le fléau des sauterelles qui dévoraient « toutes les semences, l'herbe des prés et les arbres... Pendant trois ans, les jardins de Calamouli furent entièrement ruinés, les arbres restant dénudés comme en hiver; les citronniers, les oliviers et les caroubiers se desséchèrent ». Un souvenir nous

reste de la reine Charlotte et de son époux le roi Janus :
une très belle fresque dans la chapelle royale de Pyrga,
joli village du district de Larnaca. Cette chapelle porte
aujourd'hui le nom de Sainte-Catherine, après avoir été la
« chapelle de la Passion ». Elle conserve un ensemble de
peintures, que soulignent à la voûte des bandes ornées de
croix de Jérusalem. Le roi et la reine sont en prière, l'un
et l'autre portant couronne, au pied de la Croix.

Charlotte avait eu en 1413 un fils nommé Jean, puis
une fille, Anne, en 1418. Trois autres enfants ne vécurent
pas. On attribue à la reine plusieurs fondations, dont celle
de l'hôpital Saint-Augustin – peut-être à Nicosie –, pour
lequel, dit toujours Machéras, « elle fit faire des lits, des
couvertures et des draps pour les étrangers » qui y étaient
accueillis.

Le roi Janus de Lusignan mourut en juin 1432 et son
fils Jean fut aussitôt reconnu roi sans difficulté. Il fut couronné comme ses ancêtres dans la cathédrale Sainte-
Sophie de Nicosie, le 24 août, sous le nom de Jean II. Sa
première épouse fut une Française, Médée de Montferrat,
mais elle mourut en 1440.

Avec la seconde épouse de Jean II, à partir de 1441,
c'est l'influence grecque qui se substitue à l'influence
française. Elle se nomme Hélène Paléologue, elle est la
fille du despote de Morée et elle favorise activement
l'Eglise orthodoxe dont l'influence était déjà profonde,
même dans la population catholique, puisque dès 1368 le
pape Urbain V interdisait aux femmes « latines » de
suivre les offices dans les églises de rite grec. Pour cette
princesse byzantine, la prise de Constantinople par les
Turcs ottomans, le 29 mai 1453, va être une véritable
blessure. Cette prise de Constantinople sera d'ailleurs
partout ressentie en Occident comme la mort d'une civilisation.

« D'excellents seigneurs de Constantinople et de nombreux moines cherchèrent un asile en Chypre, écrit le
chroniqueur anonyme qui continua l'œuvre de Machéras ;
désirant bien traiter ces réfugiés, la reine prit l'église de
Saint-Georges, surnommée Mangana, et la transforma en
un monastère (destiné à les accueillir) auquel elle donna

assez de revenus pour que son nom fût mentionné dans les prières. »

Sous le règne de Jean II, et surtout de son épouse Hélène qui gouverne en fait, la langue grecque et le chypriote reprennent leurs droits. C'est l'occasion de faire remarquer que le serment que prêtent les rois de Chypre, lorsqu'ils sont couronnés dans la cathédrale Sainte-Sophie de Nicosie, est prononcé en français, de même que précédemment en Palestine. De son côté, Léonce Machéras déclare : « Après que les Lusignan eurent fait la conquête de l'île, on a commencé à apprendre le français, et la langue hellénique est devenue barbare ; aussi aujourd'hui nous écrivons le grec et le français en faisant un mélange tel que personne ne peut comprendre notre langage. »

Hélène était une forte personnalité, autoritaire jusqu'à la violence. Son époux la trompait avec Mariette de Patras, dont il avait eu un bâtard avant son mariage. Dans un accès de jalousie, Hélène se jeta un jour sur Mariette et la mordit si cruellement qu'elle lui fit sauter le nez. Elle tenta aussi de s'en prendre au petit bâtard, mais son époux le protégeait.

Jacques le Bâtard était très beau et d'une intelligence en tout point surprenante. Jean II lui fit donner une éducation soignée. Hélène réussit du moins à l'écarter du trône en le faisant entrer dans les ordres. A dix-sept ans, il devint archevêque de Nicosie ! Le chroniqueur Georges Boustron ne l'appelle jamais que l' « Apostole » : c'est le nom qu'on donne au pape ou aux évêques (l'Apôtre). Or il n'allait pas tarder à révéler une ambition et un caractère peu compatibles avec le caractère apostolique qu'on lui attribuait.

Jean II et Hélène avaient eu une fille légitime, Charlotte, à qui la succession de Chypre et de Jérusalem était donc promise. L'an 1456, elle épousait le prince de Portugal, Jean de Coïmbra, qui devait mourir l'année suivante. Le bruit courut que l'Apostole n'était pas étranger à cette mort rapide. Ce n'était probablement pas vrai, mais, ulcéré de se savoir accusé, Jacques le Bâtard fit tuer par des hommes de main le chambellan de la reine mère Hélène, qu'il soupçonnait d'être à l'origine de cette rumeur. Il s'enfuit ensuite de Chypre, demeura quelques mois à Rhodes, puis revint dans son île, cette fois pour se débarrasser de deux autres conseillers de la reine Hélène, Jacques et Thomas Gurri.

Sur ce, la reine Hélène mourut le 11 avril 1458, et le roi Jean II décida de faire épouser à sa fille, demeurée veuve, son cousin germain Louis de Savoie. Jean II lui-même mourut le 26 juillet de cette même année 1458, et la reine Charlotte fut couronnée à Sainte-Sophie. « Et le dimanche, dans la matinée, on amena la reine à Sainte-Sophie, tous les chevaliers et tout le peuple, et elle fut couronnée en grandes réjouissances, et quand elle arriva dans la cour du château, son cheval trébucha à l'entrée et la couronne tomba de sa tête. Chacun tint cela pour un mauvais signe. » La situation était évidemment fort tendue entre la reine Charlotte et Jacques « l'Apôtre », chacun étant soupçonné de vouloir se débarrasser de l'autre. Elle lui avait interdit de paraître à son couronnement. Finalement le Bâtard décida de prendre la fuite et il s'embarqua sur une caravelle, puis sur un vaisseau marchand à destination de l'Egypte. Il avait déjà quitté l'île quand Louis de Savoie y arriva, l'an 1459, pour épouser à Sainte-Sophie sa cousine Charlotte.

Or Chypre était désormais, depuis la défaite de Khirokitia en 1426, sous la domination égyptienne (tout en continuant à subir le joug des Génois). Au Caire, Jacques le Bâtard fut reçu par les Mamelouks au cri de : « Longue vie au roi Jacques ! » Il avait eu en effet l'habileté de se présenter en partisan dévoué de la puissance musulmane hostile aux souverains chypriotes. On allait assister à ce spectacle plus qu'insolite d'un prétendant au trône de Chypre revenant dans son île sur une escadre égyptienne, escorté d'une garnison de Mamelouks ! Louis et la reine Charlotte, apprenant son arrivée, allèrent se réfugier dans la forteresse de Cérines. La flotte – quatre-vingts galées grandes ou petites – fit son entrée à Famagouste le 18 septembre 1460. Quelques jours plus tard, le roi Jacques et sa troupe de Sarrasins entraient à Nicosie.

C'est ainsi que Jacques le Bâtard, puis Jacques l'Apôtre, allait finalement devenir Jacques II, roi de

Chypre et de Jérusalem. Pendant trois ans, le roi Louis et la reine Charlotte, entourés de la presque totalité des barons français de vieille souche, résistèrent à l'abri des fortifications de Cérines.

Combattant exceptionnel, vainqueur perspicace, pleinement conscient du but à atteindre et peu scrupuleux sur le choix des moyens, le roi Jacques II allait en trois années clarifier une situation épineuse s'il en fut. Louis et Charlotte étaient allés demander renfort à Rhodes, où ils avaient été reçus avec toutes sortes d'égards par le Grand Maître de l'ordre de l'Hôpital. A leur retour ils avaient pu s'emparer pour quelque temps du château de Paphos. Mais Jacques II le récupéra promptement et, en 1463, la forteresse de Cérines elle aussi tombait entre ses mains, après qu'il eut épuisé toutes les ressources de ceux qui y résistaient.

L'année suivante, il réalisait un coup de maître : il s'emparait de Famagouste et, en août 1464, en expulsait les Génois. C'en était fini d'une occupation qui durait depuis près d'un siècle. Pour toute la population chypriote, la domination génoise n'avait signifié qu'oppression, charges écrasantes, brutalités et paralysie du commerce au profit exclusif de Gênes. C'est dire qu'une telle libération assurait à Jacques II une gloire et un pouvoir incontestés.

LES NOCES DU BÂTARD ET DE LA BELLE VÉNITIENNE

Au faîte du pouvoir et de la gloire, le roi se sentait peut-être encore insatisfait; son origine bâtarde l'avait sans doute marqué; il désirait obtenir une sorte de reconnaissance officielle. Et comment mieux l'obtenir que par un mariage dûment reconnu? et par son couronnement?

Pour lui, et c'est bien significatif, couronnement et mariage sont liés : la présence à ses côtés d'une reine fera de lui un roi. Il s'adresse alors à la puissance suprême, en un temps où le pouvoir spirituel a gardé son prestige, au pape de Rome.

« L'année 1471 le roi envoya l'archevêque (de Nicosie)

à Rome pour traiter avec le pape de son couronnement comme roi de Chypre; et aussi pour discuter de son mariage avec la fille du despote de Morée qui était alors à Rome en la garde du cardinal de Nicée (le despotat de Morée, l'ancien fief des Villehardouin, était tombé entre les mains des Turcs en 1460, et le cardinal de Nicée n'est autre que le fameux Bessarion, humaniste byzantin et partisan convaincu de l'union entre les Eglises d'Orient et d'Occident). L'archevêque, poursuit Boustron, se présenta lui-même devant le pape et délivra son message, mais, quoi qu'il ait pu faire, le pape ne voulut pas consentir à faire couronner le roi puisque l'héritière légitime était toujours en vie. » Quant au mariage, Jacques II devait le refuser puisque pour lui les deux questions étaient liées.

Deux orientations étaient alors possibles, et le choix va déterminer le destin de Chypre; faute d'avoir l'appui de Rome, Jacques II va se tourner vers Venise, la cité marchande, en train de devenir toute-puissante en Méditerranée. L'union avec Venise prend les traits de la très belle Catherine Cornaro qui, amenée par son oncle Andrea en 1472, épousa le roi à Famagouste « au milieu de grandes réjouissances ».

Le nom de Cornaro apparaît pour la première fois dans les documents chypriotes en 1372, un siècle exactement avant l'arrivée de Catherine à Chypre. Le roi Pierre II se fait alors livrer par sire Jean Cornaro dix mille ducats pour satisfaire aux exigences des Génois. Leur nom véritable en dialecte vénitien était Corner, et l'on voit un nommé Janaqui Corner parmi ces notables vénitiens qui invectivent les Génois au couronnement de ce même roi. Auparavant, sous le règne de Pierre Ier, un certain Frédéric Cornaro reçoit à deux reprises le roi dans son palais vénitien, et Pierre Ier lui confère la chevalerie et le droit de porter les armes des Lusignan avec la devise « Pour loyauté maintenir ». C'est aussi lui qui épouse par procuration en 1378, en lieu et place du jeune roi Pierre II, la fille du duc de Milan Valentine Visconti. Il prendra une part active dans la guerre menée par Venise contre les Génois à Chioggia.

Au xve siècle on distingue deux branches principales dans la famille. Ceux qui possèdent à Chypre même les grands domaines de Piskopie, où l'on cultive la canne à sucre, sont appelés par les Français du temps les « Corniers de la Piscopie ». L'autre branche, celle des parents immédiats de Catherine, sont les « Cornaro della Regina » ou « Cornaro della Ca Grande ». Ils possèdent deux palais : le palais Mocenigo-Corner dans la paroisse Saint-Paul, et un autre sur le Grand Canal, dans la paroisse Saint-Cassien. Ces deux palais ont été tour à tour la résidence de Catherine, le premier à l'époque de son mariage, le second – appelé depuis le palais de la Reine – lors de son retour à Venise.

Les Vénitiens de l'époque peuplent les mers et les îles de Grèce, où ils ont partout comptoirs et résidences. Marc Cornaro, le père de Catherine, et son frère Andrea se trouvaient l'un et l'autre à Chypre à la mort du roi Jean II, en 1458. Ils avaient, après quelques hésitations, soutenu les ambitions de Jacques le Bâtard et même mis leur fortune à sa disposition. Marc est père de sept filles et d'un garçon, nommé Georges. Il semble que l'idée de faire épouser la jeune Catherine au Bâtard, devenu Jacques II, ait été due à Andrea Cornaro, son oncle.

« Elle fut amenée à Chypre en l'année 1472 et son mariage eut lieu à Famagouste au milieu de grandes réjouissances. Et, après qu'il l'eut épousée, le roi vécut une année et, depuis le temps où il était revenu à Chypre pour être roi, il eut douze ans et huit mois de royauté et il mourut à l'âge de trente-trois ans », écrit, en un raccourci plein d'amertume, le chroniqueur Georges Boustron à propos de Jacques II. Le roi avait dû s'aliter dès le 27 mai de l'année 1473 et, se sentant très malade, il avait fait son testament : « S'il advient que Dieu fasse de moi Sa volonté, ma femme devra être la dame et reine de Chypre, elle qui attend aujourd'hui un enfant ; et, quand elle aura cet héritier, je veux que l'enfant possède le royaume. » Il mourut quelques jours plus tard, le 11 juin, et il fut enterré dans la cathédrale Saint-Nicolas de Famagouste dans un superbe sarcophage de marbre, portant une inscription relevée au xvie siècle où il était qualifié de césar, de prince magnanime, pieux, prudent, clément et magnifique, et où était mentionnée aussi Catherine, qualifiée de *venustissima*, extrêmement belle.

Ce faisant, le rédacteur de l'épitaphe n'avait pas eu besoin de recourir aux formules convenues pour ce genre de littérature, car Catherine Cornaro était en effet extrêmement belle. Elle a, du reste, été peinte maintes fois et par les plus grands noms de la peinture, puisque parmi les pièces dont l'authenticité est certaine, il y a le tableau de Véronèse au musée de Vienne et celui de Bellini à Budapest. L'un et l'autre l'ont peinte alors qu'elle avait atteint une maturité assez lourde; le portrait dû au Titien l'évoque en revanche dans son éclat, proche sans doute de celui de ses vingt ans, quand elle avait débarqué à Chypre.

A cette très jeune et très belle reine, les nobles et principaux capitaines du roi à Nicosie prêtèrent serment aussitôt que fut connue la mort de Jacques. Catherine fit preuve sans attendre de dispositions certaines à gouverner, en faisant transporter dès le mois de juin un millier de mesures de blé à Famagouste, où sévissait la famine. Elle ne put se rendre elle-même à Nicosie au mois de juillet, car le temps de son accouchement approchait. Le 28 août 1473, elle donna naissance à un fils, qu'aussitôt on appela le roi Jacques III.

Et l'on imagine les angoisses de la jeune femme lors de l'accouchement de ce fils posthume, les perplexités de la jeune reine dans ce milieu encore mal connu d'elle. Toute sa subtilité vénitienne n'allait pas être de trop pour se diriger au milieu de tant de rivalités et d'ambitions qui menaçaient son trône, à commencer par la reine Charlotte, évincée jadis par son frère le Bâtard.

On savait que celle-ci recherchait l'aide des chevaliers de Rhodes. Elle tenta également une démarche auprès du capitaine d'une flotte vénitienne : « Le roi Jacques est mort à présent, c'était un Bâtard et c'est injustement qu'il possédait le royaume, car il n'est pas juste que, tant que l'héritier est vivant, d'autres tentent de prendre ce royaume. A présent, puisque l'héritière dudit royaume est vivante, Votre Seigneurie doit lui donner toute assistance pour le regagner selon l'exigence de la justice, car le roi qui gouvernait précédemment vous a tenu pour très cher, a protégé vos biens et les revenus que vous teniez en Chypre. En toute justice, vous devez lui apporter assistance. » A quoi le capitaine avait répondu : « Vous dites qu'un Bâtard tenait le royaume injustement et qu'à présent la reine (Charlotte) en tant qu'héritière le revendique pour elle. Il tenait le royaume comme roi approuvé par le sultan. Et moi, je suis désigné pour aider mon seigneur plutôt que Votre Seigneurie. Voilà ma réponse. » A son arrivée à Famagouste, il fit rendre compte de ce dialogue à la reine Catherine. Celle-ci le remercia et il regagna sa flotte [1].

Un complot fut même tenté aux environs du 15 août de cette année 1473, à l'occasion d'un pèlerinage qu'accomplissait la population de Cérines. Sous couleur de groupes de pèlerins, des hommes dévoués à la reine Charlotte essayèrent en vain d'occuper le château. Le sultan du Caire, d'autre part, réclamait le paiement de son tribut de suzerain que Catherine ne payait plus. Siciliens et Catalans, quant à eux, s'agitaient pour le compte du roi Ferdinand de Naples : il était question de donner en mariage à un bâtard de Ferdinand, nommé Alphonse, la bâtarde de Jacques II, qu'on appelait Charla ou Ciarla (Jacques le Bâtard avait eu lui-même trois enfants naturels). L'archevêque de Nicosie, Louis Perez Fabregues, favorisait ce projet.

Aussi bien la situation allait-elle s'envenimer, pour se dénouer brutalement après un coup de force. « Au 14 novembre (1473), Pierre Davila (l'homme de confiance de la reine) monta sur son cheval, et tous les Francs et les Grecs qui servaient sous ses ordres contre solde mensuelle se dirigèrent avec lui vers Famagouste, pour savoir quelles dispositions devaient être prises. Sur leur chemin, ils rencontrèrent un homme nommé Ringos, et lui demandèrent quelles étaient les nouvelles de Famagouste. Il répondit : " Vous devez savoir que samedi, trois heures avant l'aube, Messire Andrea Cornaro, l'oncle de la reine, a été tué, ainsi que son neveu, Messire Marco Bembo, et

---

1. Chronique de Georges BOUSTRON, p. 113.

aussi Gabriel Gentile et Paul Chappe. " Et quand Pierre Davila entendit cela, il lui demanda comment l'affaire était arrivée et il dit : " Je ne puis vous en dire plus que ce que vous avez entendu ", et il prit congé et s'en alla [1]. »

Il s'agissait évidemment d'un complot antivénitien pour lequel on avait tenté de soulever la population de Famagouste. Les insurgés avaient fait irruption jusque dans la chambre de la reine; c'est là qu'ils avaient tué celui qu'on nomme Paul Chappe, et aussi Gabriel Gentile qui était le « physicien » de Catherine, son médecin. Il semble d'ailleurs que les Siciliens et Catalans au service de Ferdinand Ier, roi de Naples, qui avait ourdi la conspiration, aient été peu suivis par la foule chypriote et que celle-ci, d'instinct, ait fait confiance à Catherine et l'ait voulue pour reine. C'est ce qu'on peut supposer à lire le récit du chroniqueur Georges Boustron, témoin oculaire des événements.

Catherine s'était efforcée de distinguer, dans son entourage, les partisans du roi de Naples et les partisans de la Sérénissime République, ou encore les hommes décidés à respecter leur serment de fidélité envers la reine. Elle avait fait choix de Nicolas Morabit, auquel son époux Jacques II faisait confiance, pour garder la forteresse de Cérines qui pouvait en cas de danger constituer un abri sûr. Puis, devant se rendre à Nicosie, elle y envoya en avant-garde Pierre Davila, le connétable, et messire Jean Tafur, comte de Tripoli, qui se présentèrent devant la ville le 29 décembre. « Quand le peuple entendit cela, tous se rassemblèrent, cavaliers et gens de pied, et vinrent à la porte du marché et la fermèrent. Ils désignèrent comme capitaine Messire Jean de Ras » (dont la famille était depuis longtemps établie à Chypre). Celui-ci s'adressa au peuple après avoir quelque temps parlementé : « " Seigneurs, vous devez savoir que notre Dame la Reine a envoyé le comte de Tripoli et Pierre Davila. Ils sont venus pour parler avec vous sous la bannière de la Reine notre Dame, pour que vous puissiez leur dire ce que vous souhaitez. " Ils crièrent tous d'une seule voix : " Nous voulons notre Dame et notre Sire (le petit

1. Georges Boustron, *op. cit.*, p. 153.

Jacques III) ; qu'ils viennent dans la ville et nous tous voulons vivre et mourir pour son nom. " Il dit alors : " Voulez-vous que j'aille et que je leur dise de venir et de vous entretenir avec eux, qu'ils puissent savoir votre désir ? " et ils dirent qu'ils viennent... »

Après avoir parlementé, les deux délégués de la reine vinrent près de la porte du marché « et tout le peuple vint là face à eux. Alors, quand les envoyés virent le peuple, ils descendirent de leur monture et les saluèrent. Les seigneurs dirent : " Notre Dame, la Reine, sachant l'amour que vous avez pour elle, en a été très heureuse et vous tient pour ses fidèles. Elle nous a envoyés pour voir ce que vous désirez. " Et quand les hommes de métiers et tout le peuple entendirent cela, ils dirent : " Seigneurs, puisque vous êtes venus ici, soyez les bienvenus, mais nous devons savoir d'abord si vous êtes hommes de bonne fidélité envers notre Dame la Reine. Nous voulons que vous nous juriez sur les Saints Evangiles que vous voulez vivre et mourir en hommes justes et fidèles en notre compagnie sous la bannière de notre Dame la Reine, sans chercher à nous abuser par des mots. Si vous faites cela, nous vous tiendrons comme nos chers seigneurs en tout amour et vous ouvrirons les portes que vous puissiez entrer dans Nicosie. Tel est notre désir [1]. " » Ce qui fut fait, si bien que, ayant dûment prêté serment, les deux envoyés furent admis dans la ville. Ils confirmèrent la nomination de Jean de Ras comme capitaine.

LA FIN DES LUSIGNAN

Après cette démonstration de loyalisme populaire, trois des principaux conspirateurs jugèrent prudent de s'embarquer sur une galère appartenant au roi Ferdinand de Naples, qui fut aussitôt poursuivie par les galères vénitiennes de Famagouste. Autrement dit, un sentiment de fidélité se manifestait en faveur de la reine et du dernier des Lusignan auquel elle avait donné naissance. L'enfant lui avait été quelque temps arraché par les émeutiers pour

---

1. Georges BOUSTRON, *op. cit.*, p. 172-173.

être confié aux soins de Mariette de Patras, la mère défigurée du défunt roi Jacques II, qu'on appelait la Comumuna. Les conspirateurs rendirent l'enfant à Catherine, lors de l'arrivée des deux galères vénitiennes désormais ancrées à Famagouste. Quant au peuple, il ne montrait pas plus de goût pour une domination napolitaine que pour la domination génoise, dont il venait d'être libéré.

Catherine, dès le 3 janvier 1474, faisait annoncer qu'elle pardonnait à tous ceux qui avaient pris part à la conspiration, et que personne ne devait en aucune manière les molester. Elle exceptait pourtant de sa mesure de grâce ceux qui avaient pris la fuite. La mort de son oncle Andrea la privait certes d'un protecteur – alors qu'on prêtait à celui-ci l'intention de transformer Chypre en un vaste fief Cornaro. On sait l'importance des biens que constituaient les champs de canne à sucre de la Piskopie.

Le sucre de Chypre passait pour le meilleur d'Orient. Une grande partie de la richesse des Cornaro en provenait. Leurs casaux de Piskopie (Episkopi, c'était l'ancien fief du comte de Jaffa) payaient à la fin du XIVᵉ siècle la forte dîme de neuf cent cinquante besants par an à l'église de Limassol. Il est certain qu'Andrea avait dû voir avec plaisir et non sans arrière-pensée l'avènement de sa nièce et son mariage avec Jacques II. Le père de Catherine, quant à lui, était retenu à Venise sur décision de la République.

Le petit Jacques III, qui avait toujours été malingre et chétif au dire des témoins, mourut âgé tout juste d'un an. Mais, avant même ce mois d'août 1474, qui vit s'éteindre avec l'enfant la lignée des Lusignan, la situation avait encore évolué. Georges Boustron se fait l'écho de quelques troubles dans les campagnes et, surtout au mois de mai, de violences à Famagouste entre population de souche française et Italiens. Interdiction fut faite de porter des armes. La mainmise de Venise s'affermissait en fait sur Chypre. La nécessité de protéger l'île des troubles qui surgissaient dans une population composite, ou d'assister la reine dans les difficultés auxquelles elle se heurtait, ne fournissait que trop de prétextes à une ingérence appuyée par les galères de Vittore Soranzo, puis par la flotte de l'amiral vénitien Pierre Mocenigo. Cinquante galères étaient désormais ancrées dans la rade de Famagouste, tandis que dans la ville les soldats débarqués défilaient triomphalement.

La république de Venise octroya alors à Marc Cornaro, le père de Catherine, la permission de venir la réconforter dans son chagrin, après la mort de son fils. Mais, à peu près dans le même temps, le conseil des Dix ordonnait à plusieurs membres de son entourage de quitter Chypre pour gagner Venise. Parmi eux se trouvaient Pierre Davila, la mère de Jacques II – la fameuse Mariette –, les enfants naturels de celui-ci, le comte de Rochas et quelques autres chevaliers, tous bannis de l'île par décision des Vénitiens. Les lettres de protestation de Marc Cornaro, les plaintes, renouvelées à plusieurs occasions, de la reine Catherine, attestent que la Seigneurie ne se souciait aucunement d'assurer le prestige ou le pouvoir de la reine, pas plus que de respecter, comme on le voit, la liberté des personnes.

En fait la République, sans trop hâter les choses, attendait le moment où elle pourrait affirmer tranquillement son autorité complète sur l'île. Dès la date de 1477 un décret, que le Sénat dut renouveler l'année suivante, invitait cent citoyens nobles de Venise à aller s'établir avec leurs proches dans l'île de Chypre. On offrait à chacun trois cents ducats et des terres, qu'il devrait faire valoir pendant cinq ans au moins. Mais, dans les familles patriciennes de Venise, on montra peu d'empressement à aller habiter une île dont la réputation d'insalubrité croissait avec les années, ainsi que les soulèvements et les défections d'une partie de la population qui émigrait. Chypre dépérissait; ses écoles fermaient l'une après l'autre, les canaux mal entretenus devenaient des marécages et le commerce n'était plus que l'ombre de ce qu'il avait été un siècle auparavant.

Les complots se multipliaient pourtant autour de la jeune femme, car l'île suscitait toujours la même convoitise de la part du sultan d'Egypte ou du roi de Naples, et la personne même de Catherine en était en quelque sorte le gage. Le sultan se manifestait par des cadeaux, selles dorées, vêtements d'or doublés d'hermine, pièces de porcelaine, bois d'aloès ou de benjoin – mais il n'était pas question pour la reine de livrer l'île aux Egyptiens. Plus sérieux aurait pu être le complot, mené d'ailleurs par un Vénitien, Marco Venier, au profit de la précédente reine Charlotte de Lusignan. Celle-ci n'avait plus reparu à Chypre depuis la date de 1463, mais elle s'efforçait, tant à Rhodes qu'à Rome et même au Caire, de gagner des partisans à sa cause et de faire valoir ses droits.

Il ne semble pas que Charlotte et Catherine se soient jamais rencontrées. Il reste que les derniers temps de l'indépendance de Chypre sont marqués par la lutte entre deux femmes, l'une héritière d'une lignée glorieuse que jalonnent les plus grands noms de la noblesse la plus haute, les descendants de ceux qui ébranlèrent l'ordre du monde en abandonnant leurs fiefs occidentaux pour reconquérir Jérusalem, l'autre devenue de par son époux et le fils qu'elle lui avait donné dépositaire des espoirs de ces mêmes Lusignan. Charlotte ne devait abandonner ses droits, en faveur de son neveu Charles de Savoie, qu'en 1485, deux ans avant sa mort. Catherine, elle, dut s'incliner devant la force d'un pouvoir de marchands, c'est-à-dire sans égards pour le droit ni la justice, ne connaissant d'autre balance que celle du profit.

Un dernier complot faillit réussir, fomenté une fois de plus par le roi Ferdinand de Naples, qui, non découragé par ses insuccès précédents, méditait de faire épouser par Catherine son fils Alphonse. Il semble que cette fois Catherine ait consenti à ce projet. Ce qui décida aussitôt par contrecoup le Sénat de Venise à obtenir son abdication.

Un nommé Tristan de Giblet avait pris une part active dans cette intrigue. « Ce Tristan (...) avait fait une négociation pour faire épouser à la reine Catherine le fils du roi Ferdinand. Il revêtit l'habit d'un frère de saint François et s'embarqua pour la Syrie dans un vaisseau appartenant au roi Ferdinand. Là, il rencontra Rizzo (Rizzo de Marino, un ancien compagnon de Jacques II qui avait déjà été compromis lors de l'insurrection des Catalans en

1473), qui était banni de Chypre, et lui conta l'affaire. Rizzo (...) s'accorda avec lui et s'embarqua sur un vaisseau et ils firent voile pour Chypre. Le vaisseau s'arrêta en pleine mer. Tristan se sépara de Rizzo et vint aborder secrètement à Chypre. Il parvint à la Cour pour parler avec la reine. Il était en termes amicaux avec elle, parce que sa sœur, Dame Vera, était l'une des suivantes de la reine. Il se tint caché à la Cour pendant une semaine... Puis s'éloigna avec la reine et s'en alla à l'endroit où il avait décidé de s'embarquer avec elle sur le navire. Ce navire avait touché terre à Kaliokremo, mais là des vaisseaux vénitiens l'aperçurent et l'accostèrent, voyant qu'il s'agissait d'un navire étranger. Les Vénitiens en prirent possession, allèrent le fouiller et apprirent toute l'affaire en arrêtant Rizzo et en le questionnant. » Rizzo était convenu avec Tristan d'un signal : un feu allumé sur la rive lorsqu'il arriverait de Nicosie. Les Vénitiens mirent Rizzo aux fers, firent sortir tous les hommes du bateau et placèrent des gens à leur service ; puis ils allumèrent le feu convenu ; quand Tristan, sans méfiance, rassuré à la vue de ce qu'il prenait pour le signal de Rizzo, approcha du bateau, les Vénitiens se saisirent de lui et des lettres qu'il tentait hâtivement de leur cacher en les jetant à la mer. « Il portait une bague avec un diamant ; il la cassa, avala le diamant et mourut. Quant à Rizzo, nul ne sut ce qui lui était arrivé. » En fait, Rizzo fut emmené à Venise et étranglé dans le secret de sa prison.

« Après cela, reprend la narration due à Boustron, la Seigneurie envoya à la reine sa mère, à Chypre, pour la persuader de retourner à Venise, l'an 1486. Elle dit à sa fille... que la Seigneurie de Venise la priait d'aller et de passer une année à Venise, puis de revenir. La reine promit qu'elle irait.

« Et le 15 février (1489), la reine vint de Nicosie à Famagouste pour prendre la mer ; elle était à cheval et toutes les dames des chevaliers et les chevaliers étaient en sa compagnie. Six chevaliers étaient auprès d'elle, marchant à côté de son cheval. Elle avait revêtu une robe d'étoffe noire. Depuis le moment où elle sortit de Nicosie, tout le long du chemin, ses larmes ne cessèrent de couler de ses yeux et, à son départ, tout le peuple aussi pleurait bruyamment. Ordre avait été donné que tous les soldats aillent à Nicosie et aussitôt que la reine sortit de la cour, ils crièrent : " Saint-Marc ! Saint-Marc ! " Et le 1ᵉʳ mars 1489, elle vint à bord d'une galère et fit voile pour Venise. »

Le même chroniqueur a noté un peu plus haut que « depuis le moment où (la reine) Catherine vint de Venise, elle passa trois ans à Famagouste et à Nicosie treize ans. Aussi, quand elle quitta Chypre, le temps qu'elle y avait passé fut d'environ seize années ».

LA DERNIÈRE REINE A QUITTÉ LE ROYAUME

Catherine Cornaro ne devait plus revoir l'île de Chypre qui l'avait adoptée. La Sérénissime République veillait... Le pouvoir dont la jeune reine avait disposé, Venise craignait qu'une fois de plus il ne lui échappât. Chypre était considérée comme une base indispensable aux patriciens qui dirigeaient une cité préoccupée avant tout de négoce. Ils atteignaient enfin leur rêve d'une Méditerranée vénitienne, pour laquelle tant de leurs sujets avaient été sacrifiés.

Ce rêve pourtant était destiné à devenir rapidement dérisoire. C'est le 26 février 1489 qu'a lieu la cérémonie d'abdication de la reine Catherine. A cette époque, le temps n'est plus loin où les épices, la denrée de commerce précieuse entre toutes – petit volume et gros bénéfices – se trouveront, grâce aux hardiesses des navigateurs portugais, cinq fois moins chères à Lisbonne qu'à Venise ; et c'est dès la date de 1492, on le sait, que la flotte de Christophe Colomb abordera un continent nouveau, auquel par la suite un agent des Médicis, Amerigo Vespucci, donnera son nom. Si éclairé et prudent soit-il, le conseil des Dix à Venise n'avait pas prévu cela, ni la ruine imposante de leur splendide cité destinée à devenir le cadre de la lune de miel des jeunes mariés, dans le silence des lagunes que ne parcourent plus que des gondoliers de théâtre.

Pour en revenir au destin de Catherine Cornaro, partie

le 1er mars de Famagouste, c'est le 5 juin 1489 seulement, la flotte ayant été retardée par des tempêtes, que la jeune reine abordera devant le Lido. Elle sera reçue par le doge Barbarigo, avec d'ailleurs tous les égards dus à son titre de reine de Chypre, de Jérusalem et d'Arménie. Elle passa quelque temps dans le palais familial dominant le Grand Canal, dans la paroisse de San Cassiano, avant de gagner la résidence d'Asolo que lui offrait Venise dans la vallée du Brenta, non loin de Bassano del Grappa, entre Venise et Trente.

C'est là qu'elle vécut dès lors, entourée d'une petite cour que venaient parfois rejoindre les notables de la ville proche de Trévise. L'écrivain Marcel Brion, qui s'est passionné pour l'histoire de la jeune reine Catherine [1], a raconté avec beaucoup de détails les « délices d'Asolo », où, disait-on, Catherine tenait trois cours à la fois, « celle des muses, celle de l'amour et celle de la magnificence et de la dignité royale ». La reine Catherine n'a d'ailleurs pas manqué d'être surveillée par les patriciens de Venise, attentifs à couper court à toute tentative de conspiration pour lui faire retrouver ses Etats. On a attribué au seigneur de Rimini, le fameux Pandolfo Malatesta, quelques tentatives auprès de la jeune veuve pour conclure une alliance, qui lui eût permis, à lui chassé aussi de ses domaines, d'assouvir ses ambitions.

En réalité, Catherine semble avoir vécu la plus grande partie de son existence dans une retraite, de plus en plus imbue de piété, jusqu'à sa mort à l'âge de cinquante-six ans le 10 juillet 1510 à Venise même, où elle a passé ses dernières années. On l'y a vue acheter certain jour une précieuse relique, celle d'un martyr chypriote nommé saint Amétiste – hantée sans nul doute par la nostalgie de l'île dont elle avait été reine. C'est probablement la vision la plus pathétique que nous puissions avoir de Catherine Cornaro, celle d'une jeune reine pleurant son règne inachevé.

Mais comme les chansons des troubadours d'antan, le

1. Marcel Brion, *Catherine Cornaro, reine de Chypre*, Paris, Albin Michel, 1945. En remerciant Isabelle Le Mercier qui a bien voulu nous communiquer cet ouvrage devenu introuvable.

récit comporte une *coda*, une courte suite, car l'histoire des femmes de la famille Cornaro ne s'achève pas avec Catherine. Lorsqu'on visite aujourd'hui l'ancienne et très belle université de Padoue, on vous fait remarquer volontiers une statue de marbre sous un portique. C'est celle d'une jeune femme morte en 1684, à trente-huit ans, et qui fut l'une des gloires de cette université fameuse : elle était docteur en théologie, connaissait le grec, le latin et l'hébreu, parlait, outre l'italien, le français et l'arabe ; poète, musicienne, et, comme l'écrit le comte Louis de Mas-Latrie – le spécialiste de l'histoire de Chypre au siècle dernier –, « femme d'une grande beauté et d'une vertu accomplie ; elle avait refusé les plus brillants partis pour se vouer entièrement aux lettres. Elle prononça les vœux de virginité et obtint l'autorisation de porter, sous ses habits séculiers, le froc des Bénédictins ». Elle s'appelait Elena Lucrezia Cornaro Piscopia ; ses contemporains la proclamèrent semblable à Minerve et la déclarèrent « incomparable ». Effectivement, lorsqu'on connaît la difficulté pour les femmes d'approcher au XVIIe siècle le monde du savoir – du reste, si elle a pu avoir accès à l'université de Padoue, cela lui eût été tout à fait impossible à Paris –, on salue avec d'autant plus d'admiration cette descendante d'une famille illustre, qui avait fourni au monde la dernière reine de Jérusalem.

Annexes

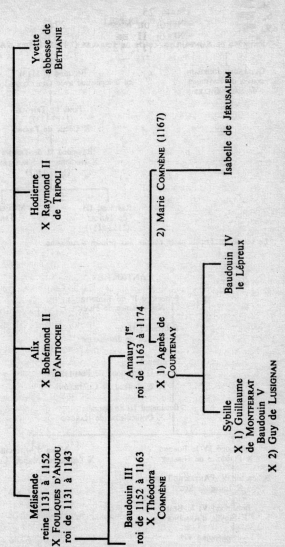

LE ROYAUME DE JÉRUSALEM

BAUDOUIN II (BAUDOUIN DU BOURG)
X Morfia d'ARMÉNIE
roi de 1118 à 1131

Yvette
abbesse de BÉTHANIE

Hodierne
X Raymond II
de TRIPOLI

Alix
X Bohémond II
D'ANTIOCHE

Mélisende
reine 1131 à 1152
X FOULQUES D'ANJOU
roi de 1131 à 1143

Baudouin III
roi de 1152 à 1163
X Théodora
COMNÈNE

Amaury Ier
roi de 1163 à 1174
X 1) Agnès de
COURTENAY
2) Marie COMNÈNE (1167)

Sybille
X 1) Guillaume
de MONTFERRAT
Baudouin V
X 2) Guy de LUSIGNAN

Baudouin IV
le Lépreux

Isabelle de JÉRUSALEM

TRIPOLI

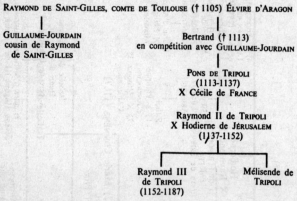

RAYMOND DE SAINT-GILLES, COMTE DE TOULOUSE († 1105) ÉLVIRE D'ARAGON

GUILLAUME-JOURDAIN
cousin de Raymond
de SAINT-GILLES

Bertrand († 1113)
en compétition avec GUILLAUME-JOURDAIN

PONS DE TRIPOLI
(1113-1137)
X Cécile de FRANCE

Raymond II de TRIPOLI
X Hodierne de JÉRUSALEM
(1137-1152)

Raymond III
de TRIPOLI
(1152-1187)

Mélisende de
TRIPOLI

Le comté de Tripoli passe ensuite aux princes d'Antioche.

ANTIOCHE

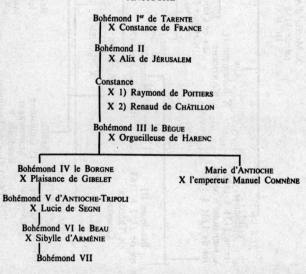

Bohémond Iᵉʳ de TARENTE
X Constance de FRANCE

Bohémond II
X Alix de JÉRUSALEM

Constance
X 1) Raymond de POITIERS
X 2) Renaud de CHÂTILLON

Bohémond III le BÈGUE
X Orgueilleuse de HARENC

Bohémond IV le BORGNE
X Plaisance de GIBELET

Marie d'ANTIOCHE
X l'empereur Manuel COMNÈNE

Bohémond V d'ANTIOCHE-TRIPOLI
X Lucie de SEGNI

Bohémond VI le BEAU
X Sibylle d'ARMÉNIE

Bohémond VII

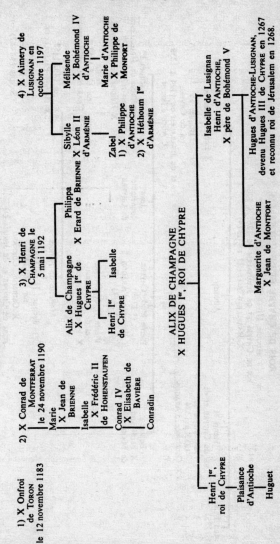

ISABELLE DE JÉRUSALEM (1172-1205)

1) X Onfroi de Toron le 12 novembre 1183

2) X Conrad de Montferrat le 24 novembre 1190

Marie
X Jean de Brienne

Isabelle
X Frédéric II de Hohenstaufen

Conrad IV
X Elisabeth de Bavière

Conradin

3) X Henri de Champagne le 5 mai 1192

Philippa
X Erard de Brienne

Alix de Champagne
X Hugues Ier de Chypre

Henri Ier de Chypre   Isabelle

4) X Aimery de Lusignan en octobre 1197

Mélisende
X Bohémond IV d'Antioche

Marie d'Antioche
X Philippe de Monfort

Sibylle
X Léon II d'Arménie

Zabel
1) X Philippe d'Antioche
2) X Héthoum Ier d'Arménie

ALIX DE CHAMPAGNE
X HUGUES Ier, ROI DE CHYPRE

Henri Ier, roi de Chypre

Plaisance d'Antioche

Huguet

Isabelle de Lusignan
Henri d'Antioche,
X père de Bohémond V

Marguerite d'Antioche
X Jean de Montfort

Hugues d'Antioche-Lusignan,
devenu Hugues III de Chypre en 1267
et reconnu roi de Jérusalem en 1268.

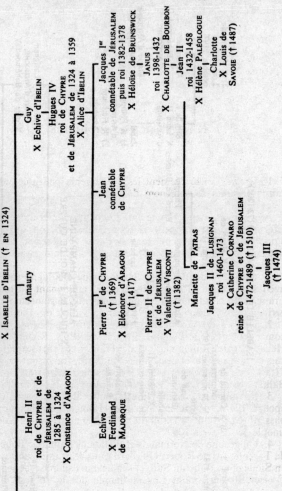

ROIS DE CHYPRE ET DE JÉRUSALEM

HUGUES III LE GRAND DE LUSIGNAN
roi de CHYPRE et de JÉRUSALEM de 1267 à 1284
X ISABELLE D'IBELIN († EN 1324)

Jean I
(† 1285)

Henri II
roi de CHYPRE et de
JÉRUSALEM de
1285 à 1324
X Constance d'ARAGON

Amaury

Guy
X Echive d'IBELIN

Hugues IV
roi de CHYPRE
et de JÉRUSALEM de 1324 à 1359
X Alice d'IBELIN

Jacques Ier
connétable de JÉRUSALEM
puis roi 1382-1378
X Héloïse de BRUNSWICK

JANUS
roi 1398-1432
X CHARLOTTE DE BOURBON

Jean II
roi 1432-1458
X Hélène PALÉOLOGUE

Charlotte
X Louis de
SAVOIE († 1487)

Jean
connétable
de CHYPRE

Pierre Ier de CHYPRE
(† 1369)
X Eléonore d'ARAGON
(† 1417)

Pierre II de CHYPRE
et de JÉRUSALEM
X Valentine VISCONTI
(† 1382)

Echive
X Ferdinand
de MAJORQUE

Mariette de PATRAS

Jacques II de LUSIGNAN
roi 1460-1473
X Catherine CORNARO
reine de CHYPRE et de JÉRUSALEM
1472-1489 († 1510)

Jacques III
(† 1474)

Rappel des événements

Rappelons ici brièvement les événements politiques et militaires désignés sous le nom de « Croisades ».

A la suite de l'appel lancé par le pape Urbain II au concile de Clermont (27 novembre 1095), les principaux barons qui avaient « pris la croix » se réunissent à Paris (11 février 1096) et décident de leurs départs respectifs fixés pour tous au 15 août 1096.

1. Godefroy de Bouillon, Baudouin de Boulogne son frère, avec son épouse Godvere de Toesny, emmenant surtout des Français du Nord et des Lorrains, gagnent Constantinople où ils arrivent le 27 décembre 1096, par la vallée du Danube.

2. Hugues de Vermandois, frère du roi de France, avec le comte Robert II de Flandre, Etienne de Blois, Robert Courte-Heuse, fils de Guillaume le Conquérant, avec surtout des Français de langue d'oïl et des Italiens du Nord, traversent les Alpes, l'Italie et s'embarquent à Bari, traversent l'Adriatique, puis les Balkans pour arriver à Constantinople vers le 14 mai 1097.

3. Raymond de Saint-Gilles, comte de Toulouse, et son épouse Elvire d'Aragon, avec des Français de langue d'oc, passent par l'Italie, la Dalmatie, la Serbie et arrivent à Constantinople le 27 avril 1097.

4. Un groupe de Normands et d'Italiens réuni par Bohémond de Tarente, fils de Robert Guiscard qui s'était taillé un royaume en Sicile et en Italie du Sud, et son neveu Tancrède, se joint aux Croisés, ils ont atteint Constantinople dès le 16 avril 1097.

Un royaume et trois principautés seront établis :
1. La principauté d'Antioche après la prise de la ville le 28 juin 1098 grâce à l'astuce et à la ténacité de Bohémond de

Tarente (le siège avait duré huit mois). Bohémond, son fils, sa petite-fille Constance s'y succéderont.

2. Le comté d'Edesse, attribué à Baudouin de Boulogne, puis à son cousin Baudouin du Bourg, passera ensuite à Jocelin de Courtenay.

3. Le comté de Tripoli, dont la conquête (Tortose, Mont-Pèlerin) a été entreprise par Raymond de Saint-Gilles et achevée par son fils Bertrand en 1109, sera tenu par leurs descendants jusqu'à la mort de Raymond III en 1087 (peu après la bataille de Hâttin).

4. Le royaume de Jérusalem : une fois la Ville sainte reconquise, le vendredi 15 juillet 1099, Godefroy de Bouillon en assurera la défense ; il meurt le 18 juillet 1100 ; son frère Baudouin lui succède, puis leur cousin Baudouin du Bourg (Baudouin II en 1118). Leurs descendants s'y succéderont jusqu'à la bataille de Hâttin (4 juillet 1187) ; la conquête a été affermie par celle de la côte de la Palestine, avec Ascalon et Gaza en 1153.

Jérusalem a été perdue pour les chrétiens en 1187, mais, contre toute attente, le royaume de Jérusalem va se maintenir encore un siècle et plus : la cité de Tyr résiste sous l'impulsion de Conrad de Montferrat ; Tripoli, Tortose, Antioche résistent, ainsi que quelques forteresses comme le Krak des Chevaliers (aux Hospitaliers), Saphed (aux Templiers). En 1189, Guy de Lusignan entreprenait le siège de Saint-Jean-d'Acre, qui fut pris en 1191, grâce aux renforts amenés par Philippe Auguste et surtout Richard Cœur de Lion. Celui-ci avait entre temps conquis l'île de Chypre.

Ainsi le royaume se maintient, étroite bande de territoire qui reçoit, grâce à sa position le long du littoral, des renforts arrivés par mer. Quelque temps l'empereur Frédéric II de Hohenstaufen négociera la rétrocession de la ville de Jérusalem (1229) ; mais, celle-ci, n'étant pas fortifiée, retombera en 1244 entre les mains des Turcs. Diverses expéditions, entre autres celle de Louis IX (1248-1254), permettront de renforcer les places maritimes comme Césarée et Jaffa. Mais, à la suite des offensives des Mamelouks Baïbars, Qalaoun, Al-Ashraf, villes et forteresses tomberont l'une après l'autre ; la chute de Saint-Jean-d'Acre (1291) marquera le point final de la présence des Occidentaux en Terre sainte.

Cependant, le titre de roi et reine de Jérusalem demeurera deux siècles encore, porté par les descendants des Lusignan, rois et reines de Chypre, avec l'espoir de reconquérir un jour Jérusalem, ce que tenta en particulier Pierre Ier de Chypre, qui, après avoir inutilement essayé de ranimer chez les princes européens l'intérêt pour la Terre sainte, réussissait, en 1365, à s'emparer d'Alexandrie. Succès sans lendemain, qui allait à l'encontre des intérêts commerciaux des Italiens, Génois et Vénitiens surtout ; ceux-ci imposèrent au XVᵉ siècle leur domination et firent épouser par le dernier Lusignan, Jacques II le Bâtard, la Vénitienne Catherine Cornaro dont la présence fut bien acceptée à Chypre, mais qui dut abdiquer, toujours selon la volonté du Conseil de Venise, en 1489.

Bibliographie

Nous nous permettrons de renvoyer le lecteur à notre ouvrage *Les Hommes de la Croisade* (Fayard, 1982) pour une bibliographie générale, en rappelant seulement les deux ouvrages dans lesquels il trouvera une bibliographie complète du sujet :

ATIYA Aziz S. *The Crusade. Historiography and Bibliography.* Indiana University Press, 1962.

MAYER Hans Eberhard, *Bibliographie zur Geschichte des Kreuzzüge*, Hanover, 1960.

Rappelons que les œuvres essentielles, en français, restent celles de :

GROUSSET René, *Histoire des Croisades et du Royaume franc de Jérusalem*, Paris, Plon, 1939. Souvent réédité. On relira toujours aussi avec plaisir son ouvrage *L'épopée des Croisades*, Paris, Plon, 1941.

RICHARD Jean, *Le Royaume latin de Jérusalem*, Paris, PUF, 1953.

Tous les ouvrages de ces deux auteurs seraient à citer. Signalons en particulier :

RICHARD Jean, *Chypre sous les Lusignan*. Documents chypriotes des Archives du Vatican (xive et xve siècles). T. LXXIII de la Bibliothèque archéologique et historique de l'Institut français d'archéologie de Beyrouth. Publ. avec le concours du C.N.R.S par la Librairie orientaliste Paul Geuthner, 1962.

Et aussi : *Croisés, Missionnaires et Voyageurs*, Londres (Variorum Reprints), 1983.

En anglais, une référence indispensable :
PRAWER Josuah, *Crusaders Institutions,* Oxford, 1980.
Son œuvre principale a fait l'objet d'une traduction.
Histoire du Royaume latin de Jérusalem, Ed. du C.N.R.S., 2 vol. 1969.
En italien :
CARDINI Franco, *Le Crociate tra il Mito e la Storia.* Istituto di Cultura Nova Civitas, Roma, 1971.
Signalons aussi l'excellent travail de Hans Eberhard MAYER, *Probleme des lateinischen Königreichs Jerusalem,* paru en anglais, Londres (Variorum Reprints), 1983.

Quelques ouvrages de lecture facile et de documentation remarquable :
AUBE Pierre, *Godefroy de Bouillon,* Fayard, 1985.
DESCHAMPS Paul, *Au temps des Croisades,* Hachette, 1972.
EYDOUX Henri-Paul, *Les Châteaux du soleil. Forteresses et guerres des Croisés,* Librairie Académique Perrin, 1982.
ROUX Jean-Paul, *Les Explorateurs au Moyen Age,* Fayard, 1985.

En ce qui concerne les récits de pèlerinage :
Ethérie (nom ancien, corrigé aujourd'hui en : *Egerie*), *Journal de voyage.* Texte latin. Introduction et traduction de Hélène Pétré. Ed. du Cerf, 1948. Coll. « Sources chrétiennes », n° 21.
Relation de Terre sainte (1533-1534) par Greffin AFFAGART publiée avec une introduction et des notes par J. Chavanon, Paris, Lecoffre, 1902.
Le Saint Voyage de Jérusalem d'Ogier d'Anglure se trouve publié dans Jeux et Sapience du Moyen Age. Texte établi et annoté par Albert Pauphilet, Paris, Gallimard, 1951. Bibliothèque de la Pléiade.

Les autres références sont données en note au cours de l'ouvrage.
Les sources essentielles, pour l'histoire des Croisades, ont fait l'objet de publications. Citons les principales :
Anne Comnène, ALEXIADE (Règne de l'empereur Alexis Ier Comnène 1081-1118). Texte établi et traduit par Bernard Leib. Paris, Les Belles Lettres, 1937, 3 vol.
Guillaume de Tyr, né en Terre sainte, devenu archevêque de Tyr et précepteur de Baudouin IV, le roi lépreux, est l'auteur de la principale chronique concernant les Croisades, « Historia rerum in partibus transmarinis gestarum ». Elle a été

publiée dans le *Recueil des Historiens des Croisades*, tome 1, Historiens Occidentaux, Paris, 1844.

Cette chronique avait été traduite très peu de temps après la mort de l'auteur (1184), sous le titre : *Histoire d'Héraclius*, ou plutôt, pour reprendre le terme du temps : *Estoire d'Eracles* (le nom de l'empereur Héraclius figure en effet au début de l'œuvre). Nous nous sommes souvent référés à cette traduction sous le titre : le *Traducteur de G. de T.*, ou *Histoire d'Eracles*. Le texte en est publié aussi dans le tome 1 du *Recueil des Historiens des Croisades* déjà cité.

D'autre part, on se réfère aussi au Continuateur de G. de T. En fait, il y en eut plusieurs : au XIIIᵉ siècle, la Chronique d'Ernoul et de Bernard le Trésorier, publiée pour la Société de l'Histoire de France par L. de Mas-Latrie, Paris, 1871. Divers autres Continuateurs ont été utilisés, en particulier celui dont le texte a été publié par Margaret Ruth Morgan, formant le tome 14 des Documents relatifs à l'Histoire des Croisades publiés par l'Académie des inscriptions et Belles-Lettres, Paris, Librairie orientaliste Paul Geuthner, 1982.

De cette même collection, citons :

Le tome 2 : *Henri de Valenciennes, Histoire de l'empereur Henri de Constantinople*, publiée par Jean Longnon, Paris, Paul Geuthner, 1948.

Le tome 13. *La Chronique attribuée au Connétable Smbat*. Introduction, traduction et notes par Gérard Dédéyan, *ibid.*, 1980.

Le tome 15. *Le Cartulaire du Chapitre du Saint-Sépulcre de Jérusalem*, publié par Geneviève Bresc-Bautier, *ibid.*, 1984.

Le *Recueil des Historiens des Croisades* fait aussi largement place aux historiens orientaux, arabes en particulier, dans la série Historiens Orientaux, tomes 1-5. Plusieurs de ces chroniqueurs sont cités dans cet ouvrage : nous le faisons sous la forme la plus habituelle en ce qui concerne leurs noms : Aboul-fida, Beha-ed-din, Ibn-al-Athir, etc.

Renvoyons ici, en ce qui concerne Ousâma, à l'ouvrage d'André Miquel, *Ousâma, Un prince syrien face aux Croisés*, Fayard, 1986.

En ce qui concerne Chypre, la source essentielle se trouve dans le vaste travail de Louis de Mas-Latrie, *Histoire de l'île de Chypre sous le règne des princes de la Maison de Lusignan*, 3 vol. – dont 2 de documents et mémoires – Imprimerie nationale, 1852-1855. Avec l'étude citée de Camille Enlart (rééd. par David Hunt, Londres, 1987) et l'ouvrage de Jacqueline Karageorghis, ainsi que les diverses études dues à Jean Richard, on se trouve avoir l'essentiel de la documentation. Mais nous avons eu surtout plaisir à lire et à citer les excellents chroniqueurs qui ont « raconté Chypre » aux XIVe et XVe siècles :

MACHÉRAS Léonce, *Récit sur le doux pays de Chypre, c'est-à-dire Chronique*, Ed. Miller et Sathas, Paris, 1881-1882.

Après « Léonthios Makhairas », l'Histoire de l'île de Chypre, entre 1456 et 1489, a été rédigée par Georges Boustron (« Boustronios »), trad. par R. M. Dawkins et publiée par l'université de Melbourne, 1964.

Chronologie

1130	Fév.	Bataille du « Pré des Pailles ». Les Francs sont vaincus et la tête de Bohémond envoyée au calife de Bagdad.
	20 sept.	Foulques interviennent à Antioche pour la petite princesse Constance.
1131	21 août	Mort de Baudouin II.
1136		Mariage de Constance d'Antioche avec Raymond de Poitiers.
1141		Traduction du Coran.
1142		Construction au sud de Jérusalem du Krak de Moab.
1143	Eté	Foulques construit des forteresses : Ibelin, Blanche-Garde.
	10 nov.	Mort dramatique du roi Foulques d'Anjou.
	Nov.	Avènement de Baudouin III proclamé roi sous la régence de sa mère, la reine Mélisende.
1144	23 déc.	Edesse est prise par Zengi après un siège d'un mois.
1146	31 mars	Saint Bernard prêche la Croisade à Vézelay.
1147		Départ de Louis VII et Aliénor.
	4 nov.	Louis VII arrive devant Constantinople avec ses troupes.
1148	19 mars	Louis VII arrive au port d'Antioche.
	24 juin	Assemblée à Acre réunissant tous les hauts barons francs.
	24 juil.	Début du siège de Damas et défaite des Croisés.
1149	28-29 juin	Défaite franque à Maarrata, où est tué Raymond de Poitiers.
1152	30 mars	Baudouin III est couronné roi de Jérusalem sans l'accord de sa mère.
	Printemps-Eté	Mélisende vient à Tripoli pour réconcilier sa sœur Hodierne avec Raymond II de Tripoli, qui est assassiné par les Ismaéliens.
Début 1153		Mariage de Constance d'Antioche avec Renaud de Châtillon.
1156	Déc.	Brigandage de Renaud de Châtillon à Chypre.
1158	Eté	Baudouin III envoie une ambassade à Constantinople pour demander en mariage une nièce de Manuel Comnène.

1159	Avril	Baudouin III rencontre Manuel Comnène et contracte avec lui un traité d'alliance.
1163	10 fév.	Mort de Baudouin III à Beyrouth.
	18 fév.	Couronnement d'Amaury Ier roi de Jérusalem, qui répudie sa femme, Agnès de Courtenay.
1167	29 août	Amaury Ier épouse à Tyr la nièce de Manuel Comnène, Marie.
1170	29 juin	Un tremblement de terre dévaste Antioche, Lattakié, le Krak des Chevaliers, Alep, Hama et Homs.
1174	11 juil.	Mort d'Amaury Ier à Jérusalem. Couronnement de Baudouin IV, le roi lépreux.
1176		Libération de Renaud de Châtillon, qui devient seigneur de Kérak par son mariage avec Etiennette de Milly.
1177	25 nov.	Baudouin IV bat Saladin à Montgisard.
1180	Printemps	Mort de l'empereur byzantin Manuel Comnène. Alexis II lui succède à Byzance.
	29 juin	Mariage de Guy de Lusignan et de Sibylle, sœur du roi.
1182		Andronic Comnène prend le pouvoir à Byzance. Massacre des Latins.
1183	20 nov.	Baudouin IV contraint Saladin à lever le siège de Kérak de Moab. Mariage d'Isabelle de Jérusalem, sœur du roi, avec Onfroi IV de Toron.
1185	Mars	Mort de Baudouin IV.
1186	Mars	Le roi-enfant Baudouin V meurt à Saint-Jean-d'Acre.
1186	Juil.	Guy de Lusignan est couronné roi de Jérusalem par sa femme Sibylle.
Fin 1186-Début 1187		Enlèvement, en pleine paix, de la caravane d'Egypte par Renaud de Châtillon.
1187	4 juil.	Désastre de l'armée franque à Hâttin.
	13 juil.	Conrad de Montferrat arrive à Saint-Jean-d'Acre; il est surpris de voir la ville aux mains des Musulmans.
	2 oct.	La ville de Jérusalem est prise et occupée par Saladin.
	30 déc.	Conrad de Montferrat arrive à Tyr.

1189	20 août	Guy de Lusignan décide d'assiéger Acre.
1190	Juil.	Philippe Auguste et Richard Cœur de Lion s'embarquent à Gênes et à Marseille.
	21-30 sept.	Frédéric Barberousse avec son armée arrive à Konya.
	10 oct.	Il meurt noyé dans les eaux du Selef.
	Oct.	La reine Sibylle de Jérusalem meurt. Sa sœur Isabelle devient héritière du royaume.
	24 nov.	Remariage d'Isabelle avec Conrad de Montferrat.
1191	6 mai	Richard Cœur de Lion débarque à Chypre.
	7 juin	Arrivée de Richard Cœur de Lion à Acre.
	12 juil.	Reprise de Saint-Jean-d'Acre par les Croisés.
	25 déc.	Richard à 20 km de Jérusalem.
1192	28 avr.	Meurtre de Conrad de Montferrat par les Assassins.
	5 mai	Isabelle, veuve de Conrad, épouse le comte Henri de Champagne.
	Mai	Guy de Lusignan reçoit de Richard l'île de Chypre.
	Sept.-Oct.	Richard Cœur de Lion fait reconstruire Jaffa.
	9 oct.	Richard Cœur de Lion s'embarque pour l'Occident.
1193	3 mars	Saladin meurt à Damas.
1194	avr.	Mort de Guy de Lusignan.
1195	31 mai	Aimery de Lusignan succède à son frère à Chypre.
1197	Sept.	Henri de Champagne se tue accidentellement.
	Fin 1197	Aimery de Lusignan, roi de Chypre, épouse Isabelle.
1202	Été	Les Croisés rassemblés à Venise.
1203	Juin-Juil.	Les Vénitiens détournent la croisade pour prendre Zara et pour restaurer Isaac Ange sur le trône de Constantinople.
1204	12-13 avr.	Les Croisés s'emparent de Constantinople et établissent un Empire latin d'Orient avec Baudouin IX de Flandre comme Empereur.
1205	1er avr.	Aimery meurt à Acre.

1205		Mort d'Isabelle de Jérusalem.
1210	13 sept.	Jean de Brienne arrive à Acre, et épouse Marie de Jérusalem.
	3 oct.	Il est sacré roi de Jérusalem à Tyr.
1218	12 janv.	Mort de Hugues Ier, roi de Chypre.
	27 mai	La flotte des Croisés aborde devant Damiette.
1219	5 nov.	Prise de Damiette par les Croisés.
1225	Oct.	Embarquement d'Isabelle, fille de Marie de Jérusalem, pour Brindisi où elle épouse Frédéric II. L'empereur dessaisit Jean de Brienne et prend possession de la Syrie franque.
1226	4 mai	Isabelle meurt en accouchant d'un fils, Conrad IV.
1227	28 sept.	Le pape excommunie Frédéric II.
1228	21 juin	Frédéric II débarque à Limassol (Chypre) et se rend à Acre.
1229	17 mars	Frédéric II entre dans Jérusalem dont il a obtenu la reddition, et y est couronné.
1229	1er mai	Frédéric laisse Jérusalem sans fortifications et s'embarque pour l'Occident.
1236		Mort du « vieux sire » de Beyrouth, Jean d'Ibelin.
1243	Juin	Le Parlement d'Acre confie la régence à la reine Alix de Champagne.
1244	11 juil.	Les Khwarizmiens pénètrent dans Jérusalem.
1244	4 oct.	Défaite des Francs à La Forbie.
	17 oct.	Louis IX fait le vœu de se croiser.
1248	25 août	Saint Louis et Marguerite s'embarquent à Aigues-Mortes.
	17 sept.	L'armée des Croisés arrive à Limassol.
1249	27 janv.	Une ambassade française part de Chypre pour traiter avec les Mongols.
1249	6 juin	L'armée de Louis IX arrive en vue de Damiette et débarque.
	20 nov.	Début de la marche sur Le Caire.
1250	8 fév.	Désastre de Mansourah.
	11 fév.	Victoire de Saint Louis devant Barh el-Saghir ; mais l'armée succombe sous les épidémies.
	6 avr.	Reddition de l'armée.
	6 mai	Louis IX est remis en liberté contre la ville de Damiette, que Marguerite a réussi à préserver.

	13 mai	Louis IX débarque à Acre.
1254	4 janv.	Ambassade de Rubrouk, envoyé par Louis IX auprès des Mongols.
	Août	Louis IX et Marguerite quittent Acre pour rentrer en France.
1257	Fév.	Bohémond VI fait reconnaître comme seigneur du royaume de Jérusalem le jeune Hugues II, et sa mère Plaisance comme régente.
1258-1259		Guerre civile à Acre.
1260	21 mars	Occupation de Damas par les Mongols.
	6 avr.	La mort du Grand Khan Mongka oblige Hulagu à retourner en Perse.
	3 sept.	Désastre d'Ain Jaloud, où les Mongols sont battus par les Mamelouks.
1263		Mort de la régente de Jérusalem, Isabelle de Lusignan. Son fils Hugues d'Antioche deviendra roi de Jérusalem après la mort de Conradin de Hohenstaufen.
1265	2 fév.- 5 mars	Césarée est prise par Baïbars, puis Caiffa.
1268	4 avr.	Baïbars prend Jaffa.
	14 mai	Antioche tombe au bout de quelques jours de siège.
	29 oct.	Mort de Conradin de Hohenstaufen.
1270	1ᵉʳ juil.	Expédition de Saint Louis.
	25 août	Saint Louis meurt à Carthage.
1271	fév.	Baïbars envahit le comté de Tripoli.
	8 avr.	Reddition du Krak des Chevaliers.
	9 mai	Edouard Iᵉʳ d'Angleterre débarque à Acre.
1272	22 sept.	Édouard Iᵉʳ repart pour l'Angleterre.
1277	30 juin	Mort de Baïbars. Qalaoun prend le pouvoir.
1284		Mort de Hugues III à Tyr. Jean son fils aîné devient roi de Chypre.
1285	20 mai	Henri succède à son frère Jean au trône de Chypre.
1286	15 août	Henri II, roi de Chypre, reconnu roi de Jérusalem à Acre, est couronné à Tyr.
1287		Ambassade de Rabban Çauma envoyé par le Mongol Arghun au pape et aux princes d'Occident.
1289	26 août	Prise de Tripoli par Qalaoun.
1290	13 mai	Une Croisade populaire italienne massacre des marchands musulmans.

	10 nov.	Al-Ashraf succède à Qalaoun.
1291		Le sultan Al-Ashraf assiège Acre.
	28 mai	Al-Ashraf lance le dernier assaut contre Acre.
1306		Henri II de Chypre écarté du trône par son frère Amaury. Les pèlerinages à nouveau autorisés en Terre sainte par le sultan d'Egypte.
1307		Arrestation des Templiers en France.
1310		Amaury assassiné. Henri II restauré à Chypre.
1312		Suppression de l'ordre du Temple par le concile de Vienne.
1318-1328		Voyage en Chine et au Tibet d'Oderic de Pordenone, le premier Européen à pénétrer à Lhassa.
1324		Mort de Henri II. Son cousin Hugues IV lui succède : il est couronné, ainsi que son épouse Alix d'Ibelin, à Sainte-Sophie de Nicosie; puis roi de Jérusalem à Sainte-Sophie de Famagouste.
1330		Grandes inondations à Nicosie.
1358		Avènement de Pierre Iᵉʳ qui épouse Eléonore d'Aragon. Ils sont couronnés à Nicosie.
1360		Pierre Iᵉʳ et Eléonore couronnés roi et reine de Jérusalem à Famagouste.
1361		Pierre Iᵉʳ s'empare d'Adalia sur la côte d'Asie Mineure.
1362		Premier voyage de Pierre Iᵉʳ en Occident.
1365		Pierre Iᵉʳ s'empare d'Alexandrie, qu'il doit abandonner aussitôt.
1366		Second voyage de Pierre Iᵉʳ en Europe occidentale.
1369		Pierre Iᵉʳ assassiné par ses frères peu après son retour à Chypre.
1371		Pierre II roi de Chypre.
1372		Pierre II roi de Jérusalem.
1373		Les Génois à Famagouste. Troubles dans l'île, où les Génois vont imposer de lourds tributs.
1374		Eléonore fait tuer Jean de Lusignan, son beau-frère.
1377		Pierre II épouse Valentine Visconti.
1380		Eléonore renvoyée en Catalogne.

1382	Mort de Pierre II. Son oncle Jacques prisonnier doit céder Famagouste aux Génois.
1393	L'île ravagée par la peste, puis par les sauterelles.
1398	Jacques Ier meurt, son fils Janus lui succède.
1411	Janus épouse Charlotte de Bourbon.
1417	Eléonore d'Aragon meurt à Barcelone.
1426	L'île de Chypre envahie par les Mamelouks, qui détruisent son armée à Khirokitia. Janus prisonnier pendant deux ans.
1432	Mort de Janus. Son fils Jean II lui succède.
1440	Naissance de Jacques le Bâtard, fils de Mariette de Patras.
1441	Jean II épouse Hélène Paléologue.
1453	Prise de Constantinople par les Turcs Ottomans. Fin de l'Empire byzantin.
1458	Charlotte, fille de Jean II, devient reine de Chypre et de Jérusalem.
1459	Charlotte épouse Louis de Savoie.
1460	Jacques le Bâtard chasse les Génois de Chypre, entre dans Famagouste et se fait reconnaître roi de Chypre et de Jérusalem sous le nom de Jacques II. Louis et Charlotte se réfugient à Cérines, puis à Rhodes.
1472	Jacques II de Lusignan épouse la Vénitienne Catherine Cornaro.
1473	Mort de Jacques II. Naissance de Jacques III. Complots contre Catherine à qui la population de Chypre reste fidèle.
1474	Mort de Jacques III.
1485	Charlotte fait abandon de ses droits sur Chypre.
1489	Catherine, obligée par Venise d'abdiquer, quitte Chypre le 1er mars.
1510	Mort à Venise de Catherine Cornaro, la dernière reine de Jérusalem.

Index

Index des noms de personnes

Index des noms de lieux

Les noms de *Jérusalem* et de la *Palestine*, revenant constamment dans le texte, n'ont pas été portés dans l'index.

Table des cartes

Table

Table 401

Table 403

DU MÊME AUTEUR

Lumière du Moyen Age, Grasset, 1947. Réédité en 1982.

Les Statuts municipaux de Marseille. Édition critique du texte du XIIIᵉ siècle, Paris-Monaco, 1949.

Vie et mort de Jeanne d'Arc. Les témoignages du procès de réhabilitation, Hachette, 1953; rééd. 1980.

Les Croisades, Julliard, coll. « Il y a toujours un reporter », dirigée par Georges Pernoud, 1960.

Jeanne d'Arc, Éd. du Seuil, coll. « Microcosmes », 1959.

Histoire de la bourgeoisie en France. Tome I. *Des origines aux temps modernes*. Tome II. *Les Temps modernes*, Éd. du Seuil, 1960-1962; rééd. 1977.

Jeanne d'Arc par elle-même et par ses témoins, Seuil, 1962.

Aliénor d'Aquitaine, Albin Michel, 1966, et Le Livre de Poche.

8 mai 1429, la libération d'Orléans, Gallimard, 1969.

Le Tour de France médiéval, avec G. Pernoud, Stock, 1983.

Le Moyen Age raconté à mes neveux, rééd. Stock, 1983.

Héloïse et Abélard, Albin Michel, 1970.

Beauté du Moyen Age, Gautier Languereau, 1971.

La Reine Blanche, Albin Michel, 1972, et Le Livre de Poche.

Les Templiers, P.U.F., coll. « Que sais-je? », 1974; rééd. 1977.

Pour en finir avec le Moyen Age, Éd. du Seuil, 1977.

Les Hommes de la Croisade, Fayard, 1984.

Les Gaulois, Éd. du Seuil, 1979. Réédité en 1983.

La Femme au temps des cathédrales, Stock, 1980; rééd. 1984, et Le Livre de Poche.

Sources de l'art roman, avec Madeleine Pernoud, Berg International 1980.

Jeanne d'Arc, P.U.F., 1981.

Christine de Pisan, Calmann-Lévy, 1982.

La Plume et le Parchemin, avec Jean Vigne, Denoël, 1983.

Saint Louis, Albin Michel, 1985.

Le Moyen Age pour quoi faire?, avec Jean Gimpel et Raymond Delatouche, Stock, 1986.

Carnet de Villard de Honnecourt, ouvr. coll., Stock, 1986.

Jeanne d'Arc, avec Marie-Véronique Clin, Fayard, 1986.

Isambour, la reine captive, avec Geneviève de Cant, Stock, 1987.

Richard Cœur de Lion, Fayard, 1988.

Saint Louis, Denoël, 1989.

Jeanne d'Arc, Denoël, 1990.

La vierge et les saints au Moyen Âge, Christian de Bartillat Éditeur, 1991.

Villa paradis, Stock-Pernoud, 1992.

Les femmes
au Livre de Poche

(Extrait du catalogue)

Autobiographies, biographies, études...

Arnothy Christine
J'ai 15 ans et je ne veux pas mourir.

Badinter Elisabeth
L'Amour en plus
Emilie, Emilie. L'ambition féminine
au XVIIIᵉ siècle (*vies de Mme du Châtelet, compagne de Voltaire, et de Mme d'Epinay, amie de Grimm*).
L'un est l'autre.

Baez Joan
Et une voix pour chanter...

Bodard Lucien
Anne Marie (*vie de la mère de l'auteur*).

Boissard Janine
Vous verrez... vous m'aimerez.

Boudard Alphonse
La Fermeture – 13 avril 1946 : La fin des maisons closes.

Bourin Jeanne
La Dame de Beauté (*vie d'Agnès Sorel*).
Très sage Héloïse.

Buffet Annabel
D'amour et d'eau fraîche.

Carles Emilie
Une soupe aux herbes sauvages.

Černá Jana
Vie de Milena (*L'Amante*) (*vie de la femme aimée par Kafka*).

Champion Jeanne
Suzanne Valadon ou la recherche de la vérité.
La Hurlevent (*vie d'Emily Brontë*).

Charles-Roux Edmonde
L'Irrégulière (*vie de Coco Chanel*).
Un désir d'Orient (*jeunesse d'Isabelle Eberhardt, 1877-1899*).

Chase-Riboud Barbara
La Virginienne (*vie de la maîtresse de Jefferson*).

Contrucci Jean
Emma Calvé, la diva du siècle.

Darmon Pierre
Gabrielle Perreau, femme adultère (*la plus célèbre affaire d'adultère du siècle de Louis XIV*).

David Catherine
Simone Signoret.

Delbée Anne
Une femme (*vie de Camille Claudel*).

Desroches Noblecourt Christiane
La Femme au temps des pharaons.

Dietrich Marlène
Marlène D.

Dolto Françoise
Sexualité féminine. Libido, érotisme, frigidité.

Dormann Geneviève
Le Roman de Sophie Trébuchet (*vie de la mère de Victor Hugo*).
Amoureuse Colette.

Elisseeff Danielle
La Femme au temps des empereurs de Chine.

Frank Anne
Journal.
Contes.

Girardot Annie
Vivre d'aimer.

Giroud Françoise
Une femme honorable (*vie de Marie Curie*).

Gronowicz Antoni
Garbo, son histoire.

Hanska Evane
La Romance de la Goulue.

Higham Charles
La scandaleuse duchesse de Windsor.

Jamis Rauda
Frida Kahlo.

Lever Maurice
Isadora (*vie d'Isadora Duncan*).

Loriot Nicole
Irène Joliot-Curie.

Maillet Antonine
La Gribouille.

Mallet Francine
George Sand.

Mehta Gita
La Maharani (*vie de la princesse indienne Djaya*).

Martin-Fugier Anne
La Place des bonnes (*la domesticité féminine en 1900*).
La Bourgeoise.

Nin Anaïs
Journal, t. 1 *(1931-1934)*, t. 2 *(1934-1939)*, t. 3 *(1939-1944)*, t. 4 *(1944-1947)*.

Pernoud Régine
Héloïse et Abélard.
La Femme au temps des cathédrales.
Aliénor d'Aquitaine.
La Reine Blanche (*vie de Blanche de Castille*).
Christine de Pisan.

Régine
Appelle-moi par mon prénom.

Rihoit Catherine
Brigitte Bardot, un mythe français.

Rousseau Marie
A l'ombre de Claire.

Sadate Jehane
Une femme d'Egypte (*vie de l'épouse du président Anouar El-Sadate*).

Sibony Daniel
Le Féminin et la séduction.

Simiot Bernard
Moi Zénobie, reine de Palmyre.

Spada James
Grace. Les vies secrètes d'une princesse (*vie de Grace Kelly*).

Stéphanie
Des cornichons au chocolat.

Suyin Han
Multiple Splendeur.
...Et la pluie pour ma soif.
S'il ne reste que l'amour.

Thurman Judith
Karen Blixen.

Verneuil Henri
Mayrig (*vie de la mère de l'auteur*).

Vichnevskaïa Galina
Galina.

Vlady Marina
Vladimir ou le vol arrêté.
Récits pour Militza.

Yourcenar Marguerite
Les Yeux ouverts (*entretiens avec Matthieu Galey*).

Et des œuvres de :

Isabel Allende, Nicole Avril, Béatrix Beck, Karen Blixen, Charlotte et Emily Brontë, Pearl Buck, Marie Cardinal, Hélène Carrère d'Encausse, Françoise Chandernagor, Madeleine Chapsal, Agatha Christie, Colette, Christiane Collange, Jeanne Cordelier, Régine Deforges, Daphné Du Maurier, Françoise Giroud, Benoîte Groult, Mary Higgins Clark, Patricia Highsmith, Xaviera Hollander, P.D. James, Mme de La Fayette, Doris Lessing, Carson McCullers, Françoise Mallet-Joris, Silvia Monfort, Anaïs Nin, Joyce Carol Oates, Anne Philipe, Ruth Rendell, Christine de Rivoyre, Marthe Robert, Christiane Rochefort, Françoise Sagan, George Sand, Albertine Sarrazin, Mme de Sévigné, Simone Signoret, Christiane Singer, Han Suyin, Valérie Valère, Virginia Woolf...

Le Livre de Poche Biblio

Extrait du catalogue

La Pochothèque

Une série du Livre de Poche
au format 12,5 × 19

Le Petit Littré

Broché cousu - 1 946 pages - 120 F

L'édition du « Petit Littré » est la version abrégée du monument de science lexicographique édifié voilà un peu plus d'un siècle par Émile Littré à la demande de son ami Louis Hachette. Elle a été établie sous le contrôle de Littré par A. Beaujean, professeur d'Université, ami et collaborateur de l'auteur pendant plus de vingt ans. Cet « abrégé », connu sous le titre de « Petit Littré » et de « Littré-Beaujean », offre l'essentiel de ce que les étudiants et un grand public cultivé peuvent rechercher dans la version complète et développée.

*

« Encyclopédies d'aujourd'hui »

Encyclopédie géographique

Broché cousu - 1 200 pages - 64 pages hors texte - 155 F

L'inventaire actuel complet des 169 unités nationales du monde contemporain, de leurs institutions, de leur histoire, de leurs ressources naturelles, de leurs structures économiques, des courants d'échanges et des données statistiques sur les produits et les services.

L'ouvrage comporte trois parties : 1. L'astronomie, la géographie physique, les statistiques économiques de base conformes aux informations récentes (1990), les institutions internationales (100 pages) ; 2. La France (200 pages) ; 3. Les pays du monde (de l'Afghanistan au Zaïre) (900 pages) : les monographies par pays sont présentées dans un ordre alphabétique.

Encyclopédie de l'art

Broché cousu - 1 400 pages - 195 F

Un inventaire et une analyse des grandes créations artistiques *de la Préhistoire à nos jours*. Toutes les époques, toutes les régions du monde, toutes les disciplines. L'ouvrage comprend un *dictionnaire* de plusieurs milliers d'articles : des notices biographiques et critiques sur les artistes (peintres, architectes, sculpteurs, photographes, mais aussi décorateurs, orfèvres, céramistes, ébénistes, etc.) ; des exposés de synthèse sur les écoles, les genres, les mouvements, les techniques ; une présentation systématique des grandes civilisations du passé et des institutions ayant marqué l'histoire de l'art, l'analyse des rapports entre l'art et la vie économique de chaque époque. Plusieurs annexes complètent le dictionnaire : une chronologie universelle ; un panorama des grandes créations architecturales ; un *lexique des termes techniques*, qui forme un rappel des mots de métier.

La richesse de l'iconographie (plus de 1 600 documents pour la plupart en couleurs) et la multiplicité des renvois animent et approfondissent les perspectives de lecture.

Encyclopédie de la musique

Broché cousu - 1 144 pages - 175 F

Le point des connaissances actuelles sur toutes les cultures musicales — européennes ou extra-européennes — *de l'Antiquité à nos jours*.

L'ouvrage comporte deux parties : un dictionnaire, et en *annexe* différents précis techniques et historiques.

Le *dictionnaire*, d'environ 7 000 entrées, comprend des notices biographiques sur les compositeurs, les théoriciens, les musicologues, les interprètes, mais également sur les fabricants d'instruments, les librettistes, les éditeurs ou les imprésarios ; il comporte des articles de synthèse sur les époques, les écoles, les mouvements esthétiques ; il contient un lexique des terme musicaux et leurs définitions, des exposés sur les techniques de transcription, les théories analytiques, les formes, les folklores, le blues, le jazz, le rock, la chanson, la musique légère ainsi que sur la musique extra-européenne, ses formes traditionnelles et ses instruments.

Ont été rassemblés en *annexe* : un précis d'acoustique, étudiée sous l'angle de la physique, de la physiologie, de la psychoacoustique ; un précis d'histoire de la musique, un précis de théorie musicale, qui explicite la codification et les spécificités du langage musical moderne ; un répertoire des chefs-d'œuvre du théâtre lyrique : analyse et résumés de près de 300 opéras.

La Bibliothèque idéale

Présentation de Bernard Pivot 1 000 pages - 120 F

Réalisé par l'équipe de *Lire*, ce « guide de lecture » unique en son genre, comporte une sélection de 2 500 livres.

Romans, essais, documents, livres pratiques, œuvres philosophiques et historiques, qui y sont présentés dans l'ordre alphabétique et par genre, constituent les références culturelles essentielles de l'homme d'aujourd'hui.

Cette nouvelle édition de *La Bibliothèque idéale* a été complétée et actualisée. Le lecteur y trouvera la mention des publications disponibles au format de poche.

Composition réalisée par FIRMIN-DIDOT

IMPRIMÉ EN FRANCE PAR BRODARD ET TAUPIN
La Flèche (Sarthe).
LIBRAIRIE GÉNÉRALE FRANÇAISE - 43, quai de Grenelle - 75015 Paris.

ISBN : 2 - 253 - 06152 - 2 ⟁ 30/9509/8